I. (Immanuel) Benzinger

**Die Bücher der Könige**

Kurzer Hand-Kommentar zum Alten Testament

I. (Immanuel) Benzinger

**Die Bücher der Könige**
*Kurzer Hand-Kommentar zum Alten Testament*

ISBN/EAN: 9783743318540

Hergestellt in Europa, USA, Kanada, Australien, Japan

Cover: Foto ©Lupo / pixelio.de

Manufactured and distributed by brebook publishing software (www.brebook.com)

I. (Immanuel) Benzinger

**Die Bücher der Könige**

# KURZER HAND-COMMENTAR

## ZUM

# ALTEN TESTAMENT

IN VERBINDUNG

MIT

I. BENZINGER, A. BERTHOLET,
K. BUDDE, B. DUHM, H. HOLZINGER, G. WILDEBOER

HERAUSGEGEBEN

VON

D. KARL MARTI

ORD. PROFESSOR DER THEOLOGIE AN DER UNIVERSITÄT BERN.

---

## ABTEILUNG IX:
### DIE BÜCHER DER KÖNIGE.

---

FREIBURG I. B
LEIPZIG UND TÜBINGEN
VERLAG VON J. C. B. MOHR (PAUL SIEBECK).
1899.

# DIE
# BÜCHER DER KÖNIGE

ERKLÄRT

VON

Lic. Dr. I. BENZINGER
PRIVATDOCENT DER THEOLOGIE IN BERLIN.

MIT NEUN ABBILDUNGEN IM TEXT, EINEM PLAN DES ALTEN JERUSALEM
UND EINER GESCHICHTSTABELLE.

FREIBURG I. B.
LEIPZIG UND TÜBINGEN
VERLAG VON J. C. B. MOHR (PAUL SIEBECK).
1899.

Das Recht der Übersetzung in fremde Sprachen
behält sich die Verlagsbuchhandlung vor.

Druck von W. Drugulin in Leipzig

# INHALT.

## Einleitung.

|   |   | Seite |
|---|---|---|
| I. | Inhalt und Ordnung | VII |
| II. | Die Quellen | VIII |
| III. | Die Redaktion | XIII |
| IV. | Der Text | XV |
| V. | Die Chronologie | XVIII |
| VI. | Litteratur | XXI |
|   | Verzeichnis der Sigla | XXIII |

## Erklärung.

Erster Teil. Geschichte Salomos I Reg 1—11 . . . . . . . . . 1—85
  A. Ausgang der Geschichte Davids Cap. 1 und 2 . . . . . 1—14
    1. Salomos Salbung Cap. 1 . . . . . . . . . . . . . 1
    2. Davids letzter Wille und Tod 2 1–12 . . . . . . . . 8
    3. Die Beseitigung von Salomos Feinden 2 13–46 . . . 10
  B. Die Regierung Salomos Cap. 3—11 . . . . . . . . . 14—85
    I. Salomos Weisheit und Herrlichkeit 3 1–5 14 . . . . 14
    II. Salomos Bauten . . . . . . . . . . . . . . . . . 25
      1. Die Vorbereitungen 5 15–32 . . . . . . . . . . 27
      2. Das Tempelgebäude Cap. 6 . . . . . . . . . . 30
      3. Die Hofburg 7 1–12 . . . . . . . . . . . . . 38
      4. Die Gerätschaften für Tempel und Palast 7 13–51 . 43
      5. Die Einweihung des Tempels Cap. 8 . . . . . . 56
      6. Die zweite Jahweerscheinung 9 1–9 . . . . . . 65
      7. Einzelnotizen zu Salomos Bauten 9 10–28 . . . . 66
    III. Salomos Herrlichkeit. Sein Abfall. Cap. 10 u. 11 . . 71
      1. Der Besuch der Königin von Saba 10 1–13 . . . 71
      2. Salomos Reichtum 10 14–29 . . . . . . . . . . 73
      3. Salomos Abfall und Strafe 11 1–40 . . . . . . . 76
      4. Das redaktionelle Schema 11 41–43 . . . . . . 84
      Die Parallelberichte $S^2$ zur Salomogeschichte . . . 84

Zweiter Teil. Die Geschichte der getrennten Reiche bis zum Untergang des Nordreichs I Reg 12—II Reg 17 . . . . . . . . . . . . . . 86—178
  I. Die Reichsspaltung und die Regierung Jerobeams I Reg 12—14 21 . 86
    Die Reichsspaltung 12 1–24 . . . . . . . . . . . . 86
    Befestigung von Sichem und Pniel 12 25 . . . . . . 89
    Die kultischen Massnahmen Jerobeams 12 26–32 . . . 89
    Der anonyme Prophet 12 33–13 34 . . . . . . . . . 90
    Ahias Weissagung gegen Jerobeam 14 1–18 . . . . . 94
    Redaktionelle Schlussformel 14 19 20 . . . . . . . . 97
    Die Parallelberichte $S^2$ zur Jerobeamgeschichte . . . 97
  II. Rehabeam von Juda 14 21–30 . . . . . . . . . . . 98
  III. Abia von Juda 15 1–8 . . . . . . . . . . . . . . . 99
  IV. Asa von Juda 15 9–24 . . . . . . . . . . . . . . 99
  V. Nadab von Israel 15 25–32 . . . . . . . . . . . . 101
  VI. Baesa von Israel 15 33–16 7 . . . . . . . . . . . 101
  VII. Ela von Israel 16 8–14 . . . . . . . . . . . . . . 102

| | Seite |
|---|---|
| VIII. Simri von Israel 16 15—22 | 103 |
| IX. Omri von Israel 16 23—28 | 103 |
| X. Ahab von Israel 16 29—22 40 | 104 |
|   1. Kleinere Notizen 16 29—34 | 104 |
|   2. Die Eliageschichte Cap. 17—19 21 | 105 |
|   3. Die Syrerkriege Cap. 20 und 22 | 116 |
|   4. Die Schlussformel 22 39 40 | 125 |
| XI. Josaphat von Juda 22 41—51 | 126 |
| XII. Ahasja von Israel I Reg 22 52—II Reg 1 18 | 126 |
| XIII. Joram von Israel 2 1—8 15 9 | 128 |
|   Die Elisageschichten | 129 |
| XIV. Jehoram von Juda 8 16—24 | 147 |
| XV. Ahasjahu von Juda 8 25—29 | 147 |
| XVI. Jehu von Israel Cap. 9 und 10 | 148 |
| XVII. Athalja von Juda Cap. 11 | 155 |
| XVIII. Joas von Juda Cap. 12 | 158 |
| XIX. Joahas von Israel 13 1-9 | 162 |
| XX. Joas von Israel 13 10-25 | 163 |
| XXI. Amazja von Juda 14 1—22 | 164 |
| XXII. Jerobeam II. von Israel 14 23—29 | 165 |
| XXIII. Asarja von Juda 15 1-6 | 166 |
| XXIV. Sacharja von Israel 15 8—12 | 167 |
| XXV. Sallum von Israel 15 13—15 | 167 |
| XXVI. Menahem von Israel 15 17—22 | 168 |
| XXVII. Pekachja von Israel 15 23—26 | 168 |
| XXVIII. Pekach von Israel 15 27—31 | 169 |
| XXIX. Jotham von Juda 15 32—38 | 169 |
| XXX. Ahas von Juda 16 1—20 | 170 |
| XXXI. Hosea von Israel 17 1—41 | 172 |
| Dritter Teil. Geschichte Judas seit dem Untergange des Nordreichs II Reg 18—25 | 176—200 |
|   I. Hiskia Cap. 18—20 | 176 |
|   II. Manasse von Juda 21 1—18 | 188 |
|   III. Amon von Juda 21 19—26 | 189 |
|   IV. Josia von Juda 22 1—23 30 | 189 |
|   V. Joahas von Juda 23 31—35 | 195 |
|   VI. Jojakim von Juda 23 36—24 7 | 196 |
|   VII. Jojachin von Juda 24 8—17 | 197 |
|   VIII. Zedekia von Juda 24 18—25 21 | 198 |
|   IX. Gedalja, Statthalter von Juda 25 22—30 | 200 |
| Anhang: Tabellarische Übersicht der Gesch. von Assyr., Babyl., Ägypt. u. Syrien | 201 |
| Sachregister | 210 |

## Abbildungen.

| | |
|---|---|
| Abb. 1: Situationsplan der salomonischen Burg nach Stade | 26 |
| Abb. 2: Grundriss des Tempels | 31 |
| Abb. 3: Querschnitt des Tempels | 31 |
| Abb. 4: Grundriss des Libanonhauses | 39 |
| Abb. 5: Querschnitt des Libanonhauses | 39 |
| Abb. 6 und 7: Eherne Säule | 44 |
| Abb. 8: Ehernes Meer nach Stade | 46 |
| Abb. 9: Fahrstuhl der Becken | 49 |
| Plan des alten Jerusalem | 217 |

# Einleitung.

**1. Inhalt und Ordnung.** Der Stoff der Königsbücher gliedert sich sachgemäss in drei Abschnitte: 1. Salomos Regierung I 1—11; 2. Geschichte der getrennten Reiche bis zum Untergang Samariens I 12—II 17; 3. Geschichte Judas vom Untergang Samariens an II 18—25.

1. Am ausführlichsten wird die Geschichte Salomos behandelt. Dass der Verfasser eine bestimmte sachliche Ordnung beobachtet, die mit der chronologischen nicht immer übereinstimmt, springt sofort in die Augen. Im Mittelpunkt des Ganzen steht der Tempel- und Burgbau (I 6 7), sowie die damit zusammenhängenden Geschichten: die Verhandlungen mit Hiram (5 15-32), die Tempelweihe (Cap. 8), die sich anschliessende zweite Theophanie (9 1-9), und eine Reihe kleinerer Notizen (Bezahlung Hirams, Organisation der Frohn, profane Bauten), welche wenigstens in entfernterer Weise in Beziehung zum Tempelbau stehen. Dieser Kern ist umrahmt von Erzählungen, welche dem Zwecke dienen, Salomos Weisheit, Macht und Reichtum zu erweisen. Vor dem Baubericht stehen: die erste Gotteserscheinung (3 4-15), das weise Urteil (3 16-28), die Liste der Beamten und Statthalter (4 1-5 8 mit dazwischen geschobenen Notizen über den Aufwand der königlichen Tafel) und eine Schilderung der salomonischen Weisheit (5 9-14); hinter dem Baubericht folgen: die Schiffahrt nach Ophir (9 26-28), Besuch der Königin von Saba (10 1-13) und eine Reihe kleinerer Notizen über Salomos Reichtum (10 14-29). Eingeleitet wird das ganze durch das übliche Urteil des Redaktors (3 2 3); die vorausgehende Notiz von Salomos Heirat mit der ägyptischen Prinzessin (3 1) steht ziemlich zusammenhanglos da. Am Ende steht eine Zusammenstellung des für Salomo Ungünstigen: sein Götzendienst (11 1-8) und die Strafe dafür, die in dem Abfall von Edom und Damaskus, sowie in dem Aufstand Jerobeams sich vollzieht (11 9-40). Die üblichen statistischen Notizen bilden den Schluss (11 41-43).

Die Ordnung ist eine durchaus planmässige. Daran ändert die Thatsache nichts, dass LXX in sehr vielen Stücken scheinbar eine ganz andere Ordnung bietet, die selbst willkürlich erscheint und die des hebräischen Textes willkürlich erscheinen lässt. Sondert man nämlich diejenigen Stücke in LXX aus, welche zum hebräischen Text Dubletten sind (S², s. S. 81), so hat die übrigbleibende Übersetzung des hebräischen Textes in der Hauptsache die gleiche Ordnung wie der Hebräer; die kleinen Umstellungen wie z. B. Beschreibung der Tempelgeräte vor Beschreibung der salomonischen Palastbauten, Erwähnung des Tempelweihspruchs hinter dem Weihgebet oder die Umstellung von 5 1-8 sind solche, welche nicht der Redaktion, sondern der späteren Textgeschichte angehören.

2. Im zweiten Teil nehmen den breitesten Raum ein die von Elia und Elisa handelnden Geschichten. Sonst finden sich nur bei Jerobeam, Ahab, Joram von Israel, Jehu, Joas von Juda ausführlichere Erzählungsstücke, bei den meisten anderen ausser dem stehenden Rahmen (s. S. XIII) nur kurze Notizen über dem Verfasser wichtige Vorgänge. Es fehlt nicht an Königen, bei welchen dieser Rahmen gar keinen Inhalt erhält (Abia, Baesa, Sacharja, Sallum, Pekachja). Die Anordnung ist eine streng chronologische, aber nach einem ganz bestimmten Schema: es folgen die Könige Judas und Israels nach einander streng nach dem Datum ihres Regierungsantrittes (über die einzige Ausnahme s. zu II 3 1). Und zwar schliesst sich an den Bericht der Thronbesteigung jeweils die ganze Geschichte des betreffenden Königs an und erst nach Schluss derselben werden der oder die Könige, welche während seiner Regierung im andern Reich König geworden sind, und ihre Geschichte behandelt. Dadurch wird im Einzelnen dann die chronologische Folge manchmal gerade zerstört: Josaphats Krieg gegen Ramoth Gilead wird beispielsweise erzählt (I 22 1 ff.), ehe überhaupt von seinem Regierungsantritt berichtet wird; dieser kann nach dem Schema erst erzählt werden, wenn die Geschichte Ahabs völlig bis zu dessen Tod abgehandelt ist.

3. Im dritten Abschnitt werden ausser der Kultusreform Josias nur diejenigen Ereignisse (unter Hiskia) ausführlicher erzählt, in denen der Prophet Jesaia eine Rolle spielt. Unverkennbar ist die Absichtlichkeit, mit welcher alle Einzelheiten der unerfreulichen Endgeschichte mit Stillschweigen übergangen werden.

**II. Die Quellen.** 1. Die Königsbücher bieten zwar eine fortlaufende Geschichtserzählung, sind aber nicht ein einheitliches schriftstellerisches Erzeugnis eines Verfassers, sondern kompilatorische Arbeit, das Werk eines „Redaktors" (R), dessen eigene Arbeit (s. III) sich im wesentlichen auf Herstellung des Rahmens beschränkte. Im Einzelnen ist die Schilderung und Wertung der Quellen Aufgabe der folgenden Texterklärung, hier kann nur kurz das Ergebnis zusammengestellt werden.

Auf primäre Quellen, Urkunden und den Ereignissen gleichzeitige Aufzeichnungen, mag ein guter Teil des Werkes zurückgehen, der Redaktor hat jedoch nicht selbst aus solchen geschöpft und auch wo er seinem Werke solche einverleibte, sie aus zweiter Hand, so wie sie in seinen Quellen verarbeitet waren, herübergenommen.

Wenn wir das Schema des Redaktors und die nach der Redaktion erst gemachten Einschübe ausser Acht lassen, so besteht der Inhalt des Buchs, rein formell betrachtet, aus zwei ganz verschiedenen Bestandteilen. Auf der einen Seite finden sich eine Menge kurzer sachlicher Notizen (z. B. I 8 1 12 9 11 11 7 4 1 ff. 4 7 ff. 14 25 ff. 16 21 f. 24). Sie haben einen ganz annalistischen Charakter: man bemerke die lockere Anknüpfung mit אז oder אזי, die ganz knappe Darstellung auch wichtiger Ereignisse, die Abwesenheit jeglicher Reflexion. Auf der andern Seite stehen eine Reihe ausführlicher Erzählungsstücke, die bald in volkstümlichem, bald in mehr erbaulichem Stil gehalten und von ganz unterschiedlichem geschichtlichen Werte sind.

Eben diese Erzählungsstücke finden sich nun nicht vereinzelt, sondern in Gruppen, welche mit einer einzigen Ausnahme je um einen bestimmten Mann sich drehen. Sie haben also einen biographischen Charakter. Bei Salomo, Jerobeam,

Ahab, Jehu, Elia, Elisa, Jesaia finden wir solche Fragmente ihrer Biographieen. Dieses Resultat entspricht ganz dem Thatbestand in den Samuelisbüchern, wo ebenfalls die Biographien von Saul, Samuel, David zusammengearbeitet sind. Die angeführte Ausnahme wird gebildet durch eine Gruppe von Erzählungen, welche sowohl formell auf das nächste mit einander verwandt erscheinen, so dass entweder Herkunft von einem Verfasser oder litterarische Abhängigkeit angenommen werden muss, als auch inhaltlich sich dadurch als zusammengehörig erweisen, dass die erzählten Ereignisse alle eine besondere Beziehung zum Tempel haben und offenbar eben um dieser willen erzählt sind.

2. Über die Art und Weise der Verwertung dieser Quellen im Königsbuch ist folgendes zu sagen:

a) Die Quellen sind von R nur bruchstückweise aufgenommen worden, verhältnismässig am vollständigsten scheinen die Elia- und Elisageschichten zu sein, am wenigsten ist aus der Jesaia- und Ahabgeschichte vorhanden. Grund hiefür ist im allgemeinen die ganze Tendenz des Buches (s. III). In einem einzelnen Fall der Eliageschichte (s. zu 1 19 21) machte die Zusammenfügung mit der Elisageschichte Auslassungen notwendig.

b) Die Quellen haben dem Verfasser zum Teil schon in überarbeiteter Form, mehrere auch in doppelter Recension vorgelegen. In dem Bericht der Jesaiageschichte über Sanheribs Zug (s. S. 177 ff.) waren die auf zwei verschiedene Züge gehenden Erzählungen schon dahin überarbeitet und mit einander verbunden, dass sie auf einen und denselben bezogen wurden. Für die Elisageschichte vgl. S. 127: die eine der Recensionen zeichnet sich durch die Steigerung des Wunderbaren aus. In der Jerobeamgeschichte ist eine zweite in der Anordnung und in der Sache verschiedene Form der gleichen Erzählungen wenigstens noch in LXX erhalten (s. S. 97 f.): Hebr. bietet hier die stärker überarbeitete Form der ganzen Geschichte. In ähnlicher Weise lässt sich (vgl. S. 84 f.) für die Salomogeschichte nachweisen, dass der Redaktor neben der Recension, welcher er der Hauptsache nach folgt, noch eine andere kennt und teilweise benutzt.

c) Diese dem Redaktor vorliegende Überarbeitung einzelner der Quellschriften ist in einem Geist geschehen, der dem des Redaktors nahe verwandt ist. Als Belege hiefür vgl. die Geschichte von Abias Weissagung (S. 96 f.) und die Salomogeschichte (s. u.).

3. Eine noch genauere Zergliederung gestattet die Salomogeschichte. Dieselbe ist, so wie sie R vorlag, ein Werk, in welchem bereits dreierlei Quellen zusammengearbeitet sind: mit den kürzeren annalistischen Notizen und Urkunden (z. B. 1 8 1 12 9 11 11 7 u. a.), welche einer und derselben Quelle entnommen sein dürften, sind kürzere und längere Erzählungen legendarischen Charakters verbunden (z. B. das „salomonische Urteil" 3 16 ff., der Besuch der Königin von Saba 10 1 ff. u. a.). Der Bericht über den Tempelbau kann keiner von beiden angehören: er hat selbst — schon vor der Bearbeitung des Ganzen durch R — legendarische Ausschmückungen erhalten. Wenn man ihn einer der sonst bekannten Quellen des Königsbuchs einreihen will, so kann nur die „Tempelgeschichte" in Betracht kommen (so schon WELLHAUSEN bei BLEEK [4] 259), welche jedenfalls ihre Beschreibung der Tempelsäulen etc. von dort entlehnt hat (s. zu 11 25 13 ff.).

Als das nächstliegende erscheint auf den ersten Blick die Annahme, dass eben der Redaktor des Königsbuchs diese Verbindung der einzelnen Erzählungsstoffe vollzogen. Dafür scheint namentlich die Anordnung zu sprechen. Eine gewisse Tendenz ist in derselben unverkennbar und mit guter Kunst weiss der Erzähler schon durch diese Anordnung einen bestimmten gewollten Eindruck hervorzurufen. Er erreicht durch dieselbe, dass gegenüber dem Glanz aller Schatten zurücktritt, dass der Tempelbau als Mittelpunkt und Hauptsache der ganzen Regierung Salomos erscheint, und dass das Unglück deutlich als göttliche Strafe kund wird — letzteres zwei für R geradezu charakteristisch zu nennende Gedanken. Was das erstere anbelangt, so ist bezeichnend, wie auch an sich neutrale Dinge (z. B. die Beamtenlisten) durch den Zusammenhang, in den sie gestellt sind, in majorem gloriam Salomos nutzbar gemacht werden; ferner die Art und Weise, wie alles Ungünstige beseitigt, das Unglück am Schluss nur gleichsam nachträglich erwähnt, die blutigen Thaten, mit denen Salomo seine Regierung eröffnete, durch die geschickte Anordnung eigentlich aus dem Rahmen der Schilderung der Salomonischen Regierung hinausgedrängt werden (1 2). Trotzdem gehört gerade diese Anordnung in der Hauptsache nicht R. sondern seiner Vorlage. Dem Redaktor bleibt nur das Verdienst, durch eine Art Retouche nachgeholfen zu haben. So z. B. dass das Unglück als göttliche Strafe aufzufassen ist, wird erst durch des Redaktors Urteil über die Ehen Salomos mit Ausländerinnen und seinen „Götzendienst" klar. Der Beweis dafür liegt schon darin, dass R sonst mit grösster Strenge an dem Prinzip der zeitlichen Aufeinanderfolge festhält, auch wo sachliche Gründe eine andere Anordnung sehr empfehlen würden. In der Geschichte Ahabs wäre eine ähnliche sachliche Ordnung nicht minder naheliegend gewesen als bei Salomo; ebenso und in noch verstärktem Masse bei der Davidgeschichte in den Samuelbüchern, deren Redaktion von derselben Hand wie die der Königsbücher herrühren dürfte (s. III). Ein äusserer Beweis liegt darin, dass in der Bearbeitung der Salomogeschichte, aus welcher S² (s. S. 85) stammt, das Material auch nach den gleichen sachlichen Gesichtspunkten, aber im einzelnen etwas anders geordnet war. Nur bei dieser Annahme erklärt sich die Aufnahme vieler Notizen an doppelter Stelle, die unerklärlich wäre, wenn die betr. Notizen im gleichen Zusammenhang und am gleichen Ort in beiden Texten gestanden wären. Daraus folgt dann eben, dass R die Stoffe seiner Quellen nicht ganz aus dem dort gegebenen Zusammenhange riss, um sie wieder frei zusammenzufügen, sondern dass er sie (was auch sonst, z. B. in der Elisageschichte, sich zeigt) in ihrem ursprünglichen Zusammenhange liess, mit anderen Worten, dass er im Grossen und Ganzen die jetzige Ordnung schon in der Salomogeschichte vorfand.

Daraus folgt des weiteren, dass der Verfasser dieser Salomogeschichte nicht der erste Bearbeiter dieses Stoffes sein kann; die pragmatische Geschichtschreibung hat eine annalistische Darstellung als erste Stufe zur Voraussetzung. Das Vorhandensein einer solchen, welche neben der Salomogeschichte dem Redaktor noch vorlag, wird ausdrücklich bezeugt durch die Angabe des Redaktors: „das weitere von Salomos Geschichte, was er gethan hat, und seine Weisheit, das steht ja aufgezeichnet im Annalenbuche Salomos". Der Ausdruck sowohl wie die Parallele der „Annalenbücher der israelitischen und jüdischen Könige" (s. u. S. XI) gestattet nicht, die ganze Salomogeschichte hierunter zu verstehen und auch die ausführlichen legendarischen Stoffe dieser Quelle zuzuweisen (so KITTEL). Denn die Salomogeschichte ist gerade kein annalistisch angelegtes Werk. Auf der andern Seite können eigentliche Annalen auch nicht damit gemeint sein; ob man sich dieselben als officielle, am Hof von einem hohen Beamten (dem „Schreiber" oder „Grossvezier") geführte, oder als private im Tempel von den Priestern aufgezeichnete Annalen vorstellt — jedenfalls standen diese Aufzeichnungen nicht ohne weiteres jedermann zur Verfügung. Der Redaktor verweist aber ganz deutlich auf ein Werk, das allgemein bekannt und jedem zugänglich war. Damit kann also nur ein schriftstellerisches Erzeugnis, eine Bearbeitung solcher Annalen etwa, kurz eine Geschichte Salomos in annalistischer Form gemeint sein. Es ist die natürlichste Annahme, dass das vom Redaktor gemeinte Werk auch dasjenige war, aus welchem der Verfasser der Salomogeschichten einen Teil seines Stoffes (s. o.) entnahm. Wie viel der Redaktor aus dieser Quelle direkt schöpfte, was er nicht in der Salomogeschichte fand, lässt sich gar nicht mehr übersehen. Auf den Inhalt der Salomogeschichte ist übrigens von hier aus der Rückschluss möglich, dass dieselbe von dem, was der Redaktor wegliess, von der politischen Geschichte, auch nicht allzuviel enthielt, sonst wäre es näher gelegen, die Salomogeschichte zu zitieren.

I Reg 1 gehört nicht zur Salomogeschichte, sondern zu der Quelle, welcher die II Sam 9—20 erzählten Hofgeschichten entnommen sind. Näheres hierüber s. im Commentar zu den Samuelbüchern (vgl. auch WELLHAUSEN bei BLEEK[4] 224f.). Ganz allgemein wird dies auch von Cap. 2 angenommen. Manche Bedenken stehen jedoch dem entgegen. Die Davidgeschichte fand auch ohne Cap. 2 ihren guten Abschluss mit dem Bericht der Einsetzung Salomos, worauf nur noch die Nachricht von seinem Tode folgen musste. Die Erzählungen in Cap. 2 gehören eigentlich gar nicht zu einer Davidgeschichte. Auf der andern Seite können sie in einer Geschichte Salomos unmöglich entbehrt werden. Der Wechsel der obersten Ämter, die Hinrichtungen, mit welchen der König seinen Thron sichert, können in einer solchen unmöglich übergangen sein, zumal in einer Geschichte, die so ausführlich erzählt, wie die unsrige. In einer Geschichte Davids konnten diese Ereignisse nur erzählt sein, wenn wie im jetzigen Text David die Schuld daran beigemessen wurde; man müsste also dann das Testament Davids aus derselben Quelle ableiten, was nicht geht (s. zu Cap. 2); auch ist die Davidgeschichte, welche Cap. 1 erzählt, keineswegs so sehr für Salomo eingenommen. In einer Geschichte Salomos aber konnten diese Stücke nur dann fehlen, wenn die Geschichte von höchst parteilichem Standpunkt aus geschrieben war, von einem Verfasser, der sich alle Mühe gab, alles Ungünstige für seinen Helden zu verschweigen. Bis zu einem gewissen Grade trifft dies bei unserer „Salomogeschichte" zu; allein von der Vorstellung der späteren Zeit, welche in Salomo einen halben Heiligen, einen Frieden-könig der kein Blut vergossen erblickte, ist der Verfasser doch noch weit entfernt. Zudem zeigt 8², dass die Salomogeschichte wirklich wenigstens die Hinrichtung Simeis erzählte, und zugleich, wie der Verfasser es schon verstand, Salomo von dieser Schuld zu entlasten (vgl. S. 10f.). Die Beziehungen von Cap. 2 zu Cap. 1 sind nun auch nicht derart, dass Cap. 2 ohne Cap. 1 unverständlich wäre. Insbesondere wenn unsere Erklärung von 2 22 richtig ist, ist die Beseitigung Abjathars und Joabs hinreichend in der Erzählung selbst motiviert (vgl. auch v. 2⁵). Eine allerdings wird dann nicht wegzustreiten sein: die litterarische Bekanntschaft des Verfassers der Salomogeschichte mit Cap. 1, d. h. mit dieser Quelle der Davidgeschichte. Allein dies ist so wenig etwas unmögliches, dass es vielmehr geradezu als das wahrscheinliche bezeichnet werden muss. Die Salomogeschichte lässt sich als litterarisches Erzeugnis nur verstehen, wenn schon die Davidgeschichte den Verfassern bekannt war. Auch 7 51 haben wir eine Bezugnahme der Salomogeschichte auf die Davidgeschichte.

4. Auch bei den übrigen Königen wird auf ein ähnliches und ebenso benanntes Buch verwiesen, das „Annalenbuch der Könige Israels resp. Judas". Die Verweisung

fehlt bei Joram, Hosea, Ahasja und Athalja aus zufälligen Gründen (die ganze Schlussformel fehlt hier und ist entweder ausgefallen oder Mangels eines passenden Platzes weggelassen worden), bei Jojachin und Zedekia, weil der das Buch citierende Redaktor vor der Wegführung Jojachins sein Werk zusammengestellt hat. Auch hier können darunter nicht die Annalen selbst sondern nur selbständige geschichtliche Werke, welche auf Grund der Annalen geschrieben waren, verstanden werden. Die Gründe sind die gleichen, wie oben bei den Salomoannalen. Im Unterschied von der Salomogeschichte ist nun hier festzustellen, dass die Zusammenarbeitung der aus anderen Quellen entnommenen Stoffe mit denen der Annalenbücher ein Werk des Redaktors ist. Die Frage, ob die beiden Titel nur ein und dasselbe Israel und Juda umfassende grössere Buch bezeichnen, ist zu verneinen; es waren zwei unter sich und von dem Annalenbuch Salomos verschiedene Werke. Der Kriegszug Hasaels wird z. B. zweimal (II 10 32 resp. 13 3 vgl. 12 18 f.) berichtet, sowohl unter dem israelitischen als unter dem entsprechenden jüdäischen König. Dabei ist in der einen Stelle so wenig Beziehung auf die andere genommen, dass zwei ganz verschiedene Ereignisse beschrieben zu sein scheinen, und R hat es offenbar auch so verstanden; ja wir wissen nicht einmal sicher, welche der beiden anderen Züge 12 18 f. meint. Ebenso in 11 15 28 29 (vgl. mit 16 5-9) wird die Wirkung vorher, die Ursache nachher beschrieben, ohne dass irgendwie ein Zusammenhang angedeutet wäre. Das ist doch alles nur möglich, wenn die Notizen aus zwei verschiedenen Quellen stammen, die nicht auf einander Bezug zu nehmen brauchen, nicht aber wenn die Quelle ein einheitliches Werk war. Auch diese Werke werden in der Weise citiert, dass für das vom Redaktor nicht in sein Buch Aufgenommene auf sie verwiesen wird. Das schliesst natürlich die sehr nahe liegende Annahme nicht aus, dass er auch den Stoff den er mitteilt z. T. diesen Quellen entnahm; der Form und dem ganzen Charakter nach muss ein grosser Teil des Materials wirklich aus einem solchen Werke stammen (s. o.). Über ihren Inhalt können wir aus dem was uns davon erhalten ist, wie aus den Verweisungen soviel erschliessen, dass sie im Unterschied von unserem Königsbuch vorzugsweise die politische Geschichte erzählten, ausser den Kriegen und Eroberungen werden namentlich auch die Bauten der Könige genannt (I 15 23 22 39 II 20 20). Die einzige Erwähnung kultischer Massnahmen bei Manasse ist von fragwürdiger Ächtheit (s. zu II 21 17).

Die Annalen selbst, welche in diesen Werken, den „Annalenbüchern", in mehr oder weniger eingreifender Überarbeitung wiedergegeben sind, betrachtet man meist als offizielle, deren Führung das Amt des Mazkir war. Aber der Titel bezeichnet ihn jedenfalls nicht als „Reichshistoriographen" (s. zu I 4 3); direkt bezeugt sind amtliche Annalen erst für die nachexilische Zeit (Neh 12 23 I Chr 27 24). Das schliesst natürlich solche für die ältere Zeit nicht aus. Aber die Art und Weise, wie die Chronik ihre Erwähnung vermisst und nachträgt (I Chr 27 24), macht sie zum mindesten auch nicht wahrscheinlich. Die Wahrnehmung, dass die Juden bis zum Exil es eigentlich nicht gelernt haben, nach Jahren des regierenden Königs zu datieren, spricht direkt dagegen: mit offiziellen Jahrbüchern, die durch die Jahrhunderte hindurch von einem Minister jeweils fortgeführt werden, ist eine Datierung nach Königsjahren notwendig gegeben. Jedenfalls für das Nordreich ist die Vorstellung ganz undurchführbar, dass alle die durch Revolution auf den Thron gekommenen

Könige sich sollten (in ihrer teilweise wohl kurzen Regierung) eifrig bemüht haben, die Annalen ihrer Vorgänger sorgfältig zu ergänzen und fortzuführen und namentlich auch ihre eigene Schande, den Aufstand durch den sie den Thron erlangt, sollten pünktlich von ihren „Hofhistoriographen" haben aufschreiben lassen. Wenn also dem Annalenbuch z. T. neben privaten auch amtliche Aufzeichnungen (vgl. z. B. die Urkunden 4 1 ff.) zu Grunde lagen, so gab es jedenfalls nicht eine offizielle, durch alle Regierungen hindurch bis zum Schluss fortgesetzte Reichschronik, weder in Juda noch in Israel.

III. **Die Redaktion.** Die Königsbücher in ihrer jetzigen Gestalt haben eine doppelte Redaktion erfahren, die eine vor dem Exil, die andere in oder nach demselben.

Die Erzählung wird bis zum Jahr 561 v. Chr. herabgeführt; Jojachins Befreiung aus dem Kerker bildet den Schluss. Derselbe ist vom zweiten Redaktor absichtlich gewählt: er beweist nichts notwendig gegen Ansetzung der zweiten Redaktion in nachexilischer Zeit; die Rückkehr des Volkes, die nicht den Abschluss der alten sondern den Anfang der neuen Zeit bildet, hier zu erzählen hatte der Redaktor keine Veranlassung. Auch andere Stellen, die sich deutlich als Werk der Redaktion, nicht als späteren Einschub kennzeichnen, verraten den exilischen und nachexilischen Standpunkt deutlich, so vor allem in 1 Reg 8 9 1–9 11 Reg 17 21 (teilweise) 22 15–20 u. a., vgl. den Commentar zu den betr. Stellen. Demgegenüber verrät sich an anderen Stellen und zwar wiederum in einem der Redaktion angehörigen Zusammenhange deutlich der Standpunkt eines Schriftstellers, der wohl den Untergang des Nordreichs aber nicht auch die Wegführung Judas hinter sich hat, der also zwischen 621 und 597 v. Chr. schrieb (vgl. I 8 11 29 ff. II 8 18 f. 17 7–23). Die beiden Redaktionen sind im Folgenden als R¹ und R² unterschieden.

Die religiöse Stellung und überhaupt den ganzen Charakter beider Redaktionen bezeichnet man am besten mit dem Worte „deuteronomistisch". Der Standpunkt, von welchem aus sie die ganze Vergangenheit betrachten, ist der des Deuteronomiums. Sie kennen dieses Gesetz nicht nur, sie betrachten es auch als von altersher giltig und — von altersher übertreten: das ist die grosse Sünde, an der das Volk zu Grunde geht. Für das Zeugnis, das R¹ jedem König giebt, ist das Dtn mit seiner Grundforderung der Einheit des Kultus der Massstab, bei einem Salomo so gut wie bei einem Josia. Der politische Abfall des Nordreichs wird von hier aus zugleich zu einem religiösen: der ganze offizielle Jahwedienst des Nordreichs ist dem Götzendienst gleich. Die Geistesverwandtschaft mit dem Dtn hat dann auch in Stil und Sprache namentlich von R¹ ihren Ausdruck gefunden; in seinen Paränesen redet R¹ mit Vorliebe in den Worten und Redeformen des Dtn (vgl. z. B. I 2 2 ff. u. oft).

Der vorexilische Redaktor (R¹) ist der eigentliche „Verfasser" des Buchs in dem Sinne, dass er das Material aus den verschiedenen Quellen zusammengestellt hat. Seine Arbeit ist also der Rahmen, in welchen die einzelnen Erzählungen eingegliedert sind, der sie erst zu einem Ganzen zusammenbindet. „Im Jahre X des Königs N von Juda (Israel) ward NN König über Israel (Juda) und regierte y Jahre ....... Was aber sonst noch von NN zu sagen ist u. s. w.... Und er legte sich zu seinen Vätern und ward begraben bei seinen Vätern und sein Sohn Z ward König an seiner Statt." So lautet mit kleinen Veränderungen Einleitungs- und Schlussformel bei jedem König, welche die Erzählung der Einzelheiten umschliesst, und seine Geschichte mit der des Vorgängers und Nachfolgers verbindet. Sie fehlen auch da nicht, wo R¹ sonst gar nichts von einem König zu berichten hat. Die Schlussformel fehlt naturgemäss bei Hosea (II 17 6), Jonhas (II 23 24), Jojachin (II 24 15) und Zedekia (II 25 6); sie stand ursprünglich da, ist aber weggefallen bei Joram und Ahasja (s. S. 148. 155). Die Einleitungsformel fehlt bei Jehu (ist ausgefallen, s. zu II 10 28 ff.) und bei Jerobeam II (wegen I 12 1-20 weggelassen). Die synchronistische Angabe, mit welcher die Formel beginnt, stammt nicht von R¹ sondern von R² (s. S. XVIII). Trotzdem ist die ganze oben geschilderte Anordnung der Könige nach ihrem Prinzip R¹ zuzuschreiben, allerdings mit dem Vorbehalt, dass im Einzelnen Umstellungen, wie sie noch in viel späterer Zeit stattfanden (s. zu I 16 29) auch von R² vorgenommen wurden, um die ganze Ordnung seinem Synchronismus anzupassen. Die getroffene Auswahl der Geschichten zeigt deutlich, dass ihn dabei nicht die Absicht leitete, eine vollständige Geschichte zu geben. Für die politischen Ereignisse konnte er ja stets auf die Annalenwerke verweisen (s. o.). Ihm stand im Vordergrund die Geschichte des Kultus und des Heiligtums, und daneben haben die Propheten sein Interesse. Des weiteren gehört R¹ zu das mit der Einleitungsformel verknüpfte Zeugnis über die einzelnen Könige, und zuletzt eine Reihe erbaulich-parenetischer Reden und Bemerkungen, mit denen er wichtige Abschnitte der Geschichte zu begleiten liebt (I 2 1 ff. 3 14 8 14 ff. teilweise: 11 29 ff. u. ö.). Seinen Quellen gegenüber zeigt sich R¹ zurückhaltend. Abgesehen von den durch seinen Plan bedingten Auslassungen und von seinen eigenen Zusätzen nimmt er am Text selber und an dessen Anordnung keine Änderungen vor, soweit wir nachweisen können. Seine Harmonistik, wo zwei Berichte sich zu unterscheiden scheinen, besteht darin, dass er beide neben einander stellt. Seine eigenen Bemerkungen weiss er in einer geschickten und den Text nicht störenden Weise anzubringen.

Sein Buch forderte im Exil nach verschiedenen Seiten hin zur Ergänzung auf. Es fehlte ein rechter Abschluss: die Geschichte der Deportationen etc. war noch anzufügen. Das im Exil entstandene die ganze Geschichte Israels umspannende chronologische System war nachzutragen (s. u. S. XXI). Vor allem aber war mancherorts der Inhalt des Buchs mit der Thatsache des Exils auszugleichen. Die auf letzteres gerichtete Thätigkeit von R² giebt uns das Recht, von einer planmässigen Überarbeitung zu reden. Bei dem Ereignis, das für seine Zeitrechnung eine neue Epoche einleitet, beim Tempelbau, muss klar und deutlich auf den Untergang des Hauses hingewiesen werden, dazu dienen die grossen Einschübe in I 8 u. 9 1 ff. (s. d. Erklärung). Auch bei den Chelthaten eines Manasse war für eine solche Strafrede der geeignete Platz (II 21 7 ff.). Insbesondere muss die Weissagung von dem ewigen Bestehen der davidischen Dynastie, um zu der Thatsache des Exils zu passen, in eine nur bedingungsweise giltige umgewandelt werden (I 9 1 ff. II 17 7 ff. 21 7 ff.). Die Heilsweissagung der Hulda wird durch eine andere, eine Gerichtsweissagung ersetzt (II 22 15 ff.). Noch manche kleineren Zusätze verfolgen denselben Zweck. Verwandt hiermit ist die Betonung der göttlichen Langmut, welche auch Israel gegenüber die Bundestreue bis an die äusserste Grenze der Möglichkeit gehalten hat (II 13 4 ff. 23 ff.). Weiterhin ist in theologischer Hinsicht bemerkenswert das Hervortreten deuterojesaianischer Gedanken in der Gottesvorstellung (I 8 27 ff.) und in der Vorstellung vom Tempel als Bethaus für alle Völker (1 8 41 ff.). Die Sünde Israels besteht für R² nicht im Höhendienst allein, sondern im Dienste kanaanitischer Götzen (II 18 7 ff.); das für R¹ noch ganz erlaubte Höhenopfer Salomos ist für R² anstössig (s. zu 3 1 ff. bes. v. 15). Mit dem neuen chronologischen System dürfte auch die neue Datierungsweise, Erklärung der Monatsnamen durch die Zahl, eingetragen worden sein (s. zu 4 61 8 2 ff.). Welche Umstellungen und Veränderungen sonst dieses chronologische System notwendig machte, wissen wir nicht. In der Salomogeschichte ist I 5 4 sicher exilischer Zusatz, ob noch andere der Verherrlichung Salomos dienende Notizen (z. B. I 9 22 10 21 ff.) von R² stammen, ist nicht auszumachen. Die Möglichkeit, dass überhaupt manche als redaktionelle Zusätze im Text auszuscheidende Bemerkungen, soweit sie sich nicht direkt als vorexilisch ausweisen, R² und nicht R¹ zukommen, muss offen gelassen werden. Bei der nahen Verwandtschaft der beiden Redaktionen ist eine scharfe Scheidung ihres geistigen Eigentums nicht möglich. Es ist deshalb im folgenden alles das, was sich nicht durch besondere Merkmale als R² zugehörig oder nachexilisch ausweist, R¹ zugeteilt worden. Ebensowenig ist eine genaue Scheidung zwischen R² und den jüngeren Zusätzen möglich. Gehen wir von der aus dem oben gesagten notwendig zu erschliessenden Thatsache aus, dass R² ein planmässig das ganze Buch überarbeitender Redaktor war (und nicht wie KUENEN will, eine lange Zeit fortgesetzte Erweiterung und Bearbeitung des Textes durch die Leser bezeichnet, Einleitung § 26 9 10), so werden wir nur solche Einschübe R² zuzuschreiben geneigt sein, welche an ordentlichem Platz sich finden und ohne allzu gewaltsame Zerreissung und Störung des Textes eingefügt sind (vgl. z. B. I 5 4 10 21 ff. und die Einschübe in I 8 11 21 7 ff. u. a. mit den ungeordneten Glossen im Baubericht). Am natürlichsten erscheint es, auch die Einschaltung der Prophetengeschichte I 12 33 —13 34, die erst in den fertigen Text erfolgte, und die der unächten Jesajaweissagung II 19 21 ff. (vgl. zu v. 29 ff.) R⁴ zuzuweisen. Dagegen rühren diejenigen Zusätze, welche direkt den Priestercodex zur Voraussetzung haben, schwerlich von R² her (vgl. z. B. הקדשים קדש im Baubericht I 6 16, die „Priester und Leviten" und die sonstige Terminologie des Priestercodex in I 8 1 ff., das Citat aus dem Priestercodex in I 18 31 u. anderes). Diese Zusätze fehlen z. T. noch in LXX. Es liesse sich erwarten, dass R² dann vom Standpunkt des Priestercodex aus sich nicht auf solche kleinen Zusätze beschränkt haben würde. Von einer systematischen Bearbeitung des Buches von diesem Standpunkt aus kann jedoch keine Rede sein: wie eine solche aussehen würde, zeigt die Chronik. Von hier aus erscheint es dann nicht als wahrscheinlich (s. o. S. XIII), dass diese zweite Redaktion später als das Ende des Exils angesetzt wird.

**IV. Der Text.** 1. Die Veränderungen, welche der Text nach der letzten Redaktion erfahren hat, gehören der Textgeschichte an. Ein Teil der Zusätze hat das gemeinsam, dass sie vom Standpunkt des Priestercodex aus gemacht sind (s. o.); andere wollen die schon im Text vorhandene Tendenz schärfer zum Ausdruck bringen (z. B. 11 21 3 ff.). Zahlreiche solcher Änderungen sind uns nur dadurch erkenntlich, dass LXX noch den unveränderten Text hat (z. B. I 8 1 ff.), wie umgekehrt LXX auch in ganz ähnlicher Weise Änderungen und Zusätze aufweist, die der hebräische Text nicht hat (vgl. z. B. I 9 3; S. 105 u. S. XVI). Es sind vor allem der Tempelbaubericht und einzelne Prophetengeschichten, welche solche Änderungen in grösserem Masse aufweisen; man kann geradezu das Interesse der Leser an gewissen Erzählungen nach der Zahl der Glossen etc. bis zu einem gewissen Grade bemessen. Abgesehen von den kleineren Änderungen zeigt uns die LXX, dass grössere Eingriffe stattgefunden haben bei der Salomo- und Jerobeamgeschichte, sowie bei der Chronologie und den Synchronismen. Für letztere vgl. unter V S. XVIII f. Was erstere anbelangt, so lässt der Bestand der Texte erschliessen, dass nicht nur Umstellungen in der Anordnung der einzelnen Geschichten etc. stattgefunden haben, sondern namentlich auch, dass die Dubletten, welche durch Vereinigung zweier Recensionen der betr. Geschichten (s. o. S. IX) entstanden waren, ausgeschieden wurden. Die Art und Weise wie dies geschah, macht es sehr wahrscheinlich, dass diese späteren Glossatoren, die von den Redaktoren benutzten Quellen zum Teil noch vor sich hatten, ein Umstand, der für die Wertung der Glossen überhaupt und insbesondere für die der Bearbeitung der Königsgeschichte in der Chronik von nicht geringer Bedeutung ist.

Zu diesen absichtlichen Änderungen und Zuthaten kommen dann die unabsichtlichen, die Missverständnisse der Leser und Abschreiber und die sonstigen mannigfachen Fehler der letzteren. Im Allgemeinen vgl. über solche Textänderungen WELLH., Text der BB. Samuelis 13 ff.

2. Die Hilfe zur Verbesserung des Textes kommt in erster Linie von der griechischen Übersetzung. Der Text der LXX ist allerdings auch stark verdorben worden. vgl. z. B. ΑΙΘΗ für ΑΙΘΟΥ (I 19) oder die Dublette in LXX Luc. II 4 34, wo neben der Übersetzung συνέκαμψεν noch das hebräische Wort selbst יגער = ΙΓΑΑΡ steht, welch' letzteres dann weiterhin in ΙΓΑΑΔ verdorben wurde. Zur Ermittelung der originalen LXX trägt unter den drei Hauptrecensionen des Textes der Alexandrinus fast gar nichts bei. Schon ein oberflächlicher Blick zeigt, dass er sich durch engsten Anschluss an Hebr. überall da auszeichnet, wo Vat. u. Luc. in Text oder Ordnung, durch Zusätze oder Auslassungen sich vom Hebr. entfernen. SILBERSTEIN (ZATW 1893, 1—75; 1894, 1—30) hat wahrscheinlich gemacht, dass der Ursprung dieser Textgestalt auf die Recension des Origenes zurückgeht. Vat. und Luc. zeigen sich beide unserem Text gegenüber in sehr vielen Fällen unabhängig und von ihm abweichend. Wenn das Mass der Abweichungen allein schon den Grad der Annäherung an den echten LXX-Text angiebt, so würde Luc. den Vorrang verdienen. Einen prinzipiellen Vorzug wird man aber keiner der beiden Recensionen geben können. Beide sind gelegentlich nach Hebr. zurechtgemacht, und die Fälle, wo wir dies nur nicht mehr konstatieren können, mögen nicht selten sein. Luc. zeigt eine gewisse Vorliebe für Dubletten, sowohl solcher, welche aus der hebräischen Vorlage stammen (z. B. I 1 41), als auch solcher, welche erst in den griechischen Text gekommen sind als doppelte Übersetzungen eines und desselben hebräischen Ausdrucks (vgl. z. B. I 1 36 40 II 1 34 s. o.).

3. Ein sehr schönes Beispiel für die Entwicklung, welche der Text durchmachte, bis er die Form des jetzigen Hebr. erhielt, bietet I 6 16—21.

Der Urtext — d. h. eben soweit wir den Text zurückverfolgen können — hat gelautet: ‏¹⁹ וַיִּבֶן אֶת־עֶשְׂרִים אַמָּה סֶיְרְכָתֵי הַבַּיִת לִדְבִיר*) ¹¹וַיַּרְצָפֵם בָּאַמָּה הָיָה הַהֵיכָל לִפְנֵי הַדְּבִיר‏ ²⁰ וְהַדְּבִיר עֶשְׂרִים אַמָּה אֹרֶךְ וְעֶשְׂרִים אַמָּה רֹחַב וְעֶשְׂרִים אַמָּה קוֹמָתוֹ*) ¹⁹ וַיַּעַשׂ סוּכָה אָרוֹן ²⁰ לִפְנֵי הַדְּבִיר(?)‏: ¹⁹ *Er baute 20 Ellen von der Hinterseite des Hauses zum Debir aus;* ²⁰ *und 40 Ellen mass*

*) Die Begründung weshalb alles andere als Zusätze ausgeschieden werden muss, s. bei der Erklärung der Stelle S. 44 ff.

*das Haus, d. i. der Hēkâl vor dem Debīr;* ¹⁰ *und der Debir war 20 Ellen lang, 20 Ellen breit und 20 Ellen hoch; und er errichtete einen Altar aus Cedernholz* ²¹ *vor dem Debir.*

Auf der zweiten Stufe, noch ehe sich die Varianten der Vorlage des Hebr. und der LXX ausgebildet, zeigt der Text folgende Zusätze: v. 16 hinter a) בִּצְלָעוֹת אֲרָזִים סְרָחַפְּרָקִע, רָחְהַקְּרוֹת eingefügt von einem, der das וָכֵן im Sinne von v. 15 auffasste und durch den ersten Teil des Zusatzes erklären wollte. v. 16 hinter b) לְקֹדֶשׁ הַקֳּדָשִׁים, erklärender Zusatz zu לִדְבִיר. v. 17 hinter c) den ganzen jetzigen v. 19 וּדְבִיר בְּתוֹךְ־הַבַּיִת מִפְּנִימָה הֵכִין, לָתֵת שָׁם אֶת־אֲרוֹן בְּרִית יהוה vom Rand hereingekommen als Dublette beziehungsweise erklärende Bemerkung zu v. 16. Dabei nahm dann der Abschreiber, der dies in den Text einschob — durch die beiden דְּבִיר, zwischen welche der Einschub zu stehen kam, irregeleitet — bei der Fortsetzung statt des einfachen וְהַדְּבִיר (v. 20) vielmehr das לִפְנֵי הַדְּבִיר vom Schluss des v. 17 wieder auf an den Anfang von v. 20, wo es zur Not hinpassen konnte und versah es mit einem וְ. v. 20 hinter d) וַיְצַפֵּהוּ זָהָב סָגוּר; v. 21 hinter e) וַיְצַף; וְזָהָב; v. 21 hinter f) der jetzige v. 22ᵃ: וְאֶת־כָּל־הַבַּיִת צִפָּה זָהָב עַד־תֹּם כָּל־הַבָּיִת, letztere Zusätze in majorem gloriam des salomonischen Werks (s. S. 35).

Die dritte Stufe wird repräsentiert durch die Vorlagen vom Hebr. und LXX, welche nun mehrfach auseinandergehen.

a) Die Vorlage der LXX zeigt folgende Änderungen: v. 16ᵃ aus בִּצְלָעוֹת אֲרָזִים ist durch Schreibfehler schliesslich das ganz unsinnige הַצֵּלָע הָאַחַת oder etwas ähnliches geworden, was Vat. und Luc. mit τὸ πλευρὸν τὸ ἓν wiedergeben. v. 16ᵇ ist sinulos verschrieben zu רֻבֶן סְרְבִיר לְקֹדֶשׁ הַקֳּדָשִׁים καὶ ἐποίησεν ἐκ τοῦ δαβείρ [Luc. add. τὸν τοίχον] εἰς τὸ ἅγιον τῶν ἁγίων. v. 19 Von den am Schluss von v. 17 und Anfang von v. 19 aufeinanderfolgenden Worten וּדְבִיר וְהַדְּבִיר [לִפְנֵי] ist das דְּבִיר ausgefallen und damit das folgende הֵכִין dann überhaupt ein Satzgebilde sein kann, musste fallen: κατὰ πρόσωπον τοῦ δαβείρ ἐν μέσῳ τοῦ οἴκου ἔσωθεν δοῦναι ἐκεῖ etc. v. 20 Die beiden ersten Worte וְלִפְנֵי הַדְּבִיר fehlen, vielleicht absichtlich weggelassen von einem Abschreiber, weil am Ende des Satzes (v. 21ᵇ) sich wiederholend. v. 20 fin. das letzte Wort אֶרֶז ist gestrichen, wohl wegen des Widerspruches mit der Angabe über den Tisch der Stiftshütte Ex 25 23.

b) Die Vorlage des Hebr. zeigt ganz abweichende Änderungen des Textes der zweiten Stufe: v. 17 zu הָיָה הַהֵיכָל ist die Dublette הַבַּיִת aufgenommen worden und mit demselben zum jetzigen Wortlaut הָיָה הַבַּיִת הוּא הַהֵיכָל verbunden worden. v. 17fin. und 19 in. von den beiden auf einanderfolgenden וְדְבִיר וּדְבִיר ist das erstere, הַדְּבִיר, ausgefallen (bei LXX das zweite!). Sodann ist zwischen beide Sätze der jetzige v. 18 eingeschoben worden, einer der vielen Zusätze zur Verherrlichung des Baus (fehlt in LXX). Dadurch ist das ohne Ergänzung unmögliche und sinnlose לִפְנֵי v. 17 Schluss entstanden. v. 20 fin. statt אֶרֶז hat וַיְצַף ein Abschreiber das in nächster Umgebung mehrfach wiederkehrende וַיְצַף geschrieben. v. 21 ...... וַיְצַף שְׁלֹמֹה אֶת־הַבַּיִת מִפְּנִימָה זָהָב סָגוּר (fehlt in LXX) ist hinter אֶרֶז סוֹגֵר eingeschoben und dieses dadurch von den dazugehörigen Worten לִפְנֵי הַדְּבִיר etc. getrennt worden. Die Worte waren als Dublette zu v. 22ᵃ auf den Rand geschrieben und sind dann an falscher Stelle in den Text gekommen. v. 22ᵇ ...... וְכָל אֲשֶׁר־לַדְּבִיר צִפָּה זָהָב ist hinter v. 22ᵃ eingeschoben worden (fehlt in LXX Vat. und Luc.); wie und warum der Satz hereingekommen ist, lässt sich nicht sagen, da der Text völlig unverständlich ist.

Als allerspäteste Veränderungen sind mit Sicherheit zu bezeichnen die Verderbnisse im Wortlaut der der dritten Stufe angehörigen Glossen, da vorauszusetzen ist, dass dieselben, als sie in den Text aufgenommen wurden, noch einen guten Sinn gaben. Es sind folgende:

v. 21: die zweite Hälfte der Glosse lautet jetzt וַיְעַבֵּר בְּרַתִּיקוֹת זָהָב, was unrettbar verdorben und unverständlich ist. v. 22ᵇ: וְכָל־הַמִּזְבֵּחַ ist unmöglich; der Debir hat keinen Altar. LXX Alex. hat noch statt dessen etwas anderes gelesen (ὅλον τὸ ἔσω). הַמִּזְבֵּחַ konnte in den Text hereinkommen, nachdem durch den Einschub von v. 21ᵃᵇᵃ die ursprüngliche Beziehung des זָהָב וַיְצַפֵּהוּ (21ᵇ fin.) auf den Altar zerstört war und so über die Vergoldung des Altars nichts bemerkt war. Der Korrektor verstand כָּל־הַבַּיִת (22ᵃ) vom ganzen Innern, Debir und Hēkâl zusammengenommen (während er ursprünglich wie v. 17

nur den Hekāl meinte), und konnte deshalb die ursprüngliche Notiz v. 22ᵇ über Vergoldung des Inneren des Debir für überflüssig resp. falsch ansehen. Auch die Verderbnis von פנה v. 19 in לפני darf hieher gerechnet werden.

**V. Die Chronologie.** Die Zeitrechnung für die Periode des Nebeneinanderbestehens beider Reiche wird auf doppelte Weise geführt: die Regierungsdauer jedes einzelnen Königs (mit Ausnahme der Athalja) wird angegeben, und der Regierungsantritt wird nach dem Jahr der Regierung des im Nachbarreich herrschenden Königs bestimmt (s. die Formel oben S. XIII). Die dadurch erreichte Sicherheit ist aber nur eine scheinbare; da beide Reihen, die Königszahlen und die Synchronismen in sehr vielen Fällen nicht übereinstimmen, wird uns dadurch gerade die Unrichtigkeit einer oder aller beider Reihen gezeigt. Die Frage nach der Glaubwürdigkeit der einzelnen Zahlen zu untersuchen, ist Sache des Historikers; hier sind nur die chronologischen Systeme auf ihren Ursprung, ihr Verhältnis unter einander und die Übereinstimmung ihrer Zahlen unter sich zu betrachten.

1. Dass die Königszahlen gegenüber den Synchronismen die ursprünglicheren sind, ist selbstverständlich. Letztere können nur ein Ergebnis der Berechnung sein. Erstere sind auch litterarisch die älteren. Denn die vielen Differenzen machen es unmöglich, beide Reihen von einer Hand abzuleiten. Die Synchronismen sind demnach der zweiten Redaktion zuzuschreiben, die Königszahlen sind von R¹ eingefügt. Ob derselbe sie teilweise in seinen Quellen gefunden, lässt sich nicht mit Bestimmtheit sagen; die Frage ist auch sehr nebensächlich, da nicht von ihrer Entscheidung der Wert der Zahlen abhängt, sondern umgekehrt nur die anderswoher zu erweisende historische Richtigkeit der Zahlen den einzigen Massstab für das wahrscheinliche Alter derselben abgiebt, den wir haben; — ein unsicherer Massstab überdies, da auch unrichtige Zahlen der alten Überlieferung angehören, richtige aus späterer Berechnung stammen können. Da die Königszahlen nicht dem chronologischen System von R² angehören, so sind sie auch nicht von diesem aus frei erfunden (so z. B. WELLH. Proleg.⁴ 276 f.). Wohl aber ist möglich, dass einzelne Zahlen von R² dem System angepasst wurden. In der jetzigen Überlieferung ist sehr auffallend die Thatsache, dass auch diese Königszahlen unter sich nicht übereinstimmen. Die Summe der Regierungsjahre beträgt 1) von der Reichsspaltung bis zum gleichzeitigen Tode Ahasjahus und Jorams bei den judäischen Königen 95 Jahre, bei den israelitischen 98 Jahre, 2) von da an bis zum Untergang des Nordreichs bei den judäischen Königen 165 Jahre, bei den israelitischen Königen 144 Jahre. Das ist nicht erst durch zufällige Textverderbnis nach der zweiten Redaktion so geworden, sondern schon R² hat diesen Thatbestand angetroffen. Dafür ist beweisend der Umstand, dass die Synchronismen in ihrer jetzigen Form nur begriffen werden können als Versuche, diesen Widerspruch auszugleichen.

2. Dass dies der Fall ist und dass die Synchronismen nicht lediglich auf andere Zahlen zurückgehen, beweist die Thatsache, dass in den Synchronismen zwei verschiedene Rechnungsweisen sich kreuzen, die mit denselben Zahlen verschieden operieren. Bei der einen in Hebr. häufigeren (im folgenden mit A bezeichneten) Rechenweise wird das Jahr des Regierungsantritts des neuen Königs, das das letzte des alten Königs ist, zugleich auch als erstes des neuen Königs gezählt, z. B. Nadabs Regierungsantritt im 2. Jahr Asas, dieses wird zugleich als 1. Jahr Nadabs gerechnet

und Asa 3 — Nadab 2 gesetzt: Baesa kommt nach zweijähriger Regierung Nadabs im
3. Jahr Asas auf den Thron. Ebenso wird in dem Abschnitt bis auf Athalja—Jehu
bei allen Königen gerechnet mit Ausnahme von Abia (s. u.) und Omri (s. zu I 16 23:
die Zahl 31 ist hier nach hinten und vorne ohne Zusammenhang in Hebr. und gehört
deutlich diesem System nicht an). Dem gegenüber findet sich bei Abia in Hebr.,
bei Ela—Simri, Omri—Ahab—Ahasja—Joram in LXX Luc. (z. T. auch Vat.) eine
andere Rechenweise (mit B im folgenden bezeichnet), bei welcher das Jahr des
Thronwechsels nur einmal gerechnet wird, und die Regierungszahlen demnach einfach
addiert werden können. Diese Rechnungsweise entspricht der uns geläufigen. Beide
Rechnungsweisen kommen natürlich bei einer längeren Reihe von Königen zu sehr
verschiedenen Resultaten.

3. Von hier aus gestalteten sich die Zahlenreihen der ersten Periode, wenn man
das 1. Jahr Jerobeams—Rehabeams = 1 setzt, nach A wie folgt:

| | Juda | | | | Israel | | |
|---|---|---|---|---|---|---|---|
| König | Regierungs-antritt | Re-gierungs-dauer | Zeit | König | Regierungs-antritt | Re-gierungs-dauer | Zeit |
| Rehabeam | | 17 | 1—17 | Jerobeam | | 22 | 1—22 |
| Abia | 18. Jerobeam | 3 | 17—19 | Nadab | 2. Asa | 2 | 22—23 |
| Asa | 20. Jerobeam | 41 | 19—59 | Baesa | 3. Asa | 24 | 23—46 |
| Josaphat | 4. Ahab | 25 | 59—83 | Ela | 26. Asa | 2 | 46—47 |
| Jehoram | 5. Joram | 8 | 83—90 | Simri | 27. Asa | 7 Tage | |
| Ahasjahu | 12. Joram | 1 | 91 | Omri | 31. Asa | 12 | 47—58 |
| | | | | Ahab | 38. Asa | 22 | 58—79 |
| | | | | Ahasja | 17. Josaphat | 2 | 79—80 |
| | | | | Joram | 18. Josaphat | 12 | 80—91 |

Bei dieser Rechenweise ist also eine Differenz zwischen beiden Reihen in der Gesamtsumme überhaupt nicht vorhanden. Die Synchronismen stimmen unter sich, aber
nicht mit den Königszahlen. Das rührt davon her, dass gleich die erste synchronistische
Zahl falsch ist, d. h. aus einer anderen Zahlenreihe stammt: Abias Regierungsantritt
im 18. Jahr Jerobeams. Von hier aus ist richtig weitergerechnet, nur von Asa auf
Nadab ist auf einmal nach B gerechnet, wenn nicht am Ende Jerobeam hier nur
21 Jahre hatte. Deshalb geben die folgenden Synchronismen der israelitischen Reihe
den Regierungsantritt um 2 Jahre zu früh an, bei Josaphat um 2 Jahre zu spät.
Ahasja und Joram sind im Verhältnis zu einander richtig berechnet, aber bei Ahasja
ist ein Rechenfehler gemacht, statt 17. Josaphat sollte es 19. heissen. Jehoram und
Ahasjahu mit ihren richtigen Angaben sind offenbar von hinten herein ausgerechnet,
nicht von Joram aus. Man sieht, die Synchronismen sind mühsam die eine immer aus
der vorhergehenden ausgerechnet worden, so dass in der Regel ein Fehler solange
fortwirkte, bis er durch einen andern korrigiert wurde.

Bei B ist die Differenz, wie oben erwähnt, 3 Jahre, welche die judäische Reihe
zu wenig hat. Dass auch nach dieser Rechenweise einmal die Synchronismen ausgerechnet waren, zeigen Reste derselben, die sich namentlich in LXX Luc. erhalten
haben. So ist von der fehlerhaften Notiz: Omris Regierungsantritt im 31. Jahr Asas
nach dem System B in Luc. weitergerechnet worden bis auf Joram (2. Jehorams).
Leider ist bei Jehoram die Sache dann nach Hebr. korrigiert, so dass wir nicht mehr

wissen, wie dieses System den ersten Teil schliessen liess. Bezeichnend ist, wie bei Ahasjahu korrigiert wurde: da derselbe 1 Jahr regierte, müsste er nach dieser Rechenweise schon im 11., nicht erst im 12. Jahr Jorams zur Regierung gelangt sein. Die erwähnte Differenz der beiden Reihen wurde hiebei dadurch ausgeglichen, dass Abia 6 Jahre (statt 3) erhielt (LXX Vat. und Luc. s. zu I 15 1). Dies hat dann zu dem merkwürdigen Anfang dieser synchronistischen Reihe geführt: Abia 18. Jahr Jerobeams, Asa 24. Jahr Jerobeams, dem aber im jetzigen Text weiter keine Folge gegeben ist.

4. Für den zweiten Zeitraum erhalten wir nach Rechnung A unter Nichtbeachtung der Synchronismen folgende Zahlen.

| Name | Reg.-Antritt | Reg.-Dauer | Zeit | Name | Reg.-Antritt | Reg.-Dauer | Zeit |
|---|---|---|---|---|---|---|---|
| Athalja |  | 6 | 91— 96 | Jehu |  | 28 | 91—118 |
| Jehoas | 7. Jehus | 40 | 96—135 | Joahas | 23. Jehoas | 17 | 118—134 |
| Amazja | 2. Joas | 29 | 135—163 | Joas | 37. Jehoas | 16 | 134—149 |
| Asarja | 27. Jorams | 52 | 163—214 | Jerobeam | 15. Amazjas | 41 | 149—189 |
| Jotham | 2. Pekahs | 16 | 214—229 | Sacharja | 38. Asarjas | ½ | 189 |
| Ahas | 17. Pekahs | 16 | 229—244 | Sallum | 39. Asarjas | 1 Mon. | 190 |
| Hiskia | 3. Hoseas | 6 | 244—249 | Menahem | 39. Asarjas | 10 | 190—199 |
|  |  |  |  | Pekahja | 50. Asarjas | 2 | 199—200 |
|  |  |  |  | Pekach | 52. Asarjas | 20 | 200—219 |
|  |  |  |  | Hosea | 12. Ahas | 9 | 219—227 |

Die Gesamtsumme der Regierungsjahre nach B berechnet ergiebt auf judäischer Seite 165, auf israelitischer 144. Auch hier liegen zweierlei Versuche, die Differenz zu beseitigen, in den Synchronismen vor. Der eine hat wiederum die Rechenweise A: ihm gehören die jetzt in Hebr. stehenden Synchronismen zunächst an: Joahas (dementsprechend muss Hebr. bei Jehoas 6. statt 7. Jahr Jehus gehabt haben), Amazja, Joas (37 ist Fehler für 39), Jerobeam, dann die zusammengehörigen Zahlen bei Pekahja, Jotham, Ahas; auch bei Pekach ist 52, das gar nicht in die Ordnung passt, Korrektur aus 51 von einem, der bei Pekahja einfach die 2 Jahre seiner Regierung zu den 50 Jahren Asarjas addierte. Bei diesem Synchronismus der letztgenannten Könige kann der Fall Samariens unmöglich unter Hiskia angesetzt gewesen sein, da die 9 Jahre Hoseas doch wohl für die Tradition feststanden, sondern er wurde auf das Ende der Regierung Ahabs berechnet. Die Thatsache, dass eine solche Berechnung wirklich vorhanden war, wird ganz unabhängig von unserem chronolog. System durch II 18 13 bewiesen (s. das.). Die damit schon um mindestens 7 Jahre verkleinerte Differenz verschwindet für A vollends, wenn wir von Sacharja bis Menahem seine Synchronismen gelten lassen. Wenn Jerobeam 41 Jahre regierte, fiel Sacharjas Thronbesteigung in das 29. Jahr Asarjas. Dass dafür in Hebr. und Luc. das 38. Jahr genannt wird, kann nicht nachträgliche Textverderbnis sein, da von dieser Zahl aus dann weiter gerechnet wird, aber auch nicht Rechenfehler. Man muss also annehmen, dass der Synchronist entweder hier Asarjas Regierung auf 52 Jahre angegeben las oder anderswoher diese Zahl entnahm. Die Regierung Menahems verlängert er um 2 Jahre (12 statt 10). Mit diesen Korrekturen erhält er folgende Zahlen: Jerobeam 149—200, Sacharja 200, Menahem 201—212, Pekahja 212—213, Pekah 213—232, Hosea 232—240; also Fall von Samarien im 12. Jahr Ahas' (s. o.).

Der andere Versuch hat zum Abschluss die Gleichung Hiskia 6 — Hosea 9.

Von hier aus rückwärts gerechnet (nach B) fällt der Regierungsantritt Hiskias in das 3. Jahr Hoseas; derjenige Hoseas in das 13. (nicht 12.) Jahr Ahas'. Die Differenz von 21 Jahren wird dadurch auf 11 Jahre reduziert, dass Jehu erst im 2. Jahr Athaljas König wird, also 2 Jahre Interregnum angenommen werden (LXX Luc. II 10 36), und weiterhin Pekahja 10 statt 2 Jahre erhält (LXX Luc. II 15 23). Wenn dann auch hier, wie man wohl annehmen darf, Jerobeams Regierung auf 52 Jahre (statt 41; s. o.) angesetzt war, so gleichen sich die beiden Reihen und wir erhalten folgende Regierungszeiten für diesen Synchronisten (als Todesjahr Jorams und Ahasjahus ist das Jahr 98 angesetzt: s. o.):

| | | | | | | |
|---|---|---|---|---|---|---|
| Athalja | 6 Jahre | 99—104 | Interregnum | 2 Jahre | 99—100 |
| Joas | 40 „ | 105—144 | Jehu | 28 „ | 101—128 |
| Amazia | 29 „ | 145—173 | Joahas | 17 „ | 129—145 |
| Asarja | 52 „ | 174—225 | Joas | 16 „ | 146—161 |
| Jotham | 16 „ | 226—241 | Jerobeam | 52 „ | 162—213 |
| Ahas | 16 „ | 242—257 | Sacharja[1]) | 1 „ | 214 |
| Hiskia | 6 „ | 258—263 | Menahem | 10 „ | 215—224 |
| | | | Pekahja | 10 „ | 225—234 |
| | | | Pekah | 20 „ | 235—254 |
| | | | Hosea | 9 „ | 255—263 |

Die zu diesem Schema gehörigen Synchronismen bei Hiskia und Hosea stimmen so mit den Königszahlen überein.

5. Die Summe der Regierungsjahre der judäischen Könige — nicht aber die Einzelzahlen, s. o. — gehört dem Zahlensystem an, welches die Geschichte in zwei Perioden von je 480 Jahren einteilt: die erste reicht vom Auszug bis zum Anfang des Tempelbaus, die zweite von da bis zum Ende des Exils. Dass die einzelnen Königszahlen zum Teil so zurecht gemacht sein mögen, dass diese Summe herauskam, ist schon oben bemerkt worden. Wenn diese Periodenrechnung von R² eingetragen ist (I Reg 6 1), so ist dieser natürlich nach dem Exil anzusetzen.

**VI. Litteratur.** 1. Zur Textkritik: STADE Der Text des Berichts über Salomos Bauten, ZATW 1883, 129—177; ders. Anmerkungen zu II Reg 10—14 und 15—21, ZATW 1885, 275—297; 1886, 156—189; ders. zu anderen einzelnen Stellen, ZATW 1884, 271—277; 1885, 165—175, 178; WINCKLER, KITTEL, s. unter 3. SILBERSTEIN Über den Ursprung der im Cod. Alex. und Vat. des dritten Königsbuches der alexandr. Übersetzung überlieferten Textgestalt, ZATW 1893, 1—75; 1894, 1—30.

2. Kommentare: BÄHR Komment. (LANGES theolog.-homilet. Bibelwerk VII) 1868; THENIUS Die Bücher der Könige (Kurzgef. exeget. Handb. z. AT IX), 2. A. 1873; KEIL Die Bücher der Könige, 2.A. 1876; KLOSTERMANN Die Bücher Samuelis und der Könige (Kurzgef. Kommentar von STRACK und ZÖCKLER A III) 1887; REUSS Das alte Testament, I, 1892, 280—387.

3. Zur Quellenkritik: Die verschiedenen Einleitungen in's AT; PREISS, W. VATKES Gesamtansicht über die Bücher Samuelis und der Könige, ZwTh 1885, 257 ff.; WELLHAUSEN Prolegomena, 4. A. 1895, 275 ff.; WINCKLER Beiträge zur Quellen-

---

[1]) Sacharja kommt 213 zur Regierung, regiert ein halbes Jahr, Menahems Regierungsantritt fällt dann für den Synchronisten ins folgende Jahr 214, dessen 1. Regierungsjahr ist also 215.

scheidung der Königsbücher (Alttest. Unters. 1892, 1—54); KITTEL Gesch. d. Hebr. II, 1892, 45 ff., 177 ff.

4. Zur Chronologie: BRANDES Abhandlungen z. Gesch. d. Orients, 1874; WELLHAUSEN Die Zeitrechnung d. Buchs d. Könige, JdTh XX 1875, 607—640; KREY Zur Zeitrechnung d. B. d. Könige, ZwTh 1877, 404—406; W. R. SMITH The Chronology of the Books of Kings, Journ. of Philol. XX, 1882, 209 ff.; ders. The Prophets of Israel, New Ed. 1895, 145—151; 400—406; 415—421; KAMPHAUSEN Neuer Versuch einer Chronol. d. hebr. Könige, ZATW 1883, 193—202; ders. Die Chronol. d. hebr. Könige, 1883; X.X. Bemerkungen über d. hebr. Chronol., ZwTh 1889, 348 ff.; KÖNIG Beiträge z. bibl. Chronol., ZWL 1884, 281 ff.; CORT De Regeeringsjaren v.d. Koningen, Biblioth. van Moderne Theologie 1896, 566 ff.; RÜHL Die Chronol. d. Könige von Israel und Juda, Deutsche Zeitschr. f. Geschichtswissenschaft 1895, 44—76, 171; NIEBUHR Die Chronol. d. Gesch. Israels etc., 1896; WINCKLER Zur bibl. Zeitrechnung in Alttest. Unters., 77—96; Art. z. Zeitrechnung in HbA und HERZOG, RE.

5. Ausserdem vgl. noch die Werke über die Geschichte Israels, welche sowohl die chronol. Fragen behandeln, als auch für manche Abschnitte der Königsbücher den Wert von Kommentaren haben.

# VERZEICHNIS DER SIGLA.

| | | | | | |
|---|---|---|---|---|---|
| Act | — Acta, Apostelgeschichte. | Jak | — Jakobusbrief. | Na | — Nahum. |
| | | Jdc | — Judices. | Neh | — Nehemia. |
| Am | — Amos. | Jdt | — Judith. | Num | — Numeri. |
| Apk | — Apokalypse. | Jer | — Jeremia. | Ob | — Obadja. |
| Bar | — Baruch. | Jes | — Jesaja. | Phl | — Philipperbrief. |
| Chr | — Chronik. | Jo | — Joel. | Phm | — Philemonbrief. |
| Cnt | — Canticum. | Joh | — Johannes. | Prv | — Proverbia. |
| Dan | — Daniel. | Jon | — Jona. | Ps | — Psalmen. |
| Dtn | — Deuteronomium. | Jos | — Josua. | Pt | — Petrusbriefe. |
| Eph | — Epheserbrief. | JSir | — Jesus Sirach. | Reg | — Reges. |
| Esr | — Esra. | Jud | — Judasbrief. | Rm | — Römerbrief. |
| Est | — Esther. | Koh | — Kohelet. | Rt | — Ruth. |
| Ex | — Exodus. | Kol | — Kolosserbrief. | Sach | — Sacharja. |
| Gal | — Galaterbrief. | Kor | — Korintherbriefe. | Sam | — Samuel. |
| Gen | — Genesis. | Lev | — Leviticus. | Sap | — Sapientia Salomonis. |
| Hab | — Habakuk. | Lk | — Lukas. | Th | — Thessalonicherbriefe. |
| Hag | — Haggai. | Mak | — Makkabäer. | Thr | — Threni. |
| Hbr | — Hebräerbrief. | Mal | — Maleachi. | Tim | — Timotheusbriefe. |
| Hes | — Hesekiel. | Mch | — Micha. | Tit | — Titusbrief. |
| Hi | — Hiob. | Mk | — Markus. | Tob | — Tobias. |
| Hos | — Hosea. | Mt | — Matthäus. | Zph | — Zephanja. |

| | |
|---|---|
| BL | — Schenkel's Bibel-Lexikon. |
| HbA | — Riehm's Handwörterbuch des bibl. Altertums. |
| JdTh | — Jahrb. f. deutsche Theologie. |
| JpTh | — Jahrbücher f. protest. Theologie. |
| MNDPV | — Mittheil. u. Nachr. des Deutsch. Palästina-Vereins. |
| RE | — Herzog's Real-Encyklop. |
| SBOT | — Haupt's Sacred Books of the Old Testament. |
| StK | — Theol. Studien u. Kritiken. |
| StW | — Theol. Studien aus Württemberg. |
| ThJ | — Tübinger Theol. Jahrb. |
| ThLZ | — Theol. Litteraturzeitung. |
| ThT | — Theol. Tijdschrift. |
| ZSchw | — Meili's Theol. Zeitschrift aus der Schweiz. |
| ZhTh | — Zeitschr. für historische Theologie. |
| ZlTh | — Zeitschr. für lutherische Theologie und Kirche. |
| ZPK | — Zeitschr. für Prot. u. Kirche. |
| ZTh | — Tübinger Zeitschr. f. Theologie. |
| ZThK | — Zeitschr. für Theol. u. Kirche. |
| ZWL | — Luthardt's Zeitschr. für kirchl. Wissenschaft u. kirchl. Leben. |
| ZwTh | — Hilgenfeld's Zeitschrift f. wissenschaftl. Theologie. |
| ZATW | — Stade's Zeitschr. f. alttestamentl. Wissenschaft. |
| ZDMG | — Zeitschr. der Deutsch. Morgenl. Gesellschaft. |
| ZDPV | — Zeitschr. des Deutsch. Palästina-Vereins. |

# Erster Teil.
# Geschichte Salomos
1 Reg 1—11.

## A. Ausgang der Geschichte Davids Cap. 1 und 2.

### 1. Salomos Salbung Cap. 1.

Über die Zugehörigkeit dieses Stückes zu den „Davidgeschichten" 1 Sam 16 14 ff. vgl. die Einleitung. Der historische Wert der Erzählung wird bei einem Vergleich mit dem Bericht der Chronik am deutlichsten erkennbar: dort (1 Chr 28) ist es Jahwe, der Salomo zu Davids Nachfolger erwählt und dies David offenbart. David selbst setzt ihn in feierlicher Versammlung des Volkes als König ein, und jedermann im Volke freut sich dessen. Hier in der Erzählung des Königsbuchs geht alles überaus menschlich zu; nicht Gott ist es, der Salomo auf den Thron beruft, sondern menschliche Intrigue verhilft ihm zum Königtum; nicht Rücksicht auf Recht oder Volkswohl bestimmt seine Wahl, sondern persönliche Interessen sind es, die bei Salomos Parteigängern im Vordergrund stehen; nicht alle Welt ist mit Salomos Krönung einverstanden, sondern das Volk (2 15) und eine mächtige Partei am Hofe wünscht Adonia als König. Dass der Berichterstatter nicht der Partei Salomos angehörte, ist ganz deutlich. Ein offizieller Reichshistoriograph oder ein überzeugter Parteigänger Salomos hätte die Erzählung etwa in der Art der Chronik (mutatis mutandis) gestaltet; womit natürlich nicht behauptet sein soll, dass der Chronik eine alte Quelle zu Grunde liegen müsse. Das Recht der Erbfolge ist nach unserem Erzähler auf Seiten Adonias; wenn die alten treuen Diener Davids, ein Joab und ein Abjathar, für ihn eintreten, so haben sie das Wohl des jungen Staates im Auge und sind nicht Empörer wie ein Absalom. Dass dieser Bericht nicht unter Salomos Regierung verbreitet werden konnte, ist klar, ebenso aber, dass er in letzter Linie auf einen Mann zurückgeht, der den Ereignissen nicht ferne stand. Damit soll nicht gesagt sein, dass der Verfasser über alle Einzelheiten des Vorgangs ganz genau unterrichtet war, beispielsweise dass er über den Wortlaut der Verhandlungen vor David genaues wusste. Aber jedenfalls bieten auch die Einzelheiten seines Berichts nichts, was der Historiker aus inneren Gründen als unmöglich oder unwahrscheinlich ablehnen müsste.

**1** Die Copula ], mit welcher das Buch beginnt, ist ein äusseres Zeichen dafür, dass die Erzählung ursprünglich nicht selbständiger Anfang eines neuen Buches war, sondern sich an eine vorangehende Geschichte Davids anschloss. Weder sprachlich (vgl. Gen 24 1) noch sachlich ist KLOSTERMANNS Annahme gerechtfertigt, dass ein Vordersatz ausgefallen sei des Inhalts, dass David krank war. David ist זָקֵן בָּא בַּיָּמִים, *ein in die Tage gekommener Alter*, eine gebräuchliche Redewendung, vgl. besonders Gen 18 11. Nach der Chronologie der biblischen Bücher (I Reg 2 11 vgl. mit II Sam 5 4 5) zählte er 70 Jahre. Sein hohes Alter erklärt zur Genüge seine physische und geistige Schwäche; er liegt auf seinem Lager (1 47) und alle *Decken* (בְּגָדִים) vermögen ihn nicht zu erwärmen. וְלֹא יִחַם לוֹ nach GES.-KAUTZSCH[26] § 111c wäre eigentlich Perfectum zu erwarten (vgl. v. 4 וְהַמֶּלֶךְ לֹא יְדָעָהּ); den Text mit KLOSTERMANN in וְלֹא חַם zu korrigieren, liegt jedoch kein genügender Grund vor. Zur Form חַם vgl. GES.-KAUTZSCH[26] § 67 g. **2** Eine schöne Jungfrau soll dem König mit ihrem jugendfrischen Leibe die schwindende Lebenskraft stärken, ein weitverbreiteter Glaube der Alten, vgl. GALENUS, method. med. 8 7. Zu der ächt semitischen Nominal-Apposition נַעֲרָה בְתוּלָה vgl. GES.-KAUTZSCH[26] § 131b. לַאדֹנִי הַמֶּלֶךְ ist stehende Phrase und darum trotz dem Plural der Satzumgebung beizubehalten (LXX Alex. und Vulg. korrigieren לַאדֹנֵינוּ). Ebenso ist die direkte Anrede in der 2. Person בְּחֵיקֶךָ nicht mit LXX (μετ' αὐτοῦ = בְּחֵיקוֹ) zu ändern; der Wechsel der Person hat für das hebräische Sprachgefühl nichts Befremdliches, vgl. den umgekehrten Fall in v. 21. **3** Die Wahl fällt auf Abisag von *Sunem*, jetzt *Sôlem* in der Ebene Jesreel am Südwestfuss des *Nebî Dâḥi* (BAEDEKER, Paläst.⁴ 270). Nach ihr wird die Heldin des Hohen Lieds als *Sulamit = Sunamitin* bezeichnet (Cnt 7 1). **4** Aber der altersschwache Greis vermag der Liebe nicht mehr zu geniessen. Diesen Sinn der Bemerkung וְהַמֶּלֶךְ לֹא יְדָעָהּ hat schon JOSEPHUS (Ant. Jud. VII 14 3) richtig verstanden. Als blosse Erklärung dafür, dass Adonia nachher die Abisag zum Weibe begehrt — so fassen es die meisten Erklärer — wäre die Bemerkung ziemlich überflüssig. Dass Abisag noch Jungfrau ist, macht wohl für unser modernes sittliches Gefühl das Verlangen Adonias weniger anstössig, aber ändert an der bei der Beurteilung durch Salomo wie überhaupt bei seinen Zeitgenossen massgebenden Thatsache nichts, dass Abisag Kebsweib Davids und Glied seines Harems war. Es ist deshalb auch 2 13 ff. diese „Entschuldigung" für Adonia mit keiner Silbe angedeutet (s. zu 2 22).

Im Bisherigen sind die Zustände an Davids Hof geschildert, die allein das Folgende begreiflich und möglich machten; nun kann die Erzählung der Ereignisse selbst einsetzen. Ein Gedankensprung, eine Lücke, die man mit KLOSTERMANN durch die Notiz ergänzen müsste, dass Adonia oder gar Salomo sich in Abisag verliebte, liegt also keineswegs vor. **5** Adonia tritt als Thronfolger auf, ganz wie seinerzeit Absalom. Er ist auch der legitime Erbe des Thrones; die ihm nicht unbekannten (s. zu 1 10) Intriguen der Favoritin in Davids Harem, Bathseba, rechtfertigen es, wenn er zum Voraus seine Massregeln trifft und sich als Thronfolger zeigt: er schafft sich Wagen mit Pferden und Läufer an. An Kriegswagen und Reiter, also an eine Leibwache Adonias, mit der er etwa seine Ansprüche auf den Thron durchzusetzen gedachte, ist nicht zu denken, das verbietet schon die Parallele mit II Sam 15 1 und die Erwähnung der Läufer, die (so z. B. in Ägypten heute noch) zum Wagen eines Vornehmen gehören. Vielmehr soll das fürstliche Auftreten des Prinzen geschildert werden; auf rossebespanntem Wagen zu fahren, war im alten Israel etwas selteneres, ein Vorrecht des Fürsten (vgl. Jer 17 25; II Sam 15 1). Allerdings ist רֶכֶב וּפָרָשִׁים gewöhnlich Bezeichnung von Streitwagen und

Reitern. Will man hier nicht die keineswegs unmögliche andere Bedeutung annehmen, so kann man mit KLOSTERMANN nach II Sam 15 1 מֶרְכָּבָה וְסוּסִים korrigieren, wofür leicht dem Schreiber die geläufigere Phrase in die Feder kommen konnte. 6 Sein Vater lässt ihn gewähren. וְלֹא עֲצָבוֹ wird durch II Sam 13 21 LXX gesichert; die ganze Erzählung blickt offenbar auf die Absalomgeschichten zurück (vgl. v. 5); eine Änderung des Textes (KLOSTERMANN עֲצָרוֹ) ist deshalb nicht statthaft, LXX Vat. u. Alex. ἀπεκώλυσεν und Luc. ἐπετίμησεν gehen nicht auf eigene Lesarten (עֲצָרוֹ resp. גָּעַר) zurück, sondern sind als ausdeutende Übersetzungen des Hebr. zu erklären. Zu מִיָּמָיו *an einem seiner Tage* — je einmal vgl. GES.-KAUTZSCH²⁶ § 119 w N. 1. Dass der Vater ihn so gewähren liess, stimmt schlecht zu der Behauptung der Bathseba (1 13), dass David dem Salomo die Thronfolge zugedacht. Dazu spricht sonst Vieles für Adonia: *auch er* war ein schöner Mann, wie mit KLOSTERMANN zu übersetzen sein dürfte wegen der oben erwähnten Beziehung des Berichts auf die Absalomgeschichten; und vor allem hat er für sich das Erbrecht. Adonia ist Davids vierter Sohn (II Sam 3 4); da Kileab jung gestorben zu sein scheint — er wird nirgends sonst mehr erwähnt — so war nach Amnons und Absaloms Tod Adonia der nächstberechtigte Erbe. Zu אֹתוֹ יָלְדָה ergänze etwa אִמּוֹ wie Num 26 59; dass Adonias Mutter Haggith nicht auch die Mutter Absaloms war (II Sam 3 4), macht dies nicht unmöglich, da überhaupt nur unser Sprachgefühl eine eigentliche Ergänzung verlangt, nicht aber das Hebräische, für welches der Ausdruck auf einer Linie steht mit der sonst häufigen Verwendung der 3. Pers. Masc. Sing. im Sinne des unpersönlichen „man". Auf die Mutter kommt es im Zusammenhang gar nicht an, sondern nur darauf, dass Adonia nach Absalom der Nächstälteste ist. 7 Auf Adonias Seite steht Joab, der alte Feldhauptmann (1 19 u. a.), und Abjathar, der Hauptpriester und alte Parteigänger Davids (I Sam 22 20ff. 23 9ff.), beides treu ergebene Diener des Königs, deren Parteinahme nicht nur für die Legitimität der Ansprüche Adonias, sondern auch gegen die Annahme einer gegenteiligen Bestimmung von Seiten Davids spricht. וַיַּעְזְרוּ אַחֲרֵי (LXX Vat. u. Alex. ἐβοήθουν ὀπίσω) ist zu übersetzen entweder: *sie unterstützten die Partei des A.*, oder: *sie leisteten Hilfe als Partei des A.*; zum absoluten Gebrauch von עזר im letzteren Fall vgl. I Chr 12 21 עֲזָרוּ עִם דָּוִיד, vielleicht ist auch reciprokes Niph'al יֵעָזְרוּ zu lesen: *sie leisteten einander Hilfe als Partei von A.* KLOSTERMANNS Textänderung וַיַּנְגֹּרוּ מֵאַחֲרֵי אֲדֹנָיהֶם „sie fielen ab von ihrem Herrn" ist sprachlich unnötig und sachlich unrichtig, da der Erzähler das Vorgehen Adonias und seiner Genossen gerade nicht als „Abfall" oder „Empörung" erscheinen lassen will (s. auch 1 9). 8 Zu Salomo halten die Rivalen von Abjathar und Joab: Zadok, der zweite Priester Davids (s. 2 35), Benaja, der Befehlshaber der Leibwache (II Sam 8 18 u. a.) und damit die Leibwache selbst, die „Krether und Plether" (1 38), oder wie sie hier genannt werden, die *gibborim*, die von David geschaffene stehende Truppe, die den Kern des Heeres bildete (BENZINGER Archäol. 358); ferner der Prophet Nathan, unter dessen besonderem Einfluss Salomo aufgewachsen war (II Sam 12 25); endlich Simei und Rei, zwei unbekannte Persönlichkeiten jedenfalls von Bedeutung, vielleicht hervorragende Offiziere der Leibwache. Die Übersetzung bei LXX Luc. (Σαμαιας; καὶ οἱ ἑταῖροι αὐτοῦ οἱ ὄντες δυνατοί) rührt von falscher Worttrennung (רעי הגבורים statt ורעי הגבורים) her; man darf also nicht mit KLOSTERMANN darin eine abweichende Lesart erblicken und diese dann in ורעי ושלמה zurückverbessern. „Salomo und seine Freunde" sind überdies in dieser Aufzählung der Anhänger Salomos ganz unmöglich; die Angeführten sind ja eben die „Freunde" Salomos selbst. Dagegen würde die Lesart ושמעי רעה המלך (so JOSEPHUS: ὁ Δαουίδου φίλος) sachlich sich sehr empfehlen, da „*Freund des Königs*" Titel eines hohen Beamten ist (II Sam 15 37; 16 16; vgl. zu I Reg 4 5).

**9f.** Adonia versammelt seine Anhänger bei einem Opfermahl, wenn auch nicht gerade, wie Nathan und Bathseba (1 25) ihm unterschieben, um sich bei Lebzeiten Davids zum König ausrufen zu lassen, so doch jedenfalls um seine Thronfolge vorzubereiten. Das Fest findet statt beim *Schlangenstein* אבן הזחלת neben der *Walkerquelle* עין רגל. Letztere lag auf der Grenze von Juda und Benjamin (Jos 15 7; 18 16), nach JOSEPHUS (Ant. VII 14 4) „ausserhalb der Stadt im Königsgarten" und wird mit aller Wahrscheinlichkeit in dem heutigen *Bir Ejûb* („Hiobsbrunnen") im Südosten von Jerusalem, bei der Vereinigung des Josaphat- und Hinnomthales gesucht (s. Plan von Jerusalem). Möglicherweise ist, was auch der Name empfehlen würde, damit identisch der *Drachenbrunnen* (Neh 2 13). Den Schlangenstein hat man in einem Felsenweg beim Dorfe Siloa unter der Benennung *eṣ-Zaḥwêle* finden wollen, dann müsste aber die Walkerquelle mit dem Marienbrunnen identisch sein (vgl. BAEDEKER Paläst.¹ 99). Der Platz erscheint als ein Haupttheiligtum des alten Jerusalem: neben der heiligen Quelle steht der heilige Pfeiler (*maṣṣēba*), der „Schlangenstein", dessen Name in merkwürdiger Weise an die eherne Schlange im Tempel erinnert. Dass כל־אנשי יהודה עבדי המלך, *alle in königlichen Diensten stehende Judäer*, sowie die königlichen Prinzen alle ausser Salomo zu Adonia halten, spricht ebenfalls für sein gutes Recht; der Gegensatz zwischen den Judäern und der meist aus Fremden bestehenden Leibwache ist leicht verständlich (vgl. II Sam 19 10-15 40-44). Salomo und seine Partei werden nicht geladen, ihre Ansprüche sind also Adonia bekannt.

**11f.** Nathan und Bathseba ergreifen diese günstige Gelegenheit. Nathan erscheint als das treibende und leitende Element, Bathseba mehr oder weniger als das Werkzeug in seinen Händen. Nathan giebt der, wie es scheint, nichts ahnenden Königin Bericht über Adonias Opfermahl in etwas übertriebener Form: *Adonia ist König geworden* (מלך), es geht jetzt uns Leben; Adonias erstes wird sein, den Bruder, der nach dem Thron getrachtet, und dessen Mutter und Parteigänger unschädlich zu machen. **13** Der Plan wird fein angelegt: Bathseba soll den König „erinnern", dass er Salomo den Thron zugeschworen habe. Davon erfahren wir sonst nirgends etwas (abgesehen von der aus unserem Wort herausgesponnenen Erzählung 1 Chr 28 5-9); möglich ist, dass Bathseba dem König einmal ein solches Versprechen abgeschmeichelt, möglich ist aber auch, dass beide im Vertrauen auf die völlige geistige Schwäche des Königs dieses Versprechen nur vorgaben. Sicher ist, dass David keinerlei dahinzielenden Auordnungen getroffen und insbesondere seine Beamten und das Volk nicht von einer solchen Absicht unterrichtet hatte; sonst wäre die Parteinahme des Hofs für Adonia unerklärlich. Über כִּי zur Einführung der direkten Rede vgl. Ges.-Kautzsch[26] § 157b. **14** Zur rechten Zeit will dann Nathan sich einstellen und Bathseba unterstützen. Zur Konstruktion von הִנֵּה אַתָּה מְדַבֶּרֶת (LXX richtiger וְהִנֵּה, vgl. v. 22) vgl. Ges.-Kautzsch[26] § 116 u. וּמִלֵּאתִי *rollmachen = bekräftigen*.

**15** Bathseba spielt ihre Rolle meisterhaft. Sie begiebt sich zum König in sein Privatgemach (*Schlafgemach* חֶדֶר), das der altersschwache Greis nicht mehr verlässt. Zur Lokativform חַדְרָה vgl. Ges.-Kautzsch[26] § 90c. וְהַמֶּלֶךְ זָקֵן מְאֹד ist nicht als „überflüssig" und „zweckwidrig" mit Klostermann in חָזַק מְעַט, *er war ein wenig besser geworden*, zu korrigieren. Der wiederholte Hinweis auf des Königs Schwäche erklärt vielmehr zunächst die auffallenden Umstände, dass der König seiner Gemahlin wie dem Propheten diese Audienz in Staatsangelegenheiten in seinem Schlafzimmer erteilt, dann aber wohl auch im Sinne des meisterhaft fein darstellenden Erzählers die noch auffallendere Thatsache, dass es den Verschworenen ohne weiteres gelingt, ihre Pläne durchzusetzen. מְשָׁרַת ist nach der Masora als Femininum für מְשָׁרֶתֶת zu lesen; vgl. Ges.-Kautzsch[26] § 80d. **17** אֲדֹנִי, setze mit LXX und Syr. hinzu הַמֶּלֶךְ, vgl. v. 13 18 20 u. öft. **18** Das zweite וְעַתָּה ist mit LXX u. a. Verss. in וְאַתָּה zu verbessern, was allein sinngemäss ist. *Adonia ist König geworden, und du mein Herr König solltest das nicht wissen?* **20** *Und doch bist du es, auf den die Augen des Volkes gerichtet sind* u.s.w., d. h. ohne deinen Willen kann keiner dein Nachfolger werden, und hätte auch Adonia sich nicht zum König ausrufen lassen können. **21** *Und nun wird die Folge sein, dass ich und Absalom ... als Verbrecher dastehen*. Die Pointe aller Reden Bathsebas und Nathans ist die, dass beide sich stellen, als könnten sie wie alle Welt nichts anderes denken, als dass Adonia mit Einwilligung Davids handelt (vgl. v. 13[b] *warum ist das geschehen*, nicht etwa: „hast du denn dazu überhaupt deine Einwilligung gegeben?"). Das Gegenteil, dass man bei Lebzeiten des Königs ihn einfach ignoriert und als altersschwachen Greis bei Seite schiebt, soll als ganz undenkbar erscheinen. Auch LXX Luc. versteht den Zusammenhang so, wenn sie der Bathseba die Äusserung in den Mund legt: *dies ist wohl vom Könige so angeordnet worden*, mit der Begründung: *denn die Augen des Volks* u. s. w. (Zusatz zu Hebr. hinter v. 19: καὶ εἰ διὰ τοῦ κυρίου μου τοῦ βασιλέως γέγονε τὸ πρᾶγμα τοῦτο; ὅτι οἱ ὀφθαλμοὶ u. s. w.). Für die Ursprünglichkeit dieses Zusatzes würde sprechen, dass auf diese Weise der Zusammenhang zwischen v. 18 und 20, der jetzt durch v. 19 etwas gestört wird, klarer ist und dass es der Absicht des Erzählers entsprechend erscheint, Bathseba und Nathan möglichst das Gleiche sagen zu lassen. Jedenfalls ist, wenn der Zusatz sekundär aus v. 21 heraufgenommen ist, diese Heraufnahme nicht dem gedankenlosen Versehen eines Abschreibers zuzuschieben, sondern mit Bewusstsein und in der Absicht, diesen Sinn deutlicher hervortreten zu lassen, geschehen. Die Stellungnahme der Bathseba ist klug gewählt: der König steht als eidbrüchig da, die Schuld an Bathsebas und Salomos Untergang hat er zu tragen, in den Augen des Volkes hat er abgedankt — das alles muss ihn noch mehr aufbringen gegen Adonia, dessen Vorgehen als ganz unglaublicher Frevel hingestellt ist. Die Übersetzung bei KAUTZSCH (Adonia ist König und du weisst es nicht ... auf dich sind *nun* die Augen des Volks gerichtet .... *sonst* stehen wir als Verbrecher da) giebt zwar einen guten Zusammenhang der Verse und einen erträglichen Sinn, wenn auch unter Verkennung der Pointe; aber diese Auffassung des ] (v. 21 — *sonst*) hat ihre Bedenken, die analogen Fälle Ps 51 18 143 7 Hi 6 14 sind nicht unzweifelhafter Natur. **22 23** Bei Nathans Eintritt entfernt sich der Sitte gemäss Bathseba (s. 1 28). Auch Nathan stellt sich, als ob er nicht anders denken könne, als dass David das Geschehene angeordnet: **24** *Du selbst hast (jedenfalls) angeordnet* (so richtig KLOSTERMANN, nicht fragend wie bei KAUTZSCH), das erschliesst Nathan aus dem Thatbestand **25** כִּי יָדַי u. s. w. **26** Zu אֲנִי לִי vgl. GES.-KAUTZSCH 26 § 135 g. An וְלִשְׁלֹמֹה עַבְדֶּךָ nimmt LXX Luc. (und KLOSTERMANN) Anstoss und korrigiert τὸν υἱόν σου. Nathan dürfe nicht so von dem Prinzen reden; aber selbst wenn der Ausdruck nicht von der orientalischen Etikette erfordert würde, wäre er hier wie 1 19 sehr am Platz im Gegensatz zu dem Benehmen des Adonia, der den „Herrn" spielt. **27** Die Frage drückt nicht den Zweifel aus (s. oben zu v. 21), sondern ist die bescheidene Form, in welche Nathan seinen Vorwurf einkleiden muss, dass der König über den Kopf seiner Diener weg in so wichtiger Angelegenheit gehandelt. LXX Luc. verdeutlicht auch hier diesen Sinn durch die Übersetzung διὰ τίνα οὐκ ἐγνώρισας. Mit dem Kᵉtîb lies עֲבָדֶיךָ, der Singul. des Ḳᵉrê und der LXX würde eine wenig wirkungsvolle persönliche Gereiztheit ausdrücken.

**28** David an seiner Ehre als Mann von Wort und als König angegriffen, lässt sich überrumpeln. Er lässt Bathseba rufen (Nathan entfernt sich wieder v. 32). „erinnert" sich **30** an den früheren Eid und erneuert ihn mit dem Hinzufügen, dass derselbe heute noch Wahrheit werden soll. Die Schwurformel **29** ist gleichlautend mit II Sam 4 9. **31** Bathseba dankt mit dem üblichen „der König lebe ewig"; zur Konstruktion אַפִּים אֶרֶץ vgl. GES.-KAUTZSCH 26 § 156 c. **32 33** Hierauf giebt der König Befehl. Salomo auf das Maultier, das der König gewöhnlich ritt (vgl. BENZINGER Archäol. 38 223) zu setzen und unter dem Schutze seiner Leibwache (עַבְדֵי אֲדֹנֶיכָם wie II Sam 20 6), der Krether und Plether (1 38), *zum Gichon* zu führen, der heutigen „Marienquelle" im Kidronthal am Ostabhange des Tempelberges (vgl. BAEDEKER Paläst.⁴ 98).

Der Name גִּחוֹן oder גִּיחוֹן kommt abgesehen von dem Paradiesflusse Gichon (Gen 2 13) nur in unserer Erzählung (1 38 45) und II Chr 32 30 33 14 vor, an ersterer Stelle ist „die Quelle G." גִּיחוֹן genannt, welche zwei Ausflüsse habe. Wegen בְּגִיחוֹן v. 45 will KLOSTERMANN G. als Name eines Orts und nicht einer Quelle fassen (ebenso KAMPHAUSEN bei KAUTZSCH an unseren Stellen). Allein dass dies nicht notwendig ist, beweisen Ausdrücke wie בְּעֵין „bei der Quelle" (I Sam 29 1, wo KLOSTERMANN allerdings anders lesen will), בְּנַחַל „an dem Fluss" (Jdc 18 4, vgl. auch Hes 10 15). Auch die Bedeutung des Namens („Sprudler") spricht dafür, dass G. jedenfalls ursprünglich Bezeichnung einer Quelle, und höchstens sekundär Bezeichnung des Platzes bei dieser Quelle war. Das Wort steht übrigens ohne Artikel, hat also seinen Appellativcharakter verloren und ist ganz zum Eigennamen geworden. Statt עָלַי ist mit BAER und dem Ḳᵉrê zu lesen עָלֶיהָ. KLOSTERMANNS Erklärung, dass עָלַי der Rest von תְּפִלָּה גִּיחוֹן sei, ist deshalb unnötig. Der Targ.

Jon. giebt לשילא, ein anderer alter Targ. „nach der Wasserleitung, welche aus dem Gichon nach dem Siloah fliesst" (ed. LAGARDE p. XX). Die Tradition bringt also den Gichon in engste Verbindung mit Siloah, ja identificiert beides; mit Recht, denn der Gichon kann kaum anderswo gesucht werden, als in der heutigen Marienquelle (entsprechend dem „oberen Ausfluss des Gichon" II Chr 32 30), von wo der Siloahkanal zum Siloahteich führt (s. Plan von Jerusalem). Der Name Gichon scheint später ganz durch die Bezeichnung Siloah verdrängt worden zu sein (JOSEPHUS Bell. jud. V 41); s. auch zu II Reg 20 20.

**34** Dort soll Zadok den Salomo salben. Offenbar war auch die Gichonquelle ein Hauptheiligtum des alten Jerusalem. וְנָתָן הַנָּבִיא ist späterer Einschub in majorem gloriam des Propheten, wie Saul und David soll auch Salomo von einem Propheten gesalbt sein; aber die Salbung kann nur von *einem* vollzogen werden (vgl. 1 39). **35** *Denn ihn* (und nicht Adonia) *bestimme ich zum Fürsten*; LXX Vat. u. Alex. geben καὶ ἐγὼ ἐνετειλάμην = וַאֲנִי צִוִּיתִי (LXX Luc. καὶ αὐτῷ ἐντελοῦμαι). Beides, LXX und Hebr., sind Verdeutlichungen des Urtextes, welcher nur וְצִוִּיתִי hatte. Hebr. und Luc. treffen dabei den richtigen Sinn. Die Formel „Fürst über Israel und Juda" beweist, wenn dies überhaupt noch nötig wäre, wie frei der Erzähler mit den Reden umgeht, die er den handelnden Personen in den Mund legt. **36** Der Befehl wird ausgeführt. Statt יֹאמַר כֵּן אָמֵן *Amen, so sage Jahwe* giebt LXX Vat. und Alex. πιστώσαι ὁ θεός = אָמֵן; Luc. verbindet, wie häufig, beide Lesarten: πιστώσαι ὁ θεὸς τοὺς λόγους τοῦ κυρίου μου τοῦ βασιλέως· οὕτως εἶπεν κύριος ὁ θεός u. s. w. **38** *Krether und Plether* bezeichnet die Leibwache Davids, die *gibborim* (1 8 10); erstere sind nach I Sam 30 14 Zph 2 5 Hes 25 16 ein philistäischer Stamm, letztere vermutlich ebenso. Die der überwiegenden Mehrzahl nach philistäischen Söldner haben der Truppe den Namen gegeben. **39** Mit dem heiligen Salböle aus *dem* Zelte, d. h. natürlich aus dem von David für die Lade Jahwes errichteten heiligen Zelte (II Sam 6 17), wird Salomo gesalbt. Die alte Zeit ging noch nicht so skrupulös mit dem heiligen Öle um, wie der Priesterkodex (Ex 30 22–32), und vergönnte dem König auch davon. **40** Laut jubelnd geleitet das Volk Salomo in den Palast zurück. מְחֹלְלִים בַּחֲלִלִים übersetzen LXX Vat. u. Alex. mit ἐχόρευον ἐν χοροῖς, lasen also מְחֹלְלִים בִּמְחֹלוֹת, Luc. stellt wieder beide Lesarten nebeneinander: ἐχόρευον ἐν χοροῖς καὶ εὐφραινόμενοι εὐφροσύνῃ μεγάλῃ ηὔλουν ἐν αὐλοῖς καὶ ἔχαιρον χαρᾷ μεγάλῃ. Das hyperbolische „die Erde barst" (וַתִּבָּקַע, ἐρράγη, LXX Vat.) ist von Luc. und HIERON. abgeschwächt worden (ἤχησεν, insonuit), vielleicht hat LXX Luc. auch hier (wie 1 45 und I Sam 4 5) וַתֵּהֹם gelesen.

**41** Der Lärm dringt zu Adonia und seinen Genossen, die eben das Opfermahl beendet haben, und versetzt sie in Aufregung. Der Text der Frage Joabs ist verdorben. Einen Fingerzeig zur Herstellung giebt LXX Luc. τίς ἡ φωνὴ τῆς βοῆς; ἠχεῖ μέγα. Dies ist offenbar wieder eine Dublette, entstanden durch Verschmelzung von הַתְּרוּעָה (הַזֹּאת) מַדּוּעַ הַקִּרְיָה הוֹמָה + מַה קוֹל הַתְּרוּעָה (מֵאֹד) und הַקִּרְיָה sind gleich gelesen worden (auch in 1 45 hat LXX Luc. הַתְּרוּעָה statt הַקִּרְיָה gelesen); der eine Schreiber (Vorlage des Hebr.) hat beidemal הַקִּרְיָה, der andere (Vorlage von Luc.) beidemal הַתְּרוּעָה gelesen, daher die verschiedenartige Zusammenziehung. **42–48** Jonathan, der Sohn des auf Adonias

Seite stehenden Ebjathar, bringt ihnen aus der Stadt die Kunde von dem, was geschehen ist. Das dreimalige גַּם zeichnet das hastige, stückweise Erzählen. **45** Wie in v. 34 ist die Erwähnung Nathans jedenfalls späterer Einschub: die Erzählung wird ursprünglich gar kein Subjekt genannt haben und beide Namen sind spätere unrichtige Ergänzungen. **48** Zu נָתַן זֶרַע geben LXX den erklärenden Zusatz ἐκ τοῦ σπέρματός μου, der aber nicht nötig und nicht ursprünglich ist, wie 24 zeigt.
**49** Gewaltiger Schrecken ergreift die Genossen Adonias; sie eilen nach Hause. **50** Adonia selbst muss für sein Leben fürchten: er flüchtet sich ins Heiligtum und umklammert die Hörner des Altars, d. h. die hornähnlichen Aufsätze in den vier Ecken des Altarsteins (vgl. BENZINGER Archäol. 379). Damit ist er Schützling Gottes geworden, dessen Leben für jedermann unantastbar ist. **51** Salomo soll ihm erst mit einem Schwur das Leben zusichern, was der König auch thut **52**, aber nach dem Erzähler in einer sehr vorsichtigen Form, die ihn für die Zukunft recht wenig bindet, ja ihm sogar zum passenden Vorwand für Adonias Beseitigung werden kann. Adonia wird vom Hofe verbannt, dies der Sinn des königlichen Befehls: *gehe in dein Haus*.

## 2. Davids letzter Wille und Tod 2 1—12.

Darüber, dass v. 2—4 nachdeuteronomisch ist, kann kein Zweifel sein; Wort für Wort gehört dem charakteristischen Sprachbestand des Dtn an. Das ganze ist ein schönes Beispiel der vom Verfasser der Königsbücher so sehr beliebten Paränesen (vgl. Einleitung III).

Inbetreff der vv. 1 und 5—9 sind dagegen die Ansichten geteilt. Doch sprechen auch hier gewichtige Gründe für späten Ursprung. Inhaltlich stimmt dieses Testament Davids nicht zu dem Charakter desselben, wie ihn der Verfasser der Davidgeschichten in I und II Sam zeichnet. Dem altersstumpfen und fast unzurechnungsfähigen Greis von Cap. 1, der sich auf nichts mehr besinnen kann, sehen derartig raffinierte Erwägungen nicht gleich. Vor allem aber ist der Erzähler von 2 13—46 anderer Ansicht über den Grund aller dieser Vorgänge. Er teilt zwar ganz objektiv die offizielle Begründung mit, wonach Joab für seine Mordthaten und Simei wegen Ungehorsams, in letzter Linie wegen seiner Frechheit David gegenüber gestraft wird. Aber er lässt deutlich merken, dass er dies als Vorwände ansieht und den wahren Grund anderswo sucht, nämlich in der Parteinahme der beiden für Adonia. Schon die Zusammenstellung mit der Tötung Adonias wegen hochverräterischer Pläne und der Absetzung Ebjathars wegen Beihilfe dazu zeigt dies, vgl. v. 22ᵇ. Der Erzähler spricht als seine Meinung aus, dass die Sicherung des Thrones Salomos der gewollte Erfolg der Massregeln ist (v. 35 LXX 46), und legt Salomo wiederholt seinen Feinden gegenüber das Wort in den Mund, dass sein Throne feststehen soll (v. 24 33 45). Bei Joab sagt er ausdrücklich, dass er als Parteigänger Adonias für sein Leben fürchten muss (s. zu v. 28). Dazu kommt noch ein äusserer Grund: Vor v. 36 ff. (Bestrafung Simeis) hat LXX Luc. u. Vat. mit der Einleitung καὶ ἐν τῷ ἔτι τὸν Δαουιδ ζῆν ἐνετείλατο τῷ Σαλ. λέγων die Anordnung Davids in Betreff Simeis wiederholt. Wer das hier schrieb, hat offenbar nicht unmittelbar vorher das Testament Davids gelesen. Dies lässt sich um so sicherer behaupten, als dieser zweite Bericht (S²) nicht eine aus irgendwelchem zufälligen Grunde hierher versprengte Dublette ist, sondern mit den in LXX vorangehenden Versen (2 1-14 LAGARDE = 2 35a-o SWETE) einer eigenen Textrecension (S²) angehört, welche nicht nur in Beziehung auf die Anordnung sondern inhaltlich auch bedeutende Abweichungen vom hebr. Text und dessen griechischer Übersetzung (S¹) aufweist (vgl. Einleitung III und zu I Reg 11—14). Dass S² die Verse 2 1-12 nicht hatte, zeigt auch der weitere Rest, der uns von S² hier erhalten ist: 2 1 hat bei LXX Luc. folgenden Wortlaut: καὶ ἐγένετο μετὰ ταῦτα καὶ ἀπέθανε Δαουιδ καὶ ἐκοιμήθη μετὰ τῶν πατέρων αὐτοῦ. Καὶ ἐνετείλατο τῷ υἱῷ αὐτοῦ Σαλ. ἔμπροσθεν τοῦ θανάτου αὐτοῦ λέγων u. s. w. Hier wird also der Tod Davids gleich hinter 1 53 erzählt; die zweite Vershälfte musste dann die Einschiebung der folgenden Erzählung hier ermöglichen. Der Vers kann nicht von derselben Hand wie v. 10 stammen, aber auch nicht später hinzugefügt sein. Vielmehr schloss sich in S² an v. 1ᵃ ursprünglich eine Bemerkung wie v. 12 über Salomos Regierungsantritt (steht jetzt vielleicht in 2 46¹ SMEND = 2 37 LAGARDE). Nur die für sich allein (d. h. nicht hinter 2 13-36 und in Verbindung damit) erzählte Hinrichtung Simeis wurde in S² auf einen Befehl des sterbenden David zurückgeführt. Demnach wird man das ganze Testament Davids als ein spätes Erzeugnis ansehen dürfen, das hervorging aus dem Bestreben, Salomos grausame Politik zu beschönigen und ihn als den Friedenskönig, an dessen Händen kein Blut klebt (II Chr 22 8-10), darzustellen. Bei Simeis Tötung, deren politischer Charakter am wenigsten hervortritt, mochte diese Erklärung am leichtesten einsetzen. Für quellenmässig halten das Stück KOENEN, DRIVER, CORNILL u. a., für jungen Einschub REUSS, WELLHAUSEN, KAMPHAUSEN bei KAUTZSCH.

V. 11-13 enthalten statistische Notizen von der Hand des Redaktors.

**1** Beim Herannahen des Todes giebt David seinem Sohne die letzten Aufträge, zuvörderst **2—4** Ermahnungen in erbaulichem Stil: *sei ein Mann* (LXX Luc. verdeutlichend ἀνὴρ δυνάμεως = אִישׁ חַיִל) und halte die Gebote Gottes. Die zahlreichen Wendungen, in denen dieser Gedanke ausgedrückt wird, sind alle deuteronomistisches Sprachgut: וְשָׁמַרְתָּ אֶת־מִשְׁמֶרֶת יהוה = Dtn 11 ı Jos 22 3 (Dtn); לָלֶכֶת בִּדְרָכָיו = Dtn 8 6 10 ı2 u. o.; לִשְׁמֹר חֻקֹּתָיו u. s. w. = Dtn 4 40 u. o.; עֵדוֹת = Dtn 4 45 u. a.; לְמַעַן תַּשְׂכִּיל = Dtn 29 8 Jos 1 7ᵇ; בְּכָל־לְבָב וּבְכָל־נֶפֶשׁ = Dtn 4 29 u. o. Die Verheissung, auf welche v. 4 Bezug nimmt, steht in der ebenfalls deuteronomistischen Stelle II Sam 7 12ff. Das zweite לֵאמֹר ist als irrtümliche Wiederholung zu streichen.

**5—9** Die Aufträge selbst. **5** Joabs Schuld liegt in dem, was er Abner und Amasa gethan (II Sam 3 27 20 10): die Mordthaten haben den König mit Blutschuld beladen (s. z. v. 31); dieser hatte die Pflicht, das vergossene Blut zu rächen, durfte das aber nicht wagen (vgl. II Sam 3 28ff. bes. 39). Joab hat *Kriegsblut im Frieden vergossen*, das darf nicht ungerächt bleiben; er hat sich mit *unschuldigem Blut* befleckt (statt des zweiten דְּמֵי מִלְחָמָה, das keinen Sinn giebt, weil „Kriegsblut" keine Rache begründet, ist mit LXX Alex. u. Luc. דְּמֵי חִנָּם wie v. 31 zu lesen. s. das.). LXX Luc. hat in v. 5ᵇ überall Suffixe der ersten Person, auf David gehend. Der richtige Gedanke, dass David die Verantwortung für das vergossene Blut zu tragen hat, wird auf diese Weise schärfer ausgedrückt. Wenn übrigens die Erzählung historisch sein sollte, so wäre das ganze doch nur Ausfluss einer nackten Rachsucht, die nur schlecht verschleiert wurde durch diese Vorwände. **6** Salomo in seiner Weisheit wird schon einen Weg finden, Joab zu beseitigen, natürlich mit einem Schein des Rechts, dass die Sache nicht als reiner Mord aussieht. *Du wirst nicht* (תוֹרֵד) ist nicht als Jussiv, sondern als defektiv geschriebener Indicativ zu fassen, s. GES.-KAUTZSCH²⁶ § 109d) *sein graues Haar in Frieden zur Scheol hinabfahren lassen*. s. zu v. 9. **7** Barsillais Söhne sollen von Salomo ihren Unterhalt in natura bekommen (so ist der Ausdruck *vom Tisch des Königs essen* gemeint), die gewöhnliche Form der Gehälter und Pensionen jener Zeit (vgl. II Sam 9 7 u. a.). Damit wird die Treue belohnt, die Barsillai dem König in schwerer Zeit gehalten (vgl. II Sam 17 27 ff. 19 33 ff.) **8** Bei derselben Gelegenheit hat Simei aus Bachurim den König geschmäht (vgl. II Sam 16 5ff. 19 17ff.). Bachurim lag nach II Sam 16 5 17 18 am Wege von Jerusalem nach Jericho; der alte Weg ist noch nachzuweisen, der Ort selbst wird mit einiger Wahrscheinlichkeit in einer namenlosen Ruine bei *Bîr Zennāki* im oberen *Wadi er-Rawābi* südlich vom Dorfe *el-'Isawîje* gesucht (vgl. KASTEREN ZDPV XIII 101 ff.). David hat Simei zwar verziehen und ihm geschworen: „ich werde dich nicht töten"; 9 aber Salomo ist durch den Wortlaut des Eides, der II Sam 19 24 allerdings anders angegeben wird, nicht gebunden. LXX Luc. liest אנכי, um durch Hervorhebung des Subjekts die Pointe schärfer hervortreten zu lassen. Auch hier wie v. 6 der Hinweis auf Salomos Weisheit, von der der Erzähler eine nicht unzutreffende Vorstellung hat (s. z. 3 4–15). Er wird schon eine αἰτία εὔλογος (JOSEPHUS) finden. Die hässliche Geschichte ist KLOSTERMANN doch zu stark; also wird der Text „verbessert" und כי יש אשם בו „wenn Schuld bei ihm ist" gelesen! *Mit Blut* soll er zur Unterwelt fahren (vgl. v. 6); noch in Scheol sieht man es den Erschlagenen an den Blutflecken an, welches Todes sie gestorben sind; ihr Los in den Winkeln Scheols ist schrecklich (Hes 32 23).

10–12 Redaktionelle Notiz über Davids Tod und Regierungszeit. Die „Stadt Davids", in welcher dieser begraben wird, bedeckte den Südteil des Osthügels (s. Plan, vgl. BENZINGER Archäol. 44f.). Sein Grab, nach alter Sitte in nächster Nähe des Palastes angelegt, ist also am Tempelberg und zwar nach Neh 3 16 oberhalb von Siloah zu suchen; ebenso THEODORET zu unserer Stelle: JOSEPHUS berichtet, τὸ δὲ μνῆμα παρὰ τῆς Σιλωὰμ εἶναι, was wir allerdings nicht mehr bei ihm finden. Hyrkan und Herodes beraubten die Gräber ihrer Schätze und ihres Schmuckes (JOSEPHUS Ant. XIII 8 4 XVI 7 1). 11 Die Angabe einer siebenjährigen Regierung über Juda findet sich auch II Sam 5 4f., die 33 Jahre Regierung über Gesamtisrael dürften der Wahrheit ziemlich nahe kommen, wenngleich die 7 + 33 = 40 Jahre dem ganzen System angehören.

### 3. Die Beseitigung von Salomos Feinden 2 13–46.

Die Erzählung erscheint jetzt mit Cap. 1 zusammen als Schluss der Davidgeschichten und wird von allen Kritikern auch derselben Quelle wie Cap. 1 zugewiesen. Ganz sicher ist dies jedoch nicht, vgl. Einleitung II. Jedenfalls gehört die Geschichte der Hinrichtung Simeis v. 36–46 mit den anderen Geschichten ursprünglich nicht zusammen. Sie steht in keinem innern Zusammenhang mit ihnen. Die Beseitigung der Gegner hängt enge mit der Thronbesteigung zusammen; erst dadurch wird Salomo unbestrittener Herr und sein Thron gesichert. Aber die Simeigeschichte hat damit sachlich nichts zu thun: auch zeitlich fällt die Hinrichtung Simeis drei Jahre später. Dazu kommen äussere Gründe: S² hat, wie S. 8 näher gezeigt ist, die Geschichte nicht im Zusammenhang mit den Massregeln gegen Adonia, Joab, Ebjathar, sondern für sich allein stehend in der Salomogeschichte erzählt. Die Zusammennahme der Simeigeschichte mit den anderen Hinrichtungen dürfte gleichzeitig sein und auch von derselben Hand herrühren, wie die Einschiebung des „Testamentes Davids" 2 1–9. Sobald die Begründung von Simeis Hinrichtung (in S² s. oben S. 9) auf die anderen ausgedehnt wurde, gehörte auch die Ausführung von Davids Willen zusammen.

An der historischen Glaubwürdigkeit des Berichts zu zweifeln, liegt kein Grund vor. Im Unterschied von 2 5–9 werden hier die Mordthaten nicht als Racheakte, sondern ganz deutlich als zur Sicherung des Thrones Salomos geschehen bezeichnet (s. o. S. 8). Solche Beseitigung des unterlegenen Thronprätendenten und der Häupter seiner Partei entspricht ganz den Gepflogenheiten orientalischer Herrscher aller Zeiten und passt zu Salomos sonstiger Regierung und seinem Charakter. Der Erzähler sucht nichts zu beschönigen, verrät aber auch keine Parteinahme gegen Salomo, sondern berichtet objektiv. Doch könnte die Zurückführung der Hinrichtung Simeis auf David vielleicht schon von ihm stammen (s. S. 9). Über die Vorgänge am Hof erscheint der Erzähler gut unterrichtet.

**13—25 Die Beseitigung Adonias.** Adonia giebt durch eine grosse Unvorsichtigkeit Salomo den willkommenen Anlass, ihn mit einem Schein des Rechtes zu töten. **13—14** Er wünscht Abisag von Sunem für seinen Harem zu erhalten und greift es dabei ganz schlau an, indem er sich zuerst an Bathseba wendet; sie soll beim König die Sache anregen. Übrigens hat dies vielleicht noch seinen besonderen Grund darin, dass der Königin-Mutter die Leitung des Harem unterstand, wie noch heute an orientalischen Höfen. Bathseba ist begreiflicher Weise erstaunt über den Besuch des Gegners *(bedeutet dein Kommen etwas gutes?)*, lässt sich aber durch die kluge Unterwürfigkeit gewinnen, mit welcher **15** Adonia das Königtum Salomos als nach Gottes Willen zu Recht bestehend anerkennt. Dass die intrigante Witwe auch am Ehestiften ihre Freude hat, ist begreiflich; für ihre Klugheit spricht nicht, dass sie sich (hier wie Cap. 1) so leicht als Werkzeug für die Pläne anderer gebrauchen lässt. **19—21** Sie geht also zum König. Das Ceremoniell der Audienz ist sehr bezeichnend: Salomo erhebt sich, geht ihr entgegen, verneigt sich vor ihr, was man nur vor viel höher stehenden Personen that, und lässt für sie einen Thronsessel zur Rechten des Königsthrons aufstellen. Ein Vergleich mit der Etiquette bei der Audienz der Favoritin des Königs (1 16) zeigt den hohen Rang, den auch am israelitischen Hofe, wie an allen orientalischen Höfen bis auf unsere Zeit herab, die Königin-Mutter einnahm. Sie darf auch ohne weiteres **20** selbst das Wort ergreifen (die Gemahlin des Königs muss wie jeder Unterthan auf die Anrede des Königs warten 1 15b), und dem König Adonias Wunsch als ihre eigene Bitte vortragen. **21** Zur Konstruktion אֶת־יֻתַּן vgl. Ges.-Kautzsch²⁶ § 121 a. **22** Salomo durchschaut besser als seine Mutter den Sinn der Bitte: beim Tode des Herrschers fällt sein Harem an den Nachfolger; Adonias Begehren bedeutet ein hochverräterisches Anstreben eines neuen Rechtstitels auf den Thron (vgl. II Sam 16 21 f.), auf den er als der ältere schon vorher Anwartschaft hat. Salomo vermutet eine neue Verschwörung: *er (Adonia) und Abjathar und Joab haben eine Verabredung mit einander.* Den jetzt unverständlichen Text umschreibt der Targ. Jon. mit הלא בעיצא הוא, was eben diesen Sinn hat und darauf deutet, dass ursprünglich דָּבָר am Schlusse des Verses stand, wie 17, wo dasselbe Wort für dieselbe Sache gebraucht ist. Dafür hat dann LXX חָבֵר gelesen „ihm ist Abjathar etc. Bundesgenosse" und darnach den Text geändert, dass er passte. **23** Mit dem Leben soll Adonia seine hochverräterische Absicht büssen. **24** In וישיבני ist das zweite י als Schreibfehler zu streichen. Statt לִי ist besser mit Klostermann לוֹ (auf David gehend) zu lesen: mit Salomos Thronbesteigung hat Jahwe David und nicht Salomo „ein Haus gegründet", wie denn auch an David diese Verheissung ergeht II Sam 7, 11 27. לִי ist durch unwillkürliche Gleichmachung mit den anderen Suffixen entstanden. **25** Benaja vollzieht das Urteil.

Dass Adonia wirklich hochverräterische Pläne hatte, ist jedenfalls nicht die Meinung des Erzählers. Es würde dann auch sein Verlangen unbegreiflich unklug sein. Sein Vorgehen erscheint vielmehr arglos, aber sehr unvorsichtig, und von Salomo erhält man den Eindruck, dass ihm die Sache einen willkommnen Anlass zur Beseitigung Adonias bot. So nach dem Wortlaut der Verhandlungen und der Ansicht des Erzählers; die Möglichkeit ist aber zuzugeben, dass überhaupt die ganze Geschichte nur zur Rechtfertigung der Tötung Adonias ersonnen ist. Den Verhandlungen der drei haben jedenfalls keine Zeugen angewohnt, und nur was Salomo und Bathseba als Grund der Hinrichtung ihrem Hofstaat mitzuteilen für gut fanden und durch ihn verbreiten liessen, kann die Quelle des Berichterstatters gebildet haben. Dass die Staatsklugheit Salomo die Beseitigung Adonias und seiner Parteigenossen vielleicht empfahl, soll damit nicht bestritten werden. Jedenfalls können auch diese Geschichten zeigen, in welcher Richtung Salomos gepriesene Weisheit lag.

**26—27 Ebjathars Absetzung.** Adonias Tod ist nur das Signal zur weiteren Unschädlichmachung seiner Parteigänger, ein Beweis für die Richtigkeit der Erklärung von v. 22. 26 Ebjathars Leben wird in Erinnerung an die David bewiesene Treue (vgl. I Sam 22 20 ff.) verschont; an der heiligen Person des Priesters vergriff sich der König doch wohl nicht gerne ohne einen bessern Vorwand, als den v. 22 geäusserten Verdacht. Er wird aber in seine Heimat nach Anathot verbannt. Hebr. בַּיּוֹם הַזֶּה לֹא אֲמִיתֶךָ enthält implicite die Drohung, dass die Gnade des Königs widerruflich ist, wenn Ebjathar sich abermals verräterische Umtriebe sollte zu schulden kommen lassen. Statt אָרוֹן ist nach I Sam 23 6 9 30 7 14 3 18 אֵפוֹד zu lesen, denn ein Gottesbild mit dem Orakel, nicht die Lade Jahwes begleitete David bei seinen Zügen. Die Korrektur ist mit voller Absicht gemacht. 27 Der deuteronomistische Redaktor sieht in dieser Strafe eine Erfüllung der ebenfalls deuteronomistischen Weissagung I Sam 2 27-36. Das Priestertum der Zadokiden (s. v. 35), für spätere Anschauungen streng genommen illegitim, weil sie mit den Eliden nicht verwandt sind und ihre Würde rein der Willkür Davids und Salomos verdanken, ist auf diese Weise sanktioniert worden.

**28—35 Joabs Ende.** Das Gerücht von dem Geschehenen setzt Joab in Schrecken 28, er flüchtet sich zum Altar. Der Zwischensatz mit כִּי giebt den Grund hiefür an: er ist Adonias Parteigänger, wenn er auch an Absaloms Aufstand nicht beteiligt war. Der Erzähler sieht sich veranlasst, den wahren Grund für die Tötung Joabs anzudeuten. Officiell, möchte man sagen, wird dieselbe als wohlverdiente, wenn auch verspätete Strafe für das von ihm vergossene Blut dargestellt (v. 32); der Erzähler aber weiss es besser, dass nämlich Joab als Parteigänger Adonias fallen muss. Das, meint er, geht schon aus Joabs Benehmen hervor, der sich flüchtet, eben weil er nach diesen vorhergegangenen Geschichten sein Los als Genosse der beiden anderen ahnen kann. Die Bemerkung, dass er bei Absaloms Aufstand sich nicht beteiligt, erklärt sich durch die Bezugnahme auf die Geschichte Simeis, welcher eben die Teilnahme an demselben büssen muss. Über das Asylrecht der Heiligtümer s. zu 1 50. 29 Salomo schickt kurzerhand Benaja ab, Joab zu töten. LXX hat hier die Sache noch etwas weiter ausgemalt. 30 Benaja scheut sich, das Heiligtum mit Totschlag zu entweihen, Joab weigert sich, dasselbe zu verlassen; so giebt Salomo ausdrücklichen Befehl 31, ihn im Heiligtum zu töten, doch soll ihm ein Grab nicht versagt sein. Die Verweigerung des Grabs ist das schlimmste, was einem alten Hebräer geschehen kann; ruhelos müssen die Geister der Unbegrabenen umherschweifen, in Scheol müssen sie in den Winkeln fern von den Angehörigen ihres Geschlechts sich herumtreiben (Hes 32 23 u. a.). Zu v. 31ᵇ vgl. v. 5. **32** *Jahwe wird sein Blut auf sein Haupt zurückfallen lassen.* Vergossenes Blut fordert Rache; wo aber die Obrigkeit einen mit dem Tode straft, da gilt: דָּמוֹ עָלָיו, d. h. er hat selbst die Verantwortung für seinen Tod (vgl. v. 37; II Sam 1 16 u. o.). So hier bei Joab: sein Blut fordert keine Rache, da es vergossen wird zur Blutrache für Abner und Amasa. Der Erzähler, der hier so ausführlich die Mordthaten Joabs anführt, hat offenbar v. 5 u. 6 nicht unmittelbar vorher geschrieben, sonst hätte er die Wiederholung vermieden. Bemerke übrigens die Unterscheidung von Israel und Juda, ein Beweis, dass dieser Bericht erst einige Zeit nach der Reichsspaltung geschrieben wurde. **33** Auf diese Weise kommt auch Abners und Amasas Blut auf Joabs Haupt zurück. Davids Haus und Thron aber hat Frieden und Ruhe (s. o. zu v. 5). **34** Der Befehl wird ausgeführt und Joab dann in seinem Hofe in der Steppe begraben, wohl in der Nähe von Bethlehem, wo das Geschlecht der Isaiden zu Hause war. Das Familiengrab legte man in alter Zeit auf eigenem Grund und Boden in der Nähe des Hauses an (vgl. I Sam 25 1; BENZINGER Archäol. 164). **35** Joabs Nachfolger wird sein Henker Benaja. Ebjathars Amt erhält Zadok, beide alte Parteigänger Salomos (1 8).

**36—45 Simeis Bestrafung.** Dass auch Simei unschädlich gemacht wird, beweist, dass er ein Mann von Einfluss und Bedeutung war; um kleine Leute unter seinen Gegnern hat sich Salomo, wie es scheint, nicht gekümmert. Dass er als Parteigänger Adonias sich hervorgethan, ist nirgends angedeutet. **36** Er wird in Jerusalem interniert; wenn er das Weichbild der Stadt verlässt und auch nur den Bach Kidron im Osten der Stadt seiner alten Heimat Bachurim zu überschreiten, ist er des Todes. Zur Formel דָּמְךָ בְרֹאשֶׁךָ vgl. v. 32. **38 39** Drei Jahre hält Simei das Gebot des Königs, dann entlaufen ihm zwei Sklaven zu dem aus der Davidgeschichte (1 Sam 21 13 ff. u. a.) bekannten Fürsten Achis nach Gath, einer der fünf philistäischen Hauptstädte, deren genaue Lage (zwischen Ekron und Asdod) unsicher ist. **40** Er geht dorthin, erlangt die Auslieferung seiner Sklaven (woraus man aber nicht schliessen darf, dass Gath unter Salomos Oberherrschaft stand) und kehrt trotz der drohenden Strafe nach Jerusalem zurück. **41—43** Salomo zögert nicht, die auch hier willkommene Gelegenheit zu benutzen. Von einem Schwur ist v. 37 im Hebr. nichts berichtet, LXX hat ihn dann nach unserer Stelle dort eingefügt. וַתֹּאמֶר אֵלַי טוֹב ה fehlt in LXX Vat., ein schönes Beispiel der ausmalenden Auffüllungen. **44** Der wahre Grund, aus welchem Simei den Tod verdient, ist aber nicht dieser Ungehorsam — das verhehlt ihm Salomo nicht — sondern seine Feindschaft gegen das davidische Haus. Der Wortlaut des Hebr. אַתָּה יָדַעְתָּ אֵת כָּל־הָרָעָה enthält eine auffallende Tautologie: *du kennst alles das Böse, dessen dein Herz sich bewusst ist,* und macht den Eindruck einer Dublette יָדַע לְבָבְךָ אֵת כָּל־הָרָעָה + אַתָּה יָדַעְתָּ אֵת כָּל־הָרָעָה אֲשֶׁר עָשִׂיתָ. Wie man auch hier das Ärgernis, dass Salomo um seines Vaters Eid (II Sam 19 24) sich nicht kümmert, durch „Textverbesserung" beseitigen kann, zeigt KLOSTERMANN: „*nun habe ich* erkannt deine ganze Bosheit, dass sich dein Herz bewusst war, *dass du bei Jahwe einen Meineid schwurst*". Damit ist die Sache ins gerade Gegenteil verkehrt: nicht Salomo, sondern Simei verletzt wissentlich den Eid bei Jahwe, nicht für seinen Frevel an David, sondern als überwiesener Meineidiger leidet Simei den Tod. KLOSTERMANN hätte aber dann nicht beisetzen sollen: „dass es so kam, ist ein Beweis für Salomos Weisheit"; das verdirbt die ganze Ehrenrettung wieder. Zu 45 (inhaltlich = v. 33ᵇ) s. oben. 46 Die Bemerkung „und so wurde das Königtum in *Salomos Hand befestigt*" ist hier am richtigen Platz (in LXX zwischen v. 35ᵃ u. ᵇ). Dass sie den Abschluss der Erzählung in Cap. 2 bildet und nicht den Anfang von Cap. 3, hat KLOSTERMANN richtig erkannt.

## B. Die Regierung Salomos Cap. 3—11.

### I. Salomos Weisheit und Herrlichkeit 3 1—5 14.

**1 Salomos Heirat.** Salomo verschwägert sich mit dem König von Ägypten. Der Name der Prinzessin und ihres Vaters sind nicht überliefert. Dass es sich um einen der unmittelbaren Vorgänger von Sisak handelt, geht aus 11 40 hervor, s. z. d. St. Interessant ist die Notiz über den Mauerbau. Der Wortlaut (סָבִיב) zeigt, dass es sich um eine Mauer um die ganze Stadt handelt. Ausser der „Stadt Davids" auf dem Osthügel war schon unter David der südliche Teil und der Ostabhang des Westhügels bebaut und zwar, wie es nach unserer Stelle scheint, als offene Stadt, die erst von Salomo in die Mauer einbezogen wurde. Diese sogen. „erste Mauer" blieb bis zum Exil stehen; ihren mutmasslichen Lauf s. auf dem Plan von Jerusalem.

Der Satz steht hier am unrechten Ort. Jedenfalls gehört nach dem festen Schema des Redaktors die Nachricht erst hinter v. 3. S² hat sie allerdings auch ganz am Anfang der Salomogeschichte. S¹ dagegen verbindet diese Notiz (mit leichter Textänderung) mit dem Bericht über die Eroberung der die Mitgift der Prinzessin bildenden Städte durch den Pharao (Hebr. 9 16) und bringt beides hinter Hebr. 5 14. Da auch S² die Notizen über die Bauten in Jerusalem und diesen Städten, welche Hebr. 9 15-17 stehen, im Zusammenhang mit der Verheiratung Salomos darbietet, darf man dies als ursprünglichen (d. h. spätestens vom Redaktor hergestellten) Zusammenhang ansehen. Die Notiz dem alten Erzähler abzusprechen und dem Redaktor zuzuschreiben (KAMPHAUSEN bei KAUTZSCH), liegt kein Grund vor.

**2 3 Das Urteil des Redaktors über Salomo.** Nach dem in der Einleitung (III) über das streng eingehaltene Schema der Königsbücher Gesagten ist von vornherein auch bei Salomo als Anfang seiner Geschichte (entsprechend dem Schluss 11 41-43) eine chronologische Angabe und ein Zeugnis über seine Regierung zu erwarten. Die erstere fehlt; sie ist weggefallen infolge der Verschmelzung mit Cap. 1 und 2. Das letztere findet sich nach Form und Inhalt ganz in der zu erwartenden Weise in 3, der hiernach dem Redaktor zuzuschreiben ist. 2 Eine Gedankenverbindung zwischen v. 1 und 2 aufzufinden, welche den Ausdruck רַק einigermassen als logisch vernünftig erscheinen liesse, ist unmöglich. Wenn man den Vers nicht überhaupt hier streichen und anderswohin versetzen will — ein passender Platz ist jedoch nirgends zu finden —, dann muss man den Satz als erklärende und entschuldigende Randglosse zu v. 3 ansehen, die aus Versehen vor (statt nach) diesem Vers in den Text geraten ist. Die Bemerkung, dass Salomo auf den Bamot opfert, involviert zwar im Sinne des Redaktors keinen Tadel (weil ja der Tempel noch nicht existiert), aber die spätere Zeit hat doch daran Anstoss genommen und sucht die Thatsache möglichst zu beseitigen. Das ist z. B. deutlich die Absicht von v. 15, wo das Opfer in Jerusalem vor der Lade das in v. 4 berichtete gleichsam paralysieren soll. Hier in v. 2 wird Salomo dadurch gerettet, dass die Aussage auf das Volk im allgemeinen bezogen wird. Auch dies ist noch unanstössig genug unter einem so frommen König, und der Verfasser der Notiz muss es seinen Zeitgenossen gegenüber ausdrücklich rechtfertigen durch die Beschränkung auf die Zeit vor dem Tempelbau. Man vergleiche zu dieser Entwicklung schliesslich die Chronik, die in Salomos Opfer in Gibeon kurzer Hand den Beweis erblickt, dass dort die Stiftshütte stand, s. z. v. 4.

**4—15 Die Gotteserscheinung in Gibeon** (vgl. II Chr 1 3–13).

Was den Ursprung dieser Erzählung anlangt, so beweist schon der Umstand, dass sie in Gibeon auf der grossen Bama spielt, soviel, dass sie aus alter Zeit stammt; die nachdeuteronomische Zeit hätte den Tempel resp. das Zelt der Lade Jahwes als Schauplatz gewählt (vgl. Cap. 9). Auch die Auffassung der Weisheit Salomos als richterlicher Regentenweisheit (v. 9 und 11) ist alt und entspricht nicht der deuteronomistischen Vorstellung, die sie als religiöse Lebensweisheit fasst. Der Abschnitt ist jedoch vom Redaktor stark deuteronomistisch überarbeitet (s. z. v. 4 6 14) und hat in v. 15 einen noch jüngeren Zusatz erhalten. Der ursprüngliche Platz der Erzählung dürfte an dieser Stelle gewesen sein: sie passt inhaltlich gut an den Anfang der Salomogeschichten, wie sie auch zeitlich in den Anfang der Regierung Salomos verlegt wird. Durch die Bemerkung in v. 4 will der Redaktor sie mit v. 3 verknüpfen.

**4** Salomo opfert in Gibeon. עַל־הַמִּזְבֵּחַ הַהוּא fällt auf, da der Altar vorher nicht erwähnt ist. LXX lässt deswegen ההוא weg und zieht das בְּגִבְעוֹן v. 5 hierher: „auf dem Altar in Gibeon". Vielleicht stand ursprünglich עַל־הַבָּמָה הַהִיא da und wurde später nach I Chr 16 „verbessert". Dann wäre der Altar der Stiftshütte gemeint. Es lag nahe, durch diese einfache Änderung das Ärgernis auch hier wegzuschaffen. Ob am Ende auch die „tausend" Brandopfer aus der Chronik stammen? Der ganze Vers wird als Zusatz des Redaktors ausgewiesen durch die mangelhafte Verbindung mit dem folgenden; die Erzählung beginnt ursprünglich ganz deutlich mit v. 5; durch v. 4 gewinnt der Redaktor einen ordentlichen Anschluss an v. 3. **5** Jahwe erscheint Salomo im Traume in der Nacht, selbstverständlich nach vorausgegangenem Opfer. **7—10** Salomos Gebet zeigt in v. 7 deuteronom. Redewendungen (z. B. הִלֵּךְ לִפְנֵי בֶּאֱמֶת) und erinnert auch inhaltlich durch die Hervorhebung dessen, was Jahwe an David gethan, an die deuteronom. Stücke in Cap. 8. Die Selbstbezeichnung als „kleiner Knabe" soll die Unerfahrenheit im Regieren hyperbolisch ausdrücken. Die Geschichten in Cap. 2 stimmen allerdings nicht dazu! Salomos Alter bei der Thronbesteigung wird nirgends angegeben und lässt sich nur im allgemeinen auf eher über als unter 20 Jahren berechnen (vgl. z. B. Stade Gesch.

Isr. I 297). Eine alte Tradition bezeichnet Salomo als zwölfjährig. Josephus als vierzehnjährig (Ant. XVIII 7, 8; Nestle ZATW II 312 ff., vgl. ebd. III 185). לֵב שֹׁמֵעַ לִשְׁפֹּט ist nach v. 11 הָבִין לִשְׁמֹעַ מִשְׁפָּט zu verstehen als ein Herz, das aufmerksam ist auf das Rechtsprechen, d. h. verständig dazu. Man sieht, was unter Regierungsweisheit verstanden ist: der Scharfsinn des Richters, das Recht zu erforschen; der König ist in alter Zeit Richter, regieren heisst „recht»prechen". שָׁפַט. 11 Jahwe hat Wohlgefallen an Salomos Gebet. אֲדֹנָי ist hier sehr auffallend: man wird wohl יהוה lesen dürfen, wie auch mehrere Codd. haben. 13 Statt לֹא־הָיְתָה, das v. 12 nachgebildet ist, schreibe לֹא־יִהְיֶה; denn es handelt sich um die Zukunft, nicht um die Vergangenheit, wie כָּל־יָמֶיךָ zeigt. 14 Die erste Hälfte giebt sich leicht als deuteronom. Einschub zu erkennen; v. 14ᵇ ist jedoch im ursprünglichen Text nicht zu entbehren, da die Pointe darin liegt, dass Salomo alle drei Dinge: Weisheit, Reichtum und langes Leben erhält. 15 Salomo bringt nun in Jerusalem vor der Bundeslade sein Opfer dar, ein noch späterer Zusatz, der nicht von derselben Hand wie v. 4 stammt (s. zu v. 2). Vgl. auch den Ausdruck אֲרוֹן בְּרִית־אֲדֹנָי (s. zu 8 1).

16—28 Das „Salomonische Urteil". Die Geschichte ist hier an gutem Platz als Beweis für die Erfüllung der göttlichen Zusage v. 12 und als Beispiel für Salomos Weisheit. 16 Zu אָז mit Imperfectum s. Ges.-Kautzsch²⁸ § 107 c. Zwei Huren kommen vor Salomo und erzählen 17—22 ihren Handel, der für die hohe Wertschätzung des Glückes, Kinder zu haben, sehr bezeichnend ist. 18 Zeugen kann die Klägerin keine beibringen, die Entscheidung ist also ganz in die Weisheit des Richters gestellt. 23 Der König rekapituliert erst die Aussagen der beiden ganz sachgemäss, um dann 24—25 durch ein seine Weisheit zeigendes Mittel Licht in die Sache zu bringen. Man sieht, von irgendwelchen festen Prozessformen ist keine Rede; für einzelne Fälle kannte übrigens das Gewohnheitsrecht schon damals den Offenbarungseid, s. Ex 22 7 10. 27 הַגְּזֹרוּ als Entscheid Salomos ist nicht gut möglich, da man es nach dem Zusammenhang gerade auf das falsche Weib, das eben vorher geredet, beziehen müsste. Zum mindesten müsste gesagt sein „dieser da" mit entsprechender Handbewegung gedacht. Das Einfachste ist mit Klostermann statt וַיֹּאמֶר תְּנוּ zu lesen הָאֹמֶרֶת תְּנוּ „die, welche sprach: gebet ihr ... ist seine Mutter". LXX hat dann, nachdem הָאֹמֶרֶת verdorben war, das naheliegende Missverständnis durch einen erklärenden Zusatz abzuwehren versucht: ὅτι τὸ παιδίον τὸ ζῶν τῇ γυναικὶ τῇ εἰπούσῃ · δότε αὐτῇ αὐτό. Diesen Wortlaut selbst in den Text einzusetzen empfiehlt sich weniger, weil sich der Hebr. daraus nicht so einfach ableiten lässt.

**4 1-6 Salomos Minister.**
Das Verzeichnis der obersten Beamten Salomos findet sich in LXX zweimal, das eine Mal an unserer Stelle (im folgenden mit S¹ bezeichnet), das andremal (S²) in dem hinter 2 46 Hebr. eingeschobenen Stück (2 46ʰ bei Swete = 2 34 bei Lagarde). Wie sonst, so ist auch hier S¹ die Übersetzung des uns vorliegenden hebräischen Textes (kleine Varianten natürlich angenommen). Bei S² dagegen erkennt man leicht an der ganz anderen Reihenfolge und den vielfach ganz verschiedenen Namen, dass man es hier nicht mit einer einfachen Textvariante zu thun hat, welche mit S¹ auf einen gemeinsamen Urtext zurückgeht oder aus S¹ durch Textverderbnis oder Überarbeitung ent-

standen ist, oder die ursprüngliche Gestalt von S¹ darbietet. Vielmehr erscheint S² als eine zweite, selbständige Liste. Da zum mindesten diese Möglichkeit von vornherein zugegeben werden muss — den Beweis kann erst die folgende Einzelvergleichung liefern —, ist es unzulässig, die Liste von S² zur Verbesserung des Textes von Hebr. zu benutzen, wie dies KLOSTERMANN thut. Es ist daher bei der folgenden Erklärung von Hebr. zunächst S² vollständig bei Seite gelassen.

**1** Salomo war König „*über ganz Israel*", eine Einleitungsformel zur Beamtenliste, die sich II Sam 8 15 ebenso findet und dadurch hier als am rechten Platz befindlich ausgewiesen wird. **2** Azarja, der Sohn Sadoks, ist Oberpriester. הכהן wird in S¹ ausgelassen und Azarja neben Elichoreph und Achija zum Schreiber gemacht. Aber dass Sadoks Sohn ihm im Priesteramt nachfolgte, ist an sich so gut wie sicher; da ferner v. 4ᵇ eingeschoben ist, so würde der Oberpriester in dieser Liste ganz fehlen, wenn S¹ im Recht wäre, was natürlich unmöglich richtig sein kann (vgl. die Listen II Sam 8 16 ff. 20 23 ff.). Der Artikel ist nicht zu streichen, er hat seinen guten Sinn: der Priester = der Oberpriester am Tempel. **3** Elichoreph (S¹ Ελιαφ) u. Achija, die Söhne Sisas, sind Schreiber, d. h. sie haben die Ausfertigung der Befehle und die Correspondenz des Königs zu besorgen. Letztere betreffend erinnere man sich z. B. an die Tell-Amarna-Briefe. Auch dieses Amt hat sich vom Vater auf die Söhne vererbt, da der in den Listen II Sam 8 17 genannte Schreiber Davids Seraja (LXX Vat. Ασα, Var. Σασα) = Seja II Sam 20 25 (LXX Vat. Ιησους, Al. Ιωους, Luc. Σουσα) = Sawsa (I Chr 18 16. LXX Σουσα) mit unserem Sisa (S¹ Vat. Σαβα, Luc. Σαφατ) identisch sein dürfte. Die richtige Form des so vielfach verdorbenen Namens ist nicht zu ermitteln. 3ᵇ Josaphat, der Sohn Achiluds, ist Kanzler, wie schon unter David (II Sam 8 16 20 24). Der מַזְכִּיר ist, wie sein Titel besagt (LXX ὑπομιμνῄσκων), „der in Erinnerung bringende", d. h. der „vortragende Rat", der Grossvezier (BENZINGER Archäol. 310). **4**ᵃ Benaja ist Oberbefehlshaber des Heeres; das stimmt zu 2 35. S¹ Vat. hat jedoch 4ᵃ nicht, sondern nennt vielmehr an vorletzter Stelle den „Eliab Sohn des Saph" (nach Luc. in „Eliab Sohn Joabs" zu korrigieren) als Heerführer. S¹ Luc. hat beides neben einander je am betreffenden Ort. Dies beweist, dass es sich nicht blos um einen Fehler eines Abschreibers handelt, sondern um die Randkorrektur eines aufmerksamen Lesers, die dann in Luc. neben dem ursprünglichen Wortlaut in den Text kam. Was Korrektur und was ursprünglich war, ist schwer zu sagen; es kann sowohl Benaja nach der Liste S² in Eliab, wie auch Eliab nach 2 35 in Benaja korrigiert worden sein. Wenn die Bemerkung über das Alter der Listen (S. 19) richtig ist, dürfte Benaja hier ursprünglich sein. **4**ᵇ Dass Sadok und Ebjathar hier erst nachträglich nach II Sam 20 25 eingeschoben sind, geht aus 2 27 hervor. **5**ᵃ Asarja (S¹ Ὀρνια, was in Cap. 1 = Adonia ist), der Sohn Nathans — offenbar des Propheten — ist über die Statthalter gesetzt; da diese (s. zu 5 7) in erster Linie den Einzug der Steuern zu besorgen hatten, kommt Asarja offenbar die Verwaltung der Finanzen zu. **5**ᵇ Sein Bruder Zabud (S¹ Luc. Ζαχουρ) ist רֵעֶה הַמֶּלֶךְ *Freund des Königs*, eine auch sonst (II Sam 15 37; 16 16) erwähnte Würdestellung, über deren Amt wir jedoch nichts wissen. Interessant ist, dass schon an den Höfen der kanaanitischen Fürsten der „Freund des Königs" erwähnt wird (Amarna-Briefe, Berlin, 104). כֹּהֵן des Hebr., welches in LXX fehlt, ist erklärender Zusatz, vom Rande in den Text gekommen. Dabei muss entweder כֹּהֵן die allgemeine Bedeutung „Beamter" haben, oder der Erklärer den Ausdruck רֵעֶה הַמֶּלֶךְ gar nicht mehr verstanden haben: denn „Priester" war Zabud jedenfalls nicht. 6 Achisar (S¹ Vat. Αχει. Luc. Αχιηλ) ist Palastvorsteher, eine Art Hausminister. Adoniram, der Sohn Abdas (S¹ Vat. Εφρα, Luc. Εδραμ) ist Oberaufseher über die Frohnen und damit zugleich auch über die Beamten. Da Adoniram noch nach Ablauf der langen (40jährigen) Regierung Salomos dieses Amt bekleidet (I Reg 12 18), kann er unmöglich mit dem schon unter Davids Beamten aufgezählten Frohnmeister Adoniram (II Sam 20 24) identisch sein.

Zur besseren Vergleichung stellen wir im Folgenden die Listen nebeneinander, wobei die vom Hebr. abweichende Anordnung durch Ziffern bezeichnet ist.

| Amt | Hebr. | S¹ Vat. (mit Auslassung des Einschubs v. 4ᵇ s. S. 17) | S¹ Luc. | S² Vat. | S² Luc. |
|---|---|---|---|---|---|
| 1. Priester | Asarja b. Sadok | Αζαρι υἱὸς Σαδωκ | Αζαριας ὁ. Σαδδουκ | 1. Αζαριου ὁ. Σαδωκ | 1. Αζαριας ὁ. Σαδδουκ |
| 2. Schreiber | Elichoreph und Achija } bene } Sisa | Ελιαφ καὶ Αχεια υἱὸς (?) Σαβα | Ελια3 καὶ Αχια υἱὸς (?) Σαφατ | 4. Σουβα | 4. Σουβα |
| 3. Kanzler | Josaphat b. Achilud | Ιωσαφαθ ὁ. Αχειλωθ | Ιωσαφατ ὁ. Αχιθαλαμ | 5. Βασα ὁ. Αχιθαλαμ | 5. Βαραχ ὁ. Αχιθαλαμ |
| 4. Heerführer | Benaja (s. zu v. 4) | 7. Ελια3 ὁ. Σαφ | 4. Βαναιας und 7. Ελια3 ὁ. Ιωα3 (s. zu v. 4) | 6. Αβει ὁ. Ιωα3 | 6. Ελια3 ὁ. Ιωα3 |
| 5. Verwaltung | Asarja b. Nathan | 1. Ορνεια ὁ. Ναθαν | 1. Ορνια ὁ. Ναθαν | 2. Ορνια ὁ. Ναθαν | 2. Ορνια ὁ. Ναθαν |
| 6. Freund des Königs | Zabud b. Nathan | 5. Ζαβουθ ὁ. Ναθαν | 5. Ζαχουρ¹) ὁ. Ναθαν | 9. Καχουρ ὁ. Ναθαν | 9. Ζαχους¹) ὁ. Ναθαν |
| 7. Hausminister | Achischar | 6. Αχει²) | 6. Αχι³) | 3. Εδραμ⁴) | 3. Εδραμ |
| 8. Frohnmeister | Adoniram b. Abda | 8. Αδωνειραμ ὁ. Εφρα | 8. Αδωνιραμ ὁ. Εδραμ | 7. Αχεισε ὁ. Εφραει | 7. Αχισαη ὁ. Θαραχ |
| 9. Befehlshaber der Leibwache | — | — | — | 8. Βαναια ὁ. Ιωδαε | 8. Βαναιας ὁ. Ιωαδ |

¹) זבנ konnte sehr leicht in זכר Ζαχουρ verschrieben oder verlesen werden.

²) S¹ Vat. hat daneben als wertlose Dublette καὶ Ελιαχ ὁ οἰκονόμος.

³) Der Text von S¹ Luc. Αχιηλ οἰκονόμος ist, wie schon KLOSTERMANN erkannt hat, aus Αχι ἦν οἰκονόμος verdorben. LXX hat den Namen אחישר als zwei Worte gelesen: שר אחי und שר כל־בני als zusammengehörig aufgefasst (= οἰκονόμος).

⁴) Εδραμεν in S² Vat. ist, wie Luc. zeigt, eine erst dem griechischen Text angehörige Verderbnis aus Εδραμ.

Bei Vergleichung der Listen zeigt sich völlige Übereinstimmung in No. 1 5 6. Des weiteren ist in No. 2 Suba-Susa von S² namensgleich sowohl mit Sisa-Saba-Saphat in Hebr. und S¹, als mit Asarja u. s. w. in der Davidischen Beamtenliste (vgl. zu v. 3ª), ebenso in v. 3 Achilud mit Achithalam u. s. w. der LXX. Der Name Edram in No. 7 S² entspricht dem Hebr. אדרם, welches LXX Luc. in II Sam 20 24 mit Ἰεζεδραμ wiedergeben. In No. 8 möchte man am liebsten ebenfalls Edram in LXX (nach S¹ Luc.) als die richtige Form des Vaternamens annehmen und Edraei und auch Θαραχ, das jedenfalls mit KLOSTERMANN in Ἐδραχ zurückzukorrigieren ist, darauf zurückführen. Sachlich spricht dafür, dass dann auch hier ein Übergang des Amtes vom Vater auf den Sohn stattgefunden hätte.

Will man nun nicht eine bunte, ganz unkontrollierbare Vertauschung der Namen annehmen, wie KLOSTERMANN, der dadurch ein Zusammenwerfen der beiden Listen nicht nur untereinander, sondern auch mit der Statthalterliste (s. unten) fertig bringt, so erklärt sich die Verschiedenheit der Namen doch wohl nur daraus, dass die Listen verschiedener Zeit angehören. S² scheint auf eine frühere Zeit sich zu beziehen; Saba-Asarja und Benaja sind noch von Davids Zeit her in ihrem Amt, während in S¹ ersterer durch seine Söhne ersetzt ist und letzterer in anderem Amt, als Befehlshaber des Heeres sich findet. Das stimmt — sobald wir den hebr. Text als ursprünglich ansehen (S. 17) — sachlich zu der uns anderweitig berichteten Thatsache, dass Benaja über das Heer gesetzt wurde (I Reg 2 35); es muss dies ja nicht notwendig gleich nach dem Regierungsantritt und nach Joabs Tod gewesen sein. Ferner ist sicher, dass in der späteren Zeit ein Adoniram-Adoram über die Frohn gesetzt war, der mit dem II Sam 20 24 genannten nicht identisch sein kann (s. zu v. 6); also kann Achiram nur der ersten Zeit Salomos angehören. Nur beim Kanzler ist eine Schwierigkeit, da dieser in der späteren Liste (Hebr. und S¹) identisch ist mit Davids Kanzler Josaphat. Allein gerade hier ist, da auch unter den Statthaltern Salomos 4 12 ein Sohn Achiluds, Baana (LXX Vat. Βακχα Luc. Ἐλαβαχα) genannt wird, eine Verwechselung der beiden in S² ganz gut möglich.

### 4 7—5 8 Die Statthalter Salomos.

Auch diese Liste ist eine alte Urkunde. Sie giebt den Stand der späteren Regierungszeit wieder, das zeigt die Erwähnung von Schwiegersöhnen Salomos. Der Text ist ziemlich verdorben und mit deuteronomistischen und noch jüngeren Einschüben versehen, welche die Grösse Salomos und seines Hofes veranschaulichen wollen, so bes. 4 20—5 8, vgl. im Übrigen das zu den einzelnen Versen bemerkte. Dass schon in der alten Quelle diese Liste und die der Minister bei einander standen, hat alle Wahrscheinlichkeit für sich. Ebenso unwahrscheinlich aber ist, dass beide ursprünglich an diesem Platz waren mitten unter den Erzählungen aller Art, vor dem Tempelbau. Sie werden nach der Analogie von II Sam 20 23 ff. am Schluss gestanden haben und erst durch einen Bearbeiter an ihren jetzigen Platz versetzt worden sein. Auffallend ist die grosse stilistische Schwerfälligkeit in der Beschreibung der Amtsbezirke. Man vergleiche nur den steten Wechsel: bald wird nur der Regierungssitz, bald einige Hauptorte, bald das Gebiet selbst genannt, bald wird der Bezirk oder die Orte mit ב eingeführt (z. B. v. 8), bald ohne jede Präposition neben den Namen gestellt (v. 12), bald der Lokativ gewählt (מחנים v. 13), bald die Ausdrucksweise לו u. s. w. „ihm gehörte" angewendet, bald werden mehrere dieser Formen mit einander in einer Beschreibung verbunden. LXX hat am Schluss jedes Verses εἷς = אחד, wie in der Liste Jos 12 9 ff., was ebensowohl ursprünglich, als spätere Zuthat sein kann.

7 Salomo hat zwölf Amtleute, Statthalter, von denen jeder seinen bestimmten Bezirk hat. Eine solche Einteilung des Landes wird erstmals hier erwähnt, sie stammt auch erst von Salomo. Die Kreise decken sich, wie das folgende zeigt, nicht mit den Stammgebieten, wobei die Absicht unverkennbar ist. Der Zweck der Einteilung wird deutlich aus 7ᵇ: die Statthalter haben für den königlichen Hofhalt die Mittel zu liefern, d. h. die Naturalabgaben einzutreiben. s. auch zu 5 7. Zu dem frequentativen Perfektum וכלכלו (wie in 5 7) vgl. GES.-KAUTZSCH²⁶ § 112 dd. 8 ‏שמו‎ für sich allein ist kein hebräischer

Name: hier und bei den anderen, welche nur als „Sohn des ..." bezeichnet werden, muss man annehmen, dass der eigentliche Name ausgefallen ist. Leider fehlt er auch in LXX und ist sonst nirgends erwähnt, sodass wir ihn nicht ergänzen können. Das „Gebirge Ephraim" bildet so recht eigentlich den Kern des westjordanischen Reiches.   **9** Der zweite Bezirk umfasst Westjuda; Makas ist durch die folgenden Namen der ungefähren Lage nach bestimmt, aber nicht identificiert: Schaalbim (Jde 1 35 Jos 19 42 im Gebiet von Dan) könnte der Lage nach dem heutigen *Selbit*, etwas nördlich von *Imwâs* entsprechen (vgl. I Sam 6 12 f.; Beth Schemesch ist das heutige *'Ain Schems* am *Wâdi eṣ-Sarâr*; Elon (Jos 19 43 im Gebiete Dans neben Thimna = *Tibne* südwestl. von *'Ain Schems* genannt) ist nicht identificiert: Bet Chanan (l. nach LXX בית חנן) wird von THENIUS u. a. in *Bêt Chanîn* 2 Std. nordöstlich von Gaza gesucht, was nicht unmöglich, aber auch keineswegs sicher ist.   **10** Der dritte Bezirk schliesst sich im Südosten an den zweiten an: Socho, das in den Philisterkämpfen eine Rolle spielte (I Sam 17 1) und später Festung wurde (II Chr 11 7 28 18) ist das heutige *Chirbet Schuweike* am *Wâdi eṣ-Sanṭ*, nicht sehr weit südlich von Beth Schemesch gelegen. Arubboth ist sonst nicht bekannt, könnte aber vielleicht mit dem Jos 15 52 in dieser Gegend genannten Arab identisch sein; Chepher wird Jos 12 17 als Kanaaniterstadt mit Tappuach (= *Taffûḥ* westlich von Hebron) zusammengestellt. Grosse Stücke des Gebietes von Juda sind also diesen beiden Bezirken zugeteilt, die Hauptorte, Hebron, Bethlehem, Jerusalem mit ihrem Gebiet sind aber nicht eingereiht; es ist begreiflich, aber auch sehr bezeichnend, dass Salomo seine Stammesgenossen der Hauptsache nach von der Eingliederung in diese Steuerbezirke ausgenommen hat.   **11** Ein Schwiegersohn des Königs erhält den vierten Kreis: das Hügelland von Dor, die vom Karmel an nach Süden bis Joppe reichende wellige Küstenebene Saron, so benannt nach ihrer Hauptstadt Dor, einer alten phönikischen Siedelung, dem heutigen *Ṭanṭûra* (BAEDEKER Paläst.⁴ 264 b).   **12** Den fünften Kreis bildet die Jesreelebene mit ihrer Fortsetzung, der Ebene von Beth Schean. Taanach, eine alte feste kanaanitische Stadt, entspricht der heutigen Ruinenstätte *Ta'anak*. ³/₄ Std. südöstlich von *el-Leddschûna*, wo mit aller Wahrscheinlichkeit das alte Megiddo gefunden wird. Schon in ältester Zeit war die Stadt eine starke Festung; denn zusammen mit Ta'anach beherrschte sie die Jesreelebene, die Strasse zum Jordan und die Aufgänge zum Gebirge. Auch Salomo befestigte es neu (9 15); s. BAEDEKER Paläst.⁴ 256. Bethschean, in griech.-römischer Zeit Skythopolis genannt, ist das heutige *Bêsân* in fruchtbarer Ausbuchtung der Jordanebene, da wo das Thal des Dschalûdflusses von Jesreel herunter (מִצָּפוֹן לְיִזְרְעֶאל) einmündet. Das Gebiet von Bethschean stösst (im Süden) an das von Ṣarethan (s. zu 7 16); genauer erstreckt sich der Bezirk von Bethschean bis Abel Mechola im Süden, einem Ort am Jordanufer (Jde 7 22), der nach EUSEBIUS 8 (10) Millien (= 12 [13] km) südlich von *Bêsân* lag. Die weitere Angabe *bis jenseits von Jokmeam* ist für uns wertlos, da die Lage dieses Ortes ganz unbekannt ist und nicht einmal die Richtung aus dem Zusammenhang sicher hervorgeht.   **13** Hauptort des sechsten Kreises ist Ramoth Gilead, sonst auch Mizpe in Gilead genannt (Jos

13 26 Jdc 10 17 11 29 u. a.), eine Stadt, die sicher nicht nach der gewöhnlichen Annahme in *es-Salṭ* gesucht werden darf, sondern im hohen Norden desselben lag. Das geht aus dem Zusammenhang unwiderleglich hervor: der Chebel Argob, der von Ramoth aus verwaltet wird, liegt ganz im Norden, östlich vom Tiberias- und Ḥulesee; v. 14 wird Machanaim ebenfalls als Sitz eines Amtmanns genannt, also kann es-Salṭ nicht Regierungssitz für einen Bezirk in Norden gewesen sein. Die weitere Bemerkung *in Basan, 60 grosse Städte mit Mauern und ehernen Riegeln* ist redaktioneller Zusatz nach Dtn 3 4, ebenso ist die Notiz *ihm waren die Chavvot Jair zugeteilt* ein in LXX fehlender Zusatz nach Dtn 3 14. Beides sind einander ausschliessende nähere Erklärungen des geographischen Namens Chebel Argob.

Die geographische Namengebung jene Gegenden betreffend ist keine einheitliche. Der Elohist, der wie J nichts von einem Königreich Basan unter Og weiss, lässt Gilead von dem Manassiten Machir und die Chavvot Jair von dessen Sohn Jair eingenommen werden (Num 32 39 41). Dem entspricht, dass die alte Überlieferung Jdc 10 3 die „30 Städte" der Söhne Jairs „des Gileaditen" zu Gilead rechnet. Ebenso gehören nach der älteren der beiden in Dtn 5 zusammengefügten Erzählungen die Chavvot Jair nicht zum Königreich Ogs; hier wie schon Jdc 10 3 sind sie mit den (jetzt 60) festen Städten des Chebel Argob identificiert. Dagegen rechnet die Erzählung Dtn 3 4 ff. 12 f. den Chebel Argob zum Königreich Basan und lässt das ganze Gebiet von Mose erobert und verteilt sein. Ebenso werden in der späteren Stelle Jos 13 30 die Zeltdörfer Jairs (= 60 Städte des Argob) nach Basan verlegt. An der Identität von Chebel Argob und Chavvot Jair zu zweifeln, liegt kein Grund vor. Dagegen hat im Lauf der Zeit, wie auch sonst nachweisbar, der Name Gilead seine Bedeutung etwas geändert, sich sozusagen nach Süden verschoben (und allmählich überhaupt auf das ganze Ostjordanland ausgedehnt), während für den nördlichsten Teil die Bezeichnung Basan (bei P2 bis Mahanaim im Süden Jos 13 30) vorherrschend geworden ist; s. auch zu v. 19.

**14** Der siebente (zweite ostjordanische) Bezirk hat seinen Mittelpunkt in Mahanaim, das nach Gen 32 2 22 unweit nördlich vom Jabbok lag; er umfasste also das mittlere Ostjordanland. **15** Die ganz regellose Aufzählung springt plötzlich wieder über auf die noch fehlenden Kreise des Westjordanlandes: Naphtali, d. h. die Gegend westlich vom Tiberiassee und dem oberen Jordan, wird (als achter Bezirk) einem zweiten Schwiegersohne Salomos, dem Abinoaz zu Teil, wahrscheinlich dem bekannten, II Sam 15 27 36 17 17 ff. genannten Sohne Sadoks, dessen Vater hier nicht genannt zu werden brauchte. **16** Amtmann des neunten Bezirks ist Baana, der Sohn Husais, wohl des II Sam 15 32 ff. erwähnten treuen Freundes Davids. Sein Bezirk umfasst das Gebiet von Asser westlich von Naphtali, und Bealoth (das ב ist aus euphonischen Gründen, wie häufig, weggefallen vgl. Ges.-Kautzsch26 § 118 g. LXX ἐν Βααλωθ). Der Name scheint dem Zusammenhange nach nicht eine Stadt sondern eine Gegend zu bezeichnen, die in dem einzigen im vorherigen noch nicht eingegliederten Stück jener Gegend, im Gebiete Sebulons, zu suchen ist. **17** Der zehnte Bezirk entspricht dem Stammland Issachars, das die Ecke zwischen Tiberiassee und der Thalebene Jesreel-Bêsan ausfüllt. **18** Der elfte Bezirk, Benjamins Stammland, liegt im Norden und Nordosten der Hauptstadt. **19** Als zwölfter Kreis wird endlich das südliche Ostjordanland genannt, wiederum in ganz ungeordneter Reihenfolge. Dass *Gilead* hier ein

Fehler sein muss, ergiebt sich nicht nur aus v. 13 und 14, wo schon zwei Bezirke in Gilead genannt sind, sondern auch aus dem Zusatz „Land des Amoriterkönigs Sihon"; dieses ist nicht in Gilead, sondern im Süden des Ostjordanlandes gelegen (Num 21 25 ff. JE. Jos 13 10 11 Dtn u. a.). Das richtige hat LXX: *Gad*. Sein Besitz ist die Südhälfte des Jordanlands; auch Ruben und sein Gebiet hat es frühzeitig (schon zur Zeit des Königs Mesa von Moab) vollständig in sich aufgenommen. Der spätere Sprachgebrauch, der Gilead in weiterem Sinne verstand (s. S. 21) und als gewöhnliche Bezeichnung des Ostjordanlands gebrauchte, erklärt den Namentausch zur Genüge. Die Erwähnung Ogs, hier an ganz unmöglicher Stelle (vgl. v. 13) ist nachdeuteronomischer Einschub. Der Schluss des Verses giebt bei Hebr. *und ein Vogt, welcher im Lande* keinen Sinn. Wenn EWALD, WELLHAUSEN und STADE nach dem Vorgang der LXX יְהוּדָה hinter בָּאָרֶץ einfügen, so spricht dagegen einmal die allgemeine Erwägung, dass die Einteilung in 13 Bezirke ausserordentlich unwahrscheinlich ist. Sodann ist auch יְהוּדָה in der Vorlage der LXX erklärender Zusatz zu einem schon vorher verdorbenen Satz, was die sich ergebende Konstruktion beweist, die die denkbar schlechteste wäre, um auszudrücken, dass ein weiterer Statthalter Juda als seinen Bezirk hatte. Es ist begreiflich, dass LXX den so gebildeten Satz, in welchem überdies der Name des Statthalters fehlte, nicht verstand und נְצִיב als Eigenname, Nαseß, auffasste. Das אֶחָד des Hebr. erklärt sich nur durch die Annahme, dass vor demselben etwas ausgefallen ist. Eine Vermutung nur, aber immerhin eine ansprechende, weil sachlich jedenfalls zutreffende, ist KLOSTERMANNS Ergänzung aus v. 3ᵃ עַל־הַנִּצָּבִים *ein (Ober)statthalter war über alle Statthalter, die im Lande waren, gesetzt*.

Die unmittelbare Fortsetzung zu 4 19 bilden 5 7-8, welche auch in LXX an dieser Stelle sich finden, die dazwischen eingeschobenen Verse stammen jedoch nicht von einer Hand. 20 Die Bemerkung über Grösse und Glück des Volkes unter Salomo passt an sich ganz gut an diese Stelle, an den Schluss dieser Übersicht über die Verwaltung; nur eben gehört die ganze Vorstellung vom Glück der salomonischen Zeit späteren Jahrhunderten an und die Teilung in Israel und Juda zeigt schon äusserlich den späten Ursprung der Bemerkung. Die Art und Weise der Schilderung des Glücks (im Vergleich mit 5 5) erinnert ganz an das Dtn (z. B. 14 26). S² (2 46ᵃ SWETE, 2 28 LAGARDE) hat diese Bemerkung, die in S¹ fehlt, im Zusammenhang mit dem Ruhm der salomonischen Weisheit gelesen, was ebenfalls gut passt. **Cap. 5.** 1 Salomos Herrschaft erstreckt sich *vom Flusse an* (d. h. vom Euphrat) *bis zum Philisterland*; L mit LXX und II Chr 9 26 בְּאֶרֶץ וְגוֹ. Der Satz gehört mit 4 20 zusammen (wie v. 4 und 5) und stammt von gleicher Hand. LXX hat die erste Hälfte doppelt (S²: 2 46ᵇ—2 36). Eine Dublette zu diesen beiden Versen bilden 4 und 5, deutlich von noch späterer Hand: Palästina ist vom babylonisch-persischen Standpunkt als Land „jenseits" des Euphrat bezeichnet. Das כִּי, mit welchem der Satz eingeleitet ist, zeigt, dass er ursprünglich nicht für diesen Zusammenhang bestimmt war. Tiphsach ist das Thapsacus der Griechen und Römer am Euphrat. Der Vergleich mit v. 1 lehrt die Geschäftigkeit der Sage auch an diesem Punkte kennen. KLOSTERMANN beseitigt das Anstössige, indem er den Text so „verbessert", dass nur von den Jagdgründen des Königs am Euphrat die Rede ist. Die Anwendung der prophetischen Schilderung der messianischen Zeit (Mch 4 4 Sach 3 10) auf Salomo 5 zeigt, wie sehr Salomos Zeitalter in den Augen der Nachwelt zum goldenen, zum Ideal geworden ist — aber auch wie jung dieser Gedankenkreis ist. *Von Dan bis Berseba* ist eine beliebte Bestimmung des Umfangs des Reiches, die nur hier zu v. 1 und 4 schlecht passt. Dan ist das heutige *Tell el-Ḳāḍi* westlich von Bânijâs an der grössten Quelle des Jordan (BAEDEKER Paläst.⁴ 290); Berseba, 10 Stunden südlich von Hebron, führt noch heute diesen Namen (BAEDEKER Paläst.⁴ 196 f.).

**2 3** Die Aufzählung des täglichen Bedarfes der königlichen Küche gehört mit v. 7 zusammen: dieser hat Veranlassung zur Einfügung dieser Notiz gegeben, welche, wie die allermeisten Zusätze, zur grösseren Verherrlichung Salomos dienen soll. Durch diesen und die anderen Einschübe sind auch die einfachen Beamtenlisten so in den Zusammenhang gestellt, dass sie den Glanz der salomonischen Regierung illustrieren helfen. Im Aufwand für die Tafel zeigt sich der Luxus und Reichtum eines orientalischen Despoten. Die Zahlen (rund 109 hl Feinmehl, 218 hl gewöhnliches Mehl, 30 Rinder u. s. w.) sind etwas hoch! Die Notiz mag aber doch schon in der Salomogeschichte gestanden haben. Was die ברבורים sind, wissen wir nicht; die Überlieferung erklärt das Wort einstimmig als Geflügel, was ganz gut passt.  Die Verse finden sich sowohl in S¹ in etwas anderer Ordnung (2-4 hinter 7 8), als in S² und zwar in ähnlichem Zusammenhang.

**6** ist nur in S¹ (nicht in S²) in diesem Zusammenhang erhalten (2 46¹ SWETE = 2 35 LAGARDE). Der ursprüngliche Platz ist 10 26, wo die Bemerkung noch in ihrer älteren Form erhalten ist. Sie wurde hierher versetzt als Glosse zu v. 8 (wie v. 2 3 Glossen zu v. 7 sind) und in majorem gloriam Salomos wurde dann auch die Zahl 1400 in 40000 geändert.

**7 8** bilden die Fortsetzung von 4 19, den Schluss der Statthalterliste. In näherer Ausführung von 4 7 wird die Aufgabe der Statthalter bezeichnet; natürlich nicht zur alten Liste selbst gehörig, sondern ein Zusatz, aber jedenfalls schon von der Hand des Verfassers der Salomogeschichte. אשר יהיה שם an den Ort, *an welchem es kommen sollte*, brachten sie das Futter; LXX hat das Subjekt unrichtig erklärt durch den Zusatz ὁ βασιλεύς, „wo sich der König gerade aufhielt." Die Pferde standen demnach an verschiedenen Orten des Landes; sie wurden, wie noch heute, mit Gerste und Stroh gefüttert, Hafer und Heu hat man nicht im Orient.

**9—14 Salomos Weisheit.**
Dass der Abschnitt nicht alt ist, sondern frühestens dem deuteron. Gesamtredaktor angehören kann, beweist die Vorstellung von Salomos Weisheit, die ihm zu Grunde liegt. Die alte Zeit (vgl. zu 3 4-15) fasst sie als richterliche Regentenweisheit, die nachdeuteronomische als religiöse Lebensweisheit. An solche ist auch hier gedacht. Sein „Reden über Tiere und Pflanzen" meint im Sinne des Verfassers nicht naturwissenschaftliche Lehrvorträge, sondern Sinnsprüche: „Sprichwörter, Sentenzen, deren Geist und Witz in der Vergleichung menschlicher Gewohnheiten, Leidenschaften, Fehler und Erfahrungen mit

anderen Dingen bestand, welche zu lehrreichen, ernsten, satirischen Parallelen verwendet werden konnten" (REUSS). „Gehe hin zur Ameise du Fauler, siehe ihre Weise an und lerne" (Prv 6 6), derartige „Sprüche" mögen dem Verfasser vorgeschwebt haben. Der Text setzt überhaupt das Vorhandensein und Bekanntsein zahlreicher *mâschâl* voraus; ebenso aber auch das Verbreitetsein der Überlieferung von Salomo als dem Schöpfer und Meister dieser Spruchweisheit. Ja noch mehr: Salomos Weisheit soll die der Männer des Ostens und die der Ägypter überboten haben. Deren Weisheit aber lag auf dem Gebiet der Astrologie und Magie. Man wird der Schlussfolgerung schwerlich entgehen können, dass auch solche „Weisheit" dem Salomo hier zugeschrieben wird. Die spätere Legende ist also nicht ganz ohne Anhaltspunkte im kanonischen Text. Für sie ist Salomo begabt mit jeder Art von Geheimwissenschaft und Zauberkunst, insbesondere ist er der Herr über die Geisterwelt, durch den Besitz eines Ringes, der den heiligen Namen Gottes trägt. Aus Furcht, die Geister möchten auf die Kunde von seinem Tode alle entfesselt werden, wird nach der Legende Salomos Leichnam auf den Thron gesetzt mit dem Stab in der Hand; erst als ein Wurm den Stab zernagt, merken die Geister, dass sie sich haben betrügen lassen. An v. 13 insbesondere hat die Legende angeknüpft: indem man nach späterer Sitte das בְּ für בְּ nahm, *er redete zu den Tieren* u. s. w., ergab sich die Vorstellung, dass er die Sprache der Tiere verstand und redete. Der Wiedehopf ist sein Spion, der ihm die Wohnung der Königin von Saba erspäht u. a.

**9 10** LXX hat auch diese beiden Verse doppelt: in S¹ im Zusammenhang des Hebr. zusammen mit v. 11-14 hinter 5 4 Hebr.; in S² ganz am Anfang der Salomogeschichte (2 35ᵃᵇ SWETE = 2 1 2 LAGARDE). **11** Auch die weisesten unter allen Weisen der Erde stellt Salomo in den Schatten. KLOSTERMANN weiss, dass die genannten Weisen „typische Gestalten von Weisen in einem bekannten dialogischen Gedichte..., welches unserem Buch Hiob entspricht", waren, woher? erfahren wir leider nicht. Aus dem Text lässt sich nichts weiter entnehmen, als dass diese Männer den Israeliten als die Weisen der grauen Vorzeit galten und die Überlieferung wohl auch von ihrer Weisheit etwas zu erzählen wusste. In den Listen der Chronik (I 2 6) begegnen uns die gleichen vier Namen Ethan, Heman, Kalkol und Darda als Söhne Serachs, was vielleicht auf unsere Stelle zurückgeht. **12** Dass die Zahlen der salomonischen Sprüche und Lieder, sowohl die runde Zahl 3000, als die durch ihre Genauigkeit zunächst Eindruck machende Zahl 1005 (in LXX übrigens 5000!) der Legende angehören, sollte ernstlich nicht bezweifelt werden. Eine bestimmte Zählung war doch nur möglich, wenn die Sprüche und Lieder gesammelt in Schrift vorlagen. An die Existenz einer solch umfangreichen Spruch- und Liedersammlung schon in vorexilischer Zeit fällt uns ebenso schwer zu glauben, wie an deren fast spurloses Verschwinden, ohne Wirkung auf die übrige Litteratur. Denn die wenigen Sprüche aus dem Buch der Proverbien, welche Salomos Namen tragen, wären doch ein ganz verschwindender Rest. Dass Sprüche und Lieder unter Salomos Namen in grösserer Zahl im Umlauf und dem Verfasser dieser Notiz bekannt waren, ist natürlich ebenso zweifellos. Über die Ausdeutung, welche **13** in der Legende gefunden, ist oben das Nötige bemerkt. Man beachte die bei den Hebräern übliche Vierteilung der Tierwelt: Vierfüssler, Vögel, Fische, Kriechtiere. Im Gegensatz zur Ceder, welche als grösster Baum hier genannt wird, muss אֵזוֹב eine ganz kleine Pflanze bezeichnen, *die aus der Mauer herauswächst*, also eine Art Moos oder Flechte, was allerdings nicht mit der alten, traditionellen Gleichsetzung mit dem Ysop, dessen Vorkommen übrigens für Palästina nicht konstatiert ist, übereinstimmt. 14 Von überall her kamen Leute, auch Könige, um Salomos Weisheit zu hören. Das nimmt sich ganz aus wie eine Einleitung zur Erzählung vom Besuch der Königin von Saba und legt den Gedanken nahe, dass die beiden sachlich zusammengehörenden Abschnitte auch ursprünglich beisammen standen, wie sie auch wohl einer Hand angehören.

## II. Salomos Bauten.

**Litteratur:** Die ältere Litteratur s. bei Bähr der Salomon. Tempel mit Berücksichtigung seines Verhältnisses zur hebr. Architektur überhaupt 1848. Stade der Text des Berichts über Salomos Bauten ZATW 1883, S. 129—177; die Archäologien von Jahn, Saalschütz, Scholz, Schegg, Haneberg, de Wette-Räbiger, Keil, de Visser, Benzinger, Nowack; die biblischen Wörterbücher von Schenkel, Winer, Riehm, Hamburg Realencyclopädie unter den betr. Stichworten; Ewald Gesch.; Stade Gesch. Isr. I 311 ff.; Kittel Gesch. d. Hebräer II 164 ff.; Köstlin Lehrb. d. bibl. Geschichte II 1 1884, 384 ff.; Paillous Monographie du temple de Salomon 1885; F. O. Paine Salomons temple ... Part I 1886; Th. Friedrich Tempel und Palast Salomos ... 1887, die vorderasiatische Holztektonik 1891; O. Wolff Der Tempel von Jerusalem und seine Masse 1887; Perrot et Chipiez Histoire de l'art V; Chipiez & Perrot Le temple de Jerusalem et la Maison du Bois-Liban ... 1889; Schick Beit el Makdas oder der alte Tempelplatz ... 1887, Die Stiftshütte, der Tempel in Jerusalem und der Tempelplatz der Jetztzeit 1896.

Der Text des Bauberichts gehört zu den am allerschlechtesten überlieferten Stücken des AT. Durch Abschreiber ist er in hochgradiger Weise verdorben worden, was damit zusammenhängen mag, dass dieselben die vielen bautechnischen Ausdrücke und die schwerfällige Beschreibung nicht mehr recht verstanden. Ausserdem hat er durchgreifende Überarbeitungen erfahren, die sich nicht auf blosse Zusätze beschränkten. Das erklärt sich aus der leicht verständlichen Thatsache, dass der Tempel und seine Geräte in exilischer und nachexilischer Zeit Gegenstand ganz besonders lebhaften Interesses waren. So kann von einer Herstellung des ursprünglichen Textes gar keine Rede sein, auch die Aussonderung der späteren Zusätze gelingt nicht immer mit Sicherheit. Ja das einfache Verständnis des Textes ist oft unmöglich, da die technischen Ausdrücke wie den alten Übersetzern so auch uns vielfach dunkel sind. Namentlich aber fehlt in der Beschreibung vielfach gerade das für die Rekonstruktion Wichtige. Hierin, sowie in der Schwerfälligkeit des Stiles, verrät sich die Ungewandtheit des Verfassers in solchen Beschreibungen. Das Ganze sieht sich wie ein erster Versuch an; Hesekiel beschreibt viel anschaulicher.

Eine wertvolle Ergänzung findet der Baubericht in manchen Stücken durch Hesekiel. Sein Tempel ist allerdings zunächst ein Phantasiegebilde, allein es ist von vornherein wahrscheinlich, dass er den alten Tempel offenbar gut kannte und in seiner Beschreibung im Wesentlichen an diesen anschloss, ja er setzt die Bekanntschaft sogar mit dem Detail desselben voraus. Die Veränderungen, die er anbringt, sind veranlasst durch sein Streben nach peinlicher Regelmässigkeit der Anlage und durch seine Absicht, die Wohnung des Fürsten vom Tempelberg zu entfernen (Hes 43 7-9). Seiner freien Phantasie gehören also namentlich die Bestimmungen über die Vorhöfe und die Nebengebäude in diesen an.

Was den Verfasser und das Alter anbelangt, so muss man sich vergegenwärtigen, dass der Text, wie wir ihn als mutmasslich ältesten herausfinden können, weit nicht der Urtext ist. Der für uns erkennbare alte Baubericht ist jedenfalls von einem Verfasser, der das, was er beschrieben, selber gesehen hat; er kann also nicht nach den Assyrereinfällen unter Ahas (II Reg 16 17f.) geschrieben haben. Andrerseits (vgl. Stade Gesch. Isr. I 313) schreibt er zu einer Zeit, wo schon der Tempel alles Interesse auf sich vereinigt und neben ihm die Hofburg nur von untergeordneter Bedeutung ist. Das war unter Salomo und in der nächsten Zeit nach ihm noch keineswegs so. Es fehlt aber auch nicht ganz an Spuren, dass der Baubericht in seiner ursprünglichen Form diese Anschauung noch nicht kennt. Dass der Verfasser dem priesterlichen Stande angehörte, wird man wohl daraus schliessen dürfen, dass der Tempel (auch im Innern) und seine Geräte so genau beschrieben werden, während andrerseits die inneren Gebäude der Burg ihm offenbar nicht zugänglich waren.

Die Ordnung des Bauberichts ist jetzt folgende: 1) Verhandlungen mit Hiram, 2) Bau des Tempelhauses, 3) Bau der Burg, 4) Verfertigung der Geräte des Tempels, 5) Einweihung des Tempels, 6) Theophanie, 7) Entschädigung an Hiram, 8) Sonstige Bauten Salomos. Daran ist nicht nur auffallend, dass der Bau des Palastes zwischen Tempelbau und Herstellung der Tempelgeräte eingeschoben ist, sondern namentlich auch, dass die Tempelweihe erst nach Vollendung der Palastbauten erzählt wird, so dass der Text jetzt den Eindruck macht, als ob der Tempel erst sechs oder gar dreizehn Jahre nach seiner Fertigstellung eingeweiht worden wäre. Die erstere Schwierigkeit ist in LXX dadurch entfernt, dass der Bau der Burg hinter der Beschreibung der Geräte steht. Allein 8 1 schliesst sehr gut an 7 51 an und darf nicht davon losgerissen werden. Dagegen wird man — da es Thatsache ist, dass die Stücke in Cap. 3—11 mehrfach Umstellungen erfahren haben — vielleicht die Vermutung wagen dürfen, dass der Bericht über den Palastbau ursprünglich hinter der ganz kurzen Erzählung von der Tempelweihe stand an Stelle der sehr spät eingefügten Theophanie. Das וַ *damals*, mit welchem der Bericht über die Entschädigung Hirams eingeleitet ist (9 11ᵇ; 9 10 und 11ᵃ sind spätere Zusätze s. z. St.)

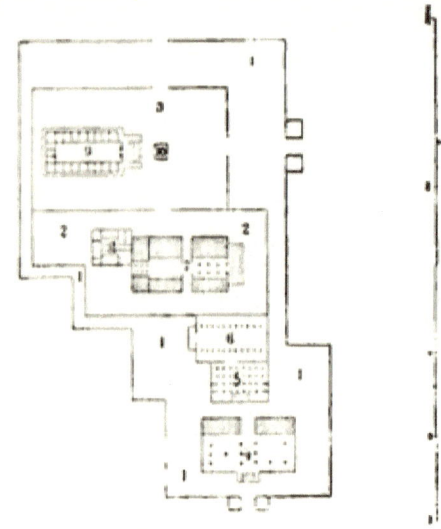

Abb. 1. Situationsplan der salomonischen Burg nach STADE.
1. „Grosser Vorhof"  2. „Zweiter Vorhof"  3. „Vorhof des Tempels"  4. Libanonwaldhaus.  5. Säulenhalle.
6. Thronhalle.  7. Königl. Palast.  8. Königl. Frauenhaus.  9. Tempel.  10. Altar.

hat jetzt eine unmögliche Beziehung auf die Tempelweihe (im siebenten Baujahr), während diese Abrechnung doch sicher erst nach Vollendung des ganzen Baues stattfand. Die Umstellung dürfte schon vom vorexilischen Redaktor (Dt¹) vorgenommen worden sein, da schon dieser (nach dem zu 8 2 Gesagten) der Anschauung war, dass die Tempelweihe erst nach Vollendung des Burgbaues stattfand. Die durch die Umstellung hervorgerufene Schwierigkeit in Betreff des וַ in 9 11ᵇ hat er dadurch gehoben, dass er dem וַ die genaue Zeitbestimmung „nach Ablauf der 20 Jahre" u. s. w. vorausgeschickt hat.

Über den Platz der Bauten sagt uns der Baubericht nichts näheres. Die Topographie Jerusalems lässt uns jedoch darüber nicht im Zweifel, dass Davidstadt Zion und Moria identisch sind, dass also nicht nur der Tempel, sondern auch der Palast auf dem Osthügel lag. Nach dem Baubericht bilden sie ein zusammengehöriges Ganze (vgl. auch Hes 43 8). Die Umfassungsmauer des grossen Vorhofs (7 12) ist deutlich als den ganzen Komplex umgebend gedacht (vgl. Abb. 1, No. 1) und innerhalb derselben liegen der „innere Vorhof" des Tempels (6 36 Abb. 1, No. 3) und der „äußere Vorhof" einwärts von der Gerichtshalle (7 8 Abb. 1, No. 2). Des Genaueren ergibt die Untersuchung der Terrainverhältnisse und der Bauten auf dem Osthügel als Resultat, dass allein der Platz des heutigen Harām esch-Scherīf für diese Bauten in Betracht kommen kann, überall sonst wären im günstigsten Fall riesige Substruktionen nötig gewesen, um nur eine kleine ebene Fläche herzustellen. Die Baugeschichte des Platzes lehrt, dass stets hier ein Heiligtum stand, und bei der unverwüstlichen Zähigkeit, mit welcher im Orient heilige Stätten vom grauen Altertume an durch alle Religionswechsel bis in die Gegenwart fortleben, hat es einen hohen Grad von Wahrscheinlichkeit, dass der heutige ideale Mittelpunkt des Ganzen, der heilige Fels, von Anfang an ein besonders heiliger Punkt gewesen ist. Alles spricht dafür, nichts dagegen, dass diese Felsspitze den davidischen Altar und den Brandopferaltar des salomonischen Tempels getragen hat. Der Tempel selbst stand dann westlich vom Felsen, wo mit geringer Mühe ein ebener Raum geschaffen werden konnte, der gut ausreichte, wenn wir auf der Rückseite des Tempels den Hof nicht allzugross annehmen. Da die heutige Harāmmauer im Grossen und Ganzen von Herodes stammt, so muss der Platz der salomonischen Burg bedeutend kleiner gewesen sein. Und da wir keine grösseren Substruktionen voraussetzen dürfen, müssen wir annehmen, dass sich die ganze Anlage möglichst an die Terrainverhältnisse anpasste. Dann aber kann die Hofburg u. s. w. weder westlich noch östlich noch nördlich vom Tempel gelegen haben, sondern nur südöstlich, in derselben Richtung, in welcher sich der Hügelrücken hinzieht. Dann lag sie auch etwas niedriger als der Tempel, was zu allen uns erhaltenen Nachrichten stimmt (II Reg 11 19 Jer 22 1 26 10 36 9 ff.). Auf der anderen Seite lag sie an diesem Platz höher als die Davidstadt, was wiederum in den Texten bezeugt ist (I Reg 8 1 9 24). Die einzelnen Gebäude der Hofburg innerhalb der grossen Ringmauer lagen, vorausgesetzt dass der Verfasser des Bauberichts eine gewisse Ordnung in seiner Beschreibung einhält, so, dass das südlichste Gebäude, das erste, auf welches der Besucher der Hofburg traf, das Libanonwaldhaus (s. Abb. 1, No. 4) war. An dieses schlossen sich die anderen Staatsgebäude an (No. 5 Säulenhalle, No. 6 Thronhalle), hinter diesen, von einem eigenen Hof umgeben, die Privatgebäude (No. 7 der Palast und No. 8 der Harem). Auch aus allgemeinen Gründen erscheint diese Anordnung als die wahrscheinliche; speciell die Lage des Palastes zunächst dem Tempel wird durch Hes 43 7 ff. bestätigt. Dass der Palasthof und der Tempelvorhof nur durch eine Scheidemauer getrennt waren und der König vom Palast direkt zum Heiligtum gelangen konnte, ohne den grossen äusseren Vorhof, der jedermann zugänglich war, durchschreiten zu müssen, hat ebenso alle innere Wahrscheinlichkeit und das Zeugnis von Hesekiel (43 7 ff.) für sich, wonach nur eine Wand die Wohnung Jahwes und der Könige von einander trennte. Weiteres Detail s. bei BENZINGER Archäol. 233ff.

## I. Die Vorbereitungen 5 15—32.

### 15—26 Die Verhandlungen mit Hiram (vgl. II Chr 2 1-15).

15 Auf die Nachricht von Salomos Thronbesteigung schickt Hiram von Tyrus eine Gesandtschaft, um ihn zu beglückwünschen. Hiram I (Hirom, Huram, Εἴρωμος; die richtige Form dürfte *Hirom* sein), der schon mit David freundliche Beziehungen unterhielt (II Sam 5 11), war Sohn des Abiba'al und regierte 969—936 v. Chr. Grosse Bauten zur Verschönerung der Inselstadt werden von ihm berichtet. Das gute Einvernehmen mit dem israelitischen Staat entsprach der Gemeinsamkeit der Interessen. Die Legende, wie sie uns als Auszug aus MENANDER bei JOSEPHUS (Ant. Jud. VIII 5 3) überliefert ist, stellt den Verkehr Hirams mit Salomo hauptsächlich so vor, dass Salomo Rätsel aufgab, die Hiram vergeblich zu lösen versuchte (vgl. E. MEYER Gesch. d. Altertums I 345 f.; PIETSCHMANN Gesch. Phöniziens 294 ff.). Es liegt auf der Hand, dass diese Sendung Hirams und die sich daran anschliessenden Verhandlungen ganz

in den Anfang der Regierung Salomos fallen und ursprünglich wohl auch gleich zu Anfang, nicht nach all den kleinen Nachrichten in 3 1 erzählt worden sind. **16—20** Die Gesandtschaft führt sogleich zu weiteren Verhandlungen: Salomo benutzt die Gelegenheit, von Hiram das Material zu den geplanten Bauten sich zu erbitten. Die Antwort Salomos haben wir nicht mehr in der Form, die ihr der Erzähler von v. 15 gegeben. V. 17-19 sind vielmehr Einschaltungen des Redaktors. Ganz dem deuteronomistischen Gedankenkreis entnommen ist die Begründung der Absicht Salomos: Jahwe hat Israel Ruhe gegeben vor seinen Feinden, damit ist nach Dtn 12 9 10 der Zeitpunkt gekommen, den Gottesdienst an dem einen Heiligtume zu ordnen. Die ganze Vorstellung von Salomo als dem Friedensfürsten ist eine junge, den alten Quellen nicht entsprechende (s. u. z. v. 18) und die Anwendung von Dtn 12 9 f. auf Salomos Zeit ist noch jünger. Dass nicht der fromme David, sondern erst Salomo den Tempel gebaut, war für die spätere Zeit so befremdlich, dass es einer besonderen Begründung bedurfte. Die Chronik (I 22 8 ff. 28 2 f.) gab dann der deuteronomischen Vorstellung eine Wendung ins persönliche: David darf nicht bauen, weil Blut an seinen Händen klebt, vgl. auch II Sam 7 13. **17** יָדַעְתָּ אֶת־דָּוִד כִּי zur Konstruktion vgl. GES.-KAUTZSCH [26] § 117h. סבב ist mit doppeltem Accusativ zu konstruieren: *der Krieg, womit sie ihn umgaben.* רגלו ist mit LXX. Vulg. u. a. רַגְלָי zu lesen, das Kĕrê רַגְלִי „unter meine Füsse" passt gar nicht in den Zusammenhang. **18** Dass Salomo in Wahrheit „Widersacher" genug hatte, zeigt I Reg 11 14—40, und dass es an „üblem Missgeschick" nicht fehlte, kann man eben dort nachlesen. Die spätere Zeit hat aber nur den Glanz an Salomos Regierung gesehen. Auch **19** ist vom Standpunkt der späteren Zeit geschrieben, für welche Salomos Bauthätigkeit eigentlich ganz im Tempelbau aufging. Von einem Worte Jahwes an David — כַּאֲשֶׁר דִּבֶּר יהוה —, dass sein Sohn und Nachfolger einen Tempel Jahwes bauen soll, ist nur in der Glosse II Sam 7 13, die in einen selbst schon nachdeuteronomischen Text eingefügt ist, etwas berichtet. Möglicherweise geht aber diese Glosse auf unseren Vers zurück. Statt v. 17-19 wird ursprünglich einfach ein Satz des Inhalts: „ich will mir einen Palast und Tempel bauen," dagestanden haben. **20** Zum Bau wünscht Salomo von Hiram die Lieferung von Cedernholz (nach der vielleicht vorzuziehenden Lesung der LXX עֵצִים, „Holz" ohne nähere Bestimmung s. v. 22) aus dem Libanon. Der Vers dürfte dem alten Erzähler angehören. Aus Hirams Antwort (v. 22) erfahren wir, dass Salomo um Cedern- und Cypressenholz gebeten, aus v. 27 f., dass vom Zusammenarbeiten von Salomos Fröhnern mit den Arbeitern Hirams die Rede war. Hochwälder gab es in Palästina wenige, eben deswegen auch wenig Langholz zum Bauen.

**21—26** Hiram erfüllt bereitwillig Salomos Begehr und beide schliessen einen Vertrag ab.

Während die Antwort Hirams v. 22 23 und die Beschreibung von Leistung und Gegenleistung v. 24 25 keinerlei Veranlassung bieten, sie dem alten Baubericht abzusprechen, erscheinen v. 21 u. 26 als Zuthat des deuteron. Hauptredaktors. Inhaltlich gehören beide Verse zusammen: Hiram wie der Erzähler preisen Salomos Weisheit, die sich im Tempelbau, speciell in der Anknüpfung dieser freundschaftlichen Beziehungen mit Hiram für diesen Zweck, offenbart. Die alte Zeit fasste Salomos Weisheit als richterliche Regentenweisheit (s. zu I Reg 3 16 ff.), dass Salomos Zeitgenossen, die unter dem Druck der Frohnen und Abgaben schmachteten, in seinen kostspieligen Bauten und der Landabtretung an Hiram einen Erweis besonderer von Gott verliehener Weisheit gesehen haben sollten, ist schwer zu glauben, wohl aber entspricht es der deuteronomistischen Denkweise im Tempelbau und dem, was dazu gehört, den höchsten Ausdruck solcher Weisheit zu schauen.

**22 und 23.** Hirams Antwort, schliessen gut an v. 20 an; dass dort das Cypressenholz im hebr. Text nicht genannt ist, würde auch abgesehen von der Lesung der LXX doch keine so bedeutende Differenz bilden (so STADE a. a. O. S. 131), dass Anfrage und Antwort nicht zusammengehören könnten. Statt ירד ist wohl mit LXX ירדום (καταξουσιν αὐτά) zu lesen; das ם des Suffixes konnte vor dem folgenden מן leicht ausfallen. Als Ort, wohin die Holzflösse von Hirams Leuten zur See gebracht wurden, nennt die Chronik sachlich jedenfalls richtig Juphō (Joppe), das heutige Jāfā, die Hafenstadt Jerusalems (II Chr 2 15). **25** Salomos Gegenleistung besteht in Naturallieferungen für den Hof Hirams (לֶחֶם בֵּיתִי v. 23); מכלת v. 25 ist = מַאֲכֹלֶת Jes 9 4 18 zu nehmen). Der Betrag der Lieferung wird auf jährliche 20000 Kor = 72880 hl Weizen (vgl. BENZINGER Archäol. S. 183 ff.) und 20000 Bath = 72 880 hl feines Öl angegeben (so ist mit Chronik und LXX statt 20 Kor des Hebr. zu lesen). Der Chronist, der noch 20000 Kor Gerste und 20000 Bath Wein hinzufügt, versteht diese Zahlen von der Verköstigung der Arbeiter Hirams, was aber zu dem Ausdrucke בית bei unserem Erzähler nicht passt. Leider erfahren wir nichts genaueres darüber, wofür diese Zahlung geschah, ob für das Holz oder als Lohn der Arbeiter (v. 20). Dass die angegebene Summe nicht alles inbegriff, ersehen wir aus 9 10-13, wonach Salomo noch 20 Orte an Hiram abtreten musste, s. zu d. St. שֶׁמֶן כָּתִית *gestossenes Öl* war das feinste Öl, feiner als das in den gewöhnlichen Keltern gekelterte (BENZINGER Archäol. S. 212). **26** Ganz sinnlos, wie KLOSTERMANN meint, ist der Satz nicht (s. oben), aber in den Zusammenhang des alten Berichts passt er allerdings nicht. Dass KLOSTERMANN einfach dafür setzt וַיְהִי נֹתֵן חִירָם לִשְׁלֹמֹה כַּאֲשֶׁר דִּבֵּר mit der Bemerkung: „dieser Satz ist vom Verfasser gemeint" und dann weiterhin daraus einen noch ursprünglicheren Text erschliesst, wonach „hier als Gabe Hirams neben den Hölzern v. 24 wohl eine Geldsumme bezeichnet stand, wie sie sich 9 14 erhalten hat" — mag als charakteristisches Beispiel seiner tendenziösen Behandlung des Textes angeführt werden.

**27—32 Die Vorarbeiten zum Bau** (vgl. II Chr 2 1 16). Die Verse 27 28 gehören sicher, v. 29-32 wahrscheinlich dem alten Baubericht an. **27 28** Die erste Massregel ist, dass Salomo 30000 Fröhner aushebt, von denen je ein Drittel einen Monat lang im Libanon an der Arbeit ist, dann zwei Monate (lies mit LXX, Syr. u. a. שְׁנַיִם) zu Hause ausruht. **29** Dazu kommen 70000 Lastträger und 80000 Steinhauer (so alle Verss.) im Gebirge (בָּהָר), d. h. im judäischen Gebirge; dass auch die Steine zum Bau aus dem Libanon geholt worden wären (so die meisten Erklärer), ist nicht notwendig anzunehmen (s. zu v. 32) und gar nicht wahrscheinlich, weil an guten Bausteinen in Palästina, auch in der nächsten Umgebung von Jerusalem, kein Mangel war. **30** Nicht inbegriffen in dieser Zahl sind die Oberaufseher dieser Arbeiter, die Beamten

(שָׂרִים) der Kreisvögte, 3300 an der Zahl. Chr und LXX Vat. (S¹ und S²) geben die Zahl 3600, wohl in dem Gedanken an die Zwölfzahl der Präfekten, und weil dann auf je 50 Mann der Arbeitermasse ein Aufseher kommt (Luc. ἑπτακόσιοι, Alex. πεντακόσιοι, s. auch zu 9 23). Die Zahlen sind natürlich für uns unkontrollierbar; ob man hier etwa auch an monatliche Ablösung wie v. 28 denken muss? Im Vergleich mit den Menschenmassen, welche die Pharaonen zu ihren Bauten aufboten, kann man diese Zahlen nicht als absolut unmögliche ansehen; nach PLINIUS (hist. nat. XXXVI 12) arbeiteten 360000 Mann 20 Jahre an einer Pyramide. Gegenüber den bescheideneren Zahlen v. 27 28 fallen aber diese ungeheueren Zahlen hier sehr auf. **31** Ihre Arbeit ist, grosse Quadern für die Fundamente zu brechen; *kostbar* (יְקָרוֹת) heissen diese eben um ihrer Grösse willen. Dabei wird man nicht nur an die eigentlichen Hausfundamente zu denken haben — der Tempel ruhte ja auf Felsen —, sondern vor allem auch an die Substruktionen. **32** Salomos Bauleute unterstützt von denen Hirams bearbeiten dann Steine und Hölzer für den Bau, was nach LXX drei Jahre in Anspruch nimmt, eine Angabe, die aus 6 1 herausgerechnet ist und zwar falsch. Die Erwähnung der Gibliter neben den „Bauleuten Hirams" ist auffällig, auch ist sonst nirgends, namentlich nicht in den Verhandlungen mit Hiram von ihnen die Rede. Es dürfte sich empfehlen, mit THENIUS statt וְהַגִּבְלִים das der LXX zu Grunde liegende וַיְגַבְּלוּם (ἐνέβαλον = וַיָּפִילוּם, verdorben aus וַיְגַבְּלוּם) in den Text aufzunehmen in der Bedeutung „mit Rand versehen" (THENIUS) oder „zusammenpassen" (KLOSTERMANN). Der bautechnische Ausdruck scheint später von den Abschreibern nicht mehr verstanden worden zu sein, daher die Verderbnisse.

STADE weist nach dem Vorgang EWALDS v. 29-32 dem Redaktor zu. Allein dass der ursprüngliche Bericht erwähnt haben muss, was mit den Hölzern geschah, wird auch von ihm zugegeben. Und da אֶרֶז v. 29 nicht den Libanon meint und die „alleinige Rücksichtnahme auf den Tempel" nicht über das Mass hinausgeht, in welchem auch der alte Baubericht den Tempel als Hauptsache behandelte, so sind keine zwingenden Gründe mehr da, diese Verse als Zusatz des Redaktors zu erklären.

## 2. Das Tempelgebäude Cap. 6 (vgl. II Chr 3).

Dass 1 erst aus v. 37 entstanden und sehr jung ist, hat WELLHAUSEN (bei BLEEK Einleitung⁴ S. 232) nachgewiesen; der alte Erzähler sagt יֶרַח für Monat, der spätere Überarbeiter חֹדֶשׁ (s. 6 37 38 und 8 2). LXX las diesen Vers ursprünglich nicht: er ist in ihr an sehr ungeschickter Stelle zwischen den umgestellten Versen 5 31 32ᵃ und 5 32ᵇ nachgetragen. „Dass die 480 Jahre der Periode vom Auszuge aus Ägypten bis zum Tempelbau künstlich sind, weiss man ohnehin; interessant aber ist es, zu sehen, wie spät dieser Schlüssel zur systematischen Chronologie des AT hier, uns sehr zu Dank, eingetragen ist." LXX hat hier vor v. 2 die vv. 37-38, was wohl ihr ursprünglicher Platz war, sonst hätte der Interpolator die chronologische Notiz dort hinter v. 38 beigefügt. Nachdem v. 1 eingeschoben, konnten sie leicht an den Schluss geraten. Auch die Beschreibung des Burgbaues (Cap. 7) ist mit einer solchen Angabe der Gesamtbauzeit eingeleitet.

Der Tempel ist auch dem alten Erzähler schon das Hauptgebäude der

Burg, dessen eingehende Beschreibung er voranstellt (vgl. Abb. 2).  2 Das eigentliche **Tempelgebäude** ist 60 Ellen lang, 20 Ellen breit (hinter אלים ist mit LXX אמה einzufügen) und 30 Ellen hoch, und zwar geben diese Masse die innere Weite, wie aus der Beschreibung des Debir v. 16ᵃ, vgl. mit v. 20, hervor-

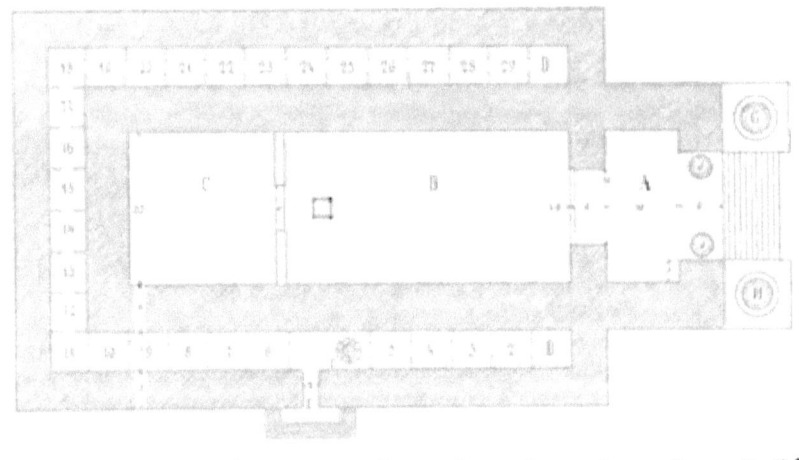

Abb. 2. Grundriss des Tempels.

Abb. 3. Querschnitt des Tempels.

geht und durch Hesekiels Beschreibung bestätigt wird. Was die Länge betrifft, so muss allerdings entweder die Gesamtzahl von 60 Ellen, oder eine der Teilzahlen — 20 Ellen für das Debir, 40 Ellen für den Hēkāl — ungenau sein, da die Zwischenwand zwischen Debir und Hēkāl (v. 16), wenn sie auch nicht wie bei Hesekiel zwei Ellen dick war, doch einigen Platz wegnahm. Die Mauerdicke hat nach Hes 41 5 sechs Ellen betragen (s. zu v. 6). Die Elle ist = 495 mm (vgl. BENZINGER Archäol. S. 180).

**3** Vor dem Hêkâl (s. zu v. 17) befindet sich eine **Vorhalle**; ihre Länge beträgt 20 Ellen *vor der Breite des Hauses*, d. h. die Halle liegt auf der Breitseite des Tempels und zwar so, dass ihre grösste Dimension („Länge") der Breitseite des Tempels parallel geht. Die Breite der Vorhalle — nach unserer Terminologie: ihre Tiefe — beträgt 10 Ellen. Ansprechend ist KLOSTERMANNS Vermutung, dass wegen des Gegensatzes zu עַל פְּנֵי רֹחַב hier — עַל פְּנֵי אֹרֶךְ zu lesen sei, *vor der Länge des Hauses*, d. h. so, dass die Breite (Tiefe) der Halle in die Längenrichtung des Tempels fällt. Die Höhe ist weder hier noch bei Hesekiel angegeben, der Paralleltext II Chr 3 4 ist rettungslos verdorben, jedenfalls ist die dort angegebene Höhe von 120 Ellen ein Ding der Unmöglichkeit. Aus sachlichen Gründen ist bei dem Schweigen unseres Textes die Annahme einer gleichen Höhe mit dem Hause selbst das Natürlichste.

**4** Wie die **Fenster** konstruiert waren, ist nicht mit Sicherheit zu sagen. Von vornherein ist sehr wahrscheinlich, dass sie wie die Fenster der Wohnhäuser mit einem Holzgitter versehen waren (BENZINGER Archäol. 119). Man wird für אֲטֻמִים diese Bedeutung „vergittert", „mit Gitter verschlossen" (LXX κρυπτάς) annehmen dürfen, vgl. Hes 40 16. שְׁקֻפִים, wie 7 4 שְׁקֻפִים zu lesen, sind Balken, z. B. 7 5 vom Gebälk der Thüren und Fenster; „Balkenfenster" will besagen, dass die Fenster nicht blosse Öffnungen in der Steinwand waren, sondern mit Holz eingerahmt wurden. Auch von den Thür- und Fensteröffnungen des Libanonwaldhauses wird das ausdrücklich berichtet (7 5). Bei den Fenstern und Thüren der gewöhnlichen Häuser kannte man diesen Luxus nicht. Da der Anbau um das Haus her ohne Zwischenböden und Dach 15 Ellen hoch war und der Debir aller Wahrscheinlichkeit nach keine Fenster hatte (8 12), so waren die Fenster in einer Höhe von über 15 Ellen, ja über 20 Ellen angebracht. Bei der Dicke der Mauern konnten sie ohnedem nicht viel Licht geben, auch wenn sie, was an sich wahrscheinlich ist, schiessschartenartig nach dem Innern sich erweiterten. Der Hêkâl war also nur sehr mangelhaft erleuchtet; die Fenster sollten vor allem der Ventilation, dem Abzug des Rauches dienen.

**5** Ein **Anbau** geht um Hêkâl und Debir herum (abgesehen natürlich von der Vorderseite). Dass es sich um einen Anbau handelt, ist sicher; ob aber יָצִיעַ dies bedeutet, ist fraglich. KLOSTERMANN erklärt es kollektiv als aus den Mauern rechtwinklig vorspringende Flächen. סָבִיב אֶת־קִירוֹת הַבַּיִת und קָבִיב לַהֵיכָל וְלַדְּבִיר sind Dubletten, die erstere fehlt in LXX Vat. u. Luc.: sie giebt nur einen Sinn in der Übersetzung von LXX Alex.: „ringsum an den Wänden". Dass dieser Ausdruck den andern „rings um Hêkâl und Debir" deutlicher macht, wird man nicht sagen können, eher umgekehrt, denn der zweite Ausdruck ist viel bestimmter und deutlicher; der erstere Ausdruck dürfte also wohl der des ursprünglichen Berichtes sein. Dieser Anbau enthält Seitenkammern (צְלָעוֹת), wie aus Hes 41 5 6 hervorgeht (nicht Galerien); v. 5b fehlt in LXX Vat., aber nicht in Luc. und kann nicht wohl entbehrt werden. **6** Der Anbau ist dreistöckig, der untere Seitenstock (statt des Masculin הַיָּצִיעַ lies mit LXX πλευρά הַצֵּלָע wie v. 5 und Hes 41 5) ist 5 Ellen breit, der mittlere 6 Ellen, der Oberstock 7 Ellen breit. Dies ist dadurch erreicht, dass die Tempelmauer nach oben sich verringert und zwar, dass die Aussenfläche stufenförmig ist (s. Abb. 3). STADES Vermutung, dass bei den Aussenmauern des Anbaues das gleiche der Fall war, erscheint nicht unwahrscheinlich. Demnach ist beim Mittelstock des Anbaues die Tempelmauer noch $5\frac{1}{2}$ Ellen, beim Oberstock und weiter hinauf noch 5 resp. $4\frac{1}{2}$ Ellen dick. Auf diese Weise müssen die Balken, die den Boden des 2. und 3. Seitenstocks tragen, nicht in die Tempelmauer selbst eingelassen werden, sondern liegen auf dem Absatz auf. 7 Die Bemerkung, dass alle Steine schon beim Bruch fertig behauen wurden, unterbricht hier in ganz ungeschickter Weise die Beschreibung des Anbaues. Sie ist eine weitere Ausdeutung von 5 31 32 und gehört zu den späteren Verherrlichungen des Baus. Die Legende hat dies dann weiter ausgesponnen: zum Tempel habe man überhaupt keine Steinhauer gebraucht, weil man unter Gottes Leitung die Steine so wie man sie benötigte gewachsen gefunden habe (so THEODORET), oder gar: weil Salomo die Steine mittelst des Wunderwurms שָׁמִיר zurecht geschnitten habe (so die Talmudisten). Der Vers gehört dem Redactor zu. 8 Die einzige Thüre des Unterstockes des Anbaues (הַתִּיכֹנָה ist Schreibfehler für הַתַּחְתֹּנָה, wie LXX zeigt) befindet sich auf der rechten, d. i. südlichen Seite. Treppen oder Leitern verbinden die Stockwerke untereinander. לוּלִים erklärt man gewöhnlich als Wendeltreppen. Auf LXX beruft man sich jedoch mit Unrecht, ἑλικτὴ ἀνάβασις ist jedenfalls nicht Übersetzung des Hebr. LXX scheint vielmehr ובלולמעלו falsch abgeteilt, ובלול מעלה gelesen und בלול als ein Part. pass. gefasst zu haben. STADE hat wahrscheinlich gemacht, dass לוּלִים mit Fallthüren verschlossene Hohlräume mit leiterartigen Treppen bezeichnet. Wie viele Aufgänge es waren, wissen wir nicht, auch nicht wo sie sich befanden; THENIUS u. a. vermuten, dass sie der Raumersparnis halber in Hohlräume der Mauer gelegt waren. 9 Die Notiz über Vollendung des Baues ist hier an ganz verkehrtem Platz, nicht minder die Beschreibung der Vertäferung, so dass der Vers als später eingeschoben zu betrachten ist. Was die zweite Vershälfte besagen soll, kann man nur erraten. סָפַן בָּאֶרֶז ist im Baubericht terminus technicus für das Vertäfern mit Cedernholz (nicht für das Decken des Daches, vgl. zu 7 7). auch LXX versteht es so: בָּאֲרָזִים kann ungezwungenerweise nur mit וַיִּסְפֹּן verbunden werden, nicht mit שְׂדֵרֹת — „Reihen von Cedernbalken". Die Bedeutung der beiden bautechnischen Ausdrücke גֵּבִים und שְׂדֵרֹת wissen wir nicht. Die Conjecturen von LAGARDE (נְבָדִים = Kuppelgewölbe; armen. Stud. § 499, Mitteilgn. I 211) und THENIUS (גַּבִּים = Wölbungen) sind nach dem Gesagten nicht annehmbar. Auf Grund der Übersetzung von LXX Alex.: φατνώσεσιν καὶ διατάξεσιν (in Vat. und Luc. fehlen die Worte) erklärt KLOSTERMANN die Worte als einen Bauterminus, der das, was sich dem Auge darbot, als eine Fülle von Vertiefungen und Reihen bezeichnet, oder konkreter von Furchen und Rainen, d. h. von Fächern, welche durch die Kreuzung der nach unten vorspringenden Balken und der nach oben zurücktretenden Bohlen hergestellt wurde." Sachlich ist jedenfalls zutreffend, dass es sich nicht um einen glatten Bretterbelag, sondern um eine Täferung mit Rahmen und Füllungen handelt. 10 Die Höhe der Stockwerke des Seitenbaues beträgt je 5 Ellen (wohl ebenfalls Höhe im Lichten, die Gesamthöhe also über 15 Ellen (3×5 Ellen + Dicke der Zwischenböden und des Daches). Der Sinn ist klar und ganz sicher, der Ausdruck, wenn nicht עֶשְׂרֵה hinter חָמֵשׁ einzusetzen ist, sehr ungewandt, da nicht der ganze יָצוּעַ, sondern die einzelne צֵלָע 5 Ellen hoch ist. Mit Cedernbalken greift der Seitenbau (dieser, nicht Salomo ist Subjekt zu וַיֶּאֱחֹז vgl. v. 6) in „das Haus" ein, ebenfalls ein sehr ungeschickter Ausdruck, da gerade dieses את in v. 6 verneint wird. Gemeint ist hier natürlich das Aufliegen der Balken auf den Mauerabsätzen. 11—13 fehlen in LXX und sind ein den Zusammenhang unterbrechender Einschub ganz deutlich von deuteronomistischer Hand. Der Anfang von 12 ist im jetzigen Text ausgefallen. Die deuteron. Redewendungen betreffend vgl. zu 2 3.

**14—22 Die innere Einrichtung des Tempels** (vgl. II Chr. 3 4b-9). 14 in LXX hinter v. 3 stehend, bildet eine ganz passende Überleitung; שְׁלֹמֹה ist mit KLOSTERMANN (vgl. LXX) als später eingetragen zu betrachten. STADE bemerkt zutreffend, dass Salomos Name im Baubericht sonst nicht ausdrücklich als Subjekt der die Bauthätigkeit beschreibenden Verba genannt wird. 15 Die Innenwände des Tempels werden mit Cedernbrettern getäfert, vom Boden bis zu den Deckbalken (l. קוֹרוֹת nach LXX, welche עַד קִירוֹת הַבַּיִת צַלָעוֹת(?) las und סֵף mit ἐκοιλοστάθμησεν wiedergab, s. zu v. 9). עַד קִירוֹת עֵץ sind mit STADE und KLOSTERMANN zu streichen als eine vom Rand hereingeratene Glosse, welche ursprünglich das בּוֹ erklären sollte. Der Fussboden wird mit Cypressenbrettern belegt.

16 Der Debir wird im hinteren Teil des Hauses eingerichtet. Die Beschreibung mit ihrer Wiederholung des Berichts über die Vertäferung (l. auch hier mit LXX קוֹרוֹת) ist ausserordentlich schwerfällig, ebenso der Ausdruck וַיִּבֶן לוֹ מִבַּיִת לִדְבִיר. Man möchte vermuten, dass ursprünglich nur dastand וַיִּבֶן... מִירְכְתֵי הַבַּיִת לִדְבִיר „er baute 20 Ellen von der Rückseite des Hauses an gemessen zum Debir aus". Von einem, der וַיִּבֶן im Sinne von v. 15 fasste, mag der erklärende Zusatz בִּצְלָעוֹת u. s. w. aus v. 15 angefügt worden sein, was dann eine Wiederaufnahme des וַיִּבֶן nötig machte. לְקֹדֶשׁ הַקֳּדָשִׁים ist erklärender Zusatz nach dem späteren Sprachgebrauch, welcher den Ausdruck דְּבִיר nicht mehr kennt. 17 Zur Textgeschichte von v. 17-22 vgl. Einleitung IV. Für den Hêkâl vor dem Debir (lies mit LXX לִפְנֵי הַדְּבִיר statt der Uniform לִפְנָי, nach späterem Sprachgebrauch „das Heilige", bleiben somit noch 40 Ellen übrig. Dass der Ausdruck הַבַּיִת durch הוּא הַהֵיכָל erklärt wird, fällt auf, man würde eher eine Erklärung von Hêkâl (wie oben von Debir) erwarten. הַבַּיִת fehlt in LXX und dürfte als Dublette zu betrachten sein. 18 fehlt in LXX, stört den Zusammenhang aufs stärkste und widerspricht mit seinem „alles war aus Cedern" dem v. 15 Gesagten; damit erweist sich das ganze als später Einschub. Nach Hes 41 17 18 scheinen die Tempelwände mit Schnitzereien verziert gewesen zu sein. Diese dürften demnach als Werk eines späteren Königs anzusehen sein, wie auch sonst von Verschönerungen des Tempels berichtet wird (II Reg 12 8ff. 20 16 10ff. 23 4 11f.). פְּקָעִים (LXX I Reg 7 24

ὑποστηρίγματα) wird gewöhnlich nach dem Targum ("Figuren von Eiern") auf gurkenförmige (vgl. פְּקָעִים) Buckeln gedeutet. וּפְטוּרֵי צִצִּים (LXX v. 32 πέταλα διαπεπετασμένα "ausgebreitete Blätter", Targum "Seile", אֲמוּנִים) ist am wahrscheinlichsten mit Thenius u. a. als Blumenguirlanden zu erklären. **19** Die abermalige Erzählung von der Einrichtung "eines" Debir ist hier ebenfalls nicht am Platz, nachdem das schon v. 16 genauer berichtet war; dass die Lade hineinkam, wird später erzählt. Der Vers ist als Dublette zu v. 16 hereingekommen. Für לְתִתֵּן lies לָתֵת. Der Ausdruck אֲרוֹן בְּרִית יהוה ist erst seit Jeremia und Deuteron. im Gebrauch. **20** bildet die Fortsetzung von v. 17; (וְ)לִפְנֵי הַדְּבִיר gehört zu v. 17. in v. 20 giebt es eine höchst schwerfällige Konstruktion und ist überdies unnötig, da der ursprüngliche Text diese Ortsbestimmung des Altars am Schluss des Verses hat s. zu 21. Der Debir bildet einen Würfel, der nach allen Richtungen 20 Ellen misst. Seine Wände werden mit Goldblech überzogen, was späterer Zusatz (Dublette zu v. 22ᵃ) ist (s. unten). סָגוּר, von unsicherer Bedeutung, scheint term. techn. der Goldbearbeitung zu sein (vgl. מַסְגֵּר II Reg 24 14 16 als Handwerker neben חָרָשׁ). Sachlich handelt es sich bei diesen Goldverzierungen jedenfalls um ein Belegen mit Goldblech (צִפָּה), was für סָגוּר die Bedeutung "getriebenes" Gold als das wahrscheinlichste erscheinen lässt; nach anderen "geläutertes" Gold.

Dass die Erzählungen vom Goldüberzug der Wände des Debir (v. 20), des Hêkâl (v. 21 22ᵃ 30), und des Altars im Hêkâl (v. 22ᵇ), der Kerube (v. 28), der Thürflügel (v. 32 35) alle sehr späte Hinzufügungen sind, hat Stade (ZATW 1883, 140 ff.) nachgewiesen. Bei den Plünderungen des Tempels (I Reg 14 26 II Reg 14 14 16 17) nehmen die Feinde und Ahas in seiner Not alles irgendwie Wertvolle fort, nur von diesem Goldblechüberzug ist keine Rede; Hiskia überzieht Thüre und Thurpfeiler des Hêkâl mit Metallblech — nicht mit Gold —, und schneidet dies in der Not wieder weg; der Goldschmuck wird nicht erwähnt (II Reg 18 16). Ganz gewiss hätten weder die Feinde, noch ein Ahas und Hiskia diesen Goldschmuck unangetastet gelassen. Auch Hesekiels Tempel erscheint ohne diesen Goldschmuck. Dazu kommt vor allem, dass alle davon handelnden Sätze durch ihre Stellung am unrechten Ort und das teilweise Fehlen in LXX von vornherein als Zusätze sich ausweisen. In späterer (nachexilischer) Zeit, als man die Schilderung der Stiftshütte mit ihren goldüberzogenen Brettern und dem sonstigen Goldreichtum vor Augen hatte, konnte man sich den Tempel des reichen Salomo nicht ohne solchen Goldschmuck denken. Der Goldüberzug und die Schnitzereien der Wände (v. 29) schliessen eigentlich einander aus; mit Schnitzereien verzierte Cedernwände überzieht man doch nicht ganz mit Goldblech. Von "einfassenden Rahmenstücken von Goldblech" zu reden (Klostermann), ist gegenüber dem Wortlaut צִפָּה unmöglich. Die Verse 20 21 22 28 30 (soweit sie von der Übergoldung handeln) sind also noch jünger als der gleichfalls nachträglich eingeschobene v. 29, und ebenso jünger als v. 32 und 35, deren Verfasser nicht die ganzen Thüren, sondern nur die Figuren mit Goldblech überzogen sein lässt, so dass sie deutlich heraustreten. Die Bemerkungen über die Vergoldung der Wände in v. 20 21 22 stammen übrigens nicht von einer Hand. Vielmehr sind die Notizen in v. 20 und 21ᵃ (Vergoldung des Debir und Vergoldung des Hêkâl) Dubletten zu 22ᵃ Vergoldung des Hêkâl und 22ᵇ Vergoldung des Debir (nach dem ursprünglichen Text, vgl. LXX Alex. und Einleitung IV). Da die Notiz in v. 22 an verhältnismässig passendem Platze steht (eigentlich würde sie hinter v. 15 gehören) und 21ᵃ in LXX fehlt, wird man annehmen müssen, dass 21ᵃ als Dublette zu v. 22 am Rand stand und dann an falscher Stelle in den Text kam. Dies hatte dann die Änderung in 22ᵇ (חפהו) zur Folge.

**20** Vor den Debir kommt ein Altar aus Cedernholz, der "Schaubrottisch" zu stehen. Für וְיָצַף lies mit LXX וַיַּעַשׂ; dass der Altar aus Cedernholz war (in LXX fehlt אֵת), muss gesagt werden, weil ein „Altar" eben gewöhnlich nicht aus Holz, sondern aus Stein ist. Der Widerspruch mit Ex 25 23 (Tisch aus „Akazienholz") hat die Streichung des אֵת in der Vorlage der LXX veranlasst. Aus 21 gehört hier heraus (hinter אֵת) die Angabe des Ortes, wo der Altar steht: לִפְנֵי הַדְּבִיר. Denn die dazwischen stehenden Worte fehlen in LXX, sind hier an ganz unpassendem Ort und bilden inhaltlich eine Dublette zu 22ᵃ (s. oben), die ganz spät vom Rand hereingeraten ist. וַיְעַבֵּר בְּרַתִּיקוֹת זָהָב *und er führte vorüber mit goldenen Kettchen* ist für uns im jetzigen Zusammenhang ganz sinnlos (auch von LXX Alex. nicht verstanden). Entweder gehören — wie oben angenommen wurde — die Worte zu der Glosse 21ᵇ (sie fehlen in LXX Vat. u. Luc.), dann gehört das folgende לִפְנֵי הַדְּבִיר nicht damit zusammen und alle Vermutungen, dass damit irgend ein Verschluss des Debir gemeint sei („er verschloss mit quergezogenen Kettchen", „er führte einen Vorhang vorüber an Kettchen" u. dgl.) sind unmöglich (vgl. auch v. 31); dann kann es sich nach dem Zusammenhang nur um eine Verzierung der Wände des Hēkāl (mit goldenen Ketten?) handeln. Oder die Worte gehören, wie KLOSTERMANN annimmt, zum ursprünglichen Text, dann müssen sie auf den Altar gehen, und könnten etwas meinen, was dem goldenen Kranz des Schaubrottisches bei P (Ex 25 24 25) entspricht, — immer vorausgesetzt, dass der Wortlaut nicht vollständig verdorben ist. Der von KLOSTERMANN hergestellte Text וָאֲרַבַּע קַרְנוֹתָיו hat mit Hebr. eine Anzahl Buchstaben gemeinsam, ist aber sonst ganz unbegründet, ja unmöglich, weil der Schaubrottisch keine Hörner hatte. וַיְצַפֵּהוּ זָהָב ursprünglich auf den Altar gehend, dürfte ebenfalls späterer Zusatz sein, da Hesekiel (41 21f.) von einem Goldüberzug des Schaubrottisches nichts weiss. Zu 22 ist schon oben S. 35 das nötige bemerkt worden.

**23—28 Die Kerube** (vgl. II Chron 3 10—13). Für den Debir werden **23** zwei Kerube aus Ölbaumholz (עֲצֵי שֶׁמֶן ist in der Vorlage der LXX gestrichen wegen des Widerspruchs mit Ex 25 18) von 10 Ellen Höhe angefertigt. Die Höhenangabe wird **26** wiederholt, aber dieser Vers kann nicht mit KLOSTERMANN als Zusatz gestrichen werden, da er zum ganzen Stil der Beschreibung v. 24 25 viel besser passt als die kurze Angabe 23ᵇ. STADE löst die Schwierigkeit in sehr ansprechender Weise dadurch, dass er v. 24 zwischen 23ᵃ u. ᵇ (hinter עֲצֵי שֶׁמֶן) einschiebt, 25ᵇ sieht ohnedies aus wie der Abschluss der Beschreibung. **24** Mit ausgebreiteten Flügeln misst jeder Kerub von Flügelspitze zu Flügelspitze 10 Ellen, demnach **27** berühren die im Debir nebeneinander (selbstverständlich mit dem Gesicht nach Osten gegen den Hēkāl) aufgestellten Kerube mit ihren Flügeln aussen die Tempelwand, in der Mitte einander. הַבַּיִת הַפְּנִימִי statt des alten דְּבִיר ist nach STADE später eingesetzt (s. zu v. 29). Statt אֶת־כַּנְפֵי הַכְּרֻבִים l. mit LXX אֶת־כַּנְפֵיהֶם. **28** Der Goldüberzug der Kerube war besser vor v. 27 zu erwähnen; der Vers ist später eingeschoben vgl. oben zu v. 20. Ebenso ist **29** und **30** die Schilderung der Schnitzereien an den Wänden (übrigens abweichend von v. 18) und der Vergoldung des Bodens am denkbar ungeschicktesten Platz. Statt der unmöglichen Form סַלְעֹנִים v. 29 ist mit LXX und v. 30 לִפְנִימָה zu lesen. Dass die hier auffallenden Ausdrücke פְּנִימָה und חִיצוֹן statt Debir und Hēkāl die gleichen sind wie Hes 41 15 16. ist um so weniger Zufall, als auch der Inhalt von v. 29, im Unterschied von v. 18 (vollends wenn man mit LXX מִצֻרֵי als aus v. 18 eingetragen streicht) mit Hes 41 18 übereinstimmt.

Die Kerube sind nicht israelitischen Ursprungs; auch der Name lässt keinerlei Deutung aus dem Hebräischen zu. DELITZSCH (Paradies 150ff.) u. a. wollen den Namen (kirūbu) als Bezeichnung der geflügelten Stiere mit Menschenköpfen, wie sie bei den Assyrern und Babyloniern den Eingang der Tempel und Paläste bewachten, nachweisen, was jedoch nicht vollständig sicher ist (vgl. Z. f. Assyriologie I 68ff.). Auch mit den γρῦπες, Greifen, sind sie zusammenzustellen. Sachlich ist die Entlehnung aus Babylonien nicht zweifelhaft; dort sind überhaupt solche Flügelwesen zu Hause. Ihre Bedeutung bei den Israeliten ist eine doppelte: sie sind Träger Jahwes (Hes 1 8 10 19f.; Ps 18 11 = II Sam 22 11), und sie sind Hüter des Heiligtums (hier im Tempel, ferner Gen 3 24 Hes 28). Was für Israel die ältere Bedeutung war, ist schwer zu sagen. In den Quellen ist die Wächter früher bezeugt; aber das ist kein zwingender Beweis. Vergleicht man mit ihrer Funktion als Träger Jahwes die Stellen Ps 104 3 Jes 19 1, wo Jahwe auf der Wolke fährt, Hes 1 24 10 5, wo der Flügelschlag der Kerube den Donner erzeugt, Hes 1 13, wo Blitze zwischen ihren Flügeln sich entladen, so erkennt man deutlich, dass die Kerube ursprünglich Personifikationen der Wetterwolke waren. Ihre Funktion als Wächter lässt sich aus der anderen, Träger Jahwes zu sein, leicht ableiten, aber nicht umgekehrt. Übrigens können beide Vorstellungen für Israel gleich alt, d. h. gleichzeitig mit den Keruben überhaupt überkommen sein. Die grosse Beliebtheit der Kerube als Ornamentstücke geht aus ihrer häufigen Anwendung im Tempel hervor. Leider wissen wir darüber gar nichts, wie die Israeliten resp. Phönicier sich zur Zeit Salomos diese Fabelwesen vorgestellt haben. Ihre ursprüngliche Gestalt dürfte eine Vogelgestalt gewesen sein; allmählich wurde sie der Menschengestalt angenähert (namentl. durch Hesekiel, vgl. 1 5ff.). In noch späterer Zeit werden sie unter die Engel eingereiht (Buch Henoch; Apk). Vgl. SMEND alttest. Religionsgesch. 21, NOWACK Archäol. II 38f., DILLMANN und HOLZINGER zu Gen 3 24, BERTHOLET zu Hes 10 20 und die Bibelwörterbücher.

**31—35 Die Thüren.** Der Eingang zum Debīr **31** besteht aus einer Flügelthüre aus Olivenholz (אֵת אֵת ist zwar hart, aber nicht mit LXX in לְפֶתַח zu korrigieren); die (gebrochene) Oberschwelle und die Seitenpfosten (LXX Al. u. Luc. καὶ φλιὰς הַמְזוּזוֹת, allerdings mit Ausfall von וְהָאַיִל) bilden ein Fünfeck (s. Abb. 3; LXX Luc. πενταπλῶς entsprechend dem τετραπλῶς v. 33). חֲמִשִׁית wird schon von THENIUS richtig als Fünfeck erklärt im Gegensatz zu רְבָעִית v. 33 und 7 5. Um die andere Erklärung „die Oberschwelle u. s. w. waren ein Fünftel" (wovon?) mit dem Text in Einklang zu bringen, muss man letzteren mit KLOSTERMANN umändern in מִן הָאַיִל חֲמִשִׁית — von der Querwand ein Fünftel. Zu allem hin wäre dies doch ein recht sonderbarer Ausdruck, um zu sagen: die Thüre ist 4 Ellen breit. **32** Die Thürflügel sind mit Schnitzereien versehen und mit Gold überzogen. Der Vers gehört nicht dem alten Baubericht an: שְׁתֵּי דַלְתוֹת עֲצֵי שָׁמֶן ist nach v. 31 ganz überflüssig. Wenn die Wände des Debīr und Hēkāl nicht mit Schnitzwerk versehen waren (s. zu v. 18 u. 19), ist dies auch von den Thüren nicht anzunehmen, und was den Goldüberzug anlangt, so erfahren wir aus II Reg 18 16. dass erst Hiskia die Tempelthüren mit (edlem) Metall überkleiden liess. Was וַיָּרֶד meint, ist v. 35 deutlicher ausgedrückt. In 32ᵇ ist nur von Keruben und Palmen die Rede, ein Beweis, dass auch hier (wie v. 29) die Blumenguirlanden aus v. 18 nachgetragen sind. **33** Die Thüre des Hēkāl hat auch Olivenholzpfosten, sie bildet aber ein Viereck. מֵאֵת רְבָעִית ist, wie schon THENIUS gesehen, nach LXX. Vulg. und Hes 41 21 aus

מְעוֹת רְבָעוֹת verdorben vgl. 7 5. **34** Die beiden Thürflügel sind aus Cypressenholz und bestehen je aus zwei drehbaren Blättern (statt קְלָעִים lies צְלָעִים), die demnach durch Scharniere mit einander verbunden waren. Von **35** gilt das zu v. 32 gesagte; der Goldüberzug ist der eingeritzten Zeichnung genau angepasst, es handelt sich also bei diesen Verzierungen nicht um Reliefschnitzereien, sondern um Conturenzeichnungen.

**36 Der innere Vorhof**, in sachgemässem Fortschritt der Erzählung auf das Tempelhaus folgend, wird mit einer Mauer umgeben, welche aus drei Lagen Quadersteinen übereinander bestand und oben eine Lage *behauene Cedernbalken* hatte. Dass כְּרֻתֹת אֲרָזִים Pallisaden mit ausgeschnittenen Zacken oder Einschnitten bedeute (KLOSTERMANN), ist unbewiesen. Jer 36 10 wird der Tempelvorhof der „obere Vorhof" genannt, aus welchem man durch das „neue Thor" zu der Königsburg hinabging (vgl. Jer 26 10), was mit der S. 26 f. beschriebenen Lage völlig übereinstimmt.

**37 38 Chronologische Angaben.** Über die ursprüngliche Stellung der Verse s. zu 6 1. Hier unterbrechen sie ungeschickt die Erzählung, die in bester Ordnung sogleich von 7 1 ff. fortgesetzt wird (s. WELLHAUSEN bei BLEEK⁴ S. 232). Die Erklärung des Monats Bûl durch den Zusatz הוּא הַחֹדֶשׁ הַשְּׁמִינִי ist nachexilisch; seit dem Exil begann man das Jahr mit dem Frühling und zählte die Monate, die alten Monatsnamen kamen ausser Gebrauch (BENZINGER Archäol. 199 ff.).

### 3. Die Hofburg 7 1–12.

LXX hat v. 1–12 umgestellt hinter 7 51, und zwar so, dass 1ᵇ *er vollendete sein ganzes Haus* am Schluss steht (hinter v. 12). Diese Anordnung hat manches für sich (s. zu 9 11ᵃ und vgl. S. 26). Wenn KLOSTERMANN den Abschnitt 7 1–11 aus einer anderen Quelle herleiten und v. 12 sogleich hinter 6 36 folgen lassen will, so missversteht er die Hauptzüge in der Beschreibung der ganzen Anlage. Er redet von einem „grossen Vorhof, welchen Salomo um den Tempel und seinen inneren Vorhof und seine Halle gebaut hat" und unterscheidet davon den alle separaten kleinen Höfe um die Gebäude der Hofburg umschliessenden grossen Vorhof. Allein von einem zweiten „grossen" Vorhof des Tempels ist nirgends die Rede. Ausser dem „inneren Vorhof" (5 36) wird nur noch der „andere Vorhof", der Salomos Palast und Harem umgiebt (7 8), und dann der „grosse Hof" als der äusserste (7 10 12) genannt. S. auch zu 12ᵇ.

**1** An seinem eigenen Haus, d. h. der Hofburg, welche alle im Folgenden beschriebenen Gebäude umfasste, baute Salomo 13 Jahre. Ob darin nach dem Sinne des Bauberichts die 7 Jahre, die der Tempel erforderte, mit eingeschlossen sind oder nicht, lässt sich nicht ausmachen, der Redactor hat von der Vollendung des Tempels an gerechnet (9 10). LXX hat 1ᵇ als Abschluss des Ganzen hinter v. 12; der Satz hat aber auch hier einen ganz guten Platz.

**2–5 Das Libanonwaldhaus** (s. Abb. 4 u. 5) trägt seinen Namen von den vielen Cedernsäulen; es ruht **2** auf drei Reihen solcher Säulen. Statt אַרְבָּעָה hat LXX שְׁלֹשָׁה gelesen, was nach 3ᵇ Hebr. das Richtige ist (s. d. St.). Oben an den Säulen sind כְּרֻתֹת. *Balken*, welche die Decke tragen, LXX bezeichnet sie als ὠμίαι — מְכֹנוֹת. Dass dieser specifisch technische Ausdruck nachträglich für den allgemeineren Ausdruck Balken sollte eingesetzt worden sein, ist ebenso

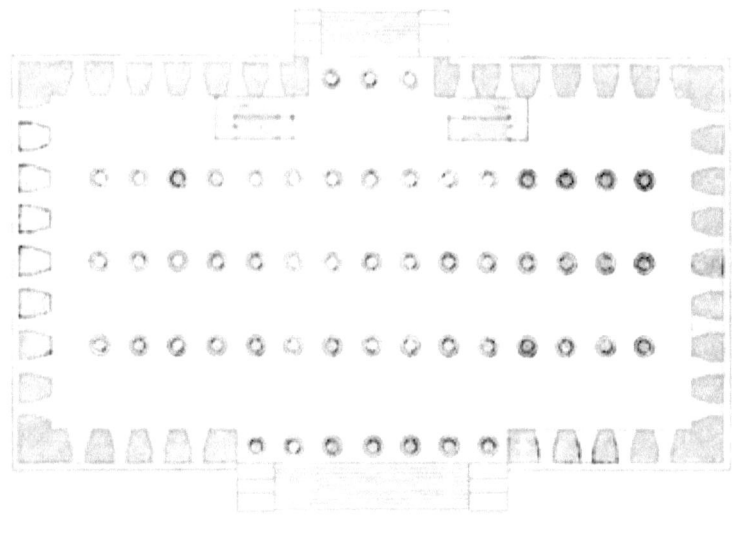

Abb. 4. Grundriss des Libanonhauses.

Abb. 5. Querschnitt des Libanonhauses.

unwahrscheinlich, wie das umgekehrte leicht begreiflich ist; LXX hat also den ursprünglichen Text erhalten. Sachlich ist übrigens die Frage bedeutungslos, da diese „Balken" jedenfalls als „Schulterstücke" dienten (vgl. 7 30 34), d. h. als Stütze für die Dachbalken, die einen Raum von ca. 6.2 m zu überspannen hatten (vgl. Abb. 5). Statt עַל־הַצְּלָעוֹת empfiehlt sich, mit LXX לַעֲמוּדִים zu lesen. 3 Über den Säulen (als Oberstock) liegen Gemächer (צְלָעֹת), das Hausdach über denselben ist (innen) mit Cedernholz getäfert (עֵץ, s. zu v. 7; LXX ἐφάτνωσεν τὸν οἶκον); da alle Verss. מִמַּעַל עַל־הַצְּלָעֹת lesen und dies einen guten Sinn giebt (oben über den Gemächern im Unterschied von der Decke über den Säulen, wie man מִמַּעַל allein verstehen müsste), so ist kein Grund und kein Recht da zu Klostermanns Textänderung: מִמַּעַל כָּל־הַצְּלָעֹת. Der Säulen sind es 45, in jeder Reihe 15. Da צֵלָע Femininum ist, kann auch in Hebr. die Zahl nicht, wie vielfach aus der allerdings auffallenden Konstruktion geschlossen worden ist, auf diese sich beziehen; in LXX ist geradewegs hinzugefügt: καὶ ἀριθμὸς τῶν στύλων. Darnach wird man in Hebr. vor אַרְבָּעִים ein וְהָעַמּוּדִים einzusetzen haben, was nach dem vorangehenden gleichen Wort leicht ausfallen konnte. חֲמִשָּׁה עָשָׂר fehlt in LXX Vat., aber nicht in LXX Luc.; da überdies 45 Säulen in einer Reihe (LXX) bei 100 Ellen Länge des Hauses einfach unmöglich sind, kann nur Hebr. den ursprünglichen Text haben. Bei 15 Säulen betrug die Entfernung von Säulenmitte zu Säulenmitte 100:16 — 6 1/4 Ellen = 3.09 m. 4 *Balken* (sprich nach שֶׁקֶף v. 5 שְׁקֻפִים) *liegen in drei Lagen* (oder *Reihen*); wie? und wo? ist leider nicht gesagt, obwohl gerade dies zu wissen für uns von höchster Bedeutung wäre. Will man sich nicht einfach aufs Raten verlegen, so hat man einige schwache Anhaltspunkte für das wie? nur in 6 36, wo die טוּרִים übereinander geschichtete Lagen von Steinen und Holz bedeuten. Nach dem Zusammenhang wird man annehmen dürfen, dass sie irgendwie in Beziehung zu den Säulen standen, dass also über den Säulen, um die Säulenhalle zu erhöhen, drei Balkenlagen aufeinander geschichtet waren und erst auf diesen die den Saal überdeckenden Bohlen lagen (vgl. Abb. 5). 4[b] *Dreimal steht Lichtöffnung und Lichtöffnung sich gegenüber* und 5[b] *dreimal steht Thüre und Thüre sich gegenüber*. Der Wortlaut des Hebr. giebt für 5[b] eine vollständige Tautologie mit 4[b]; LXX las in 5[b] פֶּתַח אֶל־פֶּתַח. Möglich ist, dass die fünf Worte überhaupt nur durch Abschreibfehler wiederholt worden sind und in der LXX-Lesart die Tautologie wegkorrigiert wurde; ebensogut aber kann auch die LXX im Recht und Hebr. durch gedankenloses Gleichmachen entstanden sein. מוּל פ kann etwa heissen *die Vorderseite der Thüre lag gegenüber* u. s. w.; da es sonst aber nirgends so vorkommt, wird es besser mit Stade als Randglosse zu betrachten sein, welche אֶל erklären beziehungsweise ergänzen (אֶל־מוּל) als verstärktes אֶל) sollte und am falschen Ort in den Text kam. Jedenfalls beweist es, dass hier אֶל und nicht עַל stehen muss, wodurch auch das אֶל in 4[b] (LXX beide Male ἐπί) gesichert ist. Klostermann will in v. 4[b] עַל korrigieren, womit der einzige sichere Anhaltspunkt für ein dreistöckiges Gebäude gegeben wäre. Im Übrigen muss man offen eingestehen, dass wir die sachliche Bedeutung dieser beiden Sätze und was damit beschrieben werden soll, einfach nicht verstehen können. Man kann etwa noch sagen, dass מֶחֱזָה etwas anderes bezeichnen dürfte, als die Fenster des Hauses, da für diese wohl der gewöhnliche Ausdruck חַלּוֹן (6 4) gebraucht worden wäre.

Man wird also diese Öffnungen nicht in den Aussenwänden zu suchen haben, wo sie ohnedies einander nicht „gegenüber" liegen konnten, sondern in den Innenwänden, wo auch die genannten Thüren sich befinden. Je nachdem man auf Grund der anderen Aussagen sich ein Bild des ganzen Hauses macht, wird man darin zur Not diese Öffnungen und Thüren unterbringen können, aber das bleibt mehr oder weniger geraten. **5.** *Thüren und Lichtöffnungen* (statt המזוזה lies mit LXX המזוזות) *sind viereckig*.

Die Beschreibung giebt uns kein deutliches Bild des Hauses. Der Text so wie er dasteht genommen, macht — soweit wir ihn überhaupt verstehen — unzweifelhaft den Eindruck, dass es sich handelt um eine grosse Säulenhalle und Gemächer über derselben, wie Stade (Gesch. Isr. I 319 ff.) den Bau rekonstruiert. Das Erdgeschoss bildet demnach ein Säulensaal mit drei Reihen von je 15 Säulen. Die Länge beträgt 100 Ellen (im Lichten), das ergiebt als Abstand von Säulenmitte zu Säulenmitte 100 : 16 = $6^1/4$ Ellen = 3,09 m, was ganz normal erscheint. Die Breite von 50 Ellen nötigt uns, die Säulenreihen alle ins Innere zu verlegen und nicht etwa die Vorderfront durch die eine Säulenreihe gebildet sein zu lassen. Wir erhalten dann immer noch einen Säulenabstand von 50 : 4 = $12^1/2$ Ellen = 6,18 m, der mit den Dachbalken zu überspannen war. Die Säulenhalle erforderte jedenfalls viele und grosse Fenster, um genügend Licht zu erhalten. Vielleicht war eben deswegen die Vorderseite (und Rückseite) beim Eingang durch einige Säulen unterbrochen. Dieser Säulensaal diente, wie auch Josephus angiebt, zu Volksversammlungen. Den Oberstock wird man sich dann so denken können, dass auf den Säulenreihen ruhend drei Langwände ihn durchzogen, was bautechnisch als das Naturgemässeste erscheint. Den Fenstern entsprechend waren in diesen Wänden Lichtöffnungen einander gegenüber angebracht, ebenso Thüren. Ob alle diese vier Fluchten durch Querwände in Kammern eingeteilt waren und wie, das erfahren wir nicht. In Verbindung mit der oder den irgendwo anzunehmenden Treppen mag wohl auch ein Gang gewesen sein. Daran, dass die Zimmer in den inneren Fluchten zum Teil etwas dunkel waren, braucht man sich nicht zu stossen, denn aus I Reg 10 16 17 und Jes 22 8 (vgl. Jes 39 2) erfahren wir, dass das Libanonwaldhaus nicht bewohnt war, sondern als Zeughaus diente. Eine sichere Grundlage für diese Rekonstruktion bietet aber der Text keineswegs.

Noch weniger ist dies allerdings der Fall bei der andern Gruppe von Rekonstruktionsversuchen (Keil, Thenius, Klostermann), denen das gemein ist, dass sie einen freien Hofraum annehmen, der auf allen vier Seiten von einem schmalen Bau umgeben wird, dessen Unterstock Säulengänge bilden, während die oberen Stockwerke mit Gemächern ausgebaut sind. Im Text ist jedenfalls weder ein solcher Hofraum, noch ein dreistöckiger Bau angedeutet, ja man muss dem Text verschiedenfach Gewalt anthun, um ihn damit vereinigen zu können: die Zahl 45 v. 3 muss man auf die Gemächer beziehen, denn für die Säulen wäre das viel zu wenig, Thenius giebt in seinem Entwurf dem Säulenhofe 400 Säulen. Der Ausdruck שלשה טורים כרתות *Balken waren in drei Reihen* muss besagen, dass drei Stockwerke übereinander lagen — ein mehr als sonderbarer Ausdruck für diese Thatsache, ob man ihn mit Klostermann deutet auf „die über die Säulen mit ihren Köpfen vorspringenden Querbalken, deren in der Richtung von unten nach oben gesehen drei Reihen die Zahl der Stockwerke am leichtesten erkenntlich machten" oder mit Keil (und Thenius) erklärt: „die Reihen der Seitengemächer waren mittelst Balkenlagen übereinander gebaut". Auch die „dreimal einander gegenüber liegenden Lichtöffnungen" können nur mit einer Textänderung untergebracht werden (s. zu v. 4b).

Abgesehen von den drei Stockwerken hat dieser Rekonstruktionsversuch allerdings ausserhalb des Textes eine starke Stütze: Fergusson (in den S. 25 angeführten Werken) hat den Nachweis versucht — und nicht ohne triftige Gründe beizubringen —, dass die ursprünglichste und einfachste Form des phönikischen und syrischen Palastes ein Maueroblongum war, welches in seinem Innern durch Holzkonstruktionen derart ausgebaut war, dass durch die an den Wänden laufenden Galerien Wohn- und Vorratsräume geschaffen wurden. Auch der Palast der Philister und Moabiter zeigte diesen Typus. Wenn nun FRIEDRICH diese Wahrnehmung in der Weise auf den salomon. Palast anwendet, dass er alle Privat- und Staatsgebäude in das eine Libanonwaldhaus zusammenzieht, in welchem der grosse Saal mit den Säulen den Mittelpunkt bildet, und alle übrigen Räume, Harem u. s. w. nur Seitengemächer zu diesem Saal sind, so ist dies mit dem Text absolut unvereinbar. Dagegen wird die Möglichkeit zugegeben werden müssen, dass das Libanonwaldhaus als einzelnes Gebäude der Burg in diesem nordsyrischen Palaststil erbaut war. Der jetzige Wortlaut des Textes bietet allerdings auch hier Schwierigkeiten.

**6 Die Säulenhalle**, auf das Libanonwaldhaus nordwärts (bergaufwärts) folgend, ist 50 Ellen breit und 30 Ellen tief. Nicht übel ist die Vermutung KLOSTERMANNS, dass zu sprechen sei אוּלָם הָעֹמְדִים, d. h. derer, die dem König dienstlich aufwarten wollten oder in eigenen Angelegenheiten bittend oder sein Urteil anrufend gekommen waren. Der Zweck der Halle dürfte der genannte sein, sie mag als eine Art Vorhalle und Wartehalle für den Audienz- und Gerichtssaal (v. 7) gedient haben und war demgemäss wohl auch auf der Rückseite mit Ausgang versehen. Vor ihr befindet sich eine Vorhalle mit Säulen und Freitreppe (Vordach? was עַב bedeutet, wissen wir nicht).

**7 Von der Gerichtshalle** mit dem königlichen Thron (daher auch Thronhalle genannt) erfahren wir nur, dass ihre Wände mit Cedernholz getäfert waren vom Fussboden bis zu den Deckbalken (lies mit THENIUS u. a. nach 6 15 עַד־הַקֹּרוֹת statt עַד־הַקַּרְקַע). Die Bedeutung von סָפַן בָּאֶרֶז („getäfert mit Cedernholz") ist hier ganz deutlich und sicher und folgt hieraus auch für 7 3 und 6 9. Aus der zweiten Bezeichnung der Halle אֻלָם הַמִּשְׁפָּט eine weitere „Halle der Wache" zu machen (KLOSTERMANN), haben wir keinerlei Recht.

**8 Der Palast und der Harem.** Einwärts von der Gerichtshalle liegt zunächst die Wohnung des Königs in dem *anderen Hof* (lies mit KLOSTERMANN בָּחָצֵר, LXX καί = ן aus בְ verdorben); der Palast ist also wie der Tempel von einem eigenen Hof mit Hofmauer umgeben, I Reg 20 4 wird dieser „der mittlere Hof" genannt. Der Palast ist in derselben Weise wie die Thronhalle gebaut, also wohl mit Cedernholz getäfert und mit einer grossen Halle im Unterstock versehen. Auch das Haus der Tochter Pharao, die Salomo zur Frau genommen, ist wie diese Halle angelegt. Statt יַעֲשֶׂה sollte man עָשָׂה erwarten (s. zu 1 1), vielleicht ist es mit LXX zu streichen. Auch die Bemerkung אֲשֶׁר לָקַח שְׁלֹמֹה trennt zusammengehöriges, ist überflüssig, und der Name Salomos, der sonst nirgends genannt wird, stört. Das Ganze oder jedenfalls שְׁלֹמֹה ist mit STADE zu streichen. Der Harem für die anderen Weiber des Königs scheint im Palast selbst gewesen zu sein. Auch das Haus der Pharaonentochter dürfte wohl mit dem Palast zusammengebaut gewesen sein und lag jedenfalls innerhalb des Palasthofes. Deshalb aber mit KLOSTERMANN den ganzen Text zu ändern, haben wir kein Recht. Eine solche kleine Ungenauigkeit des Ausdrucks ist dem Verfasser, der über diese Gebäude überhaupt Nichts zu sagen weiss, offenbar weil er sie nie betreten hat, gut zuzutrauen.

**9 Das Baumaterial.** Alle diese Bauten bestehen aus grossen Steinen, *nach den Massen von Quadern;* בְּמִדּוֹת fehlt in LXX, und ist vielleicht hier nicht ursprünglich, sondern aus v. 11 heraufgekommen. Die Steine sind mit der Säge schnitten und zwar *auf der Innen- und Aussenseite*, während sonst, wie die alten phönikischen Bauten zeigen, vielfach mit Rusticaquadern, d. h. Quadern mit unbehauener rauher Aussenfläche gebaut wurde. *Vom Fundament bis zum Dachgesims* wurden solche Steine verwendet, *ja sogar bei der Mauer des grossen Hofes*, während bisher bei solchen Mauern die Hebräer, der Steinbearbeitung wenig kundig, die unbehauenen Blöcke aufeinander schichteten (s. BENZINGER Archäol. S. 231 ff.). Der hebr. Text ומחוץ עד־החצר „aussen bis zur Mauer" ist sinnlos, da man doch nicht den Hof mit Riesenquadern gepflastert sich vorstellen kann. Wäre dies möglich, so wäre KLOSTERMANNS Konjektur: „ausserhalb bis zum grossen Vorhofe war ein Rundgang (מספא statt וממקד) von kostbaren Steinen" vollends unnötig und wegen v. 11 unerlaubt. מחוץ könnte aber gut aus Versehen aus dem ersten מחוץ wiederholt sein. Will man für עד die Bedeutung „ja sogar" („bis auf die Hofmauer hinaus", wie z. B. Num 8 4 u. a.) hier nicht annehmen, so bleibt immer noch möglich, dafür mit STADE ומבית יהוה oder mit KAMPHAUSEN (bei KAUTZSCH, textkrit. Anm. z. d. St.) מחצר .... zu setzen: „vom Tempel bis auf die Hofmauer hinaus" war alles u. s. w. bzw.: „von der inneren Mauer bis zur grossen Hofmauer" war alles dazwischenliegende u. s. w. **10 11** Die Fundamente bestanden aus Steinen von zehn und acht Ellen Länge und natürlich entsprechender Höhe und Dicke; darüber war alles mit kleineren aber doch immer noch ansehnlich grossen Quadern (zu כמדות גזית vgl. v. 9) und mit Cedernholz gebaut. Die Verse sehen aus wie Dubletten zu v. 9, könnten aber auch ursprünglich schon vom Verfasser als weitere nähere Angaben zu v. 9 nachgebracht sein.

**12ª Der grosse Vorhof.** Wie die Mauer des Tempelhofs ist auch die grosse Hofmauer, die rings um das ganze läuft, aus drei Stein- und einer Cedernholzlage errichtet, vgl. zu 5 36. **12ᵇ** Der Wortlaut des Hebr. giebt keinen brauchbaren Sinn; auch wenn man mit STADE ולחצר אלם הבית liest und dies (gegen LXX) von der Vorhalle des Palastes, der Thronhalle versteht, kann dieser Satz nicht so an v. 12ª anschliessen, es müsste jedenfalls irgend etwas ausgefallen sein. LXX bietet hinter 5 36 (Hebr.): καὶ ᾠκοδόμησε τὸ καταπέτασμα τῆς αὐλῆς τοῦ αἰλὰμ τοῦ οἴκου τοῦ κατὰ πρόσωπον τοῦ ναοῦ. In dieser Form (der „innere Vorhof" ist hier in ganz passender Weise als „Vorhof der Tempelvorhalle" bezeichnet) ist der Vers eine Dublette von 5 36 Hebr., die in Hebr. an falscher Stelle in den Text kam, weil man, nachdem der Text verdorben war, den Satz vom „grossen Vorhof" verstand.

### 4. Die Gerätschaften für Tempel und Palast 7 13–51.

**13 Der Künstler**, der zur Herstellung der Metallgeräte berufen wird, ist Hiram von Tyrus. II Chr 2 12 f. heisst er חורם אבי Churam-Abi („Churam ist mein Vater"), was richtiger sein dürfte, da sich wohl die Änderung dieses seltenen Namens in den bekannteren Hiram leicht erklärt, nicht aber umgekehrt. Seine Mutter **14** ist *eine Witwe*, der Chronist dagegen bezeichnet sie als *Danitin*, auch hier wird seine Angabe nicht frei erfunden sein. Dass man frühe den Künstler zu einem Vollblut-Israeliten zu machen bestrebt war, beweist der Zusatz *er war ein Naphthalite*, וְהוּא מָסְמָה נָפְתָּלִי (so nach LXX: מֵאָה als Bezeichnung für Volksstamm ist später Sprachgebrauch); das war eben nur möglich, wenn seine Mutter als „*Witwe*" eines Israeliten (Naphthaliten) den Churam geheiratet hatte, und Hiram ein Sohn erster Ehe war (vgl. GIESEBRECHT in ZATW 1881 S. 269). Sein Vater war ein berühmter Erzarbeiter. Die Chronik dehnt seine Kunstfertigkeit auch auf die Bearbeitung von Stein und Holz und auf Weberei aus.

**15—22 Die beiden Säulen** (vgl. Abb. 6 u. 7). Ein dreifacher Paralleltext: die Zusammenfassung v. 41 f., der Bericht der Chronik (II Chr 3 15—17) und die Beschreibung Jer 52 21—23 (= II Reg 25 17) ermöglichen, den Text mit ziemlicher Sicherheit wieder herzustellen, was schon THENIUS bis auf Einzelheiten richtig gelungen ist. **15** *Chiram goss* (statt וַיָּצַר lies mit LXX וַיִּצֹק wie v. 4ᵇ) *die zwei Säulen aus Erz*. LXX ergänzt *„für die Tempelvorhalle"*, was aber nicht im ursprünglichen Text stand (s. II Chr 3 15—17) und falsch ist (s. u. S. 46 f.). Jede der Säulen ist 18 Ellen hoch, und ein Faden von

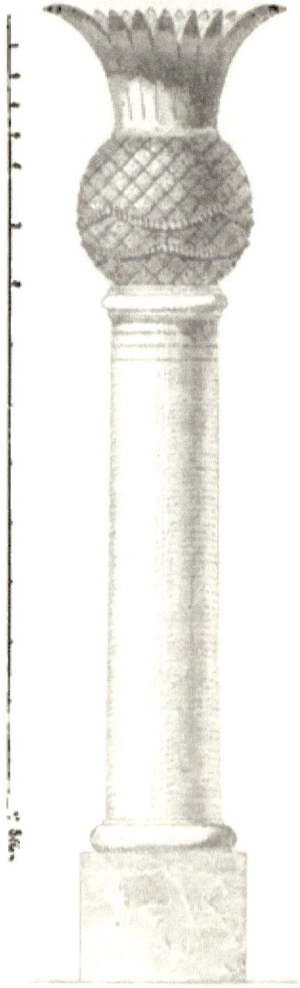

Abb. 6. Eherne Säule.

Abb. 7. Eherne Säule.

12 Ellen (LXX falsch 14 Ellen) umspannt sie, d. h. man braucht einen Faden von 12 Ellen Länge, um eine Säule zu umspannen. Hinter יסב fügt LXX hinzu: αὐτόν καί (Luc.) τὸ πάχος τοῦ στύλου τεσσάρων δακτύλων τὰ κοιλώματα καὶ οὕτως στύλος ὁ δεύτερος, was durch Jer 52 21 bestätigt wird, also lies: יסב אֹתוֹ וְעֳבִי הָעַמּוּד אַרְבַּע אֶצְבָּעוֹת... נָבוּב וְכֵן הָעַמּוּד הַשֵּׁנִי (das letzte Wort von v. 15, הַשֵּׁנִי, ist noch ein Rest dieses im übrigen ausgefallenen Satzes) — *die Dicke der Säule* (= Wandstärke, vgl. v. 26) *betrug vier Fingerbreiten* [innen] *war sie hohl*. Vor נָבוּב wird man vielleicht קֶרֶב oder פְּנִים einsetzen dürfen, was allerdings auch LXX und Jer fehlt. 16 Oben auf den Säulen ist je ein gegossener Knauf (Kapitäl) von fünf Ellen Höhe. 17 Ehernes Netzwerk bedeckt jeden Knauf. Der Versanfang lautet nach LXX (καὶ ἐποίησεν δύο δίκτυα) וַיַּעַשׂ שְׁתֵּי שְׂבָכִים. Die folgenden Worte des Hebr. מַעֲשֵׂה שְׂבָכָה (Netzwerk) und גְּדִלִים מַעֲשֵׂה שַׁרְשְׁרוֹת (kettenartige Schnüre) fehlen in LXX und erscheinen auch inhaltlich als erklärende Glossen. Neben שְׂבָכִים kann שְׂבָכָה מַעֲשֵׂה nicht ursprünglich sein; dass גְּדִלִים Glosse ist, zeigt LXX Luc., welche es an anderer Stelle, am Schluss des Verses, als גְּדִלִים gelesen hat (μεγάλα δίκτυα). Das Netzwerk ist *für die Knäufe oben auf den Säulen*: LXX hat περικαλύψαι τὸ ἐπίθεμα τῶν στύλων, was als Dublette zu v. 17ᵃ auch in Hebr., aber an falsche Stelle (v. 18) gekommen ist: לְכַסּוֹת אֶת־הַכֹּתָרוֹת אֲשֶׁר עַל־רֹאשׁ הָעַמּוּדִים (die beiden Worte הָעַמּוּדִים und הָרִמֹּנִים in v. 18 sind gerade zu vertauschen). In v. 17ᵇ ist mit LXX statt שְׂבָכָה beidemale שְׂבָכָה zu lesen; nachdem daraus die Zahl sieben geworden war, musste sinngemäss die Zahl zwei am Anfang des Verses gestrichen werden. 18 Zwei Reihen Granatäpfel umgeben dieses Gitterwerk der Kapitäle. Dass um einen Sinn zu bekommen, statt הָעַמּוּדִים vielmehr הָרִמֹּנִים gelesen werden muss, ist klar und wie die hier sinnlosen Worte לְכַסּוֹת u.s.w. hieher gekommen sind, ist oben bemerkt (zu v. 17). Der Rest befriedigt aber immer noch nicht: der Schluss *so machte er es auch für den zweiten Knauf* setzt notwendig voraus, dass über den ersten Knauf und seine Granatäpfel etwas gesagt war. Dies steht jetzt in v. 20ᵇ, den LXX nicht gelesen hat. Diesem Satz in der jetzigen Form fehlt nun seinerseits auch, um das הַשֵּׁנִית am Schluss zu rechtfertigen, der gleichlautende Vordersatz über das „erste" Kapitäl. Setzt man aber statt הַשֵּׁנִית nach v. 42 הָאַחַת, so passt der Vers vorzüglich zur Ergänzung der Lücke in v. 18, der demnach folgenden Wortlaut gehabt haben dürfte: וַיַּעַשׂ אֶת־הָרִמֹּנִים וּשְׁנֵי טוּרִים (טוּרֵי רִמֹּנִים נְחֹשֶׁת [סָבִיב] עַל־הַשְּׂבָכָה (LXX סָבִיב) הָאַחַת וְהָרִמֹּנִים מָאתַיִם [טוּרִים] סָבִיב עַל־הַכֹּתֶרֶת הָאַחַת וְכֵן עָשָׂה לַכֹּתֶרֶת הַשֵּׁנִית: Das eingeklammerte [טוּרִים] ist hinter der genaueren Angabe der ersten Vershälfte entweder durch שְׁנֵי zu ergänzen oder besser noch zu streichen Jer 52 23. 19 Die ersten Worte geben an sich noch einen Sinn: *die Knäufe waren lilienförmig*, aber ganz sinnlos ist die Fortsetzung: *in der Tempelvorhalle — vier Ellen*. Zunächst springt nun sofort ins Auge, dass 19ᵃ Dublette zu 22ᵃ ist. Dort fehlen, was hier so anstössig ist, die Knäufe, die nach v. 41 nicht lilienförmig gewesen sind. Dass v. 22ᵃ im Recht ist, beweist auch LXX, welche die Worte von v. 22ᵃ vor בְּאוּלָם (LXX בְּאוּלָם) und 19ᵇ hat, während die Worte 19ᵃ ganz fehlen. Die Meinung des Verfassers dieses Verses (19ᵃ) scheint also gewesen zu sein: Oben auf den Säulen (über den Knäufen) war etwas lilienförmiges,

vier Ellen hoch. An sich ist nicht unmöglich, dass über dem kugelförmigen Kapitäl ein lilienförmiger Aufsatz sich erhob, da die Säulen ja nicht als Träger des Daches oder der Oberschwelle der Thüre dienten (vgl. Abb. 6). Doch ist sehr auffallend, dass weder v. 41 noch Jer 52 = II Reg 25 etwas davon erwähnt wird. Aber aus FIELD 608, 30 geht hervor, dass mehrere Codd. die Verse doch wohl so verstanden und von einem ἐπίθεμα τοῦ ἐπιθέματος redeten; vgl. das Scholion: ἐπίθεμα [כתרת] τὴν κεφαλίδα σημαίνει· καὶ ἐπίθεμα ἐπιθέματος, τὸ ἐπιστύλιον τὸ ἐπάνω τῶν κεφαλῶν, ἵνα εὑρεθῇ ἐπίθεμα ἐπιθέματος ἐπάνω τῆς κεφαλῆς τὸ ἐπιστύλιον. Was soll aber אֻלָם hier? Mit KLOSTERMANN zu korrigieren מֵאַת אַרְבַּע כֻּלָּם und dies dann auf die Granatäpfel zu beziehen und nach v. 17 hinauf zu versetzen, ist eine gründliche Beseitigung der Schwierigkeiten, aber keine Herstellung des ursprünglichen Textes. Da LXX den Vers hinter v. 21 hat, und im Hebr. weder v. 19 noch v. 22 (vgl. 22ᵇ, der vor v. 21 gehört) am rechten Platz sind, muss man annehmen, dass beide Bemerkungen als Glossen vom Rand hereinkamen. Noch schlimmer ist die Sachlage bei 20ᵃ, der in Hebr. ganz sinnlos und schon in syntaktischer Beziehung rein unmöglich ist. Dass *Knäufe über den Säulen* waren, ist längst gesagt, und das folgende kann niemand übersetzen. LXX (καὶ ἐπάνωθεν τῶν πλευρῶν [ἐπίθεμα ist Glosse zum folgenden] τὸ μέλαθρον τῷ πήχει) hat entweder einen ebenso sinnlos verdorbenen Text gelesen וְגַם מִמַּעַל בְּלָעַת הַפֹּתָרֶת בְּאֻמָּה oder einen sinnvolleren unverstanden übersetzt. Was sollen hier die dreistöckigen „Seitengemächer" des Tempels? Dass sie „dem Netz und den Granatäpfeln gegenüber" waren, wie KLOSTERMANN seinen verbesserten Text übersetzt, hat ebenso wenig Sinn. Über 20ᵇ s. zu v. 18. 21 Die Säulen werden bei der Vorhalle des Hêkâl aufgestellt. Die rechts (d. h. nach altem Sprachgebrauch südlich) stehende erhält den Namen *jâkhîn*, die links (nördlich) stehende den Namen *bô'as*. Die Bedeutung der Namen ist uns nicht mehr durchsichtig. Über **22** s. oben zu v. 19.

Aus Jer 52 23 (in II Reg 25 17 ausgefallen) erfahren wir noch, was in unserer Beschreibung nicht erwähnt wird, dass von den 100 Granatäpfeln einer Reihe an dem Knauf der Säulen 96 „luftwärts" waren. Die Erklärung „unverdeckt" giebt keinen Sinn, warum und wodurch sollten die übrigen 4 verdeckt gewesen sein? Dagegen ist die Erklärung „frei hängend" als ein Spiel des Windes durchaus befriedigend: Die Granatäpfelketten waren nicht in gerader Linie ringsum den kugelförmigen Knauf gelegt und durchweg an ihm befestigt, sondern sie waren festonartig um den Knauf gehängt, und an 4 Punkten aufgenommen und befestigt. Das war namentlich bei der unteren Reihe, wo die 96 Granatäpfel ganz frei herabhängen, von unten ganz gut sichtbar; bei den oberen nur dann, wenn diese nicht viel über der Mitte (dem grössten Umfange) des Knaufs angebracht waren (s. Abb. 6 u. 7).

Schon daraus, dass diese Säulen eigene Namen erhalten, geht zur Genüge hervor, dass sie nicht bloss die Bedeutung eines architektonischen Schmuckes hatten. Konstruktive Bedeutung als Träger der Decke der Vorhalle kommt ihnen ebenso wenig zu, da sicher ist, dass sie nicht im Innern der Halle standen. Ihre Bedeutung erhellt aus der Analogie anderer semitischer Heiligtümer: in den Ba'alstempeln fehlten solche Säulen einzeln oder paarweise nicht, das Melkarthheiligtum in Tyrus z. B. hatte zwei kostbare Stelen, in denen Melkart verehrt wurde (HERODOT II 44). Vor den Tempeln in Paphos und Hierapolis standen ebenfalls zwei Pfeiler (vgl. W. ROB. SMITH, Religion of Semites² 208 488). Man wird auch den salomonischen Säulen keine andere Bedeutung zuschreiben können, als diesen Säulen, dass sie nämlich Symbole der Gottheit waren. Mit anderen

Worten: die Säulen des Tempels sind Verfeinerungen der Mąṣṣēḇen, die bei den semitischen Heiligtümern, auch bei den israelitischen (s. BENZINGER Archäol. S. 379 f.), gewöhnlich neben dem Altar standen. Ob man sie zu Salomos Zeit als Symbole Jahwes ansah, mag dahingestellt bleiben, man kann auch an Ausübung eines nicht mehr recht verstandenen (zur Verehrung der Lade nicht recht passenden) Brauches denken. Von hier aus gewinnt die Darstellung der Chronik (II Chr 3 15 17), wonach die Säulen vor dem Tempel (עַל־פְּנֵי הַהֵיכָל) standen, erhöhte Wahrscheinlichkeit. Es ist ohnedies nicht recht erklärlich, wie der Chronist, der diese Bedeutung der Säulen jedenfalls nicht mehr verstand, dazu gekommen sein sollte, ihnen diese auffallende Stellung anzuweisen, wenn er dies nicht in einer alten Quelle vorfand. Hesekiel erwähnt in seinem Tempel zwei Säulen rechts und links vom Eingang neben den Pfeilern der Vorhalle (Hes 40 49). Es ist nicht sehr wahrscheinlich, dass damit Jachin und Boaz gemeint sind. Hesekiel lässt auch das eherne Meer und die Fahrgestühle fort, was doch wohl nicht zufällig sondern absichtlich sein dürfte (s. u. S. 48). Zudem haben wir in LXX die Nachricht erhalten, dass noch weitere Säulen im Tempel standen, also doch wohl nirgends anders als in der Vorhalle, wo auch Hesekiels Säulen waren (s. zu v. 45). Aber auch wenn man an der Identität der Säulen Hesekiels mit Jachin und Boaz festhalten will, so würde schon die Art der Erwähnung ohne Namen zeigen, dass Hesekiel ihnen keinerlei besondere Bedeutung zuschreibt. Ihre Verlegung an die Thorpfeiler der Vorhalle würde sich also sehr leicht begreifen lassen, sei es als bewusster Protest gegen die alte Anschauung, oder in völliger Unkenntnis davon, dass die isolierte Stellung vor dem Tempel ihren besonderen Grund hatte. Bestätigt wird unsere Annahme durch die interessante Darstellung des jüdischen Tempels auf einer Glasschale des 3. oder 4. christl. Jahrhunderts, welche zwei freistehende Säulen neben dem Eingang zeigt (BENZINGER Archäol. 251).

**23—26 Das eherne Meer** (vgl. II Chr 4 2-5). Der Chronist hat (II Chr 4 1) an dieser Stelle den Bericht über einen von Hiram gegossenen ehernen Altar. Gerade der Chronist kann am allerwenigsten dies frei erfunden haben (vgl. II Chr 5 5), er muss es in alter Quelle gelesen haben und zwar nach I Reg 8 22 64 9 25 II Reg 16 14 25 eben hier in unserem Buche. Der Altar ist dann — in sehr später Zeit — absichtlich gestrichen worden, da ja nach P der eherne Altar Moses schon längst vorhanden war und nur hier aufgestellt zu werden brauchte. **23** Das „Meer" (JOSEPHUS Ant. Jud. VIII 3 5 gut ἐκλήθη ... θάλασσα διὰ τὸ μέγεθος) ist ein rundes Wasserbecken, das am Rand oben einen Durchmesser von 10 Ellen (4,95 m) hat; seine Höhe beträgt 5 Ellen, sein Umfang 30 Ellen (LXX 33 Ellen); alles natürlich nicht mathematisch genaue Zahlen. Zu קָוֶה vgl. v. 15. **24** Coloquinthenartige Verzierungen (s. zu 6 18) laufen in zwei Reihen unter dem Rand herum. מַקְלְעִים אֶת־הַיָּם סָבִיב ist Dublette zu סְבִבִים, die in LXX Vat. (nicht in Luc.) fehlt, und ebenso ist עֲשָׂר בָּאַמָּה, das nicht „10 Coloquinthen auf die Elle" sondern nur „in einer Länge von 10 Ellen" bedeuten kann, mit STADE zu streichen, als Glosse, deren Urheber das סְבִבִים dahin erläutern wollte, dass sie das ganze Meer umgaben, dabei aber aus v. 23 eine falsche Zahl nahm. Diese Verzierungen sind, im Unterschiede von denen der Säulen (v. 17), mit dem Meere aus einem Gusse, also reliefartig sich abhebend. — v. 24ᵇ fehlt in LXX mit Unrecht. **25** Das Meer ruht auf zwölf Rindern, vor עֹמֵד ist wohl ein ausgefallenes וַיְהִי mit KLOSTERMANN einzusetzen. LXX geben eine Variante: καὶ δώδεκα βόες ὑποκάτω τῆς θαλάσσης. **26** Die Dicke des Gusses beträgt eine Handbreite, also etwas mehr als bei den Säulen; der Rand ist wie bei einem Becher einer Lilienblüte gleich geformt, d. h. etwas nach auswärts gebogen. Das Ganze fasst 2000 Bath = 72 800 l (s. Benzinger Archäol. 184); die Angabe der Chronik, 3000 Bath, ist jedenfalls fehlerhaft, aber auch die 2000 Bath unserer Stelle sind unmöglich: eine Halbkugel in der angegebenen Grösse fasst 32 707 l, ein Cylinder 49 062, das Becken dürfte demnach zwischen 36 000 und 40 000 l gefasst haben, also etwa halbsoviel als im Text angegeben ist. LXX hat v. 26 vor v. 25, was eine sachgemässere Ordnung ist.

Über alles sonst Wissenswerte, Höhe der Stiere, Form des Beckens, über die Art, wie und woher es mit Wasser gespeist wurde, über Zweck und Bedeutung schweigt der Erzähler. Nach der Chronik war es für die Priester zum Waschen bestimmt (II Chr 4 6 vgl. Ex 30 19), wozu es möglichst unbequem konstruiert war. Man wird wohl nicht fehlgehen in der Annahme, dass es irgend welche symbolische Bedeutung hatte, die aus guten Gründen später ignoriert wurde. Auch Hesekiel lässt es deswegen in seinem Tempel

Abb. 8. Ebernes Meer nach Stade.

weg. Kosters' Erklärung, dass es die unterirdische Wasserflut (תהום) bedeute, ist eine ansprechende Vermutung, aber nicht weiter beweisbar (vgl. ThT 1879, 445 ff.). Die vermissten Angaben über Füllung u. s. w. bringt Klostermann in den Text hinein, wenn er von וקוה v. 23 an folgendermassen emendirt: שְׁלֹשִׁים שְׁלֹשִׁים תַּחַת לִשְׂפָתוֹ סָבִיב׃ סְבִיבִים אֹתוֹ וּבְקַרְקַע הַיָּם עֲשָׂרָה מְפִיקִים שְׁנֵי טוּרִים הַפְּקָעִים יְצוּקִים בִּיצֻקָתָם, was dann heissen soll: „30 Hähne waren an dem Meere ringsum, 20 waren unterhalb seines Randes ringsum und speisten es, und am Boden des Meeres 10, welche das Meer ausliessen; 2 Reihen bildeten die Hähne und gossen nach ihrem Gusse". Dieser Text hat nur den einen Fehler, dass er nicht dasteht und in keiner von allen Verss. auch nur im geringsten angedeutet ist.

**27—39 Die Fahrstühle mit Becken** werden in der Chronik leider nicht beschrieben, auch sonst nirgends; der sehr verdorbene Text, für dessen Verbesserung auch LXX nur wenig Anhaltspunkte bietet, ist daher nicht sicher festzustellen (vgl. dazu bes. Ewald Göttinger Nachrichten 1859, 131 ff.; Jahrb. f. Bibl. Wiss. X 273 ff.; Gesch. d. Volkes Isr. III³ 333 f.). 27 Zuerst werden die fahrbaren Gestühle, welche das übrige tragen, beschrieben: sie sind vier Ellen lang, ebenso breit, und drei Ellen hoch (LXX geben die Zahlen

5—4—6). **28** *Sie haben Leisten und Rahmen* (ergänze mit KLOSTERMANN וְשֻׁלַבִּים לָהֶם wegen des Artikels הַשְׁלַבִּים), *und zwar sind die Leisten zwischen*

Abb. 9. Fahrstuhl der Becken.

*den Rahmen.* מִסְגֶּרֶת bezeichnet nach Ex 25 25 ff. 37 14 II Sam 22 46 u. a. *Einfassung, Leiste*; hier von dieser Bedeutung abzugehen und dafür „das eingefasste Feld", „die Füllung" anzunehmen (THENIUS u. a.), liegt keine Veranlassung vor, da erst bewiesen werden müsste, dass das Gestühl einen Kasten von massiven Metallwänden hatte, was an sich nicht wahrscheinlich ist. Sowohl aus der Ausdrucksweise hier, wie aus II Reg 16 17, wo Ahas die מְכֹנוֹת ohne das Ganze zu zerstören, wegnehmen kann, geht hervor, dass nicht diese Leisten, sondern שְׁלַבִּים die Träger des ganzen, die das Gestell zusammenhielten, waren. Diese letzteren müssen also als etwas festere Rahmen das Gestell gebildet haben. 29 Auf den (breiten) Leisten waren Löwen, Stiere und Kerube angebracht, *auf den Rahmen ebenso*. Nach LXX bildet כֵּן den Schluss der ersten Vershälfte, die zweite beginnt וּמִתַּחַת וגו׳ וּמִמַּעַל: *oberhalb und unterhalb dieser Verzierungen sind* ..... Was לֹיוֹת מַעֲשֵׂה מוֹרָד bedeutet, wissen wir nicht; nach dem Zusammenhang muss wohl irgend eine Verzierung gemeint sein. Man kann (mit THENIUS) am ehesten auf „Gewinde, etwas herabhängendes", also auf festonförmige Guirlanden raten (KLOSTERMANN: „Ränder in Treppenform"). Da wir diese Ausdrücke doch nicht verstehen, hat es keinen Wert, über LXX hinausgehend mit THENIUS den Text zu ändern. כֵּן zu streichen und diese לֹיוֹת nur auf den Rahmen, welche oberhalb und unterhalb der Löwen u. s. w. sind, zu suchen.   30 Jedes Gestühl hat vier eherne Räder und eherne Achsen. Die Beschreibung derselben wird durch das folgende in ganz sinnstörender Weise unterbrochen und setzt sich erst in v. 32 fort. Da v. 30 von הַפְּתָחוֹת an, v. 31 ganz und von v. 32 die ersten vier Worte in LXX fehlen, darf man nicht mit KLOSTERMANN v. 30ᵃ dahin korrigieren, dass er statt von den Rädern von den Obergestellen handelt (וְאַרְבַּע פִּנּוֹת בְּרֹאשׁ הָם ~ „vier Ecksäulen sind auf der Spitze jedes Gestühls"), sondern muss die in LXX fehlenden Sätze und zwar schon von וְאַרְבָּעָה פַעֲמֹתָיו v. 30 an, hier ausschalten (so STADE). Wir haben hier, wie auch KLOSTERMANN erklärt, eine zweite Beschreibung der Obergestelle von anderer Hand als die v. 34 und 35ᵃ erhaltene. Die nähere Erklärung der Verse s. hinter v. 35ᵇ.   32 Die ersteren vier Worte (in LXX fehlend) sind Wiederaufnahme von v. 30, die nötig wurde, nachdem die Beschreibung der Obergestelle dazwischen eingedrungen war. Die *Hände der Räder*, d. h. die Halter der Achse, sind am Gestühl befestigt, die Räder selbst 1½ Ellen hoch und 33 der Form nach ganz wie Wagenräder, nur dass alles Gusswerk ist. 34 Das dritte Stück der Fahrstühle wird folgendermassen beschrieben: *auf den 4 Ecken sind 4 Schulterstücke* (כְּתֵפוֹת, die natürlich als Stützen für etwas darauf Liegendes dienen); diese *sind ein Teil des Gestühls* (מִן־הַמְּכֹנָה), was nur besagen kann, dass alles aus einem Stück gegossen war, oder wenigstens, dass sie fest angelötet waren. Wozu diese und die im folgenden Vers beschriebene Konstruktion diente, wird hier nicht gesagt, wir müssen (abges. von v. 30ᵇ) aus v. 38 schliessen, dass sie das Becken tragen sollte.   35ᵃ Sachlich ist der Satz klar: eine Art Gestell, das rund ist, steht auf dem Gestühl (eben als Träger für das Becken); das Subjekt fehlt aber im Hebr. Da Ex 30 18 u. ö. das Gestell, welches das Becken bei der Stiftshütte trägt, כֵּן genannt wird, vermutet STADE mit vieler Wahrscheinlichkeit, dass hier ursprünglich die Worte פָעֲשָׂה־כֵן אֲשֶׁר וַיְצַק הָאָשָׁה von v. 31 standen, welche dort nicht in den Zusammenhang passen (s. u.). Welche von den Zahlenangaben richtig ist, wird später zur

Besprechung kommen. עֲלֵי רֹאשׁ הַמֶּ (וְ ist nach LXX zu streichen) kann nur dasselbe sagen, wie v. 35ᵃ, da nicht zweierlei auf dem Gestühl sich befindet. Man hat nur zwei Möglichkeiten: entweder muss man die drei Worte als Glosse zu 35ᵃ fassen und dann den Schluss so verstehen: „die Träger und Leisten des Gestells (כֵּן) waren aus einem Guss mit ihm" (s. zu v. 34); dann muss man auch die Femininsuffixe ändern, da כֵּן Masculinum ist (vgl. עָגֵל). Oder aber kann man die ganze Vershälfte als eigenen Satz, der eine Dublette zu v. 35ᵃ enthält, fassen und muss dann ein ausgefallenes Femininum als Subjekt ergänzen. Als solches bietet sich aus der Parallelbeschreibung כֹּתֶרֶת (v. 31) dar. Der Sinn der zweiten Hälfte des Satzes bleibt der gleiche, oben dargelegte. Wir hätten dann in v. 35ᵇ den Anfang der zweiten Beschreibung, deren Fortsetzung jetzt nach v. 30 hinaufgeraten ist. Schon THENIUS hat erkannt, dass sich v. 31 hier am besten anschliesst. Das לַכֹּתֶרֶת mit Artikel dort verlangt eine vorausgehende Bemerkung über dieses Stück der Gestühle. Die erste allgemeine Aussage lautet also: *über dem Gestühl ist eine „Koteret", deren Träger und Leisten mit ihr aus einem Gusse (zusammengeschweisst?)* s. zu v. 34) *sind.* An diese schliesst sich nun die nähere Beschreibung an: 30ᵇ *die vier Ecken haben Schulterstücke.* Dass statt des unerklärlichen פַּעֲמֹתָיו (gewöhnlich übersetzt: seine Füsse haben Schulterstücke) vielmehr nach LXX zu lesen ist וְאַרְבַּע פַּאֲתָיו, hat STADE nachgewiesen; das Suffix יו, das im jetzigen Text gar keine Beziehung hat, geht auf רֹאשׁ הַמְּכוֹנָה. Man beachte auch die verschiedene Terminologie der beiden Beschreibungen: die ersterwähnte sagt פִּנּוֹת (v. 34). *Unterhalb des Beckens sind diese Schulterstücke* (an)*gegossen*, als Stützen für dasselbe, eine Bemerkung, die im Parallelbericht fehlt (s. zu v. 34). Der Rest ist unübersetzbar und völlig unverständlich. Im folgenden 31 ist zunächst sachlich klar, dass es sich um eine runde Öffnung in der *Koteret* handelt, auf welcher das Becken aufsitzt. Statt וּפִיהוּ ist פִּיהָ zu lesen, wie gleich nachher; das Suffix geht auf den Gegenstand der ganzen Beschreibung, die *Koteret*. Vielleicht darf man auch einfach פֶּה lesen (das als defektiv geschrieben angesehen und wie das zweite פֶּה von einem Abschreiber dann plene geschrieben wurde): *eine Öffnung hat die Koteret innen* (d. h. in der Mitte) *und zwar nach oben.* Leider ist der Ausdruck *Koteret* für uns nicht mehr deutlich genug. Die von THENIUS angenommene allgemeine Bedeutung „Aufsatz" ist nicht belegbar und wahrscheinlich. Man wird zunächst eben doch angewiesen sein, namentlich wenn das Wort ein technischer Ausdruck sein sollte, etwas der *Koteret* auf den Säulen (v. 16) Ähnliches auch hier zu suchen. Da empfiehlt sich am meisten, an einen dicken hohlen Cylinder zu denken (vgl. Abb. 9). Derselbe war hohl und nach oben offen, während er unten auf der Deckplatte des Gestells aufsass und dadurch geschlossen war. Auf einem solchen Cylinder ruhte ein rundes Becken am sichersten. Da Träger, die mit Leisten verbunden waren, diesen Cylinder stützen, konnte das Ganze gut mit dem allgemeinen Ausdruck כֵּן *Gestell* bezeichnet werden (v. 34). Eine andere Möglichkeit wäre noch, dass *Koteret* einen „Ring" bedeutet (כֶּתֶר = Krone), in welchem das Becken hängt (so STADE, s. die Abbildungen Gesch. Isr. I S. 340). Dann müsste das Becken jedenfalls auf dem Gestühle selbst aufsitzen, da das kolossale Gewicht des gefüllten Beckens (s. v. ₂₆) nicht durch das Leistengestell allein getragen werden konnte. Die Weite der „Öffnung" des Cylinders (oder Ringes) war einst hier genannt, ist aber ausgefallen: בְּאַמָּה kann nicht heissen „eine Elle", sondern verlangt notwendig ein Zahlwort vor sich. Man könnte sich höchstens versucht fühlen, בְּאַמָּה zu streichen und die Zahlenangabe in den 1½ Ellen am Schluss der Vershälfte zu finden; allein für die Weite der Aushöhlung ist das Mass zu klein, ein Becken von der in v. 38 genannten Grösse hätte darauf keinen sicheren Halt gehabt. Andererseits passen die 1½ Ellen gut als Höhenangabe des ganzen Gestells, wofür die halbe Elle (= 24½ cm) v. 35 viel zu wenig ist. Die Weite der Höhlung wird man aus sachlichen Gründen, die jeder Versuch einer Zeichnung an die Hand giebt, auf etwa drei Ellen anschlagen müssen. Dass dieses (oder ein anderes) Zahlwort weggelassen wurde, weil es zu den 1½ Ellen nicht zu passen schien, versteht sich leicht. Vielleicht wurde eben von einem, der die Zahlenangabe fälschlicherweise von der Höhe verstand (wofür drei Ellen viel zu viel sind), die Korrektur durch Einschub der Worte מִסְגְּרֹתֵיהֶן אַמָּה וַחֲצִי הָאַמָּה vorgenommen. Nach der genauen Beschreibung des Aufsatzes ist jedenfalls die allgemeine Bemerkung, er sei „gestellartig" gewesen, gar nicht am Platz. Mit KLOSTERMANNs Konjektur כֵּן („Gestartig") würde die Bemerkung inhaltlich zwar passen, aber da die Phrase wie oben bemerkt, in v. 35ᵃ vermisst wird, ist die Umstellung dorthin vorzuziehen. Auch die folgende Bemerkung וְגַם עַל־פִּיהָ מִקְלָעוֹת ist nicht ursprünglich; auf der Öffnung der *Koteret* (das Wort פֶּה im Sinne des Erzählers von v. 31 genommen) können doch keine Reliefs sein. Dazu kommt, dass die Ausschmückung des Obergestells am Schluss dieses Berichts noch im Einzelnen verzeichnet wird und der allgemeine Ausdruck מִקְלָעוֹת, worauf STADE mit Recht aufmerksam macht, sich nur in Zusätzen zum Baubericht findet (s. zu 6 18 29 32). Der Schluss des Verses endlich schliesst sehr passend an עַל an: *die Leisten des Aufsatzes* (l. וּמִסְגְּרֹתֶיהָ; das ס ist durch Dittographie des ס in מִסְגְּרֹת entstanden) *sind viereckig, nicht rund*, d. h. die die Schulterstücke verbindenden Leisten unten und vielleicht auch in der Mitte bilden ein Viereck und nicht etwa dem Einsatz angepasst einen Ring. 36 schliesst gut an 35ᵇ an und passt inhaltlich besser zu dieser viel mehr ins Einzelne gehenden Beschreibung, als zu der anderen, ganz kurzen v. 34 35ᵃ. Die Flächen des Obergestells werden, wie die Leisten u. s. w. des Untergestells (v. 29), verziert, aber mit anderen Figuren: Löwen, Keruben und Palmen. Gemeint sind die Flächen der Leisten und Schulterstücke, vielleicht auch die Aussenseite des Cylinders. Aber יְדֹתֶיהָ וּמִסְגְּרֹתֶיהָ sind nach Umstellung der Verse in ihre jetzige Ordnung erst aus v. 35ᵇ heruntergekommen (s. KAMPHAUSEN bei KAUTZSCH, textkrit. Anm.) 37 Zehn genau gleiche Fahrstühle werden angefertigt. Zu לְכֻלָּהְנָה vgl. GES.-KAUTZSCH²⁶ § 91f und STADE Gr. § 352b; doch hat wohl KLOSTERMANN Recht, wenn er die abnorme Form aus der Welt schafft durch die Erklärung לְכָל־הֵנָּה.

Von den beiden Parallelberichten ist der eine (v. 34 und 35ᵃ) ganz kurz, der andere (v. 35ᵇ 30ᵇ 31 36) viel ausführlicher und mehr ins Einzelne gehend. Es kann kein Zweifel sein, dass der erstere dem ursprünglichen Baubericht angehört. Die kleine Differenz in der Beschreibung der Figuren auf den Leisten u. s. w. (v. 38 vergl. mit v. 29) ist vielleicht doch nicht zufällig; der Erzähler von v. 29 hätte wohl auch in v. 36 dieselben Figuren aufgezählt. Namentlich aber erklärt sich dann die Aufnahme der zweiten Beschreibung sehr gut: der ursprünglichen kürzern eine ausführlichere am Rand gegenüberzustellen, dazu konnte sich leicht ein Wissender veranlasst fühlen.

**38** Für die Gestühle werden zehn Becken angefertigt, jedes 40 Bath = 1457,6 l haltend, mit einem Durchmesser von vier Ellen (entsprechend der Breite und Länge der Fahrgestühle). Die Angabe über den Inhalt ist zutreffend: eine Halbkugel mit vier Ellen Durchmesser fasst ca. 2000 l. Das Becken war aber jedenfalls flacher und die Dicke des Erzes wird auch abzurechnen sein. **39** Fünf der Gestühle werden auf der Südseite, fünf auf der Nordseite des Tempels aufgestellt, während das „Meer" seinen Platz auf der Südseite, genauer: „nach Osten zu, gegenüber dem Süden", d. h. südöstlich vom Tempel erhält.

Die Fahrgestühle werden von Kosters (ThT 1879 S. 455 ff.) als Symbole der Wolken gedeutet, was aber nicht sicher beweisbar ist. Ihre Tier- und Kerubsbilder haben sicher mythologische Bedeutung (vgl. Nowack Arch. II 46). Bei Hesekiel fehlen sie; sie scheinen wie das Meer später anstössig gewesen zu sein. Nach der Chronik sind sie als Waschbecken für die Opfergeräte bestimmt, wozu sie nicht besonders praktisch eingerichtet erscheinen.

**40** Die **kleineren Tempelgeräte** werden nur kurz aufgezählt (statt הַמֵּירוֹת lies mit LXX und Chr הַכִּיּרוֹת wie v. 45): dann findet der Bericht über Hirams Arbeiten in v. 40b seinen förmlichen Abschluss.

**41—46 Wiederholte Aufzählung der Geräte.**

Die wiederholte kurze Aufzählung der von Hiram gegossenen Stücke ist hinter v. 40 höchst auffallend, zumal da (ausser v. 46) keinerlei neue Bemerkung dazu gemacht wird. Dem Verfasser des Bauberichts ist diese Wiederholung schwerlich zuzutrauen, zumal dieselbe in stilistisch sehr harter Weise ganz einfach eingehängt ist, ohne jede Einleitung bzw. Verbindung, die doch sicher etwa in der Form „dies sind die Geräte u. s. w." zu erwarten wäre. Auch dass hier von נְחֹשֶׁת מְמֹרָט die Rede ist, während in der ausführlichen Beschreibung dieser Ausdruck sich nie findet, spricht für eine andere Hand. Und wenn, was wahrscheinlich ist, LXX mit ihrem Text von v. 45b Recht hat (s. zu d. St.), so ist durch denselben die Zugehörigkeit der Verse zum Baubericht unmöglich gemacht. Wir werden also annehmen müssen, dass diese kurze Aufzählung nachträglich aus anderer Quelle in den Baubericht aufgenommen wurde. Auch hier ist der ursprünglich wohl erwähnte eherne Brandopferaltar gestrichen (s. zu v. 23).

**41** Wir erhalten hier die wertvolle Notiz, dass die Aufsätze (כֹּתֶרֶת) auf den Säulen kugelförmig waren — natürlich nicht mathematisch genaue Kugeln, aber doch auch keine blossen Wülste. **42** zeigt mit den „400 Granatäpfeln" ebenfalls eine andere Ausdrucksweise als v. 20b. Der Schluss des Verses ist aus v. 41 von einem Abschreiber aus Versehen wiederholt worden; danach korrigiere auch statt des sinnlosen עַל־פְּנֵי vielmehr שְׂרָאֵל. **43** Hebr. giebt nur eine ordentliche Konstruktion, wenn man אֵת vor כַּלְ־הַ streicht; über den wahrscheinlichen ursprünglichen Wortlaut s. zu v. 47. Aber auch so erscheint der Vers noch nicht in Ordnung. LXX (S?) geben: καὶ πάντα τὰ σκεύη, (Luc. add. συνετέλεσεν), ἃ ἐποίησεν... ἐν τῷ οἴκῳ Κυρίου· καὶ οἱ στύλοι τεσσαράκοντα καὶ ὀκτὼ τοῦ οἴκου Κυρίου καὶ τοῦ οἴκου τοῦ βασιλέως, πάντα τὰ ἔργα ἃ ἐποίησεν Χειρὰμ χαλκᾶ ἦν (Vat. χαλκᾶ ἄρδην und sonst einige unbedeutende Abweichungen). An der sachlichen Richtigkeit dieser ganz bestimmten Aussage zu zweifeln, haben wir kein Recht, da es ganz unverständlich wäre, wie ein späterer dies erfunden haben könnte, wenn nicht wirklich solche eherne Säulen vorhanden gewesen wären. Dass in den verschiedenen Säulenhallen der Hofburg (s. o.) sich nicht nur Cedernsäulen wie im Libanonwaldhause, sondern auch eherne Säulen befanden, ist an sich wahrscheinlich. Von Säulen am Tempel wissen wir allerdings sonst nichts. Wenn man nicht annehmen will, dass τοῦ οἴκου Κυρίου im Hinblick auf die zwei grossen Säulen eingeschoben ist (dass es bei LXX Vat. hinter und nicht vor τοῦ οἴκου τοῦ βασιλέως steht, ist auffallend und bei Luc. geändert), so wird man immerhin als wahrscheinlich erachten dürfen, dass auch Salomos Tempel wie der Hesekiels in der Vorhalle neben den Pfeilern des Eingangs rechts und links eine Säule hatte (s. Abb. 2 J). Dann ist es aber viel wahrscheinlicher, dass diese Bemerkung nach Einfügung der Liste in den Baubericht gestrichen wurde, weil sie zum Baubericht nicht stimmte, als dass sie späterer Zusatz ist. Der eherne Altar stand wohl auch in dieser Liste und wurde gestrichen, s. zu v. 23. Der erste Satz der LXX ist übrigens Wiederholung von v. 40ᵇ, die dem Abschreiber leicht in die Feder kommen konnte, da auch der vorhergehende Satz ganz gleichlautet mit v. 40ᵃ. **46** Eine weitere wertvolle Ergänzung des Bauberichts, welcher mit v. 45ᵇ die Aufnahme dieser Liste neben demselben allein schon rechtfertigen würde, ist die Nachricht, dass Hiram (streiche mit LXX הַמֶּלֶךְ als falsche Explicierung des Subjekts) diese Kunstwerke giesst *im Jordanthal „in Erdformen" zwischen Sukkoth und Sarethan*. Statt בְּמַעֲבֵה הָאֲרָמָה erwartet man im Zusammenhang ganz notwendig eine Ortsbestimmung; und eine solche in den Worten des Textes zu suchen, liegt um so näher, als אדמה auch Ortsname ist und eine Stadt dieses Namens eben in jener Gegend bei Sarethan auch sonst genannt wird (Jos 3 16). Man lese also בְּמַעֲבַר [וְהָ]אֲדָמָה *bei der Furt von Adama* (Jdc 8 4 f. bezeugt das Vorhandensein einer Furt nahe bei Sukkoth); damit erhält man eine ganz passende Ortsbestimmung: nahe am Fluss, dessen Wasser man braucht, und an einer Verkehrsstrasse. *Sukkoth* ist ohne Zweifel identisch mit dem Jos 13 27 als Stadt im Gebiete von Gad genannten, auch Gen 33 17 erwähnten Ort im Ostjordanland, der nach Jdc 8 4 im Jordanthal (nicht auf dem Gebirge) gelegen haben muss. Gen 33 17 sucht den Ort südlich vom Jabbok; nach HIERONYMUS (zu Gen 33 17) lag er im Bezirk von Skythopolis. Wenn der Jabbok dem heutigen *Nahr ez-Zerka* gleich zu setzen ist, was nicht ganz sicher ist, so wäre der Ort unmittelbar südlich von dem Unterlauf desselben anzusetzen und die Furt bei *ed-Dāmije*, wo seit alters eine Strasse von Sichem her über den Jordan führte, entspräche der Furt von Adama in unserem Texte. Sarethan wäre dann gegenüber auf dem rechten Jordanufer zu suchen, etwa in der Thalöffnung des *Wādi Fara* beim *Karn Sartabe*; die genaue Ortslage ist noch nicht gefunden worden. **47** Die Menge des verwendeten Erzes war unwägbar. Die Bemerkung passt inhaltlich besser hinter v. 45, wo auch LXX den Vers hat. Statt נוח, das keinen brauchbaren Sinn giebt (s. KAMPHAUSEN bei KAUTZSCH, textkrit. Anm.), lasen LXX Vat. und Luc. (ἐποίησεν) יעשׂ, umgekehrt in v. 48, wo Hebr. יעשׂ nicht passt.

ἔδωκεν = וַיִּתֵּן resp. Vat. ἔλαβεν = וַיִּקַּח verdorben aus וַיַּנַּח. Es sind also die Anfangsworte von v. 47 und 48 einfach zu vertauschen. Ausserdem geben LXX v. 47ᵇ doppelt (mit kleiner Variante) sowohl vor als hinter v. 47ᵃ. Die hiedurch hervorgerufene Vermutung, dass es sich überhaupt hier um eine Dublette handelt, wird durch LXX Luc. bestätigt, die folgenden Text gelesen hat: 47ᵇ כָּל־הַכֵּלִים אֲשֶׁר עָשָׂה חִירָם נְחֹשֶׁת 47 לֹא נֶחְקַר מִשְׁקַל הַנְּחֹשֶׁת [אֲשֶׁר עָשָׂה]: מִמְרָט כָּל־הַכֵּלִים הָאֵלֶּה אֲשֶׁר עָשָׂה מֵרֹב מְאֹד לֹא נֶחְקַר מִשְׁקַל הַנְּחֹשֶׁת. Statt des eingeklammerten אֲשֶׁר עָשָׂה, das sich mehrfach, auch in v. 48 noch einmal, wiederholt und wohl durch Versehen hieher gekommen ist, dürfte ursprünglich נְחֹשֶׁת gestanden haben als Anfang des zweiten Satzes, das wegen des gleichlautenden Schlusses des ersten Satzes ausfiel. So giebt dieser Text zwei ganz korrekte Sätze: 1) Alle Geräte, die Hiram machte, waren aus Erz; das Gewicht des Erzes war nicht festzustellen. 2) Von poliertem Erz waren alle diese Geräte, die er machte; wegen der gar grossen Menge war das Gewicht des Erzes nicht festzustellen. Aus der Vorlage von Luc. ist dann die von Vat. geworden durch einfache Verstellung des ausgelassenen und am Rande nachgetragenen מִמְרָט hinter das erste נְחֹשֶׁת und Auslassung des ersten אֲשֶׁר und dann notwendigerweise auch des dritten אֲשֶׁר עָשָׂה. Im Hebr. ist noch das erste לֹא נֶחְקַר u. s. w. weggefallen und damit die Dublette nicht mehr erkenntlich geworden. Zu der ganzen Aufzählung vgl. auch Jer 52 18ff., welche Stelle von der unsrigen abhängig ist.

**48—50 Die Goldgeräte des Tempels.** Späte Zusätze ganz im Geiste der Zusätze zu Cap. 6, zur Erhöhung des Glanzes. Die Geräte im Heiligtum werden vom alten Erzähler bei Beschreibung des Baues schon aufgezählt; was hier steht, widerspricht zum Teil seinen Angaben ganz direkt.  In 48 lies nach LXX וַיַּנַּח שְׁלֹמֹה ... אֲשֶׁר עָשָׂה בֵּית י". Der goldene Altar neben dem Schaubrottisch, von dem Cap. 6 nichts weiss, ist der Räucheraltar, der erst in den jüngsten Schichten des Priestercodex sich findet; darnach lässt sich das Alter dieses Zusatzes ermessen. Zum Gold des Schaubrottisches (hier nicht wie 6 20ff. als Altar bezeichnet) vgl. 6 22.  **49** Leuchter waren im Hêkāl allerdings sehr angebracht (s. z. 6 4), wenn Salomo solche angefertigt, waren sie jedenfalls, wie alle anderen Geräte, aus Bronze. Aber ihr Fehlen im Baubericht ist wohl nicht zufällig. Zu der *Blume* (פֶּרַח) vgl. Ex 25 23ff., wo dieselbe näher beschrieben wird; nach dieser Stelle ist überhaupt unsere Aufzählung gearbeitet.  **50** Abgesehen vom Räucheraltar haben natürlich die aufgezählten Geräte (aus Silber und Gold) sich im vorexilischen Tempel befunden (vgl. II Reg 12 14), nur nicht schon als Salomos Werk.  Dass auch die Angeln für die Thürzapfen aus Gold gewesen sein sollen, zeigt, wie der Verfasser der Verse sich gar nicht genug thun kann im Anbringen von Gold.

**51 Schluss des alten Bauberichts.** Nach Vollendung des ganzen Werkes bringt Salomo die Weihgeschenke Davids (LXX fügt solche von Salomo hinzu) und die Geräte in die Schatzkammern des Tempels, wohl die Kammern im Anbau, zur Aufbewahrung. Worin Davids Weihgeschenke bestanden, erfahren wir leider nicht.

## 5. Die Einweihung des Tempels Cap. 8 (vgl. II Chr 5 2—7 10).

Mit dem Baubericht mag wohl von Anfang an ein kurzer Bericht über die Einweihung des Tempels verbunden gewesen sein. Es gelingt auch leicht, aus der jetzt vorliegenden Erzählung einen jedenfalls in alte Zeit reichenden Bericht in den Hauptzügen herauszuschälen, der zu Anfang die Übersiedelung der Lade erzählte, in den Mittelpunkt den hochpoetischen Tempelweihspruch stellte und mit einer kurzen Erwähnung der mit der Tempelweihe verbundenen Feier des Laubhüttenfestes schloss. An den Angaben dieses Berichtes weitere historische Kritik zu üben, liegt kein sachlicher Grund vor. Da der ganze Bericht naturgemäss wenig zu den späteren Kultussitten und -gesetzen passte, kann es uns nicht Wunder nehmen, dass er zahlreiche Überarbeitungen und Zusätze erfahren hat und zwar zu den verschiedensten Zeiten von dem älteren deuteron. Redaktor an (und vielleicht schon vorher) bis in die ganz junge Zeit nach Abfassung der Chronik. Es ist deshalb auch ein Ding der Unmöglichkeit, in allen Einzelheiten den alten Bericht wieder herzustellen.

**1—11 Die Übersiedelung der Lade Jahwes.** Die ersten fünf Verse finden sich bei LXX in wesentlich kürzerer Gestalt; das Plus des Hebr. ist fast durchweg als späterer Zusatz auszuscheiden. **1** *Damals* versammelte Salomo die Vornehmsten des Volkes in Jerusalem. Der Vers schliesst gut an 7 51 an und darf von diesem nicht (wie LXX thut) getrennt werden. Die Meinung des alten Erzählers ist also die, dass die Einweihung nach Fertigstellung der Geräte, also wohl nach Vollendung des Tempels im siebenten Baujahr, jedenfalls aber nicht sechs oder gar dreizehn Jahre nachher stattfand. Letzteres ist allerdings die Ansicht schon des vorexilischen Redaktors (s. zu v. 2). Die זִקְנֵי יִשְׂרָאֵל, der israelitische Adel, sind sachlich ganz richtig erklärt als „Stammeshäupter" und „Geschlechterfürsten". Wenn auch de facto die Geschlechtsverbände nach der Ansiedelung sich vielfach auflösten und die Lokalgemeinde an ihre Stelle trat, so blieb doch die Fiktion der Blutsverwandtschaft bestehen, die alte Form der Geschlechtergliederung wurde beibehalten (vgl. BENZINGER Art. Älteste in HERZOGS RE³ I). Trotzdem sind diese Worte אֶת־כָּל־רָאשֵׁי — יִשְׂרָאֵל, die in LXX fehlen, auszuscheiden als später Zusatz, den allerdings der Chronist schon hier gelesen hat. Denn die Ausdrücke רָאשֵׁי הַמַּטּוֹת und נְשִׂיאֵי הָאָבוֹת sind der älteren Litteratur fremd und dem Priestercodex eigen. Auch die Worte אֶל־הַמֶּלֶךְ שְׁלֹמֹה (in LXX und Chr fehlend) sind dem Schriftsteller, der eben erst שְׁלֹמֹה als Subjekt genannt hatte, nicht zuzutrauen. Zweck der Versammlung ist, die Lade mit dem Gesetz Jahwes in den Tempel zu bringen. Man bemerke, dass *nur* von der Lade die Rede ist. Die alten Erzähler in den Samuelisbüchern und auch unser Erzähler in v. 4 nennen sie übrigens immer „Lade Jahwes" (vgl. II Sam 6 2ff.), die Bezeichnung אֲרוֹן בְּרִית ist nachdeuteronomisch und stammt vom Redaktor (s. zu v. 9). Die Lade befindet sich bis jetzt in der *Stadt Davids* (vgl. II Sam 6 12); letztere nahm den Platz der alten Jebusiterfeste ein (II Sam 5 6ff.), und lag auf dem südlichen Teil des Osthügels (vgl. den Plan und BENZINGER Archäol. 44f.), also tiefer als der Tempel (לְהַעֲלוֹת, s. o. S. 27). Sie trägt auch den (aus alter kanaanitischer Zeit stammenden?) Namen Zion, eine Bemerkung, welche die traditionelle Verlegung von Zion auf den Westhügel unmöglich macht. Von **2** hat LXX nur die Worte בְּיֶרַח הָאֵתָנִים als Schluss des Satzes v. 1. Was vorher steht, ist eine nur durch die vielen Einschübe in v. 1 notwendig gewordene Wiederholung; ebenso ist die Erklärung des Monatsnamens durch die Zahl spät hereingekommen (s. zu 6 1). Aber auch der Monatsname selbst ist erst vom deuteron. Redaktor eingesetzt. Nach 6 38 wurde der Tempel im Monat Bul, dem achten Monat, fertig und offenbar nicht erst im siebenten Monat des nächsten Jahres eingeweiht. Das beweist auch die Nachricht I Reg 12 32, wonach in Jerusalem das Herbstfest — und bei diesem wurde der Tempel eingeweiht (בְחָג vgl. v. 65f.) — in alter Zeit im achten Monat (vom 15. Tage an) gefeiert wurde. Die Verlegung dieses Festes auf den siebenten Monat, die zur Zeit des Dtn in der Praxis schon vollzogen gewesen sein mag, erklärt den Einschub des Monatsnamens Ethanim an unserer Stelle, da die Tradition feststand, dass der Tempel am Herbstfest eingeweiht worden war. Der Einschub selbst beweist übrigens, dass schon der vorexilische Redaktor die Tempelweihe an den Schluss der gesamten Bauthätigkeit verlegte, sonst wäre für den sonst sorgfältig arbeitenden Redaktor der Einschub des Monats Ethanim angesichts von 6 38 nicht gut möglich gewesen. Vielleicht liegt gerade hier die Quelle des ganzen Missverständnisses. Wenn für den Redaktor feststand 1) die Vollendung des Tempels im achten Monat nach 6 38, 2) die Einweihung beim Laubhüttenfest nach 8 2, 3) die Feier des Laubhüttenfestes im siebenten Monat, so glichen sich diese Widersprüche dann ohne weiteres aus, wenn die Einweihung nicht im Jahr der Vollendung des Tempels, sondern nach Beendigung aller Bauten stattfand. Dagegen gehört בְחָג, *am Feste*, dem alten Text an; abgesehen davon, dass sachlich die Verbindung der Tempelweihe mit dem grossen Feste alle Wahrscheinlichkeit hat, ist auch der Sprachgebrauch nur in alter Zeit möglich: schon in nachdeuteronomischer Zeit und vollends in nachexilischer Zeit ist das Herbstfest keineswegs *das Fest* schlechtweg.   3 4 Lade, Zelt und alle Geräte werden in den Tempel getragen. Ganz später Zusatz (fehlt in LXX) ist der Schlusssatz, in dem auf einmal noch die *Priester und Leviten* nachgehinkt kommen, ganz analog zu I Sam 7 15. Wenn dagegen in LXX auch die Anfangssätze von v. 3 und 4 *Und die Ältesten Israels kamen ... und brachten die Lade Jahwes hinauf* fehlen, so dürfte dies als Auslassung zu erklären sein. Genauer: der Hebr. hat hier wieder einmal beide Dubletten erhalten v. 3ᵇ — 4 in. Dass aber hier nicht der Text der LXX sondern v. 4 in. ursprünglich ist, geht aus der Bezeichnung ארון יהוה hervor (s. zu v. 1). V. 4 in. verlangt aber dann v. 3ᵃ als Vordersatz notwendig. Der ursprüngliche Text besteht also gerade aus den in LXX fehlenden Worten ויבאו כל־זקני ישראל ויעלו את־ארון יהוה und sonst aus nichts; auch die Erwähnung des *ohel mo'ed* und seiner Geräte ist junger Zusatz, das Königsbuch kennt kein anderes Zelt, als das von David der Lade errichtete (I Reg 1 39 2 28—30 vgl. II Sam 6 17), das aber nicht אהל מועד genannt wird, ein Name, der überhaupt erst im Priesterkodex vorkommt. Von all den Zuthaten zum ursprünglichen Text stammt nur 3ᵇ (im Unterschied von 4ᵇ) von dem deuteronom. Redaktor, alles übrige gehört der Superredaktion vom Standpunkt des Priesterkodex an.   5 Zahllose Opfer werden gebracht von Salomo und der „Gemeinde" Israels, letzterer Ausdruck sicher nachexilisch. Ob aber durch Streichung derselben und der andern in

LXX fehlenden Worte: עָדָה, הַנּוֹעָדִים עָלָיו אִתּוֹ, וְלֹא יִסָּפְנוּ סָרב der Rest für den alten Erzähler gerettet werden kann, bleibt sehr fraglich; die unzählbaren Opfer unterwegs dürften doch eher in das Gebiet der Salomo verherrlichenden Zusätze gehören. **6** Vom deuteron. Überarbeiter des Verses stammt der Ausdruck בְּרִית und wohl auch die Erwähnung der Priester: nach v. 3 u. 4 tragen die Vornehmsten Israels die Lade (auch II Sam 6 13 sind keine Priester zum Tragen da). Das war den späteren anstössig, daher hier der deuteron. Einschub und v. 4 der Einschub der Priester und Leviten vom Standpunkte des Priesterkodex aus. Aus letzterem stammt in v. 6 der Ausdruck קֹדֶשׁ הַקֳּדָשִׁים (s. zu 6 16). **7 8** Die Stellung der Lade wird genau bestimmt. Der Schluss וַיְהִי שָׁם עַד הַיּוֹם הַזֶּה fehlt in LXX, muss jedoch nicht notwendig späterer Zusatz sein (so WELLHAUSEN bei BLEEK⁴ 233; zum Imperf. vgl. Jos 16 10), sondern kann ausgefallen sein. In letzterem Fall muss man, was auch das wahrscheinlichere ist, die Verse dem alten Erzähler zuteilen; zur Zeit des Redaktors war die Lade nicht mehr da. Inhaltlich passen die Verse zur Beschreibung des Debir im Baubericht, und die Vorschrift des Priesterkodex, dass die Stangen stets an der Lade bleiben müssen (Ex 25 15), erklärt sich am einfachsten durch Rücksichtnahme auf die in unserer Stelle vorliegende Überlieferung vom alten Thatbestand. Statt אֶל־מָקוֹם und וַיָּסֹכּוּ *sie beschirmten* v. 7 lies mit LXX und Chr עַל und וַיְכַסּוּ *sie bedeckten*. הַקֹּדֶשׁ v. 8 für den Vorderraum ist nicht Sprachgebrauch des Verfassers (s. zu 6 16 f.), sondern spätere Korrektur für הֵיכָל. Der Sinn der ganzen etwas ungeschickten Beschreibung kann nur der sein, dass die Lade von Ost nach West zwischen den Keruben stand; die Spitzen ihrer langen Tragstangen reichten bis in die Nähe der Thüre, sodass man sie vom Heiligtum aus in dem dunkeln Debir sehen konnte; aber sie ragten nicht in den Hekāl selbst herein, das wird ausdrücklich bemerkt, um ein Missverständnis abzuwehren. **9** In der Lade befinden sich nur die beiden Gesetztafeln. Vor dem zweiten Relativsatz ist einzufügen לֻחוֹת הַבְּרִית, was sich noch in LXX erhalten hat, das כָּרַת kann nur dadurch seine Beziehung bekommen. Der Vers (vgl. auch v. 21) giebt eine schöne Erklärung des Ausdrucks אֲרוֹן הַבְּרִית „Lade des Gesetzes" (s. zu II Reg 23 3). Dass die Lade noch zu Davids und Salomos Zeit eine andere Bedeutung hatte, ersieht man klar aus I Sam 5 6 II Sam 6: sie war das numen praesens, nicht Behälter von Gesetztafeln; ebenso auch bei JE Num 10 35 36 (vgl. BENZINGER Archäol. 367 ff.). Der Vers sieht aus wie ein Protest gegen falsche Gerüchte, die im Umlauf waren. Ob man schon damals (wie dann später, vgl. Hbr 9 4) den Aaronstab und den Mannakrug in der Lade suchte? Jedenfalls ist der Vers geschrieben, als es keine „Bundeslade" mehr gab, vielleicht von der Hand des Redaktors. Die alte Bedeutung zeigen auch **10** und **11**: Sobald die Lade ins Debir kommt, bezieht Jahwe sein neues Haus und sein Kābōd erfüllt es in Gestalt einer dichten Rauchwolke. Die Wolkensäule als Zeichen der Gegenwart Jahwes stammt aus der alten Tradition Ex 33 7 ff. E. Der semitische Tempel ist Wohnsitz der Gottheit, nicht Versammlungssaal der Gemeinde.

**12 13 Salomos Tempelweihspruch.** Die Verse stehen in LXX am Schluss der deuteron. Weihrede (hinter 8 53). Sie geben den alten echten

Weihespruch, der sich im ganzen Ton von der folgenden Rede deutlich unterscheidet. Nach einem sicher alten Zusatz in LXX sind die Verse aus dem „Buch der Redlichen", סֵפֶר הַיָּשָׁר (so ist höchst wahrscheinlich mit WELLHAUSEN das τῆς ᾠδῆς = הַשִּׁיר der LXX zu korrigieren), einer Liedersammlung, welcher auch das Trauerlied Davids auf Sauls Tod (II Sam 1 18-27) und das Siegeslied aus der Schlacht bei Gibeon (Jos 10 12) entnommen sind. Zum Text vgl. hauptsächlich CHEYNE Origin of the Psalter 212, WELLHAUSEN bei BLEEK⁴ 236. Die erste Zeile fehlt in Hebr. Nach LXX lautet sie: ἥλιον ἐγνώρισεν (Luc. ἔστησεν) ἐν οὐρανῷ κύριος. Dass hier ἐγνώρισεν = הֵבִין und dieses aus הֵכִין = ἔστησεν verschrieben ist, hat schon WELLHAUSEN gesehen. Nur so ergibt sich eine deutliche Antithese zwischen Zeile 1 und 2, die gewollt ist:

*Die Sonne hat Jahve aus Himmelszelt gestellt,*
*Er selbst hat erklärt im Dunkeln zu wohnen.*

Die 3. und 4. Zeile hat WELLH. nach LXX folgendermassen hergestellt:

בָּנֹה בָנִיתִי בֵית נְוֵה לִי לְשֶׁבֶת עוֹלָמִים

*bau mir ein Haus, ein Haus meiner Heimstatt,*
*dass ich dort ewiglich wohne.*

Dabei sind die Verse als Wort Jahwes gefasst. Der Hebr. dagegen nimmt sie als Rede Salomos:

*Ich habe dir nun ein Haus gebaut zur Wohnung,*
*eine Stätte zu deinem Wohnsitz in Ewigkeit.*

In beiden Fällen handelt es sich um die Anwendung der in Zeile 2 ausgesprochenen Wahrheit. Der hebr. Text erscheint als der schönere.

**14—61 Weihrede und Weihgebet Salomos.**

Die Rede ist von Anfang bis zu Ende deuteronomistisch. Man vergleiche inhaltlich 8 16ff. mit Dtn 12 5 9, das 7 tägige Herbstfest (8 65) mit Dtn 16 13; die deuteron. Stelle II Sam 7 13f. kehrt in missverstandener Form hier wieder 8 17f. Dazu kommt die ganze Fülle der deuteron. Redewendungen und Vorstellungen (s. die Zusammenstellung bei DRIVER Einleitung 217). Das Stück ist jedoch nicht einheitlich. Als Ganzes in seiner jetzigen Form ist es sicher exilisch resp. nachexilisch; vgl. die Abhängigkeit von Dtn 28, die Voraussetzung des Exils in 8 46ff., die mit Deuterojesaia sich berührende Vorstellung vom Tempel als Bethaus für alle Völker (8 41-43), der ebenfalls deuterojesaianische Gottesbegriff (vgl. 8 60). Daneben sind jedoch auch deutliche Spuren eines vorexilischen Kerns zu entdecken: der Bestand des Königtums in verhältnismässiger Blüte wird in 8 25f., der Bestand des Tempels in 8 29ff. vorausgesetzt. Im Einzelnen ist es unmöglich, das vorexilische Stück herauszuschälen. Nach dem Vorgang des älteren Stückes hat z. B. der jüngere Überarbeiter (8 41ff.) ebenfalls von הַבַּיִת הַזֶּה geredet. Spuren noch späterer Überarbeitung fehlen nicht. — Die Chr. giebt fast wörtlich den gleichen Text (II Chr 6 3-42).

**14-21 Die Weiherede.** **14** Salomo begrüsst mit einem Segenswunsch die Volksversammlung, welche steht. Dieses „Stehen" bedeutet eigentlich, wie das arabische Wuḳûf (WELLHAUSEN Skizzen III 57 76), die andächtige Assistenz beim Gemeindeopfer. Das Opfer fehlt hier, es sieht aus, als ob (wie im muslimischen Haddsch) das „Stehen" allein schon gottesdienstliche Handlung wäre. **15 16** Salomo erinnert daran, dass Jahwe Jerusalem zu seinem Sitz erwählt habe, vgl. Dtn 12 9-12 II Sam 7 6ff. Mit LXX u. II Chr 6 6 ist zu ergänzen וָאֶבְחַר בִּירוּשָׁלִַם לִהְיוֹת שְׁמִי שָׁם *nun habe ich Jerusalem erwählt, dass* *mein Name daselbst sei:* der Chronist (II Chr 6 5) hat überdies vorher noch den Zusatz: „und ich habe keinen Mann erwählt, dass er Fürst sei über mein Volk Israel", wodurch auch für das zweite Glied eine Parallele gewonnen ist. **17—19** Das II Sam 7 1-16 von deuteronomistischer Hand über Davids Plan, einen Tempel zu bauen, berichtete wird wiederholt; der Redaktor kann keine Gelegenheit vorübergehen lassen, die Unterlassung des Tempelbaues durch David zu entschuldigen, s. zu 5 16. Man wird deshalb diese Verse derselben Hand wie 5 16 zuschreiben müssen. Auch hier ist übrigens schon die den ursprünglichen Sinn verkehrende Glosse II Sam 7 13 vorausgesetzt und in v. 19 inhaltlich wiederholt, und dementsprechend in falscher Auslegung des זֶרַע von II Sam 7 12 14ff. die Erfüllung der Weissagung **20 21** in Salomos Regierung und seinem Tempelbau gesehen. Zu dem Ausdruck בְּרִית יהוה אֲשֶׁר שָׁם הָאָרוֹן vgl. das bei 8 9 gesagte.

**22—61** Das Weihegebet. **22** Salomo stellt sich vor den Altar zum Gebet. Der Chronik ist dies anstössig, da vor dem Altar der Platz der Priester ist; sie lässt ihn daher auf einer Art Kanzel niederknieen (s. auch zu v. 54). Das Knieen wird erst seit dem Exil als Gebetsgeste erwähnt. Die alte Sitte (abgesehen vom Niederfallen auf das Gesicht) war, stehend die Hände zum Altar oder Heiligtum, dem Sitz der Gottheit, auszustrecken. So lässt der ältere Redaktor dieses Gebets auch die Juden im Tempelvorhof beten (v. 38). Salomo breitet die Hände *zum Himmel* aus; man wird sich fragen dürfen, ob nicht auch hier, wie v. 32 u. a., הַשָּׁמַיִם späterer Einschub ist (vgl. zu v. 27 u. 38). **23—26** Bitte um Erfüllung der an David ergangenen Verheissung. Dass v. 23 24 einerseits und 25 26 andrerseits nicht gut zu einander passen, hat KLOSTERMANN richtig gesehen: in v. 23 24 wie in v. 15-20 (auch im Wortlaut erinnert v. 24 an v. 15) ist die Verheissung Gottes an David in der Person Salomos und dem Tempelbau als erfüllt angesehen, und Gott wird als der, der seine Verheissungen hält, gepriesen. In v. 25 26 dagegen wird, was das Richtige ist, die Verheissung II Sam 7 12ff. auf die ganze Dynastie und deren Bestand bezogen, wie I Reg 2 4, mit welcher Stelle auch der Wortlaut von v. 25 (לֹא יִכָּרֵת) übereinstimmt. Dementsprechend kann Salomo Jahwe um künftige Erfüllung seiner Verheissung *bitten*.

<small>Das richtige Verständnis der Verheissung II Sam 7 12ff. ist älter, als das Missverständnis, wie der richtige Text dort älter ist, als die ihn verwirrende Glosse. Von der ewigen Dauer der davidischen Dynastie zu reden (II Sam 7 16 I Reg 2 4 8 25), war in vorexilischer Zeit möglich; die Weissagung so zu wenden, dass sie nur auf Salomo ging, war nach Untergang des davidischen Königtums eine gewisse Notwendigkeit. Darnach kann die Verteilung der Verse an die beiden deuteronomistischen Redaktoren nicht zweifelhaft sein, und von hier aus entscheidet sich auch die Frage der Zuteilung der anderen Stellen: 2 4 gehört (mit 8 25 26) zusammen dem älteren, 5 17-19 (mit 8 15-20 23 24) dem jüngeren deuteron. Redaktor an, was für 5 17 18 auch aus anderen Gründen wahrscheinlich erschienen ist, s. zu d. St.</small>

**27—30** Bitte um Erhörung der Gebete, die im Tempel an Jahwe gerichtet werden; zunächst ganz allgemein, einzelne Fälle werden nachher aufgezählt. **27** *Sollte wirklich Gott neben den Menschen* (mit LXX u. Chr ist אֶת־הָאָדָם einzufügen) *auf Erden wohnen?* Der spätere deuteron. Redaktor.

welcher 6 12 f. eingefügt hat, steht auf dem Standpunkt des Dtn (Cap. 12), dass Gott wirklich inmitten seines Volkes Israel auf Erden wohnt. Der Verfasser dieser Verse dagegen (wie der von 8 23) verrät den Geist Deuterojesaias (vgl. z. B. Jes 40 12 ff. bes. 22 44 24 ff. 45 11-25 66 1). Der Vers passt übrigens auch nicht recht in den Zusammenhang, das כי hat jedenfalls keine Beziehung. Dagegen schliesst 28 gut an v. 26 an als Fortsetzung der Bitte. Die Verheissung, auf die sich Salomo 29 beruft, *mein Name soll dort sein*, steht nicht in den Samuel- und Königsbüchern, sondern nur Dtn 12 5 11; wir haben also hier ein direktes Citat dieser Stelle und damit die feierliche Erklärung, dass der Tempel dem dort gemeinten Orte entspricht. Von der jüngeren Hand stammt wieder 30, dessen erste Hälfte eine überflüssige Wiederholung der allgemeinen Bitte um Erhörung aller Gebete ist (29ᵇ), während die zweite Hälfte mit Geflissentlichkeit den Gedanken von v. 27 wieder betont, dass Gottes Wohnsitz im Himmel ist. Dass das Erhören aller Gebete auf ein Verzeihen hinauskommt (וְסָלַחְתָּ), passt ganz zu der Stimmung im Exil.

31—33 Aufzählung einzelner Fälle, für welche insbesondere Salomo Erhörung der Gebete, die das Volk im Tempel darbringen wird, erbittet. Es ist schon an sich wahrscheinlich, dass die ältere vorexilische Fassung des Gebets eine Erwähnung derartiger Einzelfälle enthielt. Zur Gewissheit wird das durch den Vergleich von v. 33 34 mit v. 44-50, welche beiden Abschnitte nicht von einer Hand stammen können s. zu v. 33 f. Steht so diese Thatsache im allgemeinen fest, so wird man, was nun die einzelnen angeführten Beispiele betrifft, zunächst 31 32 unbedenklich dem älteren Redaktor zuschreiben dürfen. Gemeint sind offenbar die Fälle Ex 22 7-11, beziehungsweise eine wie es scheint in der Rechtsprechung üblich gewordene Verallgemeinerung derselben, wonach in streitigen Sachen, die nicht durch Zeugenbeweis u. s. w. zu erhärten waren, dem Beklagten der Offenbarungseid zugeschoben wurde. Da soll Gott solchen Eid am Heiligtum hören und „thun", d. h. die Fluchformel beim Meineidigen erfüllen und auf diese Weise als Richter die Sache entscheiden. Statt des unverständlichen אֵלֶה v. 31 lies mit LXX und Targ. אָלָה. Dass Gott „im Himmel" hören soll und nicht im Tempel, wie die ursprüngliche Meinung des Verfassers von v. 29 und 6 13 ist, gehört zu der jüngeren Überarbeitung; hier wie durchweg im folgenden ist von ihr הַשָּׁמַיִם eingesetzt. 33 34 Der zweite Fall betrifft Niederlagen im Krieg. Sie werden nach der bekannten deuteronomistischen Geschichtsbetrachtung (vgl. Jdc 2 11 ff.) als unmittelbare Folge des Abfalls von Jahwe angesehen. Nach der massor. Punktation וְשָׁבְתָּ v. 34 bittet Salomo um „Rückführung" des Volkes in sein Heimatland. Das stimmt nicht zu dem Ausdruck *sie flehen zu dir in diesem Hause*, בֵּית הַזֶּה, der vielmehr voraussetzt, dass der Tempel noch steht und das Volk noch im Lande ist. Deshalb empfiehlt es sich, mit KLOSTERMANN וְהֹשַׁבְתָּם עַל (Hiphil von ישׁב) zu lesen: *lass sie bleiben im Lande* u. s. w. Die leichte Änderung zum heutigen Text begreift sich für exilische und nachexilische Zeit von selbst. Für diese Konjektur spricht der Umstand, dass der Verfasser von v. 44-51, wie es scheint, eine deutliche Anspielung auf das Exil vermisst hat. Letztere Stelle kann nur exilisch, nicht nachexilisch sein (s. zu v. 46); v. 33 34 muss aber älter sein, da sich auch bei der massoretischen Lesart die Einfügung des Verses nicht verstehen lässt, wenn v. 44-51 schon dastanden. Nimmt man KLOSTERMANNs Lesung für richtig an, so macht es keine Schwierigkeit, die Stelle dem älteren, vorexilischen Redaktor zuzuschreiben: eine solche Bitte in seinem Munde erklärt sich sehr gut aus dem Schicksal des Nordreichs, das tiefen Eindruck in Juda gemacht hat; um Bewahrung vor einem ähnlichen Los bittet der Verfasser, darauf hofft er auch mit Sicherheit. Man vergleiche für diese Stimmung im Volk nach Einführung des Dtn z. B. Jer 7 1-15. Will man das nicht annehmen, so muss man die Verse für eine von keinem der beiden Redaktoren herrührende Interpolation des älteren Textes und בָּבַיִת für ungeschickte Nachahmung der Sprache der Vorlage erklären. **35. 36** Die Dürre ist nicht minder göttliche Strafe, die zur Busse treibt. Das ist schon alte Auffassung: in nichts anderem kam dem alten Israeliten seine unmittelbare Abhängigkeit von Gott so sehr zum Bewusstsein, wie in den Witterungsverhältnissen. Blieb der Regen aus, so war Hungersnot die Folge. Früh- und Spätregen zur rechten Zeit, darin fasst sich recht eigentlich der Segen Jahwes zusammen, im Regen zeigt sich seine Gnade, in der Dürre sein Zorn (Dtn 11 10-17). Die Verse dem älteren Text abzusprechen, liegt kein Grund vor. תַּעֲנֶה der Mass. — *weil du sie erhörst* (v. 35) ist mit LXX (ταπεινώσεις) תַּעֲנֵם, *weil du sie demütigst*, zu lesen. וְעַמְּךָ יִשְׂרָאֵל (v. 36) ist exegetische Glosse zu עֲבָדֶיךָ, wie z. B. in v. 32 LXX das erstere statt des letzteren hat. Die Begründung ist merkwürdig: Jahwe soll das Gebet erhören, weil er dem Volk Unterweisung über den rechten Weg giebt. Soll damit auf „die Thora", das Deuteronomium, angespielt werden? Passen würde das ganz gut zum Gedankengang, in dem sich jene Zeit bewegte: weil wir jetzt Jahwes Gesetz haben, deswegen muss alles gut gehen, vgl. Jer 8 8-12. **37—40** Zusammenfassender Abschluss: Wenn irgend eine Plage den Betroffenen im Gewissen rührt und zum Gebete treibt, dann möge Gott ihn erhören. Trotz der vom Bisherigen abweichenden Ausdrucksweise (כָּל־הָאָדָם, vgl. bes. v. 38ᵇ) dürften die Verse den Abschluss der Aufzählung im älteren Text gebildet haben. **37** Statt des sinnlosen בְּאֶרֶץ שְׁעָרָיו ist mit LXX שׁ בְּאַחַד zu lesen, ein gut deuteronomischer Ausdruck (vgl. Dtn 15 7 17 2). **38** Dass כָּל־הָאָדָם nur Israeliten meint, geht z. B. aus dem Schluss von v. 40 hervor. Die exegetische Glosse לְכֹל עַמְּךָ יִשְׂרָאֵל, die in LXX fehlt, ist durch das Hinzukommen von v. 41 ff. veranlasst. מְכוֹן שִׁבְתֶּךָ ist nach dem Vorgang (v. 30 43 49) hier nachgetragen (s. zu v. 30 u. 31 f.). **40** Der Text der Chr: „dass sie dich fürchten, *zu wandeln in allen deinen Wegen*", empfiehlt sich als beliebte deuteron. Redewendung (Dtn 6 2 13 5 u. a.). **41—43** Auch das Gebet des Ausländers möge Gott erhören. Bei aller Menschenfreundlichkeit gegen den Gēr, die das Dtn auszeichnet, ist ihm doch der Gedanke ganz fremd, dass die Ausländer von ferne her zum Tempel wallfahrten. Die Parallele zu unserer Stelle steht bei Tritojesaia 56 6 7. Da unsere Stelle die Anbetung der Fremden nicht für die Zukunft erhofft, sondern als Thatsache voraussetzt, kann sie erst nachexilischer Einschub sein. Man bemerke, dass nicht Jahwe im Tempel wohnt, sondern nur *nach seinem Namen* das Haus *genannt ist*. In LXX fehlt v. 41ᵇ u. 42ᵃ, in der Chr die ersten drei Worte von v. 42, so dass וִידֵי v. 42 an שִׁמְךָ v. 41 anschliesst und von לְמַעַן abhängig ist. Man sieht, dass sich das Interesse der Interpolatoren mehrfach dieser Stelle zugewendet hat. V. 43 *in.* ist mit LXX וְאָתָּה zu lesen. **44 45** Bitte für den Fall des Krieges, eine verallgemeinernde Dublette zu v. 33f., wo, wie im ganzen Zusammenhang des älteren Gebetes, von schwerem Unglück die Rede ist. Die exilische Abfassung beweist deutlich der Ausdruck דֶּרֶךְ הָעִיר: die Sitte, beim Gebet die Richtung nach Jerusalem zu nehmen, ist erst im Exil aufgekommen. Die Stelle gehört daher dem jüngeren deuteron. Redaktor zu, wenn sie nicht noch spätere Glosse ist. Statt אֹיְבוֹ 44 ist besser mit LXX und Chr der Pluralis אֹיְבָיו zu lesen. אֶל־יהוה statt des sonst durchgängig sich findenden אֵלֶיךָ ist auffallend und wird daher von der Chr korrigiert; LXX ἐν ὀνόματι κυρίου. **46—51** Bitte um Erhörung der Gebete im Exil. Der exilische Ursprung dieser Verse liegt auf der Hand: die Bitte um Erbarmen von seiten der Feinde in dieser Allgemeinheit weist darauf hin, dass die Rückkehr aus dem Exil noch nicht stattgefunden hat. V. 50 von וּלְכָל־פִּשְׁעֵיהֶם und v. 51 ganz sind in der Chr ausgelassen, wohl (so KLOSTERMANN) weil das spätere Judentum etwas mehr von seinem Gott verlangte, als bloss „Barmherzigkeit" von den Heiden erfahren zu dürfen. כּוּר הַבַּרְזֶל ist nicht der „eiserne Ofen" — solche gab es nicht — sondern der Schmelzofen, in dem das Eisen geschmolzen wird. Der Grad der Hitze zeichnet die Grösse des Elends. Das Bild stammt hier wie Dtn 4 20 aus Jer 11 4. Das Bild vom Schmelzofen findet sich auch Jes 48 1. **52 53** Schluss des Gebets. Die Verse gehören jedenfalls nicht mit 46—51 zusammen. V. 52 enthält nur eine Variante zu v. 51. Die Konstruktion לִהְיוֹת v. 52 ist hinter v. 51 unmöglich, aber ebenso auch hinter v. 43. Dazu kommt, dass die Zusammenstellung: *lass deine Augen offen sein über dem Gebet .... sie zu erhören* befremdlich ist, um so mehr, als die beiden hier durcheinander geworfenen Gedanken in v. 29 schönen und klaren Ausdruck gefunden haben. Chr und LXX fügen deswegen noch die „Ohren" ein, ein hübsches Beispiel von der beliebten Auffüllung des Textes. Auch macht die Chr, in welcher v. 53 fehlt, v. 52 zu einem selbständigen Satz: וְיִהְיוּ נָא. Das ganze macht den Eindruck, dass ein Interpolator (schwerlich der ältere Redaktor selbst) zu dem älteren Text des Gebetes einen allgemeinen Schluss analog der Einleitung v. 28 29 und aus Elementen derselben bildete, dieser Schluss aber dann durch die Einschübe v. 41—51 verstümmelt wurde. Die Chr hat hinter v. 52 (II Chr 6 41) die Ps 132 8 9 stehenden Worte, die ursprünglich gar nicht auf die Tempelweihe gehen; dann als Schluss (v. 42) einen ähnlichen Gedanken wie I Reg 8 26, was die oben ausgesprochene Ansicht bestätigt.

**54—61** Der Schlusssegen. **54 55** Nach beendigtem Gebet erhebt sich Salomo von seinen Knieen — nach v. 22 ist er dagegen gar nicht niedergekniet; v. 54b und auch וַיַּעֲמֹד v. 55 weisen sich somit als Glosse aus, welche wahrscheinlich die Übereinstimmung mit dem Bericht der Chr herstellen soll (s. zu v. 22). Statt קָם wird man mit LXX das bessere וַיָּקָם lesen dürfen. **56** Der Lobpreis Jahwes, dass er dem Volke Ruhe geschenkt, hat zwar mit dem Laubhüttenfest nichts zu thun, wie KLOSTERMANN meint, aber passt ganz gut zur Tempelweihe: die Anspielung auf Dtn 12 10 ist unverkennbar (vgl. 5 18). Der Wunsch **57 58**, dass Jahwe das Volk nicht verlasse, damit des

Volkes Herz sich zu ihm neige, kehrt mit etwas andern Worten in 59–61 (erweitert durch v. 60?) wieder, und KLOSTERMANN findet mit Recht hier eine Dublette. V. 59–61 verraten ihren gemeinsamen Ursprung mit v. 45 u. 46 in der Ausdrucksweise bzw. Anschauung, dass die Hilfe, welche Israel von seinem Gott erbittet, darin besteht, dass er dem Volk „zu seinem Rechte verhilft."

**62–66 Die Opfer und die Festfeier.** 62–64 Zur Einweihung des Tempels bringt Salomo zahllose Opfer dar. Die Notiz (v. 64), dass der eherne Altar (s. zu 7 23) für die vielen Opfer zu klein war, und Salomo deshalb den mittleren Teil des Vorhofs zum Opferplatz weihte, passt nur zu den alten Anschauungen und beweist das Alter des Berichts. 63 mit seinen Zahlenangaben, die eine Erklärung von v. 64 geben sollen, gehört in die Kategorie der späteren Zusätze, die zu Salomos Verherrlichung dienen; die 120000 Schafe fehlen in LXX. Auch die Aufzählung der Opferarten: Ganzopfer, Speiseopfer und Heilsopfer im Unterschied von dem einfachen זָבַח v. 62 gehört erst dem Redaktor an. 65 66 In Verbindung mit der Tempelweihe wird *das Fest*, d. h. das Laubhüttenfest gefeiert (s. zu v. 2). Warum das eine willkürliche Kombination des Epitomators sein soll, wie KLOSTERMANN will, ist nicht einzusehen. Der Ausdruck מְלְבוֹא חָמָת bezeichnet die Gegend, wo die Strassen auf Hamath zu laufen, also die nördliche *Biḳâʿ* (Coelesyrien). Hamath selbst ist das Epiphania der Griechen, das heutige *Ḥamā* am Orontes (BAEDEKER Paläst.⁴ S. 411). Dieser Bezeichnung der Idealgrenze im Norden gegenüber wird als Südgrenze immer, wenn Juda mit eingeschlossen ist (anders II Reg 14 25), in ebensowenig den realen Verhältnissen entsprechender Weise der „*Bach Ägyptens*" genannt, der heutige *Wâdi el-ʿArîsch* bei dem alten *Rhinocolura*, 13 Stunden südlich von Gaza (anders WINCKLER Gesch. Israels 192. 29 f.). Hinter אֱלֹהֵינוּ hat LXX Vat. folgenden Zusatz: ἐν τῷ οἴκῳ ᾧ ᾠκοδόμησεν ἐσθίων καὶ πίνων καὶ εὐφραίνοντες ἐνώπιον κυρίου θεοῦ ἡμῶν, der nach seiner durchaus deuteron. Auffassung der Festfeier (vgl. Dtn 12 7 10 14) nicht erst in später Zeit hinzugekommen sein, sondern schon dem vorexilischen deuteron. Redaktor angehören dürfte. Seine Weglassung könnte absichtlich sein, um die Schilderung dem späteren Festcharakter mehr anzupassen. Jedenfalls hat eine solche Harmonistik hinter dem ersten שִׁבְעַת יָמִים die Glosse: *und sieben Tage, vierzehn Tage* verursacht, welche die Erzählung mit dem Wortlaut von II Chr 7 8–10 in Einklang bringen will. Letzterer Bericht wiederum ist aus dem Bestreben heraus entstanden, die gesetzwidrige (s. u.) Verbindung beider Feiern aufzuheben und eine ganz gesetzmässige Feier des Laubhüttenfestes herzustellen. Die erwähnte Glosse fehlt in LXX Vat. (Luc. hat sie!); die Fortsetzung: *am achten Tag entliess Salomo das Volk*, macht jeden Versuch, auch hier ein Doppelfest zu finden, unmöglich, zeigt aber auch in ganz drastischer Weise, wie solche Glossen manchesmal mit vollständiger Ungeniertheit eingefügt wurden, ohne dass der Glossator auch nur im mindesten auf den umgebenden Text Rücksicht nahm. 66 Statt בַּיּוֹם lies mit LXX בַּיָּמִים. Statt וַיְבָרְכוּ אֶת־הַמֶּלֶךְ bietet LXX Vat. (Luc. wie Hebr.!) καὶ εὐλόγησεν αὐτὸν sc. τὸν λαόν, d. h. Salomo entlässt das Volk mit einem Segenswunsch, was entschieden sachgemässer ist, als der Text des Hebr., wonach das Volk sich vom König verabschiedet. Der ursprüngliche Text bot wohl nur יברכו, was LXX richtig als Sing. mit Suffix las, während es ein Abschreiber als Pluralis verstand und zur Verdeutlichung dann als Objekt das falsche אֶת־הַמֶּלֶךְ einfügte. Der Schluss des Verses von שָׁמַיִם an klingt ganz deuteronomisch.

### 6. Die zweite Jahweerscheinung 9 1–9 (vgl. II Chr 7 11-22).

Der Abschnitt nimmt ausdrücklich Bezug auf die erste in 3 4-14 erzählte Theophanie in Gibeon (9 2). Dass er deuteron. Arbeit ist, zeigt die ganze Sprache; dass er erst im Exil, also bei der zweiten deuteron. Redaktion eingefügt wurde, beweisen v. 6-9. Diese Verse erklären zugleich, warum die Parallelerzählung notwendig erschien: die älteren deuteronomischen Verheissungen (II Sam 7 12 ff. wiederholt in I Reg 2 4 8 25), auf welche der Wortlaut unserer Stelle ganz deutlich anspielt (vgl. v. 5 לֹא יִכָּרֵת לְךָ), rechnen nicht mit dem Untergang Jerusalems und des Tempels. Vom Standpunkt des Exils aus bedürfen sie einer Einschränkung, die Thatsache des Exils muss in Einklang mit ihnen gesetzt werden. Das geschieht durch den Zusatz v. 6-9, welcher erklärt, warum es zur Zerstörung des Tempels und der Stadt kommen musste: weil nämlich das Volk vom Götzendienst sich nicht abbringen liess.

1 2 Nach Beendigung aller Bauten erscheint Jahwe Salomo zum zweiten Male. חֵשֶׁק ist nach v. 19, der Übersetzung der LXX πραγματεία und der Umschreibung der Chronik II 7 11 כָּל־הַבָּא עַל־לִבּוֹ nicht als Lustbauten zu deuten, sondern bezeichnet *das, wonach ihn verlangt* — was er zu bauen mit Eifer plant. Der ganze Satz 1ᵇ passt aber gar nicht hierher. schon das שְׁלֹמֹה ist auffallend; vor allem aber kann es sich gar nicht um andere Bauten, als die Hofburg handeln, denn die Theophanie ist im engen Anschluss an die Tempelweihe gedacht (vgl. v. 3). Diese selbst verlegt der Verfasser, wie schon der vorexilische Redaktor, in die Zeit nach Beendigung des ganzen Burgbaues (s. zu 8 2). Die Chr hat deswegen ausdrücklich die Sache so dargestellt, dass es sich dabei um Einrichtungen im Tempel und Palast handelt, offenbar, weil sie die Schwierigkeit fühlte. Zum Wortlaut unseres Textes stimmt das aber nicht recht. In v. 19 am Schluss der Aufzählung aller Bauten Salomos passt der Ausdruck gut; er ist vielleicht von da entlehnt. Oder aber müsste v. 1 überhaupt ursprünglich nicht den Vordersatz von v. 2 gebildet haben, sondern eine vollständige Aufzählung aller Bauten (wie v. 15-19), die Salomo nach dem Tempel und Palast unternahm, enthalten haben, wobei 1ᵃ den Vordersatz bildete und 1ᵇ den Schluss des Nachsatzes, der die ausgefallene Aufzählung enthielt (ähnlich Klostermann). 3 Die Zusätze der LXX zu v. 3: (ἤκουσα) τῆς φωνῆς, πεποίηκά σοι κατὰ πᾶσαν τὴν προσευχήν σου, ἡγίακα u. s. w. sind schöne Beispiele dafür, in welcher Weise der Text von Lesern und Abschreibern aufgefüllt wurde. Die Chr (oder deren Vorlage) geht noch weiter und bietet in Form der Verheissung einen kurzen Auszug aus einzelnen Bitten des Weihgebetes. 4 Mit II Chr 7 17 und LXX ist וְחָקַי zu lesen. 5 Inhalt und Ausdruck der Weissagung betreffend vgl. das zu 2 4 Bemerkte. 6 Der Wechsel der Person in der Anrede ist bezeichnend: die Verheissung vorher wendet sich allein an Salomo, weil er allein die Bedingungen erfüllt hat; am Eintreffen der Drohung ist nicht er, sondern das Volk schuldig. Auch die Vorlagen von v. 4 5 wenden sich nur an Davids Nachkommen, die Könige. Mit LXX und II Chr 7 19 lies וְאִם und וְחָקַי. Statt נָתַתִּי hat LXX ἔδωκεν

Μαωσης. 7 Statt אַשְׁלִיךְ *ich will hinwegsenden* lies mit LXX (ἀπορρίψω) und II Chr 7 20 אַשְׁלִיךְ *ich will verwerfen* (vgl. Dtn 29 27 und II Reg 13 23). 8 Der hebr. Text *dieses Haus wird hoch sein* giebt keinen Sinn. LXX Vat. mit ὁ ὑψηλός und besonders Luc. καὶ ὁ οἶκος οὗτος ὁ ὑψηλός, ἔσται πᾶς u. s. w. gehen zurück auf ein ursprüngliches וְהַבַּיִת הַזֶּה הָיָה עֶלְיוֹן יִהְיֶה כָל־ע *was dieses Haus, das erhabene, betrifft, so soll es geschehen, dass ein jeder* u. s. w., eine echt hebräische Satzkonstruktion (zusammengesetzter Satz vgl. GES.-KAUTZSCH [26] § 143b). Hieraus erklärt sich leicht die Entstehung unseres Textes wie des Wortlauts in II Chr 7 21 וְהַבַּיִת הַזֶּה אֲשֶׁר הָיָה עֶלְיוֹן לְכָל־ע. Schön, aber nach dem Gesagten nicht hinreichend in den Texten begründet, ist die Emendation von THENIUS: וְהַבַּיִת הַזֶּה אֲשֶׁר הָיָה עֶלְיוֹן יִהְיֶה לְעִיִּין כָּל־ע *dieses Haus, das erhaben war, soll zu Trümmern werden*. Bei dieser Entlehnung aus Mch 3 12 (vgl. Jer 26 18) hätte unser Redaktor aber wohl das ganze Wortspiel zwischen עִיִּין und עֶלְיוֹן herübergenommen. 9 Dieselbe Frage und Antwort, warum Jahwe solches gethan, steht auch Dtn 29 23ff. und dürfte dort ursprünglich sein.

### 7. Einzelnotizen zu Salomos Bauten 9 10—28.

**10—14** Als **Entschädigung an Hiram** für seine Lieferungen zu den Bauten giebt ihm Salomo zwanzig Städte im Bezirk Kabul. Dass die Notiz aus guter alter Quelle stammt, beweist zur Genüge schon der eine Umstand, dass die spätere Tradition die Sache einfach umgedreht hat II Chr 8 2. Der Anfang von **10** ist mit KLOSTERMANN unter anderer Trennung der Worte מִקְצֵה הֶעָרִים zu lesen, da der folgende Relativsatz den Artikel fordert. V. 10 und 11ª sind aber nicht der ursprüngliche Anfang der Erzählung, wie der Ausdruck zeigt (אָז; der alte Erzähler liebt es, mit diesem Wort die einzelnen Geschichten anzureihen 8 1 12 11 7 3 16). Hier setzt dieses אָז einen Bericht über den Abschluss des ganzen Burgbaues, nicht den Tempelweihbericht, als unmittelbar vorhergehend voraus, da die Entschädigung Hirams nach dem ganzen Wortlaut und aus inneren sachlichen Gründen nicht während des Baues, sondern nach Vollendung desselben stattfand. Wenn etwa nach der Anordnung von LXX ursprünglich 7 1-12 (Bericht über die Palastbauten) hier stand, mit dem Abschluss von 7 1ᵇ (s. o. S. 26 38), so wäre ein guter Anschluss gegeben. Der vorexilische Redaktor etwa, der die Umstellung vornahm und die Tempelweihe hier einreihte, fügte zur Verhütung des Missverständnisses v. 10, und um den inhaltlichen Zusammenhang für den Leser herzustellen, v. 11ᵇ bei. **11ᵇ** Die Kosten für Hirams Lieferungen kann der „reiche" Salomo nicht anders aufbringen, als durch Abtretung eines bedeutenden Landstriches. Man sieht, er war kein Mehrer des Reiches, wie sein Vater. Die Chronik (II 8 3) weiss allerdings umgekehrt von Städten zu erzählen, die Hiram dem Salomo geschenkt habe. Die abgetretenen Orte liegen *im Gālîl* (der Name auch II Reg 16 29 I Chr 6 61 20 7 21 32), nach Jes 8 23 vollständiger גְּלִיל הַגּוֹיִם „der Kreis der Heiden", ein Distrikt im Norden des Landes im Gebiet des Stammes Naphtali mit sehr stark gemischter Bevölkerung; daraus ist der spätere Name Galiläa entstanden. **12 13** Die Städte gefallen Hiram nicht; deshalb nennt man sie seitdem כָּבוּל. Die Bedeutung des Namens ist ganz dunkel; die seit EWALD übliche Deutung „wie nichts" (= *kabal*) ist nicht unmöglich, da der Volkswitz eine derartige Verdrehung des Namens sich wohl gestatten konnte. Die Angabe des Josephus (Ant. Jud. VIII 5 3), Χαβαλών bedeute im Phönizischen οὐκ ἀρέσκον „was nicht gefällt", ist aus unserem Text geraten. LXX (Vat. und Luc. ὁρίον) scheint גבול gelesen zu haben. Nach Analogie von Jos 13 2, wo einem ὁρία der LXX in Hebr. גלילות entspricht, will Klostermann auch hier גליל lesen, das im Volksmund von גלל „der Kot" abgeleitet worden wäre. Dem steht jedoch entgegen, dass die Verderbnis des bekannten Namens Gâbûl in eine ganz unverständliche Namensform Kâbûl, die ja nie für diesen Bezirk im Gebrauch gewesen wäre, sich schwer begreifen lässt. **14** Hiram zahlt an Salomo 12 Talente Gold. Da der Volkswitz v. 13 keinerlei Anspruch auf geschichtlichen Wert beansprucht, ist es nicht unmöglich, hierin den Kaufpreis, den Hiram für das abgetretene Gebiet zahlte, zu sehen, sodass das Handelsgeschäft nicht bloss in den alten Schulden — Salomo lieferte ja dem tyrischen Hofe während des Baues stets Naturalien s. zu 5 24 —, sondern in erneutem Geldbedürfnis Salomos seine Veranlassung gehabt hätte. Der Vers könnte aber auch eine erklärende Glosse zu בזהב v. 11ᵇ sein, die dann vom Rand an einen falschen Platz hereingekommen wäre.

### 15ᵇ—19 24 Die weitere Bauthätigkeit Salomos.

Die Aufzählung stammt der Hauptsache nach aus alter guter Quelle, deren historische Glaubwürdigkeit keinem Zweifel unterliegt. Es ist nur zu bedauern, dass die Quelle selbst oder der Epitomator keine ausführlicheren Mitteilungen über den Gegenstand macht. In LXX steht der Abschnitt (ohne v. 24) hinter 10 22 und bruchstückweise auch in S² (2 35ᵃ f¹ Swete = 2 5ᵇ 8 9 Lagarde). Dabei hat dann LXX noch einen Zusatz (2 36ᵃ Swete = 2 10 Lagarde) des Inhalts, dass diese Bauten erst nach dem Tempel- und Palastbau vorgenommen wurden. Die Aufzählung ist jetzt in einen Bericht aus der Hand des Redaktors über die Frohnen Salomos eingeschoben, wohl weil sie erklären soll, wie die Frohne nicht blos während des Burgbaus ausgehoben wurde, sondern eine dauernde Einrichtung unter Salomos Regierung blieb (was I Reg 12 4 18 bestätigen).

**15ᵇ** s. zu v. 20. **16** Ausser Tempel und Palast baut Salomo das Millo und die Stadtmauer. Dass beides in gewissem Zusammenhang steht, so dass das Millo zur Befestigung von Jerusalem gehört, ergiebt sich aus 11 27 (aus welchem Vers LXX hier den betreffenden Satz mit leichten Anderungen wiederholt). Auch zeitlich hingen nach dieser Stelle beide Bauten zusammen. Da II Reg 12 21 von einem „Haus Millo" die Rede ist (s. zu d. Stelle) und auch Sichem ein בית מלוא hatte, womit wahrscheinlich die Citadelle der Stadt bezeichnet werden soll (Jdc 9 6 20), so wird man sich darunter eine Art Kastell vorstellen dürfen. Seine Lage ist ganz unsicher: nach II Sam 5 9 (vgl. I Chr 11 8) scheint es zum Schutze der westlichen Stadt gedient zu haben, und wäre demgemäss vielleicht in der Nordostecke des Westhügels zu suchen; nach I Reg 11 27 könnte es den Abschluss der Festungswerke der Davidstadt gebildet haben und wird deshalb von manchen auf den Osthügel oder quer über das Tyropöon verlegt. Befestigt werden eine Reihe von Städten: Hazor in Naphtali, ganz im Norden des Reichs, nicht weit von Kedes (Jos 19 36 II Reg 15 29), wahrscheinlich bei dem heutigen *el-Churébe* in beherrschender Lage zu suchen (Robinson Neuere Bibl. Forschgn. 479 ff.).

Ferner Megiddo vgl. zu 4 12. In Juda wird Gezer befestigt 16 17, welches Salomo bei seiner Verheiratung mit der Tochter des Pharao als Mitgift erhalten hatte. Vorher war die Stadt kanaanitisch gewesen, der Pharao hatte sie kurz zuvor erobert. Die Notiz steht in LXX nicht hier, sondern hinter 3 1 Hebr. = 4 31 f. LXX (S² 2 35ᶜ Swete in derselben Verbindung). Die schon in den Tell Amarna-Briefen erwähnte Stadt ist in den Ruinen von *Tell Dschezer* südöstlich von Ramle wieder aufgefunden worden (BAEDEKER Paläst.⁴ 15 f.). Nicht von geringerer strategischer Bedeutung ist der vierte Ort, das untere Beth Horon, das heutige *Bêt Ûr et-Tahta*, welches die Strasse vom Meer nach Jerusalem beherrscht (BAEDEKER Paläst.⁴ 20). LXX nennt jedesmal das *obere* B. H., die Chronik alle beiden (II Chr 8 3). 18 Ba'alath lag nach JOSEPHUS (Ant. VIII 6 1) in der Nähe von Gezer und Beth Horon, die Lage ist nicht wiedergefunden. Aus תמר — Tamar hat die Chronik in majorem gloriam Salomos תדמר = Tadmor = Palmyra gemacht (und ihr folgt das Ķerē zu unserer Stelle). Abgesehen von der historischen Unglaubwürdigkeit einer solchen Notiz, beweist schon der Zusatz *im Lande*, dass nur an Tamar in der Steppe Juda (Hes 47 19) gedacht werden kann, vielleicht die Ruinenstätte *Kurnub* ca. 35 km südöstlich von Berseba (ROBINSON Paläst. III 178 ff.). 19 Den Schluss bildet die allgemeine Bemerkung, dass Salomo Magazinstädte, Städte für die Wagen und solche für die Pferde, und sonst alles, wonach ihn gelüstete, gebaut habe. Schon die Allgemeinheit der Notiz gegenüber den vorhergehenden bestimmten Angaben fällt auf, noch mehr aber zeigen das Formelhafte und Summarische an ihr, namentlich am Schluss, dass der Vers auf eine Stufe gehört mit den sonst im Buch häufigen abschliessenden Formeln, wo für genaueres auf andere Quellen verwiesen wird, mit anderen Worten, dass er ein Werk des älteren deut. Redaktors ist. Mit dem Targum und II Chr 8 6 und I Reg 9 1 ist בְּכָל־אֶרֶץ מֶמְשַׁלְתּוֹ zu lesen (vgl. auch zu 9 1). Bei den Bauten „auf dem Libanon" wird man an eine Nachricht denken dürfen, welche uns nur in S², nicht im hebr. Text überliefert ist. 2 46ᶜ SWETE (= 2 28 LAGARDE) wird erzählt: καὶ Σαλ. ἤρξατο ἀνοίγειν τὰ δυναστεύματα (Luc. δυναστεύοντα) τοῦ Λιβάνου. WINCKLERS Erklärung (Alttest. Unters. 175; vgl. Oriental. Lit.-Ztg. I 23 Anm. 3), dass es sich um Bergwerke handle (vgl. Jer 15 12), hat viel Wahrscheinlichkeit: es finden sich thatsächlich alte Eisengruben auf dem Libanon. An der Glaubwürdigkeit der Notiz wird man ebenfalls nicht zweifeln müssen. Statt וּבְכָל אֶרֶץ מֶמְשַׁלְתּוֹ bietet LXX τοῦ μὴ κατάρξαι αὐτοῦ πάντα τὸν λαόν u. s. w., indem sie damit den Anfang von v. 20 verbindet. Dies beweist, wie KLOSTERMANN richtig bemerkt, dass sie sich „in den Sprung von v. 19 auf v. 20 nicht finden konnte" und eine syntaktische Verbindung der beiden Verse herzustellen suchte.

**15ᵃ 20—23 Die Einrichtung der Frohn.** 15ᵃ kündigt eine Erklärung der näheren Umstände der von Salomo dem Volk auferlegten Frohn an. Dass v. 15ᵇ⁻¹⁹ diese nicht bringen und also nicht 15ᵃ fortsetzen und dass ebenso v. 20, der wieder von der Frohn redet, nicht als Fortsetzung hinter v. 19 passt, ist schon bemerkt worden (s. zu v. 15 u. 19). Dagegen gehören v. 15ᵃ u. 20 ff. inhaltlich zusammen. Die ganze Erklärung 20, dass Salomo blos Nichtisraeliten zum Frohndienst gezwungen habe, ist ein späterer Versuch der Rechtfertigung Salomos, welcher jedoch an dem Bericht der alten Nachrichten (5 27 f. 11 28 Frohn des Hauses Joseph: 12 4) scheitert. Der Abschnitt ist demnach dem Redaktor zuzuschreiben. Auch die Aufzählung der fünf Völkerschaften entspricht dem deuter. Sprachgebrauch (vgl. HOLZINGER Hexateuch 483). Dagegen teilt der Verfasser noch nicht die Anschauung der späteren deuteronomischen Schriftsteller, dass die Urbevölkerung wirklich vollständig ausgerottet worden sei (vgl. z. B. Jos 11 14 19 f. Dtn 7 18 ff. bes. 22). 21ª macht, wie auch KLOSTERMANN erkannt hat, den Eindruck einer Glosse zu v. 20, die genauer erklären will, dass nicht die Überreste dieser Völker, sondern natürlich deren Nachkommen gemeint sind. Der Vers könnte aber auch ursprünglich sein. Wenn es noch eines weiteren Beweises bedürfte, so würde auch die Redensart *bis auf den heutigen Tag* den grossen Zeitabstand des Berichts von Salomo zeigen. **22** Statt עֶבֶד wird man mit KLOSTERMANN wie v. 21 לָמַס עֹבֵד lesen müssen, denn um die Frohn handelt es sich auch hier; auch könnte sonst nicht gut gleich nachher gesagt sein, dass sie Salomos עֲבָדִים waren. **23** gehört zunächst jedenfalls nicht in diesen Zusammenhang: es ist ein Bruchstück; das אֵלֶּה, *dies* sind die Beamten u. s. w., hat weder im vorangehenden noch im folgenden seine Beziehung. Der mit 5 30 (abgesehen von der Zahl) so gut wie identische Wortlaut zeigt, dass die beiden Verse zusammengehören. Dass es hier ursprünglich in 23ᵇ הַמְּלָאכָה בִּירוּשָׁלַםִ und in 23ᵇ 24 בְּמַלְאֲכָה בָּתִּים hiess, ist keineswegs „wahrscheinlich", wie KLOSTERMANN meint, sondern von ihm nur vermutet, um den Vers neben 5 30 halten zu können. Auch die Deutung auf Salomos Hofhalt (KLOSTERMANNS) thut dem Wortlaut und dem Zusammenhang von 5 30 die grösste Gewalt an. Nach dem Anfang אֵלֶּה (S² und II Chr 8 10 besser וְאֵלֶּה) muss man vermuten, dass unser Vers eine namentliche Aufzählung der שָׂרִים, welche über den unmittelbaren Frohnaufsehern, den נִצָּבִים standen, geben wollte (vgl. den Anfang der Listen 4 2 8). Dass unter dem „Minister der Frohnen" Adoniram (4 6) solche Oberbeamte standen, wissen wir aus der Nachricht 11 28, wonach Jerobeam die Leitung der Frohnarbeiten des Stammes Joseph übertragen war. Hiernach scheint die Aushebung zur Frohn nach Stämmen oder nach den 4 7-20 aufgezählten Provinzen geregelt gewesen zu sein. Der Ausfall der Liste dürfte so zu erklären sein, dass der Redaktor sie für sachlich gleichbedeutend hielt mit der Statthalterliste (4 7-20) und sie mit derselben und der Ministerliste nicht in Einklang zu setzen wusste; man vergleiche den hier wie dort aber in verschiedener Bedeutung wiederkehrenden Ausdruck שָׂרִים und נִצָּבִים. Die Zahl 550 (Chr 250, LXX Vat. 3600, Luc. 3700 in Gleichmachung mit 5 30) bezieht sich natürlich wie 5 30 auf die niederen Frohnaufseher, die נִצָּבִים; gegenüber den dort angegebenen übertriebenen Zahlen ist sie jedenfalls die ältere und glaubwürdige. Ist unsere Vermutung in Betreff einer Beamtenliste richtig, dann ist 5 30 (auch abgesehen von der Zahl) im Baubericht schwerlich ursprünglich, wohl aber frühzeitig vom Verfasser der Salomogeschichte als sachlich zu 5 27 ff. passend dort eingetragen worden.

**24 Die Übersiedlung der Tochter des Pharao** in ihr neues Haus (in LXX doppelt: S¹ 9 9; S² 2 35ᶜ SWETE = 2 6 LAGARDE); ebenfalls eine versprengte

Notiz, die inhaltlich in verschiedenen Stellen schon vorausgenommen ist, s. 3 1 7 8 9 16. Da wir unmöglich mehr erraten können, in welchem Zusammenhange ursprünglich diese Notiz stand, ist es ein müssiges Unternehmen, am Text ändern zu wollen (KLOSTERMANN). Sicher ist nur zweierlei: 1) dass der Umzug der Hauptfrau Salomos in zeitlichem (und vielleicht ursächlichem) Zusammenhang mit dem Bau des Millo steht. 2) Dass der Bau des Millo ein wichtiges Ereignis in der Regierung Salomos war, da hiernach auch 11 27 datiert wird. Zu unserem Vers stimmt übrigens nicht ganz die redaktionelle Notiz 3 1, wonach die Übersiedlung nach dem Mauerbau stattfand (fehlt in S¹; in S² = 6 35⁶ SWETE = 2 7 LAGARDE).

**25 Die jährlichen Opfer Salomos.** Die ebenfalls zusammenhanglose Notiz ist durch die Schlussbemerkung אֶת־הַבַּיִת וְשִׁלַּם in Beziehung zum Tempelbau gebracht und verdankt ihr wohl die Einreihung an dieser Stelle. Das אֵשׁ אִתּוֹ ist völlig sinnlos. S² giebt nur θυσία ἐνώπιον Κυρίου. Einleuchtend ist KLOSTERMANNs Konjektur אֶת־אִשַּׁי *verbrannte seine Feueropfer*; allein da wir nicht wissen, in welchen Zusammenhang der Redaktor ursprünglich diese Notiz gestellt, bleibt auch sie unsicher. Die Bemerkung bildet das ergänzende Gegenstück zu 3 1 2 und stammt von derselben Hand: seit der Tempel mit Altar fertig ist, opfert Salomo dort und nicht mehr auf den Höhen.

**26—28 Die Ophirfahrten Salomos.**
Den Grund zur Einordnung an diese Stelle hat wohl der Umstand gegeben, dass die Verbindung mit Hiram vom Tempelbau stammt (WELLH. bei BLEEK⁴ 238). Eine parallele Erwähnung der Ophirfahrten steht 10 22. Eine Nachricht hierüber hat jedenfalls schon in der Salomogeschichte gestanden. Im Vergleich mit 10 22, wo die Erwähnung der Fahrten im Zusammenhang einer der legendarischen Schilderungen von Salomos Reichtum steht, dürfte unsere Stelle mit den Einzelangaben über das Verhältnis zu Hiram den Vorzug verdienen (s. auch zu 10 11).

**26** Eloth, das Ailana der Griechen und Römer entspricht der Lage nach wohl den Ruinen, die am Nordende des Golfs von ʿAḳaba (Aelanitischer Meerbusen), etwas nördlich vom heutigen Ḳalʿat el-ʿAḳaba liegen (s. BAEDEKER Paläst.⁴ 240 und vgl. RIEHM HbA, PAULY Realenc.). Die genauere Lage des benachbarten Ezeon-Geber ist nicht mit Bestimmtheit nachzuweisen. Sicher ist nach unserer Stelle, dass unter „Schilfmeer" der Älanitische Meerbusen verstanden wurde. Welche geographische Vorstellung man sich aber damals von Gestalt und Ausdehnung dieses Meeres machte, ist schwer zu sagen, da es noch nicht gelungen ist, festzustellen, wo sich die betr. Schriftsteller den Ort der Ex 14 15 erzählten Begebenheiten denken (vgl. die Kommentare zu Ex 14). Die Erzählung zeigt, dass Salomo vom edomitischen Gebiet jedenfalls diesen Hafenplatz und den Zugang zu demselben behaupten konnte (s. zu 11 14—22). **27** soll nach KLOSTERMANN „ein ganz unverständlicher Satz" sein; das ist er aber doch wohl nur dann, wenn man ihn so deutet, wie es der Chronist mit seinen geographischen Kenntnissen thut, dass nämlich Hiram die Schiffe selbst von Tyrus aus geschickt habe (II Chr 8 18). Dass Hiram von Ezeon-Geber aus auf den Schiffen Salomos von seinen Unterthanen erfahrene Schiffsleute mit den unerfahrenen Leuten Salomos mitfahren liess, ist eine ganz verständliche

**Notiz.** 28 Die 420 Talente Gold (Chr 450; LXX Vat. 120) gehören der legendarischen Ausschmückung an. Wo Ophir lag, ist immer noch eine offene Frage.

Über die Lage von Ophir ist ein neuer Streit angefacht worden durch Peters (Das goldene Ophir Salomos 1895), der nach älterem Vorgang (vgl. Delitzsch neuer Comm. z. Genesis 1887 S. 226 Anm.) Ophir in Ostafrika sucht und die Gleichsetzung mit den von Mauch 1871 aufgefundenen Ruinen von Zimbabije in der Küstenlandschaft Sofala gegenüber von Madagaskar verteidigt, mit mehr Eifer als sachlich beweisenden Gründen. Die Völkertafel Gen 10 29 spricht entschieden dagegen, nicht minder die allgemeine Unwahrscheinlichkeit, dass Afrika so weit nach Süden den Alten sollte bekannt gewesen sein; auch ist unter *Punt* der ägypt. Inschriften, mit welchen Peters u. a. Ophir gleichsetzen, nach Max Müllers Nachweisen (Asien und Europa nach ägypt. Denkmälern 106 ff.) die äthiopische Küste des roten Meeres mit Einschluss der Länder auf dessen Ostseite zu verstehen. Die zweite Ansicht vertritt namentlich Lassen (Indische Altertumskunde I 538), welcher aus den I Reg 10 11 22 genannten Produkten, besonders aus ihren Namen, Ophir für ein indisches Küstenland erklärt. Auch ihr stehen bedeutende Bedenken im Weg: die Bekanntschaft der Juden mit Indien ist erst in persischer Zeit nachweisbar, direkte Seefahrten nach Indien sind für jene Zeit noch weniger wahrscheinlich, als nach Somala, und vor allem erscheint Indien im Altertum nie als Goldland, wie Ophir. Die 10 11 22 genannten Produkte weisen nicht notwendig auf Indien, da gerade die „Pfauen" (10 22) in LXX überhaupt fehlen und die Bedeutung des hebr. Wortes תכיים auch ganz unsicher ist. Glaser (Skizze der Geschichte und Geographie Arabiens II 357 ff.) spricht für eine am persischen Meerbusen gelegene Gegend von Ostarabien unter Anziehung des keilschriftlichen Namens *Apir* für eine Stadt und ein Gebiet an der Nord- und Ostküste des persischen Meerbusens. Dann müssten die afrikanischen Produkte Elfenbein und Affen unterwegs an der Somaliküste erworben worden sein. Wesentlich einfacher ist es aber dann, überhaupt in erster Linie an die südlichen Küstenländer des roten Meeres zu denken und Ophir dem ägyptischen Punt gleichzusetzen, welch' letzteres auch Peters auf (s. oben). Die Ägypter machten schon zu sehr früher Zeit an (11.—21. Dynastie) dorthin Handelsfahrten (vgl. Erman Ägypten 668—679), und die angeführten Produkte sind die gleichen, wie die an unseren Stellen genannten (M. Müller a. a. O. 107). Nicht durchaus ausgeschlossen wäre dadurch, dass auch die gegenüberliegende Küste Südwestarabiens, Jemens, mit unter den Begriff Ophir fiele; Sprenger verlegt Ophir geradezu an die Westküste von Jemen (Die alte Geographie Arabiens). So gut wie die Ägypter unter Punt (s. oben) könnten auch die Juden unter Ophir die beiden einander hier ziemlich nahe gegenüberliegenden Küsten des roten Meeres zusammengefasst haben. Im übrigen vgl. den gut orientierenden Artikel in Riehm HbA und die Zusammenstellung und Begründung der verschiedenen Theorien in Ritter Erdkunde XIV, 348—431.

## III. Salomos Herrlichkeit. Sein Abfall. Cap. 10 und 11.

### 1. Der Besuch der Königin von Saba 10 1—13 (= II Chr 9 1—12).

Der legendarische Charakter der Erzählung ist augenfällig. Sie bildet ein Gegenstück zu der Erzählung 3 16 ff. vom „salomonischen Urteil" und will ebenfalls die Weisheit Salomos illustrieren. Nur dass jene Geschichte noch die alte Auffassung von Salomos Weisheit als richterlicher verrät, während es sich hier schon um allgemeine Lebensweisheit handelt. Über den Verkehr Salomos mit der Königin von Saba hat dann der spätere Orient viel zu erzählen gewusst, die Legende ist von den Juden zu den Arabern, von diesen nach Abessinien gewandert. Bei den Arabern insbesondere spielt die Königin, Bilkis genannt, eine grosse Rolle. Eine Zusammenstellung dieser Legenden giebt Rösch in Jahrb. f. Prot. Theol. VI, 1880, 524 ff. vgl. auch Delitzsch Iris 116—127.

Die Erzählung dürfte schwerlich schon in der alten Salomogeschichte, die sonst Salomo nicht in solcher Weise verherrlicht, gestanden haben, sondern erst vom Redaktor — natürlich nicht aus eigenem — eingefügt worden sein. Frühestens von ihm, wahrscheinlicher von einem späteren Glossator, wurden die den Zusammenhang ganz zerreissenden Verse 11 u. 12 über die Ophirfahrten eingefügt.

**1** Die Königin von Saba (im Südwesten von Arabien) hat von Salomo gehört, *und dem Haus, welches Salomo dem Namen Jahwes erbaut hatte:* der Hebr. " לְשֵׁם giebt keinen Sinn, LXX hat י וְאֶת־שֵׁם korrigiert. Als das beste erscheint, mit KLOSTERMANN nach v. 4 zu ergänzen וְאֶת־שֵׁמַע הַבַּיִת אֲשֶׁר בָּנָה שְׁלֹמֹה לְשֵׁם י. Da aber v. 4 nur vom Palast die Rede ist, muss man dann annehmen, dass לְשֵׁם י Glosse ist. Die Königin kommt, um ihn mit Rätselfragen zu prüfen; dazu vergleiche Simsons Rätsel (Jdc 14 12) und als Parallele die Erzählung des JOSEPHUS, dass Salomo und Hiram einen Rätselkampf ausgefochten haben (s. zu 5 13). Das spätere Judentum dachte an religiöse Fragen (vgl. Mt 12 42). **2** An den Ausdruck וַתָּבֹא אֶל־שְׁלֹמֹה mag sich, wie schon CLERICUS vermutet, die Sage der Abessinier und Araber, dass Salomo die Königin geheiratet habe, anlehnen (vgl. zu 5 13).       **4 5** Es ist viel, was die Königin zu bewundern hat und über all der Pracht *gerät sie ausser sich*, und doch ist die sabäische Kultur eine sehr alte und frühzeitig hoch entwickelte (vgl. SOCIN Art. Arabien in HERZOG RE³ I 766). Der Erzähler stellt sich diese Araberfürstin offenbar nach dem Bilde der Araber-Nomaden aus der Nachbarschaft des Landes vor, und hinter dem Prunk des salomonischen Haushalts tritt die Weisheit Salomos zurück. Der Redaktor, der die Geschichte hier unter den Beweisen von Salomos Reichtum eingefügt, hat sie richtig verstanden.   מוֹשַׁב עֲבָדָיו inmitten der Schilderung der königlichen Tafel kann nicht wohl *die Wohnungen* der Beamten, sondern nur *den Platz* bei der königlichen Tafel bedeuten; die grosse Gesellschaft der Würdenträger giebt den Massstab für den Glanz des Hofhalts (so richtig KLOSTERMANN, vgl. I Sam 20 25 II Sam 9 7 ff. I Reg 2 7).       **8** Statt *deine Mannen* אֲנָשֶׁיךָ lies mit LXX und Chr נָשֶׁיךָ *deine Weiber*, ersteres hat neben עֲבָדֶיךָ keinen Sinn.       **9** KLOSTERMANNS Textänderung מִבַּלְהָעָם statt לְעֹלָם erklärt gut die Entstehung des Textes des Hebr., der LXX τοῦ στῆσαι αὐτὸν εἰς αἰῶνα und der Chr לְהַעֲמִיד לְעוֹלָם: „beide Ausdrücke sind nur verschiedene Deutungen des durch Verlust von מב verstümmelten מבלהעים". **11 12** Die Erwähnung der kostbaren Spezereien, welche die Königin von Saba Salomo schenkte, erinnert einen Glossator daran, dass auch Salomos Schiffe ähnliche Kostbarkeiten ins Land brachten. Ob אַלְמֻגִּים (Chr אַלְגּוּמִּים) das rote Sandelholz bedeutet, wie gewöhnlich erklärt wird, ist sehr fraglich, eher dürfte an Ebenholz, das unter den Handelsprodukten von Punt (s. oben) erscheint, zu denken sein. Aus diesem Holz sollen für Tempel und Palast Möbel oder Diwane oder gar Geländer verfertigt worden sein. Was מִסְעָד (eigentl. *Stützwerk*) meint, kann man nur erraten, die Chronik hat מְסִלּוֹת, was sonst „dammartige Wege" heisst und von KLOSTERMANN in מִסְבּוֹת *die rundherum laufenden Lehnen der Diwane* verbessert wird. Aber was thun Möbel und Diwane und Geländer im Tempel?       **13** Salomos Gegengeschenke sich auszumalen, wird dem Leser überlassen. Er giebt der Königin, um was sie bittet, ausser dem eigentlichen Geschenk, das bemessen ist כְּיַד מֶלֶךְ ש *gemäss Salomos könig-*

*licher Freigebigkeit*, oder unter Streichung des einigermassen störenden שלמה: *wie ein König zu geben pflegt*. So, wenn der Text richtig ist. Da die Chronik *abgesehen von dem was sie dem König brachte* lautet, will KLOSTERMANN die ganze Phrase לַמֶּלֶךְ — לָהּ hier streichen als (in der Form der Chronik) von v. 10, wo sie statt לְרֹב אֲשֶׁר einzusetzen sei, hieher verschlagen.

## 2. Salomos Reichtum 10 14—29.

Eine Reihe unter sich zusammenhangloser Notizen sind hier nebeneinander gestellt, deutlich unter dem Gesichtspunkt, dass sie alle Salomos Reichtum und Glanz zeigen. Die ganze Tendenz, Salomo zu verherrlichen, zeigt sich nirgends so deutlich, wie gerade hier.

**14 15 Salomos Einkünfte.** Abgesehen von der Übertreibung, die in der Zahl von 666 Talenten (= über 100 Mill. Mark) liegt, zeigt auch die Bezeichnung פחות für die Statthalter Salomos, dass die Verse junger Einschub sind; der Ausdruck ist ein assyrisches Lehnwort; er ist erst vom Exil an nachweisbar, von da an aber stehender Titel für „Statthalter" (vgl. SCHRADER KAT² 186). 14 Da in v. 15 von jährlichen Einnahmen die Rede ist, kann hier nicht der einmalige Eingang eines einzelnen besonders günstigen Jahres gemeint sein (KLOSTERMANN). In diese ungeheure Summe ist nun noch nicht eingerechnet 15 Steuer, Tribute u. s. w. Der Text ist unheilbar verdorben. Sicher ist nur, dass לְבַד מִן die Aufzählung von Einnahmen, die in den 666 Tal. nicht eingerechnet sind, einleitet, nicht aber (so KLOSTERMANN) = netto ist, so dass im Folgenden die Ausgaben aufgezählt würden. Damit fallen auch KLOSTERMANNS Emendationsversuche (אֲשֶׁר הַתָּרִים *Geschenke an die Ruderer*). Sodann können auf לְבַד מִן nicht die zahlenden Personen, sondern nur eine Bezeichnung der Einkünfte folgen. Mit KAUTZSCH בָּא מֵאֲשֶׁר nach לְבַד einzuschieben, giebt aber noch keinen glatten Satz; es müsste dann jedenfalls ein מִן vor כָּל־מַלְכֵי wiederholt werden. תָּרִים aber heisst *Kundschafter*, nicht in Karawanen reisende Kaufleute. LXX τῶν φόρων τῶν ὑποτεταγμένων τῶν ἐμπόρων καὶ τῶν βασιλέων zeigt, dass sie das אַנְשֵׁי hier nicht las; für תָּרִים giebt sie auch in II Chr 9 13 dieselbe Übersetzung, die aber mehr geraten scheint. Der Syrer hat dort עָרִים, *Städte*, was KITTEL (SBOT) acceptiert, was aber doch fast mehr als Korrektur aussieht. Statt מִסְחַר הָרֹכְלִים hat LXX entweder הָרֹכְלִים(!) oder (nach Chr Hebr.) וְהַסֹּחֲרִים gelesen. Danach wird man möglicherweise folgenden Wortlaut als ursprünglich ansehen dürfen: וְהַסֹּחֲרִים וְכָל־מֵאֲשֶׁר (?)עָרִים *ungerechnet die Abgaben der* (Städte?) *und der Händler und aller Könige* etc. Daraus lassen sich wenigstens die verschiedenen Lesarten alle ableiten: der Anfang (ob er nun so, oder wie bei KAUTZSCH lautete, bleibt sich gleich) wurde durch einen Abschreiber verdorben in מֵאַנְשֵׁי, was möglicherweise auch die Verderbnis des folgenden Wortes (תָּרִים), das schon LXX zu unserer Stelle nicht recht verstand, sowie die Korrektur des Syr. nach sich zog. Chr suchte den sinnlosen Satz einigermassen verständlich zu machen durch Einschub von מְבִיאִים. Zu הַתָּרִים kam in einen Teil der Handschriften als erklärende Glosse vom Rand herein הָרֹכְלִים, was zur Folge hatte, dass das erstere, um einen Sinn zu bekommen, in מִסְחַר verwandelt wurde. Eine Sicherheit oder auch nur hohe Wahrscheinlichkeit ist aber kaum zu erreichen. Sachlich soll offenbar eine Besteuerung der Handelskarawanen, welche durch das Land zogen, die Abgaben, welche die Statthalter Salomos abzuliefern hatten und ein Tribut der *Könige des Ereb* als Haupteinnahmequelle Salomos bezeichnet werden. Letzteres giebt nur einen verständigen Sinn, wenn man mit der Chronik עֲרָב, die Bewohner der arabischen Steppe, punktiert (vgl. SIEGFRIED-STADE Wörterbuch). Zur Thatsache, dass solche Salomo tributpflichtig waren, vgl. das zu 9 26 Bemerkte.

### 16—22 Salomos Luxus.

Die Nachricht über Salomos goldene Schilde und seinen Thronsessel (v. 16-20ᵃ) stammt wohl aus alter Quelle; namentlich die Beschreibung des letzteren, aber auch die erstere Notiz (vgl. v. 17ᵇ) musste ursprünglich wohl mit dem Baubericht verbunden gewesen sein. Gemäss seiner Tendenz (s. S. 73) stellte der Erzähler sie hieher unter die Beweise von Salomos Reichtum und Luxus. Ein späterer (der Redaktor?) hat sich bemüssigt gefunden, das Geschichtliche ins Unmögliche zu übertreiben und davon zu reden, dass das Silber am Hofe Salomos „für gar nichts geachtet" wurde, weil er so viel Gold hatte; und zur Erklärung muss dann auch Salomos Ophirhandel herhalten (v. 20ᵇ—22). Man kann sich des Gedankens nicht erwehren, dass selbst die günstigsten Beurteiler Salomos, die nur das Licht sehen, es nicht weiter als zur Schilderung eines solchen ächt orientalischen Luxus des Despoten bringen, der nur durch die Masse imponiert; dass sie aber von einer nutzbringenden Verwendung des fabelhaften Reichtums, die dem allgemeinen Besten zu gut gekommen und wodurch die Volkswohlfahrt gehoben worden wäre, auch nicht das geringste anzudeuten wissen.

**16 17** Von dem Golde lässt Salomo 200 grosse und 300 kleine Schilde mit Goldblech-Überzug (s. zu 6 20) machen und im Libanonwaldhaus aufhängen. Der Sekel Goldes, der bei der Zahlangabe in v. 16 gemeint ist, wiegt 16.37 gr, die Mine 818.6 gr, der heutige Geldwert des Goldes ist demnach bei einem grossen Schild ca. 30000 M., bei einem kleinen ca. 7600 M. **18** Der Thronsessel besteht aus Elfenbein; dieses aber ist mit lauterem Gold überzogen, auch ein Zeichen für die Art des Luxus, den Salomo trieb. Abgesehen hiervon ist der Thron als ein wirkliches Kunstwerk zu bezeichnen. Man wird kaum fehlgehen in der Annahme, dass auch seine Anfertigung das Werk eines tyrischen Künstlers, jedenfalls nicht eines Israeliten war. Wenn, wie oben vermutet, der Bericht ursprünglich im Zusammenhange des Bauberichtes stand, verstand sich Hiram als der Künstler von selbst. הַמֶּלֶךְ als Subjekt in v. 18 ist wohl erst eingetragen worden, als der Bericht davon losgetrennt wurde und nun das Subjekt nicht mehr erkennbar war. **19** ist mit LXX πρότομοι μόσχων = עֶגֶל (רָאשֵׁי) *Stierköpfe* zu lesen (s. GEIGER Urschrift 343. THENIUS u. a.); den Späteren war dieses Jahwesymbol anstössig, und die Chronik machte daraus *Lämmer* כְּבָשׂ, was dann weiterhin verdorben wurde (s. II Chr 9 18); in unserer Stelle änderte man nur die Punktation in עָגוֹל = rund. **20ᵃ** שָׁם ist mit KLOSTERMANN nach LXX hier zu streichen. **20ᵇ** nach LXX und Chr lies mit KLOSTERMANN besser den Singularis מַמְלָכָה. **21** Das כִּי der LXX vor לֹא נֶחְשָׁב gehört zu den beliebten, die Gedankenverbindung verdeutlichenden Zusätzen, ebenso הַכֶּסֶף hinter נֶחְשָׁב zu den häufigen näheren Bezeichnungen des Subjekts (gegen KLOSTERMANN u. KAMPHAUSEN bei KAUTZSCH). **22** Dass der Vers im Vergleich zu 9 26 ff. später eingeschoben ist, beweist der Ausdruck *Tarsisschiffe*, den man allgemein von grossen Meerschiffen, wie unsere Bezeichnung „Ostindienfahrer" deutet. Zu Salomos Zeit hätte man solche

Schiffe „Ophirschiffe" genannt, aber nicht Tarsisschiffe; das war erst möglich, nachdem den Israeliten Tartessus und der phönikische Handel mit Tartessus bekannt war. Übrigens ist in allen Stellen (ausser hier und I Reg 22 49, ebenfalls vom Redaktor) dabei an wirkliche Tarsisfahrer oder wenigstens auf dem Mittelmeer fahrende Schiffe gedacht. Das Missverständnis der Chronik (הלכות ה) ist also hier verzeihlich. Auch KLOSTERMANN will hier nicht die Ophirfahrten, sondern andere Fahrten Salomonischer Schiffe nach Tartessus verstanden wissen. Aber wenn doch nach ihm alle Produkte ausser dem Silber dem Bericht über die Ophirfahrten entnommen sind, warum dann nicht der ganze Vers? Indem er ferner die LXX λίθων τορευτῶν καὶ πελεκήτων in λίθων ὀνύχιον καὶ ἴασπιν ἐκ κιτιῶν korrigiert und dies für den ursprünglichen Text erklärt, erhält er eine Aufzählung von Produkten, die aus dem Westen kommen können und neben Tartessus noch Kition (= Cypern) als Bezeichnung des Ursprungslandes. Dass die תֻכִּיִּים, die man nach der Tradition auf Pfauen deutet — was aber sehr unsicher ist —, in LXX hier und in der Chronikstelle fehlen, dürfte kaum zufällig sein. Pfauen sind das einzige sicher indische Produkt der Aufzählung.

**23—25 Salomos Ansehen.** Mit diesen Versen erreicht die Schilderung von Salomos Glanz ihren Höhepunkt: Salomo ist grösser als alle Könige der Welt 23 und alle Welt huldigt ihm mit Geschenken. 24 Man wird unwillkürlich erinnert an die Schilderungen der messianischen Zeit bei Deuterojesaia (und später), wo die Heiden den Juden ihre Schätze bringen (vgl. Jes 23 18 60 2 ff.). Die Zukunftshoffnung ist hier in die Vergangenheit zurückgetragen und Salomos Regierung wird zum Gegenbild der messianischen Zeit. Ob die Verse am Ende auch in die gleiche Zeit gehören? Den Anstoss hat die überlieferte Geschichte von der Königin von Saba gegeben, die auch verallgemeinert wird, wie 5 14, hier aber mit viel mehr Überschwenglichkeit. Aus der Hand des älteren Redaktors haben wir dieselbe Nachricht schon 5 1 ebenfalls in einfacherer Weise gelesen.

**26—29 Salomos Pferdehandel.** Die Chronik hat diese Notizen ganz am Anfang (II Chr 1 14—17) und hier nur v. 26 u. 27 wiederholt. Die Erwähnung der Pferde unter den Geschenken für Salomo v. 25 kann die Einfügung von 26, der Angabe über Salomos Pferdebesitz, veranlasst haben. Inhaltlich dürfte die Angabe (= 5 6; s. das.) auf alten Quellen beruhen. Dadurch erscheint die ursprüngliche Zusammengehörigkeit mit den gleichfalls alten Versen 28 29 als das wahrscheinlichere. Statt וינחם *er führte sie* lies mit Chr und LXX ἔθετο וישׂם *er legte sie* u. s. w. Durch 27 wird der ursprüngliche Zusammenhang zerrissen. Der Verfasser von v. 23-25 hat v. 26 als Beweis für die vielen Geschenke hieher gesetzt und dem dann noch v. 27 beigegeben, eine vergröbernde Wiederholung von v. 21ᵇ. KLOSTERMANN nennt diese Übertreibungen eine „behagliche Poesie"; phantastisch wird der richtigere Ausdruck dafür sein. 28 Der Text ist verdorben; zunächst stört das erste מקוה, das nicht hier von den Kaufleuten und gleich nachher von einer Schar Pferde stehen kann. KAMPHAUSEN bei KAUTZSCH streicht das erste מקוה, als durch Abirrung auf das zweite entstanden. Aber auch dass das zweite ohne den Zusatz von מִצְרַיִם *einen Zug Pferde* bedeuten soll, ist sehr auffallend. LXX Vat. θεκουε. Variante ἐκ Κωα (Field I 616). Luc. + καὶ ἐκ Δαμασκοῦ. Vulg. *de Coa*. Chr קוֵא stimmen alle darin überein, dass sie einen Ortsnamen in dem Wort erblicken. Während nun Keil u. a. nach dem Vorgang von Eusebius (Onom. s. Κωα, wo auch unsere Stelle angeführt wird) an einen Ort in der Nähe der ägyptischen Grenze denken, hat Winckler (Alttest. Untersuchungen 168 ff. vgl. Altorientan. Forschungen I 28) nachgewiesen, dass in dem Wort der Name *Kuê* = Cilicien steckt (קֻוֵה oder קְוֵא), und dass מצרים hier nicht Ägypten, sondern das nordsyrische Land *Muṣr* bezeichnet, welches auch sonst mit *Kuê* zusammen genannt wird. Sachliche Gründe von Gewicht sprechen dafür: nach Hes 27 14 erhielt das Land seine Pferde nicht von Ägypten, sondern von Togarma, d. h. aus kleinasiatischen oder armenischen Gegenden. Dass Ägypten aber Pferde ausgeführt haben sollte, ist sehr wenig wahrscheinlich; Ägypten hat keine grossen Weideplätze für Pferdezucht im grösseren Stil (vgl. auch Kittel in SBOT Notes zu II Chr 1 16). Demnach lautet der Vers: *die Ausfuhr der Pferde für Salomo fand statt aus Muṣr und Kuê, die Händler holten sie aus Kuê um den Kaufpreis*. 29 Statt וַתֵּצֵא hat LXX ἡ ἔξοδος = מוֹצָא, allein wenn Wincklers Bemerkung (a. a. O.) richtig ist, dass der Verfasser der Verse den Inhalt aus zwei Quellen zusammengetragen habe (v. 28ᵃ und 28ᵇ machen allerdings diesen Eindruck), ist auch der Doppelausdruck וַתֵּצֵא וַתַּעֲלֶה als ursprünglich erklärt. Dagegen ist statt יֹצִאוּ *sie führten aus*, das neben בְּיָדָם keinen Sinn hat, zu punktieren יֻצְאוּ (mit LXX) *sie wurden ausgeführt*.

### 3. Salomos Abfall und Strafe 11 1–40.

Alles Ungünstige kann der Redaktor nicht weglassen, er bringt also das wichtigste am Schluss nach. Er vertuscht noch möglichst viel dabei: das böse Ende des Handels mit Edom wird weggelassen (s. zu v. 21), die Gründung des Aramäerreichs von Damascus ist als etwas ziemlich harmloses behandelt, die ganz unerbauliche Empörung Jerobeams ist durch eine erbauliche Prophetenlegende ersetzt (s. zu v. 26–40).

Das Unglück muss aber nun auch in Gemässheit des ganzen Schemas erklärt werden durch die vorausgegangene Sünde des Abfalls, deren Strafe es ist. Der Höhenkult kann hierfür nicht, wie bei den andern Königen, als Beleg beigezogen werden, da er auch für den Deuteronomisten noch legitim ist, solange kein Tempel stand. Aber andere Notizen seiner Vorlage liessen sich zur Begründung dieses Vorwurfs verwerten: die Nachricht von den vielen Weibern Salomos — ursprünglich zur Verherrlichung Salomos dienend (s. zu v. 1); die Notiz, dass sich darunter Ausländerinnen befanden — ebenfalls für die alte Zeit kein Gegenstand des Anstosses, sondern der Freude über den daraus hervorgehenden Machtzuwachs (vgl. Benzinger Archäol. 342); endlich die Bemerkung, dass Salomo dem Kemosch einen Altar gebaut (v. 7ᵇ), auch die letztere schon in Zusammenhang mit beiden andern stehend und dadurch ziemlich harmlos. Denn für seine ausländischen Frauen, nicht für sich selbst baute er diesen Altar; seine Weiber, nicht er selbst trieben den Kultus fremder Götter (s. zu v. 8ᵇ). Das war wohl ungewöhnlich im Lande, das Jahwe zu eigen gehörte. Aber es war nichts die Volksanschauung verletzendes, — keineswegs vergleichbar dem Vorgehen der Tyrierin Isebel. Es war von Salomos Seite aus kein Abfall, kein Vertauschen Jahwes mit andern Göttern. Wenn er selbst Jahwe diente, so schloss das für ihn und seine Zeit nicht aus, dass auch die andern Götter Wesen und Macht hatten. Wenn ein Naëman (II Reg 5 17) in seiner Heimat auf kanaanitischer Erde Jahwe dienen darf, ohne den Zorn seiner Götter befürchten zu müssen, so war das Umgekehrte für die Volksanschauung in Israel gerade so möglich. Ernstere Jahwediener mögen freilich schon damals Anstoss daran genommen haben.

**1—13 Salomos Vielweberei und Abgötterei.** Dass hier eine alte Nachricht stark überarbeitet worden ist, zeigt der Text der LXX, in welchem nicht nur die starke Häufung der Ausdrücke z. T. noch fehlt, sondern namentlich auch die alte Anordnung der Sätze und damit der ursprüngliche Sinn der Nachricht erhalten ist. 1 lautete (wie Klostermann richtig erkannt hat) ursprünglich (nach LXX): *Der König Salomo war ein Weiberfreund* (φιλογύνης = אָהַב נָשִׁים רַבּוֹת) *und hatte 300 Haupt- und 750 Nebenfrauen* (= Hebr. v. 3ᵃ). Die Notiz will Salomos Herrlichkeit zeigen. Der späte Überarbeiter will die Sünde Salomos möglichst deutlich hervortreten lassen, deshalb redet er gleich hier nur von *ausländischen* Weibern, schliesst an 1ᵃᵃ die Aufzählung der betreffenden Völker und den Tadel an (LXX v. 2) und bringt die Zahlenangabe — ebenfalls mit dem Zusatz נָשִׁים — erst nachher. Die Zahl ist gross genug, auch wenn sie nicht bloss die fremden, sondern auch die israelitischen Bewohnerinnen des Harem umfasst. Fortsetzung nach LXX: *Und er nahm ausländische Weiber (neben der Tochter des Pharao): Moabiterinnen* u. s. w. wie Hebr. Das ו in וְאֶת־בַּת־ ist hier wie im hebr. Text störend (steht aber in LXX), auch sollte man die Pharaonentochter in der Aufzählung selbst neben den andern erwarten. Ihre Erwähnung hat demnach im ursprünglichen Text überhaupt gefehlt; ein gelehrter Leser erinnerte sich ihrer bei dieser Stelle und vermerkte es am Rand, von da aus kam dann die Glosse in den Text. LXX ergänzt die Liste durch die fehlenden *Amoriterinnen*; auch ihre Vorlage hat Überarbeitungen erfahren: die Sache interessierte offenbar die späteren Juden sehr. Die ganze Aufzählung — LXX bietet z. T. andere Namen — gehört nicht dem alten Bericht, der sich durch kurze präcise Angaben auszeichnet (s. zu v. 7), an, sondern frühestens dem älteren Redaktor. Dagegen würden als Fortsetzung des alten Berichts hieher hinter נָכְרִיּוֹת gut passen die jetzt hinter 8ᵃ an unmöglicher Stelle stehenden Worte *welche ihren Göttern räucherten und opferten* (ähnlich Klostermann). Durch den Einschub der Volksnamen sind diese Worte verdrängt worden und in LXX ganz ausgefallen. Jedenfalls fehlte im alten Bericht das deuteronomist. Verdammungsurteil **2** über solche Heiraten (s. oben). **3**ᵇ Der Schluss וַיַּטּוּ sagt schon alles in Kürze, was dann v. 4 erst ausführlich erzählt wird. Von *einer* Hand rühren die beiden Dubletten nicht her. 3ᵇ fehlt zwar in LXX, dürfte aber doch dem Text des deut. Redaktors angehören und **4** nachträglich durch die erweiternde Überarbeitung, wie solche auch sonst in diesen Versen erkenntlich ist, hereingekommen sein. Auch in v. 4 hat LXX Umstellungen, v. 4ᵇ vor v. 4ᵃᵇ (und hinter שְׁלֹמֹה); vielleicht sind auch diese beiden Sätze erst nacheinander eingetragen worden. Der Hinweis auf das Alter Salomos sieht aus wie eine schwache Entschuldigung, welche die Möglichkeit der dem Leser fast unglaublich erscheinenden Vorgänge erklären soll. **5** wiederholt das schon in drei Sätzen gesagte zum viertenmal unter Nennung der betr. „Götzen"; er fehlt in LXX und ist junge Glosse. **6** giebt eine fünfte Wiederholung, dazu noch in ganz allgemeinen Ausdrücken; er steht in LXX hinter v. 8. **7** Die erste Hälfte, die eine so ganz bestimmte einzelne Notiz giebt, gehört zur alten Quelle und schloss dort an וּמְזַבְּחוֹת לֵאלֹהֵיהֶן (s. zu v. 2) gut an. Der Ort, wo Salomo die Bāmā errichtete, ist der Ölberg (s. zu II Reg 23 13). שָׁקַץ ist hier wie überall in unserem Abschnitt spätere Korrektur für אֱלֹהִים; die Korrektur ist übrigens bei Aschtoreth v. 5ᵃ vergessen. Eine Glosse (v. 7ᵇ) hängt den Melech der Ammoniter an, eine weitere Glosse in LXX noch die Astarte der Sidonier, vgl. dazu auch v. 5. Diese Weisheit haben die Glossatoren aus 8, wo der Redaktor den Satz 7ᵃ dahin verallgemeinert, dass Salomo allen seinen Weibern solche Bamoth errichtet habe. Die „Gräuel" der Edomiter und Chittim scheinen den Glossatoren weniger bekannt gewesen zu sein, der Name derselben fehlt. Die Punktation מֹלֶךְ (woraus in LXX und Vulg. *Moloch* wurde) statt מֶלֶךְ (wie nach Jes 30 33 zu erwarten ist) deutet an, dass statt des Namens vielmehr בֹּשֶׁת gesprochen werden soll. Zu v. 6ᵇ vgl. das oben bei v. 2 gesagte. Der Sünde folgte, ganz nach der Art des älteren Redaktors, die Strafverkündigung auf dem Fusse nach 11—13, eine Rede, die auch stilistisch ganz aus deuteronomistischen Wendungen besteht. Bemerkenswert ist nur die Aussage, dass ein einziger Stamm beim Hause David bleibt, nicht zwei, wie die spätere Anschauung gezählt hat s. zu v. 31f. Ein späterer Glossator hat das Bedürfnis gefühlt, in 9 10 die Schuld Salomos noch etwas deutlicher zu machen durch den Hinweis auf den ausdrücklichen Befehl Gottes an Salomo. Derselbe erwähnt zwei Gotteserscheinungen an Salomo, meint aber nur die zweite 9 1-9. Dort ist allerdings gerade dieses Gebot gegeben, nicht anderen Göttern zu dienen, aber nicht Salomo speciell, sondern dem ganzen Volk — was seine guten Gründe hat (s. zu d. St.). Deshalb haben wir auch in unseren Versen eher die Anwendung des dort gesagten durch einen späteren Glossator, als die Bearbeitung des planmässig arbeitenden zweiten Redaktors zu erkennen. Zu letzterer wäre kein erkennbarer Grund vorgelegen. LXX hat dann ausser einer Variante zu 10ᵇ noch einen weiteren Zusatz aus v. 4ᵇ.

### 14—22 Die Losreissung Edoms.

Schon KLOSTERMANN hat erkannt, dass in dem vorliegenden Bericht Stücke sind, die mit der Haupterzählung sich nicht vereinbaren lassen; er hat sie als versprengte Stücke der Jerobeamgeschichte (s. u.) erklärt. WINCKLER (Alttestam. Untersuchungen 1—15) hat dagegen den Nachweis geliefert, dass diese Stücke eine eigene Erzählung bilden, m. a. W. dass der jetzige Text aus zwei ganz verschiedenen Berichten zusammengearbeitet ist. Auch im Einzelnen ist seine Quellenscheidung durchaus richtig, wie die nachfolgende Erklärung zeigen wird. Der eine Bericht, der von dem Edomiter Hadad handelt, ist im folgenden mit A, der andere mit B bezeichnet.

**14** *Gott erweckte dem Salomo einen Widersacher in dem Edomiter Hadad* (LXX Ἄδερ) *aus dem Geschlecht des edomitischen Königtums* (statt הוּא מֶלֶךְ lies mit LXX הַמְּלוּכָה, beides wurde ursprünglich gleich geschrieben, הַמְלָכָה; so schon KLOSTERMANN). Die Einleitung, natürlich vom deuteron. Redaktor stammend, der dadurch den Beginn der göttlichen Strafe (vgl. v. 11 ff.) anzeigen wollte, gehört in ihren Grundbestandteilen zu A und zeigt, dass dieser Bericht dem Redaktor die Hauptsache war, d. h. dass er den Abfall von Edom hier zu erzählen beabsichtigte. **15ᵃ** Statt בִּהְיוֹת lies mit Syr. und Arab. בְּהַכּוֹת *als David schlug* (THENIUS), was wegen des folgenden וַיְהִי besser ist, als das ἐξολοθρεύειν = בְּהַכְרִית „als er ausrottete" der LXX. Das im folgenden zu Erzählende ist hier doppelt datiert: 1) *als David Edom schlug* 2) **als Joab hinaufzog, die Erschlagenen** (Israeliten) **zu begraben**. Beide Angaben könnten sich zwar sachlich auf dasselbe Ereignis beziehen, aber nicht von der Hand eines Erzählers in dieser Form herrühren, umsoweniger als 15ᵇ 16 von David und von Joab dasselbe berichtet wird; von David: *und er erschlug alles männliche in Edom*, von Joab: **und er blieb sechs Monate dort, Joab und ganz Israel, bis er alles männliche ausgerottet hatte.** 17 Da (aus dieser Metzelei) **floh Adad** (nur hier heisst der Held אֲדַד, sonst immer הֲדַד) **und edomitische Männer mit ihm**; WINCKLER macht darauf aufmerksam, dass dieser Ausdruck „edomitische Männer" auffallend ist, wenn Adad selber ein Edomiter ist, dann würde zu erwarten sein „einige seiner Leute". An sich wäre das kein zwingender Grund, in Adad einen Nichtedomiter zu sehen, aber aus v. 18ᵃ ergiebt sich mit Notwendigkeit, dass er Midianiter war; ihm schlossen sich auf der Flucht Edomiter an (s. u.). Der Bericht A ist verstümmelt, aber leicht zu ergänzen: [*da nahmen den Hadad*] *einige Diener seines Vaters, und gingen nach Ägypten* [*zum Pharao*] (LXX καὶ εἰσῆλθον statt לָבֹא); *Hadad aber war ein kleiner Knabe*. 18 **Und sie machten sich auf aus Midian und kamen nach Pharan und nahmen Männer aus Pharan mit sich und kamen nach Ägypten zum Pharao.** Wenn Adad und seine Leute aus Midian kommen, so können sie unmöglich Edomiter sein; der nächste Weg von Edom nach Ägypten führt nicht nach Nordosten, wo die Midianiter wohnen, und nicht nach Südosten, wo die „Stadt Madiam" der LXX auf der Ostseite des persischen Meerbusens liegt, sondern nach Westen. Das hat schon THENIUS gemerkt, der deshalb Maʿôn lesen will; auch KLOSTERMANN weist den Satz der Jerobeamerzählung zu. **Der gab ihm ein Haus, wies ihm Unterhalt an und gab ihm Land** — dass das nicht auf das kleine Kind geht, liegt auf der Hand. 19 20 V. 19 könnte an sich ohne weiteres so, wie er dasteht, an v. 18 anschliessen und von dem erwachsenen Adad gesagt sein. Dann würde die Nachricht über das Schicksal des edomitischen Kindes Hadad ausgefallen sein. In v. 20 ist nun aber eine deutliche Dublette: zweimal wird von einem Knaben (Genubat) erzählt, dass er im Hause des Pharao erzogen wurde. Eben das erwartet man nun auch von dem kleinen Hadad zu hören, und wird deshalb den einen der Sätze in v. 20 auf ihn zu beziehen haben. Dann bildet v. 19ᵃ, der als Fortsetzung von v. 18 überflüssig ist, die passende Weiterleitung von 17ᵇ: *Und er* [Hadad ist natürlich explicativer Zusatz] *fand Gnade in den Augen des Pharao*. Zum folgenden bemerkt sodann KLOSTERMANN ganz richtig: „was der Pharao dem Kind giebt, kann nur die Amme sein, die ihn aufzieht, aber nicht ein Weib zum heiraten." Er verbessert daher אֶת־נְגֶבֶת in v. 20 in אֶת־מֵינַקְתּוֹ und verbindet es mit dem Anfang von v. 19ᵇ וַיִּגְדְּלוּ, alles Dazwischenliegende scheidet er als aus der Jerobeamgeschichte eingeschoben aus. Dagegen spricht jedoch der auch 20ᵇ wiederkehrende Name Genubat, ein keineswegs gebräuchlicher Name, der nicht so leicht aus dem bekannten Wort für „Amme" hätte entstehen können. WINCKLER hat den Nachweis geliefert, dass 19ᵇ aus der Verschmelzung zweier Sätze entstanden ist: וַיִּתֶּן־לוֹ אִשָּׁה אֶת־אֲחוֹת אַשְׁתּוֹ תַחְפְּנֵס und וַיִּתְּנֵהוּ לְתַחְפְּנֵיס אֵשֶׁת הַגְּבִירָה

(Die LXX giebt den Namen der Frau mit Ανω wieder). Der Verfasser unserer Erzählung in seinem gründlichen Missverständnis des Ganzen ergänzte den zweiten Satz durch den Zusatz aus dem ersten הַגְּבִירָה אֲשֶׁת; in dieser Form hat S² (in der Jerobeamsgeschichte 12 24e SWETE = 12 36 LAGARDE) den Satz noch erhalten ἔδωκεν .... γυναῖκα τὴν Ανω ἀδελφὴν Θεκεμενείας τὴν πρεσβυτέραν γυναικὸς αὐτοῦ = הַגְּבִירָה אֲשֶׁת תַּחְפְּנֵס אֲחוֹת אֶת-אָנוֹ אִשָּׁה לוֹ וַיִּתֶּן. Das הַגְּבִירָה ist nunmehr sprachlich korrekt zu אֲחוֹת gezogen statt, wie ursprünglich der Sinn war, zu אֵשֶׁת. Die Verwechslung des Namens אנות (oder ähnlich; jedenfalls sah er ähnlich wie אֲחוֹת aus) mit אֲחוֹת hatte dann zur Folge, dass אִשְׁתּוֹ hinter das erste (falsche) אֶת-אֲחוֹת hinaufgesetzt wurde und so der jetzige massor. Text entstand. Demnach lautete die Fortsetzung des Berichtes A: *Und er gab ihn seiner Hauptfrau Tachpenes, die* [Tachpenes ist Einschub] *sog ihn auf im Hause des Pharao mitten unter den Söhnen des Pharao*. גְּבִירָה *Herrin*, sonst Bezeichnung der Königin—Mutter, wird als Titel der Gemahlin des Pharao wohl am richtigsten als „Hauptfrau" gedeutet werden; das πρεσβυτέρα (μείζω) der LXX (= הַגְּדוֹלָה) ist sekundär gegenüber dem Hebr.     Statt Hebr. וַתִּגְמְלֵהוּ *sie entwöhnte ihn*, hat LXX hier (ἐξέθρεψεν) und ebenso auch, wie KLOSTERMANN erkannt hat, in der Jerobeamgeschichte = וַתְּגַדְּלֵהוּ *sie zog ihn auf*, was vorzuziehen sein dürfte.     Bericht B lautete: **und zur Frau gab er ihm Anot** (?), **die Schwester der Tachpenes; und [Anot] die Schwester der Tachpenes gebar ihm den Genubat, seinen Sohn, und Gennbat lebte im Hause des Pharao.** Zu בּ בֵּית statt בְּבֵית vgl. GES.-KAUTZSCH²⁶ § 118g.     **21 22** Der Bericht B bricht hier ab, das folgende zeigt keine Dubletten mehr, sondern erweist sich als einfache Fortsetzung der Hadadgeschichte: *als Hadad von dem Tode Davids erfuhr* (וְכִי שָׁמַע יוֹאָב ist wegen der Erwähnung Joabs in v. 15 und 16 eingeschoben), *da sprach er* (inzwischen zum Manne herangewachsen) *zum Pharao: entlass mich, ich will nach Hause gehen* u. s. w. — Der eigentliche Schluss fehlt im Hebr., ist aber in LXX erhalten: καὶ ἀνέστρεψεν Ἄδερ εἰς τὴν γῆν αὐτοῦ. αὕτη ἡ κακία, ἣν ἐποίησεν Ἄδερ καὶ ἐβαρυθύμησεν Ἰσραὴλ καὶ ἐβασίλευσεν ἐν τῇ Ἐδώμ. Sachlich ist dieser Schluss ganz unentbehrlich, die ganze Geschichte des Hadad hätte keine Pointe ohne ihn: dass der Redaktor, der sie hier angeordnet, einen solchen Schluss hier gelesen, geht daraus hervor, dass er das Ereignis als göttliche Strafe aufgefasst wissen will (s. o.). Vgl. auch das zu v. 23 bemerkte.

Sachlich bedeutet die Bemerkung, dass Edom sich vom jüdischen Reich losriss; und zwar erfahren wir aus v. 21, dass dies nicht erst, wie man nach dem Zusammenhang unseres Capitels meinen sollte, gegen Ende, sondern ziemlich am Anfang der Regierung Salomos geschah. Die Willkür, mit welcher der Redaktor seinem theologischen Pragmatismus zu liebe die Geschichte formte, tritt hier in ein helles Licht. Um dieser Folgerung zu entgehen, will KLOSTERMANN zwischen 22ᵃ und 22ᵇ eine grosse Lücke annehmen, in welcher ursprünglich stand, dass Hadad auf die Weigerung des Pharao (v. 22ᵇ) hin bis zum Tod desselben in Ägypten blieb und erst bei seinem Nachfolger dann aufs Neue und mit Erfolg seine Bitte wiederholte.     Wenn der Bericht über Salomos Schifffahrt von Ezion-Geber aus richtig ist, müssen wir annehmen entweder, dass er einen Teil Edoms wieder zurückgewonnen, oder dass er Hadad gegenüber wenigstens den Weg zum Meer behauptet hat.

Für die zweite Erzählung schliesst WINCKLER mit Recht aus dem gänzlichen Wegfall des Schlusses darauf, dass derselbe ähnlich werde gelautet haben. Nur bei solcher Ähnlichkeit der Hauptthatsachen lässt sich auch die Zusammenwerfung beider Berichte begreifen. Demnach war hier etwa erzählt, dass nach einer vorausgegangenen (nicht erwähnten) Niederlage Israels in Edom (vgl. Ps 60 bes. 3-5) Joab umkehrte, um die erschlagenen Israeliten zu begraben und Rache zu nehmen. Aus dem offenbar in Mitleidenschaft gezogenen Nachbarlande Midian entfloh ein gewisser Adad an den ägyptischen Hof und verheiratete sich dort mit der Schwester der Tachpenes. Aus dieser Ehe entstammte Genubat. Dieser — denn über ihn soll offenbar ursprünglich Aufschluss gegeben werden — kehrte später in seine Heimat zurück und befreite Midian von der israelitischen Oberherrschaft. Geschichtlich ist jedenfalls, dass unter Salomos Nachfolgern jene Gegenden dem jüdischen Reich verloren gingen. — Über das Verhältnis dieses Berichts zur Jerobeamgeschichte s. S. 83.

**23-25 Die Losreissung Arams.** In LXX steht das Stück vor der Hadadgeschichte; dies dürfte die ursprüngliche Ordnung gewesen sein, denn der Schluss v. 25ᵇ scheint zur Hadadgeschichte zu gehören und nur durch die Umstellung von ihr getrennt worden zu sein, s. zu v. 25. **23** Der zweite Widersacher Salomos ist Rezon. Der Ausdruck ist mit v. 14 gleich, wenn hier לו und dort לִשְׁלֹמֹה steht, zeigt dies ebenfalls, dass v. 23f. die Aufzählung eröffnete und v. 14ff. an zweiter Stelle kam. אֱלֹהִים ist für ursprüngliches יהוה des Redaktors (v. 11 14, in LXX auch in v. 23 noch erhalten) eingesetzt. *Rezon war aus der Umgebung Hadadezers, des Königs von Soba, seines Herrn, geflohen.* Dass die hergebrachte, auch vom Redaktor der Königsbücher geteilte Ansicht von einem grossen aramäischen Reiche von Soba nördlich von Damascus aufzugeben ist, hat WINCKLER (Gesch. Israels 138ff.) nachgewiesen; Soba war vielmehr ein kleiner Staat südlich von Damascus neben Maacha und Rechob (II Sam 10 1-14). Weshalb Rezon von dort floh, erfahren wir nicht; denn in **24** ist der Satz *als David sie erschlug* eine Glosse, die in LXX fehlt und vom Rand des Textes noch dazu an falscher Stelle hereingekommen ist. Das beziehungslose אֹתָם ist in אֲרָם zu verbessern (KLOSTERMANN). Rezon wird erst ein Freibeuter und Banditenführer, dann Usurpator des Reichs von Damascus (oder dessen Gründer?) — die schönste Analogie zur Davidgeschichte. Mit LXX lies in v. 24 וַיֵּלֶךְ, וַיֵּשֶׁב und וַיִּמְלֹךְ. **25** Die ersten Worte: *und er war Israels Widersacher, solange Salomo lebte* bilden den ganz passenden Abschluss; was folgt, die wiederholte Bemerkung, dass er König geworden sei, ist überflüssig und fehlt in LXX ganz an dieser Stelle. Dagegen hat, wie schon erwähnt, LXX den Satz in seiner richtigen Form als Abschluss der Hadadgeschichte, wo man ihn vermisst. Sie hat sicher hierin das Richtige; bei der Umstellung beider Geschichten (s. o.) wurde der kurze Rezonbericht irrtümlich hier eingeschoben und dann begreiflicherweise אֲרָם am Schluss in אֲרָם verschrieben. Der Text ist nach LXX folgendermassen wieder herzustellen: וְאֵת הָרָעָה אֲשֶׁר עָשָׂה הֲדָד.

Es ist charakteristisch für die ganze Art des Erzählers, dass er mit so kurzen Bemerkungen über diese Ergebnisse hinweggeht, die doch von der grössten und unheilvollsten Bedeutung für das israelitische Reich waren. Wann die Losreissung von Damascus, das unter David unterworfen war, geschah, erfahren wir nicht; der Ausdruck, „er war Israels Widersacher die ganze Lebenszeit Salomos hindurch" deutet darauf hin, dass die Ereignisse nicht erst an das Ende seiner Regierung fallen. Man beachte, wie auch hier (wie bei Hadad) die gewählten Ausdrücke die Sache in einem möglichst milden Lichte erscheinen lassen. Ohne die Berichte von der Unterwerfung von Edom und Damascus würde man aus unseren Stellen nicht ersehen, dass es sich um eine Auflösung des grossen Davidischen Reiches handelt.

### 26—40 Jerobeams Aufstand.

Der Bericht über Jerobeams Empörung, die dritte Strafe für Salomo, ist durch Einschub einer der beim Redaktor beliebten Prophetenlegenden im hebr. Text gerade zum wichtigsten Teil verloren gegangen. Was jetzt erzählt wird, ist nur die Einleitung v. 26-28 und ausserdem gerade noch der Schluss, dass Jerobeam nach Ägypten floh v. 40; in anderen Zusammenhang eingesprengt (12 2) ist dann noch die Notiz erhalten, dass er nach Salomos Tode wieder zurückkehrte. Der Kern der Geschichte ist durch die Prophetenlegende ersetzt worden. Zum Glück hat LXX an anderem Orte (12 24ª-ᶠ SWETE, 12 25-39 LAGARDE) das ausgefallene uns erhalten. Dort wird die ganze Geschichte ohne Prophetenlegende erzählt. Diese zweite Erzählung wird im Folgenden als S² von S¹, dem hebr. Text und seiner griech. Übersetzung, unterschieden. Im Einzelnen decken sich die entsprechenden Stücke von S¹ und S² nicht ganz. Die Abweichungen von S¹ erklären sich nicht alle durch den Einschub der Prophetengeschichte, man wird also in den Berichten zwei verschiedene Überarbeitungen einer Quelle erblicken müssen. Mit Hilfe von S¹ lässt sich der Text von S² ohne Mühe richtig stellen. Das Nähere s. bei WINCKLER, Alttest. Untersuchungen S. 11.

**26** Jerobeam ist ein Ephraimite aus Sereda. Nach S² (12 24ᵇ SWETE = 12 29 LAGARDE) lag dieser Ort (in LXX stets Σαριρα genannt) auf dem Gebirge Ephraim; die Lage ist nicht wiedergefunden, CONDER (Memoirs II 295) weist auf das Dorf *Surda*, 4 km nordwestlich von Bethel, hin. Der Name seiner Mutter *Serua die Aussätzige*, fehlt in S¹ ganz, in S² ist Σαριρα, der Name seiner Vaterstadt, als Name der Mutter angegeben; S² hat also מן־הצרעה verstanden: Sohn Nebats *von der Sereda*. Die Vermutung KAMPHAUSENS (bei KAUTZSCH), dass vielleicht durch den Mutternamen absichtlich dem Stifter des abgöttischen Nordreichs ein Makel angehängt werden sollte, hat grosse Wahrscheinlichkeit. Ist vielleicht auch so zu erklären, dass in S² die Mutter als γυνὴ πόρνη bezeichnet wird, statt als Wittwe? Ihren Anfang nahm die Geschichte beim Bau des Millo und den damit zusammenhängenden Bauten zur Vollendung der Befestigung der Davidstadt s. zu 9 16. Bei dieser Gelegenheit **28** wird Jerobeam zum Aufseher über die Frohnen des Hauses Joseph gemacht (s. zu 9 23). Damit soll offenbar erklärt werden, wie Jerobeam zu Einfluss und Macht kam, der Satz v. 28ª *er war ein gewaltiger Mann* steht also hier zu früh und ist eingeschoben (KLOSTERMANN); an den Schluss des Verses zur Fortsetzung würde er passen. Dies sowohl, wie das Lob 28ᵇ fehlt in S². Nach S² ist der Fortgang folgender: Jerobeam missbraucht seine Macht: er befestigt seine Vaterstadt Sereda (den Zusatz „für Salomo" hat WINCKLER als falsch erkannt, zu seiner Empörung passt viel besser, dass er sie für sich befestigt), hält sich 300 Streitwagen und überhebt sich in seiner Machtfülle gegen den König. Das Ergebnis berichtet Hebr. wieder: **40** er muss nach Ägypten zu Pharao Sisak sich flüchten, wo er bis zum Tode Salomos bleibt. Über die Vorgänge in Ägypten erzählt S² noch näheres: nach Salomos Tod bittet er mit den Worten Hadads (11 21) um Erlaubnis zur Rückkehr. Hier wie dort weigert sich der Pharao; dem Jerobeam giebt er nun die Ano, die ältere Schwester seiner Gemahlin Tachpenes, zum Weibe. Der Ehe entspross

Abia. Nach dessen Geburt setzt er beim Pharao seine Entlassung durch und kehrt zurück (eine kurze Erwähnung davon steht auch Hebr. 12 2 s. zu d. St.); er besetzt Şereda und wird von ganz Ephraim als Führer anerkannt. Wie der Anfang in S² zum Verständnis der Bezeichnung Jerobeams als Empörer, so ist dieser Schluss zum Verständnis von Cap. 12, wo Jerobeam als Führer auftritt, unentbehrlich. Anders liegt dagegen die Sache mit dem dritten Stück der Erzählung von S², nämlich mit der Heirat Jerobeams. Diese ist aus der Adadgeschichte (Relation B) auf Jerobeam übertragen und auch die betreffenden Verse (12 24ᵈ SWETE = 12 34–39 LAGARDE) sind in S² nicht ursprünglich, sondern aus der Adadgeschichte herübergenommen.

Schon KLOSTERMANN hat erkannt, worüber gar kein Zweifel sein kann, dass die doppelte Erzählung von der Verheiratung eines Flüchtlings am ägyptischen Hof mit Ano, der älteren Schwester der Tachpenes, nur entweder von Hadad oder von Jerobeam gelten kann. Er entscheidet sich für letzteres und lässt die betreffenden Sätze in der Hadadgeschichte eingeschoben sein. Historische und litterarkritische Gründe sprechen für die gegenteilige Anschauung, die WINCKLER vertritt. Die Übertragung der ägyptischen Heirat von dem wenig bekannten Midianiter Adad auf Jerobeam ist viel leichter begreiflich, als umgekehrt: den berühmten und bekannten Namen wachsen die Anekdoten und Geschichten zu, und nach Salomos Vorgang lag der Gedanke an eine ägyptische Heirat, die den Glanz des israelitischen Königtums erhöhte, nicht ferne. Sodann ist ein so seltener Name wie Genubat für den Sohn dieser Ehe doch nicht frei erfunden, bei Übertragung der Geschichte auf Adad hätte der gebräuchliche Name Abia, den Jerobeams Sohn trug, nicht geändert werden müssen. Rein litterarisch betrachtet, stehen die Verse hier an ganz falschem, dort in der Adadgeschichte an passendem Ort: nicht nach dem Tode Salomos, wie es jetzt lautet, heiratet Jerobeam die Prinzessin, erhält einen Sohn von ihr und kehrt dann erst heim, sondern gleich nach dem Tode Salomos, ist die Meinung des Erzählers, kehrt Jerobeam zurück; die Sache wäre also zum mindesten vor v. 34 erzählt und nicht mit dem Wunsch Jerobeams heimzugehen verquickt worden, wenn der ursprüngliche Erzähler sie selbst berichtet hätte. Endlich hat S² in v. 37 ein ganz sinnloses Missverständnis des richtigen Textes der Adadgeschichte; es heisst jetzt, dass Ano verheiratet wird, und nunmehr als die ältere unter den Töchtern Pharaos gilt, und ihn Abia gebiert. Wie KLOSTERMANN gezeigt hat, ist dies nichts anderes als falsche Übersetzung des ganz richtigen Wortlauts von 11 20 ותגדלהו בתוך בני, welche zum mindesten voraussetzt, dass schon in der hebr. Vorlage die Sätze umgestellt waren, und zuerst die Erziehung, dann die Geburt des Kindes erwähnt wurde!

### 29—30 Die Prophetenlegende.

Die Gewohnheit des Redaktors, an allen wichtigen Punkten der Geschichte des Volkes Propheten auftreten zu lassen, welche das Kommende ankündigen und der ganzen Vergangenheit ihr Urteil sprechen, ist in der Einleitung (III) schon gewürdigt worden. S² (12 24ᵈ SWETE = 13 15 16 LAGARDE) berichtet die Geschichte als nach dem Tode Salomos und nach der Rückkehr Jerobeams geschehen. Der Prophet ist hier mit dem 12 22 genannten Semaja identifiziert, im übrigen ist die Geschichte ganz kurz und namentlich ohne die Rede des Propheten erzählt. Die Rede des Propheten, in Stil und Gedanken ganz deuteronomistisch, ist stark überarbeitet, wie die vielfachen Überladungen und auch der Vergleich mit LXX zeigen.

**29—32** Der Prophet zerreisst seinen Mantel in zwölf Stücke und giebt Jerobeam zehn davon. Dies soll die Teilung des Reiches darstellen. Aber das Reich wird nicht in zwölf Stücke zerrissen, und trotz aller Apologetik ist 10+1 nicht = 12. LXX hat deswegen v. 32 und 36 aus dem *einen* Stamm, der bei Davids Haus bleibt, einfach *zwei* gemacht. Im hebr. Text zeigt sich die

Wirklichkeit mächtiger als die Theorie: es blieb eben *ein* Stamm bei Davids Haus (12 20). Möglich ist, wie KLOSTERMANN meint, dass ursprünglich nur von der Teilung in zwei שְׁבָטִים die Rede war (wie Hes 37 15 ff.) und erst ein späterer die Zwölfzahl nachtrug. **33** Die Begründung mit dem Götzendienst des Volkes stammt aus 11 1-8; das dort an Salomo getadelte wird hier vom ganzen Volk gesagt. **34—36** Dem Anfang: *ich will nicht das ganze Königtum nehmen* entspricht nur die Fortsetzung: sondern er soll Fürst bleiben über einen Stamm. Absicht ist, nachzuweisen, wie die göttliche Verheissung vom ewigen Thron des Davidischen Hauses bestehen bleibt, nur in bescheidenen Verhältnissen. Von einem späteren, der das Empfinden hatte, dass eigentlich Salomo selbst zu Lebzeiten (und nicht erst sein Sohn) hätte für seinen Abfall gestraft werden sollen, ist dieser Satz so verstanden beziehungsweise überarbeitet worden, dass jetzt darin steht: um Davids willen soll die Strafe erst nach Salomos Tod kommen. Man sieht, wie viel Kopfzerbrechen es den Theologen gemacht hat, die Teilung des Reichs zu erklären und mit der Davidlegende zu vereinigen. LXX Vat. hat gefühlt, dass die Gedankenverbindung von v. 34ᵃ u.ᵇ ganz schlecht ist, sie hat deshalb das נָשָׂא אֶתְנַהּ (ἀντιτασσόμενος ἀντιτάξω αὐτῷ) auf die von Gott verhängte Strafe durch die „Widersacher" (v. 14 23 25) bezogen; Luc. hat, weil dazu dann der Schluss *um Davids willen* nicht passte, den Satz vor 34ᵃ gestellt. **35** und **36** bilden die von diesem veränderten Standpunkt aus geschriebene Dublette zu v. 31 32; dort: „aus der Hand Salomos wird das Königtum genommen", hier: „aus der Hand seines Sohnes", dort: „ein Stamm soll Salomo bleiben", hier: „seinem Sohne". Die Motivierung für letzteres in v. 32 „um meines Dieners David willen" wird hier in v. 36 näher erläutert: *dass David alle Tage vor mir eine Leuchte habe*. Unsere Stelle ist citiert in II Reg 8 19. Solange das Licht im Zelte brennt, ist alles in Ordnung, wenn es erlischt, zeigt das den Untergang an (vgl. Hi 18 6). Von hier aus wird man auch in v. 12 einen Nachtrag zu v. 11 und 13 erkennen und zwar von derselben Hand wie v. 34ᵇ-36. **38** וְנָתַתִּי לְךָ אֶת־יִשְׂרָאֵל und **39** ist ganz späte Glosse, die noch in LXX Vat. fehlt (in Luc. nicht!); die Demütigung des „Samens Davids" hat erst nach dem Exil ein Ende gefunden.

### 4. Das redaktionelle Schema II 41—43.

**41** Für die übrigen Ereignisse unter Salomos Regierung wird in der üblichen Weise auf die Chronik Salomos verwiesen; hierzu vgl. die Einleitung II. Die Chronik nennt als Quelle verschiedene Prophetenschriften. **42** Die Regierungsdauer Salomos wird auf 40 Jahre angegeben. Vgl. hierzu das in der Einleitung (VI) über die Chronologie der Königsbücher gesagte. **43** Salomo wird in der Davidstadt begraben, s. zu 2 10.

### Die Parallelberichte S² zur Salomogeschichte.

Es ist schon mehrfach erwähnt worden, dass eine Reihe von Notizen aus der Geschichte Salomos in LXX und zwar sowohl in Vat. als Luc. sich doppelt finden, teilweise wörtlich identisch mit dem hebr. Text, teilweise in einer abweichenden Form. Wären diese Wiederholungen nur da und dort an passenden Orten in den Text eingestreut, so würde man sie ohne weiteres als gewöhnliche Dubletten zu betrachten haben, und da die Anordnung namentlich dieser kurzen Notizen nicht ganz einwandfrei ist, so wären solche Wiederholungen an sich nichts auffallendes. Aber diese Dubletten in LXX stehen mit ganz geringen Ausnahmen alle beieinander vor und nach der Erzählung von Simeis Hinrichtung 2 35$^{a-c}$ 46$^{a-l}$ Swete = 2 1–14 26–37 Lagarde. Was den Anlass gegeben, sie gerade hier einzufügen, wird weiter unten zu besprechen sein. Schon diese Zusammenstellung aber beweist, dass es sich nicht um Wiederholungen aus Versehen handelt, sondern dass wir hier überhaupt eine andere Recension dieser Stücke der Salomogeschichte vor uns haben. Die kleinen Notizen stimmen übrigens meist wörtlich überein, nur sind sie anders zusammengeordnet, die Ministerliste dagegen giebt andere Namen, und in der Geschichte Jerobeams weicht die Darstellung ebenfalls erheblich ab (darüber s. näheres bei Cap. 14). Eine interessante Nachricht ist uns nur hier erhalten, dass nämlich Salomo Bergwerke im Libanon anlegt (2 46$^c$ Swete = 2 28 Lagarde, vgl. zu 9 19).

Abgesehen von den erwähnten sachlichen Verschiedenheiten weist S$^2$ namentlich auch in der Anordnung bedeutende Abweichungen auf. An die Notiz über Salomos Weisheit 2 35$^{ab}$ schliesst sich die Erzählung seiner ägyptischen Heirat an (35$^c$), daran dann die Erwähnung der hierdurch hervorgerufenen und zeitlich damit zusammenhängenden Bauten (35$^{d-k}$). Dazwischendrin stehen Bemerkungen über die ehernen Tempelgefässe u. s. w. und über Salomos Frohnen; man sieht aber doch, dass ein bestimmter Gedanke dieses Conglomerat von Notizen veranlasst hat. Dann folgt die Geschichte von Simeis Bestrafung. Dass diese in den Quellen von S$^2$ gerade hier und nirgends anders stand, wird so gut wie sicher erwiesen durch die Thatsache, dass in dem jetzigen LXX-Text diese Reihen von Notizen aus S$^2$ gerade hier vor und nach der Simeigeschichte am denkbar unpassendsten Ort eingeschoben sind. Wie ein Interpolator oder ein einigermassen denkender Redaktor darauf gekommen sein sollte, diese Notizen hier vor und die anderen nach der Simeigeschichte einzufügen, ist schlechterdings nicht begreiflich, wenn nicht seine Vorlage diese Ordnung hatte, ausser man will überhaupt an ein blindes Walten des Zufalls bei der Herstellung der Ordnung des jetzigen Textes glauben. Die an die Simeigeschichte sich anschliessende Gruppe von Notizen dient im wesentlichen dazu, Salomos Herrschermacht zu zeigen. Bei Besprechung der Ausdehnung seiner Herrschaft werden auch die Bergwerke im Libanon erwähnt. Auch hier ist die Beamtenliste eingereiht unter die Zeugnisse für Salomos Macht.

Aus der vielfach wörtlichen Übereinstimmung mit Hebr. geht hervor, dass es sich nicht um eine andere Quelle handelt, aus der diese Zusätze des S$^2$ entnommen wären. Daran, dass sie erst von zweiter Hand aus dem hebräischen Text hergestellt worden wären, kann man schon deshalb gar nicht denken, weil z. B. die Notiz über die Bergwerke im Hebr. ganz fehlt, und weil zahlreiche Angaben von S$^2$, so die Ministerliste und namentlich die Berichte über Jerobeam (s. zu Cap. 14), sich als durchaus selbständig, ja dem Hebr. gegenüber als ursprünglich ausweisen. Es kann sich also nur um verschiedene Bearbeitungen der gleichen Quelle handeln, aus welchen die Berichte des Hebr. und S$^2$ genommen sind. Das hat schon Winckler (alttest. Untersuchungen 15) für die Jerobeamgeschichte erkannt und nachgewiesen.

## Zweiter Teil.

## Die Geschichte der getrennten Reiche bis zum Untergang des Nordreiches
I Reg 12—II Reg 17.

### 1. Die Reichsspaltung und die Regierung Jerobeams I Reg 12—14 21.

#### Die Reichsspaltung 12 1–24.

Der Verfasser des Berichts lässt durch die Art der Erzählung sein Urteil deutlich merken. Nach ihm trägt Rehabeam die ganze Schuld an der Reichsspaltung. Trotzdem erklären WELLH. (bei BLEEK[4] 243) und STADE (Gesch. Isr. I 341f.) den Verfasser für einen Judäer. Die Gründe dafür sind aber nicht stichhaltig: v. 15, der auf die Weissagung Ahias Bezug nimmt, ist wie diese selbst von der Hand des Redaktors eingetragen, beweist also nichts für den Verfasser. Dass der Ruf des Volkes v. 16 in der zweifellos judäischen Geschichtserzählung von Sebas Aufstand (II Sam 20 1 ff.) und nicht in unserer Stelle ursprünglich ist, beweist nicht litterarische Abhängigkeit von jenem Werk, sondern vielmehr das, dass dieser Ruf im Volksmund seit jener Zeit kursierte. Der Verfasser will in gutem Glauben die Entstehung des Rufes aus der hier geschilderten Situation erklären. Wenn so nichts Veranlassung giebt, einen Judäer im Verfasser zu erblicken, so weist auf der andern Seite die ganze Beurteilung des Vorgangs, die Parteinahme für die Nordstämme, darauf hin, dass der Verfasser im Nordreich zu suchen ist. Der Erzähler findet es ganz in der Ordnung, dass das Volk das Recht seinen König zu wählen auch jetzt wieder wie bei Saul und David in Anspruch nimmt. Der Unterschied gegenüber von damals ist nur der, dass inzwischen David sein Königtum erblich gemacht und aus eigener Vollmacht sogar gegen das Recht und ohne Rücksicht auf die Neigung des Volks seinen Nachfolger bestimmt hatte. An der Thatsache, dass die Israeliten sich dieses Recht jetzt wieder nehmen, ändert das natürlich nichts, aber für die Frage nach dem Verfasser ist es entscheidend: ein Judäer konnte, selbst wenn er nicht für Rehabeam eingenommen war, doch die Sache nie so ansehen, dass das Volk noch nach David und Salomo das Recht hatte, sich seinen König frei zu wählen.

Bedenken erregt sodann die Rolle, welche der Bericht Jerobeam zuweist. Dieser ist nach ihm von Anfang an ganz unbeteiligt und wird erst nach vollzogener Trennung von den Israeliten herbeigerufen zum König gemacht. Die Bedenken werden verstärkt durch eine doppelte Wahrnehmung: einmal dass bereits ein früherer Leser daran Anstoss genommen und deshalb Jerobeam im Bericht nachgetragen hat, sodann dass Spuren eines anderen Berichtes noch vorhanden sind. In LXX (S[2]) hat sich nämlich noch der Anfang einer zweiten Darstellung erhalten (12 24ᵃ ff. SWETE = 13 14 ff. LAGARDE). Darnach ging Jerobeam, der (vgl. zu 14 1 ff.) schon einige Zeit lang in Zereda war, *nach Sichem* und versammelte dort *alle Stämme Israels*, *und Rehabeam, der Sohn Salomos, ging auch nach Sichem hinauf*. An diese Einleitung schliesst sich ein ganz kurzer Bericht über die Weissagung Ahias (hier Samaja genannt) an. Hiernach war Jerobeam von Anfang an der eigentliche Urheber, was zu seiner Vorgeschichte sehr gut passt: wozu wäre er auch sonst aus Ägypten zurückgekehrt, als um den Anlass des Thronwechsels — in orientalischen Staaten stets die Gelegenheit, bei welcher am häufigsten Unruhen ausbrechen — zu neuen erfolgreichen Versuchen in der alten Richtung zu benützen? In der Hoffnung, dass der neue König dem alten Empörer verzeihen werde, doch gewiss nicht. Der angeführte Vers, dessen Entstehung sich sonst gar nicht erklären lässt, muss die Einleitung zu einer etwas geführten, etwa vom judäischen Standpunkt aus geschriebenen Darstellung des Vorgangs gebildet haben, worin derselbe als eine im wesentlichen durch Jerobeam geleitete

Empörung geschildert wurde.[1]) So passt die Einschiebung der Prophetengeschichte an dieser Stelle — sie spielt hier auf dem Weg nach Sichem — trefflich und kann vom Verfasser dieses Berichts selber herrühren. Ebenso begreift es sich dann leicht, dass diese Geschichte von da in den Bericht über den ersten Aufstand Jerobeams — wo sie gar nicht hinpasst — versetzt wurde, sobald die jetzt im hebr. Text (und der LXX) stehende Erzählung von dem Hergang in Sichem Aufnahme fand. Dass der andere Bericht dann ausfiel und in der Vorlage der LXX nur noch der Anfang sich erhielt, ist litteraturgeschichtlich betrachtet die genaue Parallele zu dem Vorgang, der bei der Erzählung des ersten Aufstandes zum jetzigen Textbestand geführt hat: beide Male im Hebr. nur ein Bericht, in LXX noch ein zweiter und zwar beide nicht in unmittelbarer litterarischer Abhängigkeit von einander. In chronologischer Beziehung wird durch die jetzige Anordnung der Stücke der Anschein erweckt, als ob die geschilderten Ereignisse unmittelbar nach dem Tode Salomos stattgefunden hätten. Dass aber eine ziemliche Zeit dazwischen liegt, zeigt der Umstand, dass erst das Gerücht von Salomos Tod nach Ägypten kam und dort Jerobeam zur Rückkehr veranlasste (s. auch zu v. 2 und 14 1 ff.).

**1** In Sichem findet eine Volksversammlung statt, um Rehabeam zum König zu machen; vgl. dazu S. 86. **2** Schon oben zu 11 40 ist bemerkt, dass dieser Vers den Abschluss der ersten Aufstandsgeschichte bildet. Blosse Umstellung vor v. 1 stellt den ursprünglichen Text nicht wieder her. Der Vers ist wohl von derselben Hand, welche v. 3 und 12 die Erwähnung Jerobeams besorgt hat, hier eingetragen worden. **3** Die erste Vershälfte fehlt in LXX und ist eingeschoben von einem, der vielleicht den zweiten Bericht (s. o.) kannte, jedenfalls Jerobeam hier vermisste. **4** Dass das Volk unter dem Joch der salomonischen Regierung geseufzt, begreift sich. S² hat zu 4ᵃ noch den Zusatz: καὶ ἐβάρυνα τὰ βρώματα τῆς τραπέζης αὐτοῦ, das „Joch" hat der Verfasser offenbar von den Frohnen gemeint, das andere von den Steuern (mit Beziehung auf 5 7). **6** Die „Alten" werden berufen (S² anschaulicher: εἰσαγάγετέ μοι ..... καὶ συμβουλεύσομαι u. s. w.) und **7** raten (l. דַּבֵּר mit Kᵉrê) zur Nachgiebigkeit. Aber Rehabeam **8** kehrt sich nicht an ihren Rat, der ihm von vornherein nicht gefiel. **9** Die „Jungen", seine Altersgenossen reden ihm nach dem Herzen. Dass der neue König auch neue Beamte hat, erscheint als selbstverständlich. Wenn עֹמְדִים von den Alten in v. 6 bedeutet „die Diener Salomos", so heisst es hier von den Jungen das gleiche: „die Diener Rehabeams", und nicht wie Klostermann (unter Streichung von אֲשֶׁר) will: „die vor ihm stehen geblieben waren — nicht hinausgegangen waren". **10 11** Die beiden Bilder vom kleinen Finger Rehabeams, der dicker ist als die Lenden Salomos (10ᵇ), und von den Skorpionen (11ᵇ) haben offenbar in dieser Spruchform im Volksmund gelebt, die Erklärung derselben (11ᵃ) ist recht unnötig dazwischen hineingesetzt und von S², der besser erzählt, nicht gegeben. Wie umständlich Hebr. erzählt, sieht man z. B. an 9ᵇ und anderen unnötigen Wiederholungen (12ᵇ 13). S² ist kürzer und präciser. Unter den „Skorpionen" hat man sich das schärfste Züchtigungsmittel, wohl eine Peitsche mit Stacheln, zu denken; vgl. scorpio bei den Römern. **12** Jerobeam fehlt in LXX und ist eingeschoben s. zu v. 3. **15** Dass die Verweisung auf die Weissagung

---

[1]) Es folgt jetzt ebenfalls auf dies Prophetenwort ein Bericht über die Vorgänge in Sichem; derselbe gibt inhaltlich gleich, aber in kürzerer Form als Hebr. und S² und mit interessanten kleinen Abweichungen die Verhandlungen wieder; der eigentliche Schluss wie Jerobeam König wurde, fehlt.

Ahias erst später eingefügt ist, wurde schon erwähnt; sie fehlt auch in S?. 16ᵇ zu dem Ruf des Volkes vgl. oben S. 86. In II Sam 20 1 lautet der Anfang עֵלָיו אִישׁ (in Gleichmachung damit bei LXX Luc. auch hier οὐκ ἔστιν ἡμῖν μερίς), was gleichfalls gegen litterarische Abhängigkeit spricht. Der Schlusssatz *nun sieh nach deinem Hause, David!* fehlt in II Sam 20 1. S² hat statt dessen ὅτι οὗτος ὁ ἄνθρωπος οὐκ εἰς ἄρχοντα οὐδὲ εἰς ἡγούμενον. Der Schlusssatz war offenbar in der Tradition nicht fest geprägt, sondern ist von den beiden Verfassern hinzugefügt. LXX Luc. hat in interessanter Weise βόσκε τὸν οἶκον Δ. καὶ κρῖνε, also im Satz selber רְעֵה gelesen. Dieser Schreibfehler war am Rand verbessert in רְאֵה und durch Missverständnis des Abschreibers kam dann dieses auch noch in den Text herein an den Schluss. Dass 16ᵇ „*die Israeliten gingen nach Hause*" nicht ursprünglich ist, beweisen v. 18-20: die Israeliten bleiben zunächst da. Man darf aber vielleicht fragen, ob der Glossator nicht den Ausdruck 16ᵇ buchstäblich, d. h. falsch verstanden hat, und sagen wollte, dass die Israeliten sich in ihre Zelte im Volkslager zurückzogen. Ein solcher exegetischer Zusatz eines spitzfindigen Lesers ist jedenfalls 17; in etwas pedantischer Weise wird das vorangehende dahin richtig gestellt, dass die Israeliten, welche in den jüdischen Städten wohnten, bei Rehabeam blieben, — eine ganz selbstverständliche Sache. In LXX Vat. fehlt dieser Satz; Luc. hat ihn so missverstanden, als handle es sich in 16ᵇ und 17 um eine Erklärung, wer zu Jerobeam oder zu Rehabeam gehalten habe (wie in v. 19 20). Deshalb ergänzt er den nach seiner Ansicht lückenhaften Text von v. 17 durch die Voranstellung von καὶ οἱ υἱοὶ Ἰούδα καὶ u. s. w. 18 ist die Fortsetzung von v. 16ᵃ: die Antwort auf das Geschrei des Volks von seiten des Königs ist die, dass er Adoniram, den obersten Frohnmeister (vgl. 4 6 und 5 28, darnach ist auch der hier verdorbene Name אֲדֹרָם zu korrigieren) zum Volk schickt. Der offenbar auch persönlich verhasste und mit dem Hass seines Amtes beladene Mann wird vom wütenden Volke getötet, und nur durch eilige Flucht entgeht Rehabeam dem gleichen Schicksal. Das Ergebnis ist 19, dass ganz Israel von Davids Dynastie abfällt — *bis auf den heutigen Tag*. Letztere Bemerkung setzt doch wohl den Bestand des Nordreichs voraus; dann passt sie aber nicht bloss für einen Judäer, sondern ebensogut für einen Israeliten. 20 Nun wird Jerobeam in die Volksversammlung geholt, da man von seiner Rückkehr aus Ägypten hört. Die Tendenz dieses Verses liegt auf der Hand: Jerobeam soll als ganz unbeteiligt erscheinen, nicht als einer, der durch Verschwörung seinen Thron bekommen hat. Er ist bei diesen wichtigen Vorgängen gar nicht dabei; „zufällig", möchte man sagen, verbreitet sich gerade jetzt die Kunde von seiner Rückkehr im Volk; ganz von selbst kommt dadurch Israel auf den Gedanken, ihn zum König zu machen. Man muss ihn erst holen; es fehlt nur noch, dass auch von ihm erzählt würde, dass er sich zuerst geweigert. Ob das alles sehr glaublich erscheint, ist eine andere Frage (vgl. auch oben S. 86). KLOSTERMANN entgeht solchen Erwägungen dadurch, dass er v. 20 hinter v. 24 verlegt. „denn erst die von Rehabeam geplante Kriegsfahrt liess die Israeliten auf festen Zusammenschluss unter einem eigenen König denken". Aber wo steht das? Zu v. 20ᵇ vgl. das zu 11 30f bemerkte; LXX setzt auch hier Benjamin hinzu. 21—24 Rehabeam versucht vergeblich, mit Waffengewalt sich die Herrschaft zurückzuerkämpfen. S² giebt die Zeitbestimmung ἐνιστᾰμένου τοῦ ἐνιαυτοῦ und lässt die Riesenzahl der Krieger weg — beides sicher keine zufälligen oder nachträglichen Änderungen. V. 21 in dieser Form dem alten Erzähler abzusprechen, liegt kein Grund vor. 14 30 beweist, dass der Redaktor Nachrichten über „Kriege" zwischen beiden Königen vor sich hatte. Der „Stamm Benjamin" scheint überdies hier nicht ursprünglich zu sein; dem „Haus Israel" steht das „Haus Juda" gegenüber und die Erwähnung Benjamins stört nur. Aber der alte Bericht ist ganz wie in der Jerobeamgeschichte (11 26 ff.) durch eine Prophetengeschichte ersetzt. Dass der oder die Kämpfe mit der Niederlage der Judäer endigten, lehrt der Gang der Geschichte. Der Rückzug der Judäer wird auch an unserer Stelle offen eingestanden, aber mit einem göttlichen Befehl motiviert. Vom Redaktor stammen v. 22-24 jedoch nicht; das ganze erinnert viel zu sehr an die Art und Weise der Chronik, vgl. die ungeheure Zahl und den strikten Gehorsam des Königs gegen das Prophetenwort. Der Erzähler fand wohl, dass auch dem Rehabeam durch einen Propheten mitgeteilt werden musste, dass Gott dies so geordnet, wie zuvor dem Jerobeam. Damit war zugleich auch der Anstoss des Bruderkriegs und der Niederlage der Judäer beseitigt.

**Befestigung von Sichem und Pnuel.** 25 Es ist begreiflich, dass Jerobeam I. als König von ganz Israel seinen Wohnsitz von Serēdā nach dem altheiligen Sichem, der bedeutendsten Stadt von Ephraim, die so recht im Herzen des Stammlandes lag, verlegte und sich die Stadt zur Residenz und festen Burg ausbaute. Auch dass er die bedeutendste Stadt im Ostjordanland, Pnuel, befestigte, hat nichts unwahrscheinliches, weshalb zu einer Änderung des Textes (KLOSTERMANN) kein Anlass vorliegt. Pnuel lag am nördlichen Ufer des Jabbok (Gen 32 22 ff.), oberhalb d. h. östlich von Sukkoth (Jdc 8 8); die Lage ist nicht mehr nachzuweisen.

**Die kultischen Massnahmen Jerobeams 12 26—32.**
Als alte Überlieferung (nicht als später Zusatz, wie bei KAUTZSCH) weist sich zunächst jedenfalls 32ᵃ aus. Dass am 15. Tag des 8. Monats in Jerusalem regelmässig ein grosses Fest, das Hauptfest offenbar, also das Herbstfest, gefeiert wurde, stimmt so gar nicht zu allen späteren gesetzlichen Regelungen der Feste, dass das von keinem Interpolator erfunden oder irgendwoher erschlossen sein kann. Des weiteren ist höchst wahrscheinlich, dass im Zusammenhang damit eine Notiz über sonstige kultische Massnahmen Jerobeams stand, wohl über Stiftung von goldnen Bildern nach Dan und Bethel. Allein in ihrer jetzigen Form sind die Verse 26-31 Eigentum des Redaktors und es gelingt nicht, den etwaigen Wortlaut des alten Berichts herauszuschälen.

26 27 Jerobeam fürchtet, die Anziehungskraft des Tempels in Jerusalem könnte für seine Herrschaft verderblich werden. Dass diese Motivierung nicht alt ist, liegt auf der Hand. In alter Zeit waren Bethel und Dan berühmtere Heiligtümer, als der salomonische Tempel, und solange es ein Königreich Israel gab, war das für israelitisches Urteil nie anders; erst Dtn zusammen mit dem Untergang Samariens hat dem jerusalemischen Tempel das gewaltige Ansehen verliehen. Auch von der Machtfülle des eigenen Königtums hat man in Nordisrael ganz andere Vorstellungen gehabt (vgl. Dtn 33 17 f.). V. 27ᵇ von עשׂו an fehlt in LXX und ist irrtümlich aus dem vorhergehenden wiederholt.

**28 29** Der König macht deshalb zwei goldene Stierbilder, die in Dan und Bethel aufgestellt werden. Dass der Stier „Emblem des Hauses Josef" gewesen (KLOSTERMANN), wird man aus Dtn 33 17 kaum schliessen können, jedenfalls ist es das nächstliegende, kanaanitischen Ursprung anzunehmen; der Stier war das Symbol Baals. Auch darf man sich die Sache nicht so vorstellen, als ob erst Jerobeam Israel mit der Verehrung Jahwes unter einem Stierbild bekannt gemacht und einen ganz neuen Kult damit eingeführt hätte. Für den Redaktor allerdings ist der Kälberdienst schlechtweg „die Sünde Jerobeams, womit er Israel sündigen machte". Bethel ist das heutige *Bêtîn*, 4 Stunden nördlich von Jerusalem (BAEDEKER Paläst.⁴ 243); Dan lag im hohen Norden auf dem Hügel, der heute noch *Tell el-Ḳâḍi* „Richterhügel" heisst, wo der „kleine Jordan" entspringt (BAEDEKER Paläst.⁴ 290). Statt אֱלֹהֶיךָ lies nach LXX אֱלֹהֶיךָ. Die Schlussworte א הִנֵּה אֱלֹהֶיךָ sind aus Ex 32 4 genommen. **30ᵇ** ist mindestens unvollständig. LXX Luc. ergänzt *und vor dem andern her* [zogen sie] *nach Bethel*. Dem einen הָאֶחָד muss ein zweites entsprochen haben. Man könnte nach Luc. die Sache von dem feierlichen Verbringen der Bilder nach Dan und Bethel verstehen (vgl. II Sam 6). Vielleicht stand hier etwas darüber, dass die Israeliten eifrig zu den Bildern wallfahrteten. **31** Der Höhendienst ist die zweite Sünde. Auf Anhöhen befanden sich mit Vorliebe die Verehrungsstätten der Gottheit; בָּמָה bedeutet späterhin dann aber wahrscheinlich „Heiligtum" überhaupt (s. MARTI Gesch. d. israel. Rel.³ 99). Die Bestellung der Priester war wohl auch in der alten Quelle erwähnt, vielleicht mit Angabe der Namen der Oberpriester. Natürlich war das gutes Recht des Königs hier sogut, wie in Juda bei David und Salomo. Der Redaktor redet in etwas verächtlichem Ton von ihnen, weil sie nicht Leviten sind. Das waren freilich die davidischen Priester auch nicht alle. 13 33 34 wird das gleiche noch einmal berichtet, s. das. Der Chronist ergänzt unsere Notiz dahin, dass alle Leviten aus Israel ausgewandert oder verjagt worden seien — eine Logik, die von ihrem Standpunkt aus ganz im Recht ist: was hätten diese Leute auch in Israel thun sollen? **32** Zum ersten Satz vgl. das oben (S. 89) gesagte. Das eigentliche königliche Heiligtum ist Bethel, wie man sieht. יַעַל passt hierher gar nicht und ist wohl aus v. 33 heraufgekommen. LXX hat, um einen Sinn hineinzubringen, dann das folgende כֵּן ebenfalls nach v. 33 in אֲשֶׁר geändert. וְהֶעֱמִיד ist entweder mit LXX in וַיַּעַשׂ oder (KLOSTERMANNS) in לְהַעֲמִיד zu korrigieren.

### Der anonyme Prophet 12 33 – 13 34.

Das Alter der Erzählung, zu dessen Feststellung übrigens ein Blick auf den ganzen Charakter derselben genügt, ergiebt sich aus 13 2 und 32. An ersterer Stelle ist die Erzählung von Josias „Reinigung" des Gottesdienstes in Bethel (II Reg 23 15 20) vorausgesetzt; sogar Kau. geniert sich, die namentliche Nennung Josias in der Weissagung zu verteidigen (s. zu 13 2). In v. 32 ist von den „Städten Samarias" die Rede, ein Ausdruck, der erst seit dem Exil möglich war, seit es eine „Provinz Samaria" gab. Dass die Erzählung nicht vom Redaktor, sondern von einem späteren eingeschoben ist, wird auch durch die Zusammengehörigkeit von 13 33ᵇ 34 mit 12 31 bewiesen, s. zu v. 33.

Zu alle dem stimmt der ganze Charakter der Geschichte, der weit mehr an die Prophetengeschichten u. ähnl. in der Chronik als an die andern Prophetengeschichten unseres Buchs, die von unserem Redaktor bearbeitet sind, erinnert. „Die Namenlosigkeit der handeluden Personen, die Abenteuerlichkeit der Scene v. 24, die geistlose Mache der ganzen Geschichte geben das Urteil über sie an die Hand." Wir haben hier eine schöne Probe des Midrasch, d. h. der erbaulich und lehrhaft auslegenden Bearbeitung der historischen Bücher. Wenn der Chronist (II Chr 24 27) als eine seiner Quellen den „Midrasch zum Buche der Könige" nennt, und speciell für die Geschichten des Abia, des Zeitgenossen Jerobeams, den „Midrasch des Propheten Iddo" (II Chr 13 22), so wird man da wohl auch die Quelle unserer Geschichten suchen dürfen. Die spätere Zeit hat dann auch dem judäischen Propheten einen Namen gegeben, JOSEPHUS (Ant VIII 8 5) nennt ihn Jadon, der Chronist Jedo (יעדי, II Chr 9 29). Es könnte sich höchstens noch fragen, ob nicht ein älterer Kern hier überarbeitet ist. Allein nimmt man das Verdammungsurteil über Jerobeams Kultus in Bethel weg, so bleibt von der ersten Geschichte gar nichts übrig. Dieses Urteil aber ist frühestens das des Deuteronomisten, die alten Propheten wie Elias und Elisa hatten daran nichts auszusetzen. Dagegen giebt vielleicht II Reg 23 16-18 einen Anhaltspunkt für die Erklärung der Entstehung. Dort wird — ebenfalls in späterem Einschub — diese Weissagung angeführt und berichtet, dass dem Josia das Grab der beiden Propheten in Bethel gezeigt wurde und dass es erhalten blieb. Vielleicht darf man daraus schliessen, dass in Bethel auch später noch das Grab eines angeblichen judäischen Propheten gezeigt wurde und daran nun die Legende sich anschloss, wobei Reminiscenzen an Amos und sein Auftreten in Bethel unter Jerobeam II. mit untergelaufen sein mögen (s. WELLHAUSEN bei BLEEK⁴ S. 244).

**12 33** Bei dem grossen Herbstfest, bei dem der König selbst nach Bethel zum Opfern kommt, spielt der Vorgang sich ab. Der Verfasser hat v. 32 nur von einer einmaligen Festfeier verstanden. Dass die Einleitung erst zu dem Zweck verfertigt ist, um der Erzählung einen Anschluss an den Text zu verschaffen, sieht man daraus, dass die Geschichte selbst in Cap. **13 1ᵇ** die wichtigste dieser Angaben hat. Ein judäischer Gottesmann kommt בדבר יהוה nach Bethel, d. h. nicht bloss „auf göttlichen Befehl", sondern „durch das Wort Jahwes" wird er nach Bethel gelenkt vgl. v. 9 u. 17 „durch das Wort Jahwes ist mir — befohlen worden", „ist ein Wort an mich ergangen". Das Wort Jahwes ist kein bloser Schall und Laut, sondern ein reales Ding, ein substanzielles Wesen, das gleichsam den Verkehr zwischen Gott und Gottesmann vermittelt (vgl. SMEND AT. Religionsgesch. 87 464). THENIUS hat nicht Unrecht, wenn er meint, dass wir uns hier auf dem Weg befinden, der zur späteren Logoslehre geführt hat (vgl. auch I Reg 20 35, ebenfalls in einer späteren Prophetenlegende). **2** Nach KLOSTERMANN ist der Text der Weissagung verdorben, statt יאשיהו שמו muss es heissen ואיש יהוה שמו „und ein Mann, den Jahwe dazu bestimmt hat" — begreiflicherweise: der Name Josia muss um jeden Preis aus dem Text beseitigt werden, da sich das vaticinium ex eventu darin zu deutlich zeigt: das Voraussagen eines Namens Jahrhunderte vorher wagt man doch heutzutage dem Propheten nicht mehr zuzumuten. KEIL hat das aber einfacher zuwege gebracht durch die Erklärung, dass אשי nicht Eigenname sei, sondern „ein durch den Herrn gestützter" bedeute. **3** Statt יתן *er wird geben* lies mit LXX ויתן *und er gab*. Der Vers ist nicht mehr Teil des Gottesspruchs, sondern der Erzählung. דשן ist term. techn. des Opferkults (im Priestercodex vgl. Lev 1 16 u. a.) für die Asche des auf dem Altar verbrannten Opferfleisches und -fettes. **4** Die Hand des Königs, die er gegen den Gottesmann ausstreckt, verdorrt; moderner Rationalismus (KLOSTERMANN) erklärt die Lähmung „durch die Berührung mit dem durch elektrischen

Schlag zerspaltenen Altar", wodurch das Wunder schwerlich glaubhafter wird. **7** Zu וַיְדַבֵּר ist mit KLOSTERMANN nach LXX und allen Verss. לֵאמֹר zu ergänzen, was nur selten fehlt (ebenso v. 12). Der König bietet dem Gottesmann Speise und Trank an, aber diesem ist **9** *durch das Wort Jahwes befohlen worden*, im Nordreich weder Speise noch Trank zu geniessen. Zu צִוָּה אֹתִי als Subjekt das allein sinngemässe „Jahwe" zu ergänzen, ist wegen des folgenden בִּדְבַר י unmöglich. Es ist deshalb mit KLOSTERMANN entweder צִוָּה אֹתִי oder צֻוֵּיתִי *„es wurde mir befohlen"* zu lesen.

**11** Ein ungenannter alter Prophet in Bethel hört die Geschichte durch seine Söhne. Dass derselbe durchgehends als נָבִיא bezeichnet wird im Unterschied von dem judäischen „Gottesmann", ist auffallend und kann nicht zufällig sein, umsoweniger, als v. 18 der Nabi von Bethel dieselbe Glaubwürdigkeit als Prophet, wie sie der „Gottesmann" hat, für sich in Anspruch nimmt. „Gottesmann" erscheint als das höhere, Nabi als das niedere, wenn man so sagen darf. Man wird an den alten Unterschied von Ro'e und Nabi, Seher und Ekstatiker erinnert, nur dass man eben den Eindruck bekommt, dass es sich hier an unserer Stelle um eine gelehrte Reminiscenz handelt, die noch dazu nicht ganz klar und richtig ist; denn „Gottesmänner" sind beides gewesen, der Nabi so gut wie der Schauer. Statt וַיָּבוֹא בְנוֹ u. s. w. ist überall der Plur. zu lesen nach LXX und v. 12; ebenso ist mit LXX vor אֶת־הַדְּבָרִים ein ו einzusetzen. **12** Die Söhne zeigen ihm den Weg, den der Gottesmann gegangen. Statt der mass. Punktation als Kal וַיִּרְאוּ *sie sahen* lies das Hiph. וַיַּרְאֻהוּ, *sie zeigten*. **13 14** Der Prophet reitet ihm nach und holt ihn unter *der* Terebinthe ein. Man sieht wie diese heiligen Stätten von unverwüstlicher Dauer sind: die heilige Terebinthe bei Bethel (Grab der Debora) reicht in vorisraelitische Zeit zurück (Gen 35 8). Er überredet ihn **15—19** zur Umkehr und Einkehr bei dem Propheten. אִתָּךְ (nach וְלֹא־אֹסְפָה) **16** lässt LXX mit Recht weg, neben der allgemeinen Aussage „ich esse nichts *an diesem Ort*" passt es schlecht. In **17** muss entweder bei בִּדְבַר ein הָיָה ausgefallen sein (*das Wort erging an mich*) oder mit KLOSTERMANN gelesen werden דָּבָר *es wurde mir gesagt*: LXX καὶ οὕτως ἐντέταλταί μοι = כִּי כֵן צֻוֵּיתִי, wie v. 9. **18** Zu גַּם אֲנִי נָבִיא vgl. zu v. 11. Die alten Propheten erhielten ihre Offenbarungen von Gott selbst; erst seit Hesekiel und Sacharja vermitteln Engel die Offenbarung der Menschen. כִּחֵשׁ לוֹ ist keineswegs „syntaktisch unerhört" (KLOSTERMANN); ähnliche verbale Umstandssätze s. bei GES.-KAUTZSCH²⁶ 156d vgl. bes. Jer 20 15. Zur Sache vgl. die Anmerkung hinter v. 33.

**20—22** Jahwes Wort ergeht an den Propheten von Bethel; und er muss selbst, während sie bei Tisch sitzen, von diesem Worte ergriffen seinem Gast Jahwes Drohung zurufen. Zum Begräbnis unter Fremden v. 22 vgl. 2 34. **23** Er giebt ihm nun seinen eigenen Esel mit. לַנָּבִיא אֲשֶׁר הֱשִׁיבוֹ fehlt in LXX und weist sich, wie schon KLOSTERMANN erkannt hat, hierdurch und durch die ganze Art der Anknüpfung als Glosse aus, welche den Eigentümer des Esels unmissverständlich bezeichnen will. **24** Ein Löwe tötet den ungehorsamen Gottesmann, und damit jedermann sieht, dass das nicht ein gewöhnliches Unglück, sondern eine göttliche Strafe ist, thut der Löwe dem Esel nichts, sondern bleibt dann friedlich neben Esel und Leiche stehen. Das ist eine etwas abenteuerliche Situation, KLOSTERMANN möchte daher den Text so verbessern, dass er besagt: „der Esel blieb stehen und frass und rupfte Kräuter neben der Leiche". Aber der Verfasser legt Wert darauf und wiederholt es deswegen immer wieder in 25—28, dass der Löwe bei der Leiche blieb. Nicht übel ist KLOSTERMANNS Verbesserung der Worte הָעִיר אֲשֶׁר, eine auffallende Umschreibung des den Lesern bekannten Stadtnamens, in בַּשַׁעַר: *sie erzählten es unter dem Thore, wo der alte Prophet sass:* unter dem Thore der Stadt werden alle Neuigkeiten besprochen (BENZINGER Archäol. 132). Doch ist dem Erzähler solche Umständlichkeit auch zuzutrauen, wie auch 26 die wiederholte Bezeichnung des alten Propheten als dessen, der den Gottesmann zurückführte, zeigt. 26b und 27 fehlen in LXX Vat. (*nicht* in Luc.); sie sind entbehrlich und können spätere Auffüllung sein, ein Grund weshalb sie ausgefallen sein sollten, ist nicht zu sehen. 28 Bei הָאַרְיֵה ist der Artikel nicht zu entbehren und zu ergänzen. Dem Propheten thut der Löwe nichts; er kann den Leichnam ruhig nach Hause nehmen, begraben und die Totenklage halten. 29b und 30a ist bei LXX Vat. zusammengezogen: לִקְבֹּר בְּקִבְרוֹ (unter Weglassung von לִסְפֹּד), 31b erweitert durch den Zusatz ἵνα σωθῶσι τὰ ὀστᾶ μου μετὰ τῶν ὀστῶν αὐτοῦ. Der kürzere Text dürfte beidemale der ursprünglichere sein, namentlich in 31b ist das Plus der LXX eine Erklärung des in Hebr. nicht recht deutlich begründeten Wunsches. Die Erklärung trifft das Richtige: da unser Stück mit II Reg 23 16-18 von einer Hand stammen dürfte, so hat der Verfasser natürlich schon hier die Verwüstung der Gräber mit Ausnahme des Prophetengrabs im Auge. Da er jedoch den Gottesmann davon nichts weissagen lässt, ist es durch den Zusammenhang allein noch nicht klar, warum der Prophet von Bethel in einem Grab mit dem Gottesmann ruhen will. Zu בְּעָרֵי שֹׁמְרוֹן vgl. oben S. 90.

Die ganze Erzählung ist interessant für die Auffassung des Prophetentums bei den späteren Juden. Sie zeigt, wie sehr diese eine mechanische geworden ist. Der Gehorsam, der vom Propheten verlangt wird, ist so recht der blinde Cadavergehorsam. Man vergleiche damit Jeremias Verhalten in ganz ähnlicher Lage (Jer 28): auch Jeremia hat einen göttlichen Auftrag erhalten, ein Joch zu tragen (27 2), auch ihm tritt ein anderer Prophet mit Lügen entgegen, auch er lässt sich, weil er kein Wort Jahwes im Augenblicke empfängt, bereden, lässt sich wenigstens gefallen, dass Hananja ihm das Joch abnimmt und zerbricht. Aber nun wird nicht Jeremia sondern der Lügenprophet gestraft, nicht zu dem Lügner, sondern zu dem durch die Lüge verleiteten Propheten kommt das wahre Wort Jahwes. Dort bei Jeremia das freie lebendige Wort Jahwes, bei welchem wohl denkbar ist, dass es zurückgenommen und geändert werden kann — hier das zu selbständigem Wesen verdichtete Wort, das auch in kleinen Äusserlichkeiten ein starres unwiderrufliches Gesetz ist. Und auf der anderen Seite dann hier ein Prophet, der ein Gotteswort frech erfindet und im Moment nachher ein wirkliches Gotteswort erhält, das ihn zwingt, sich selbst als Lügner hinzustellen. Der Gehorsam des Löwen, der den Propheten nur töten, aber nicht auffressen, und den Esel nicht berühren darf, ist das passende Gegenstück dazu.

Dass 33 und 34 die Notiz 12 30 wiederholen, ist schon oben bemerkt. 33 gehört jedenfalls demjenigen an, der die Prophetengeschichte in den Text eingefügt hat. Auch das folgende dürfte von seiner Hand stammen. Es ist nicht sehr wahrscheinlich, dass der Redaktor zweimal unmittelbar hinter einander dasselbe mit denselben Worten (33ᵇ) sollte berichtet haben. Dagegen lag es sehr nahe, dass der Erzähler der Prophetengeschichte eine Bemerkung über die Wirkung der Weissagung auf Jerobeam beifügte. מִלֵּא יָד *die Hand füllen* ist technischer Ausdruck für die Anstellung eines Priesters (Jdc 17 5 12 Ex 28 41 u. o.). Ob als Objekt, mit welchem die Hand gefüllt wird, der Lohn zu ergänzen ist (so WELLH. Prol.⁴ 149 f.) oder, nach Analogie des Assyrischen, das Amt, das ihm übertragen wird (HALÉVY Revue des Études Juives 1890 II 207—217), kann dahingestellt bleiben (vgl. NOWACK Archäol. II 120 f.). Statt וַיְהִי כ schreibe entweder mit LXX וַיְהִי כֹהֵן לְבָמוֹת oder mit Jon. im Plur. וַיְהִי כֹהֲנֵי כ. Statt בַּדָּבָר (*er gerichte durch diese Sache zur Versündigung*) lies mit LXX הַדָּבָר *dies* gerichte zur Sünde u. s. w.

### Ahias Weissagung gegen Jerobeam 14 1—18.

Die Anknüpfung der prophetischen Weissagung an die einzelne sonst unwichtige Geschichte der Erkrankung des Sohnes Jerobeams hindert, dass man das ganze in die Reihe der vom deuter. Redaktor beliebten, bei passenden Gelegenheiten eingeschobenen Prophetenreden einordnet. Dies umsomehr, als auch von dieser Geschichte der Parallelbericht in S² vorliegt (13 1—13 LAGARDE = 12 24ᵏ—ᵘ SWETE, während in S¹ bei Vat. u. Luc. die Wiedergabe des Hebr. fehlt), der ganz wie die anderen Parallelerzählungen in der Jerobeamgeschichte sich gegenüber dem hebr. Text als der ursprünglichere ausweist. Der Hauptunterschied liegt darin, dass S² die Geschichte in die Zeit verlegt, ehe Jerobeam König ist, ziemlich bald nach seiner Rückkehr aus Ägypten. Er wohnt noch in seiner Heimatstadt Sereda, die er sich befestigt hat (s. oben S. 82). Jede Beziehung auf Regierungshandlungen Jerobeams fehlt vollständig. Der Prophet und Jerobeam sind noch nicht in Berührung gekommen (wie bei Hebr. v. 2ᵇ); Ahia wird überhaupt erst hier in der Erzählung eingeführt als eine bisher noch nicht erwähnte Persönlichkeit. Die Beurteilung Jerobeams vom deuteron. Standpunkt aus, die im hebr. Text einen so breiten Platz einnimmt, fehlt ganz. Doch lassen sich gerade an diesem Punkt die Ansätze zu den Erweiterungen im Hebr. nachweisen. Die Frage, ob auch der Text von S² schon überarbeitet ist, und wie sich literarisch die beiden Texte zu einander verhalten, wird nach der Einzelerklärung weiter unten zu besprechen sein. Vgl. WINCKLER Alttest. Untersuchungen S. 12 ff.

**1** *Jerobeams Sohn erkrankt.* Der Name desselben, Abia, wird in S² nicht angegeben; denn unmittelbar voraus geht hier die Erzählung seiner Geburt. Ebenso fehlt in S² die Zeitbestimmung בָּעֵת הַהִיא *zu jener Zeit*, womit im Hebr. eine Anknüpfung mit dem vorhergehenden hergestellt wird, die in S² unnötig ist. *Jerobeam sendet* **2** *sein Weib zu dem Propheten Ahia.* S² giebt hier und v. 8 9 (.4ᵏ 24¹) den Namen der Frau, *Ano*, gemäss der vorhergehenden Erzählung von Jerobeams Verheiratung mit Ano, der Schwester der Tachpenes (s. S. 82). Dies beweist, dass literarisch die beiden Erzählungen zusammenhängen; der Erzähler unserer Geschichte in ihrer jetzigen Form hat aus jener den Namen für die Frau Jerobeams entlehnt. Von der Verkleidung, welche Jerobeams Frau anlegen muss, weiss S² nichts, sie ist ja noch nicht Königin, also braucht es das nicht. Auch 2ᵇ, welcher die Verbindung mit der im Hebr. vorausgehenden (in S² erst nachfolgenden) Geschichte 11 29 ff. herstellen soll, fehlt natürlich in S². Dort wird Ahia als ein bis dahin Unbekannter hier erstmals eingeführt: καὶ ἄνθρωπος ἦν ἐν Σηλὼ καὶ ὄνομα αὐτῷ Ἀχιὰ etc. Statt לְמִי, das unbrauchbar ist, lies mit THENIUS nach LXX

Alex. u. a. Verss. לִמְלֹךְ *dass ich König werden soll.* **3** Der Gottesmann wird wie Samuel (I Sam 9 7 f.) für seine Auskunft bezahlt mit Broten (die Zahl 10 fehlt in S²) und Kuchen(?), נִקֻּדִים, was LXX Alex. mit κολλυρίδα, S² mit κολλύρια wiedergiebt. Alex. hat nach S² den Zusatz τοῖς τέκνοις αὐτοῦ καὶ σταφίδας (S³ σταφυλήν) = צִמּוּקִים. Diese Belohnung des Propheten spricht für das Alter der Erzählung. **4** Die Frau macht sich auf den Weg zum Propheten; S² fügt hinzu ἐκ Σαριρα (7 — 24ᵇ), ebenso wie nachher (v. 10 13 — 24¹ ᵃ) εἰς Σαριρά. Dass wirklich Σαριρα = Serēdā als Wohnsitz Jerobeams in der ursprünglichen Erzählung angegeben wird, ergiebt sich (auch wenn auf die Nennung in S², die nachgetragen sein könnte, nicht viel gegeben wird) aus S² v. 13 (24ᵃ) = Hebr. v. 17. Hier liest der mass. Text Tirṣa, aber auch S¹ Alex. hat Σαριρά. Eine Änderung von תרצה in צרדה kann, weil im Zusammenhang des Hebr. ganz sinnlos und unerklärlich, nicht angenommen werden. Wohl aber konnte und musste, nachdem einmal die Erzählung in die Königszeit Jerobeams verlegt war, an Stelle des nunmehr unmöglichen Serēdā das allein wahrscheinliche Tirṣa, die spätere Residenz der Könige, gesetzt werden (vgl. WINCKLER a. a. O. S. 14). **5** Dem Propheten ist (ganz wie einst Samuel I Sam 9 15 ff.) vorher geoffenbart worden, dass Jerobeams Frau zu ihm kommen werde. Dies fehlt in S² und ist späterer Zusatz, um zu erklären, wie der Prophet, der nichts sieht, sie doch in ihrer Verkleidung erkennt (5ᵇ 6ᵃ). S² dagegen stellt die Sache so dar, dass der Prophet es im Geiste sieht, wie sie zur Stadt hereinkommt, und ihr sogleich seinen Diener entgegenschickt mit der Mahnung, sie solle eilends kommen, da er ihr Böses zu künden habe. Statt וַיְהִי lies nach LXX Alex. וַיְהִי; das zweite וַיְהִי 6 12 ist dann überflüssig. Der mass. Text verstand den Satz als Fortsetzung des Gottesspruchs: *und wenn sie kommt, so wird sie verkleidet sein,* wodurch dann die Einsetzung des zweiten וַיְהִי v. 6 nötig wurde. **6** Die Frage in Hebr. *warum verstellst du dich* passt schlecht in den Zusammenhang mit dem folgenden *da ich dir doch böses künden muss,* wogegen die Frage bei S² *warum bringst du mir diese Geschenke* um so besser am Platz ist: auch Geschenke können nichts daran ändern, dass der Prophet Unglück künden muss, der Unglücksbote will keine Gabe. **7—11** Die eigentliche Antwort, die Jerobeams Frau wissen will, kommt erst v. 12. Der ganze Auftrag an Jerobeam v. 7-11 ist nach Inhalt und Form leicht als Eigentum des deuteron. Redaktors zu erkennen, was zum Überfluss noch dadurch bestätigt wird, dass der Abschnitt in S² ganz fehlt. *Du hast übler gethan als alle deine Vorgänger* (v. 9) passt bei Omri (16 23), Ahab (16 30) und den späteren, aber hier bei Jerobeam, der noch gar keinen schlechten Vorgänger gehabt hat, verrät es die etwas gedankenlose Anwendung der Formel, die für die besonders bösen Könige geprägt war. עָצוּר וְעָזוּב (v. 10), ist eine mehrfach wiederkehrende Phrase (Dtn 32 36 u. a.), welche die Gesamtheit alles Männlichen bezeichnet und mit THENIUS als „unmündig" (puer qui domi detinetur) und „mündig" (emancipatus) erklärt werden kann. Vielleicht ist der Ausdruck aber auch ursprünglich gottesdienstlicher Terminus: עָצוּר = wer unter dem Tabu ist, d. h. gottesdienstlich unrein, unfähig zum Gottesdienst (vgl. ROB. SMITH, Rel. of Semites² 456). Die Bedeutung der Worte im juristischen Sinn, in dem sie offenbar hier gemeint sind, ist nicht bekannt. Die Strafe der Verwüstung wird dadurch verschärft, dass den Nachkommen Jerobeams auch das Begräbnis abgesprochen wird (s. zu 2 31). **12 13** Die eigentliche Auskunft wegen des kranken Knaben wird dahin gegeben, dass er sterben wird, sobald seine Mutter nach Hause kommt. In S² ist dies packender erzählt: wenn du in deine Heimatstadt Sareira kommst, werden dir deine Mägde entgegenkommen mit der Botschaft „der Knabe ist gestorben", und werden ihm die Totenklage anstimmen. Die Thatsache, dass dieser Sohn Jerobeams eines natürlichen ehrlichen Todes stirbt, beklagt und begraben wird, muss angesichts der eingeschobenen Weissagung v. 10 11 gerechtfertigt werden: es fand sich an ihm etwas, was vor Jahwe wohlgefällig war. Mit der Weissagung hat auch diese Erklärung in den Text von S² nachträglich Aufnahme gefunden. **14** Auch die Drohreden v. 14-16 gegen Israel fehlen in S² ganz. Der Schluss von v. 14 היום זה etc. ist unverständlich. Da auch LXX den verdorbenen Text gelesen hat, ist zu einer Verbesserung kein Anhaltspunkt vorhanden. **15ᵃ** Der Anfang *Jahwe wird Israel schlagen* passt nicht zur Fortsetzung *wie das Rohr im Wasser schwankt*, es muss ein Satz, zu welchem die Vergleichung passt, wie etwa *und Israel wird schwanken*, ausgefallen sein. Möglicherweise könnte der Anfang von v. 16, der im jetzigen Kontext keinen Sinn giebt, hier gestanden haben: *er wird Israel machen wie das Rohr, welches im Wasser schwankt* (zu נוד vgl. I Reg 10 28) s. unten. **15ᵇ 16** Die Strafe ist doppelt motiviert, 15ᵇ = 16ᵇ. Die Formulierung in 16ᵇ *die Sünde Jerobeams, die er selbst sündigte und womit er Israel sündigen machte* ist an sich die bessere und jedenfalls im Zusammenhang die allein passende: von Ascheren (15ᵇ) ist bei Jerobeam ja gar nicht die Rede; sie sind von einem Späteren in schematisierender Weise nachgetragen. Es kommt noch dazu, dass 15ᵇ stilistisch hart ist; KLOSTERMANN hat mit Recht darin eine Zusammensetzung aus zwei Sätzen (beides Randglossen) erkannt: יען אשר הם מכעסים *weil sie Jahwe gereizt* und יען אשריהם אשר עשו *wegen ihrer Ascheren, die sie gemacht*. Das Eindringen dieser Randglossen hat vielleicht zur Verwirrung des Textes Veranlassung gegeben. **17 18** Jerobeams Frau geht nun heim; wie sie die Schwelle des Hauses betritt, stirbt der Knabe. S² hat der Weissagung besser entsprechend: ὡς εἰσῆλθεν εἰς Σαρειρα καὶ τὸ παιδάριον ἀπέθανεν καὶ ἐξῆλθεν ἡ κραυγὴ εἰς ἀπάντησιν αὐτῆς.

Es ist schon bemerkt worden (s. zu v. 12 13), dass auch der Text von S² überarbeitet ist. Die Weissagung des Untergangs der ganzen Familie Jerobeams ist schon dadurch als Einschub gekennzeichnet, dass sie zusammengehörige Satzteile auseinanderreisst. Auch ist sie in S² weder im Text selber, noch im Zusammenhang, in welchem die Geschichte erzählt wird, begründet. Es ist vielmehr ganz undenkbar, dass der Erzähler den Ahia vorher die göttliche Verwerfung und nachher die göttliche Erwählung zum König sollte aussprechen lassen. Nun kann dieser Einschub nicht aus dem Hebr. herübergenommen sein (wie WINCKLER u. a. O. S. 12 f. meint). S² bringt jetzt diese Weissagung in einer gegenüber dem Hebr. wesentlich kürzeren, einfacheren Form (von Hebr. v. 10 nur ἰδοὺ ἐγὼ ἐξολοθρεύσω τοῦ Ἰεροβοαμ οὐροῦντα πρὸς τοῖχον und dann wie Hebr. v. 11). Warum der Interpolator diese Weissagung, wenn er sie schon für das wichtigste hielt, nicht vollständig und wörtlich herübergenommen, wäre schwer zu erklären. Dagegen ist der hebr. Text verständlich als Überarbeitung und Erweiterung des jetzigen Textes von S² mit anderen Worten: Der jetzige Text von S² bildet die erste Stufe der Überarbeitung; nachdem einmal hier die Unglücksweissagung gegen das ganze Haus eingetragen war, schlossen sich leicht die weiteren, ausführlicheren Strafreden daran an. Damit war dann überhaupt auf Jerobeams Regierungsmassregeln Bezug genommen, es musste demnach die Geschichte verstanden werden als nach dem Regierungsantritt spielend. Das hatte zur Folge die Umstellung hinter die andere Weissagung des Ahia an Jerobeam, die Reichsteilung betreffend, und die Eintragung mancher für den deuteron. Redaktor ganz charakteristischen Sätze. Dass dieser den Text von S² sollte gemacht haben, erscheint kaum glaublich, während fast bei jedem einzelnen Stück des Hebr. die Umstellung und die Bearbeitung des Textes aus den allgemeinen Grundsätzen, nach denen der Redaktor gearbeitet, sich erklären lässt, und nicht minder leicht die einzelnen Auslassungen, Zusätze und Korrekturen als Konsequenz der Umstellungen erkenntlich sind, vgl. z. B. die Verkleidung der Frau, der Hinweis auf Ahias andere Weissagung, die Änderung von Sarira in Thirza. Auch in den ersten Versen hat S² Zusätze erfahren, die ebenfalls nicht aus Hebr. stammen können.

**19 20 Redaktionelle Schlussformel.** Quelle für die Kriege und die Regierungsmassregeln Jerobeams ist das Buch der Zeitgeschichte Israels, s. Einleitung II. Über den Krieg mit Ahia vgl. zu 15 7. Jerobeams Regierung (ob von Salomos Tod an gerechnet?) dauerte 22 Jahre.

### Die Parallelberichte S² zur Jerobeamgeschichte.

Es ist bei den einzelnen Erzählungen jeweils darauf hingewiesen worden, dass Jerobeams Aufstand, Flucht nach Ägypten und Rückkehr, die Weissagung des Propheten Ahia-Semaja, Volkstag von Sichem, der Kriegszug des Rehabeam gegen Jerobeam, die Erkrankung des Sohnes Jerobeams und die Befragung des Propheten Ahia in LXX doppelt erzählt werden, ebenso die Thronbesteigung des Rehabeam (mit den üblichen statistischen Notizen). Und zwar sind diese zweiten Berichte (S²) nicht da und dort an falscher Stelle eingesprengt, sondern sie stehen alle beieinander (hinter Hebr. 12 24, 12 25—13 32 LAGARDE = 12 24ᵃ—24ᶻ SWETE) in einer ganz guten Ordnung als eine fortlaufende Erzählung. Den Anfang macht die Notiz über Salomos Tod und Rehabeams Thronbesteigung, dann unter als erstes Ereignis aus der Regierung Rehabeams die Empörung der Nordstämme unter Jerobeam, und zwar so, dass zunächst die ganze Vorgeschichte Jerobeams erzählt wird, wie er sich unter Salomo schon empörte, nach Ägypten floh, nach Salomos Tod wieder heimkehrte, die Ephraimiten für sich gewann und seine Vaterstadt wieder zur Festung ausbaute; dann wie dort in Sereda sein Sohn erkrankte, weiterhin wie er das Volk nach Sichem berief, auf dem Weg dorthin von Ahia die Weissagung über die Trennung der Reiche erhielt, dann in Sichem der Wortführer des Volks war und König über ganz Israel wurde und im Krieg sein Königtum gegen Rehabeam behauptete. Damit schliesst dieser zweite Bericht. Geschichtlich betrachtet erscheint derselbe im Ganzen als der durchweg bessere; in diesem Zusammenhange können zum mindesten die betreffenden Ereignisse ganz gut gestanden sein; aber auch litterarisch betrachtet verdient er den Vorzug. Dass zwischen Jerobeams Thronbesteigung und dem Tag von Sichem eine längere Zeit verflossen, lässt er deutlich erkennen, die Vorgeschichte Jerobeams hat hier einen viel besseren Platz, ihr Wert liegt eben darin, das Auftreten Jerobeams und Wahl zum König zu erklären; die Prophetenweissagung von der Trennung der Reiche ist nicht minder geschickt, wenn man so sagen darf, als theologische Einleitung der Geschichte selbst unmittelbar vorangestellt, und wenn bei Befragung des Ahia Jerobeam noch nicht König war, so ist die Geschichte in S² an dem allein möglichen Platz. Auf der andern Seite ist die Unordnung bei Hebr. und S¹ gross: Die Erzählung vom ersten Aufstand Jerobeams verdankt ihre Einordnung hinter der Hadadgeschichte nur der Vergeltungstheorie des Redaktors. Die Weissagung des Ahia hat einen ganz ungeschickten Platz. Zusammengehöriges aus der Geschichte des ersten Aufstands Jerobeams ist dadurch ganz auseinandergerissen worden, die Geschichte der Befragung des Ahia ist nur durch Umdeutung am jetzigen Platz möglich, wichtiges ist überhaupt bei dieser Anordnung weggefallen. Nimmt man noch dazu, dass im Einzelnen auch ohne Rücksicht auf diesen Parallelbericht die Weissagung des Ahia an jetziger Stelle deutlich als sekundärer Einschub erkenntlich ist, sowie dass die meisten einzelnen Erzählungen von S² bei Vergleich mit den Parallelen in Hebr. und S¹ sich als die besseren und ursprünglicheren, nicht so sehr überarbeiteten gezeigt haben — so wird kein Zweifel sein können, dass S² die ältere bessere Form und Ordnung dieses Abschnitts giebt. Die Ordnung nach der natürlichen Reihenfolge der Dinge dürfte doch wohl gegenüber einer ihnen fremden Ordnung nach theologischen Gesichtspunkten die ältere sein. Dass aus dem hebr. Text ein späterer Überarbeiter — auch wenn er z. B. über Jerobeams Aufenthalt in Ägypten u. a. noch mehr aus anderen Quellen wusste — die Ordnung von S² hergestellt und durch Weglassung mancher gerade für die dtn Redaktion bezeichnenden Stellen den Wortlaut von S² herausgeschält beziehungsweise selbständig verfasst haben sollte, wird man schwer glaublich finden können.

### II. Rehabeam von Juda 14 21—30 (vgl. II Chr 11 5—12 16).

**21—24 Einleitungsformel.** S. Einleitung I. S² (12 24ᵃ SWETE — 12 25–27 LAGARDE) giebt dieselbe in Verbindung mit der Notiz über Salomos Tod (Hebr. 11 43). Der Zusammenhang ist bei S² der ursprünglichere und bessere; dass Rehabeam König wurde, hat Hebr. schon einmal erzählt (11 43). Auch der Inhalt ist bei S² vollständiger, von der Königinmutter Naama 21 wird genauer angegeben, dass sie die Tochter des Ana war, eines Sohnes des Ammoniterkönigs Naas — Hanun, Sohn des Nahas (II Sam 10 1). Eine Verschwägerung Salomos mit Hanun hat nichts unwahrscheinliches, und die Nachricht von S² erscheint angesichts von II Sam 10 12 26–31 nicht als freie Erfindung. Die regelmässige Nennung der Königinmutter kennzeichnet deren hohe Würdestellung (s. zu 15 13). Das Alter Rehabeams wird in S² Vat. auf 16 Jahre, seine Regierungszeit auf 12 Jahre angegeben. **22** LXX nennt Rehabeam als Subjekt des ersten Satzes; der ursprüngliche Text bot offenbar nach Analogie der sonstigen Form dieser Zeugnisse nur וַיַּעַשׂ, welches Hebr. aus dem folgenden unrichtig ergänzte. **23** Dass die vom kanaanitischen Baalsdienst herkommende Unzucht im Dienste Jahwes und nicht Baals betrieben wurde, zeigt Dtn 23 19 Am 2 7 Hos 4 13ff. **24** Der Artikel in הַקָּדֵשׁ ist, weil nach לֹא gewöhnlich, mechanisch beigefügt und zu streichen (GES.-KAUTZSCH²⁶ § 127g).

**25—28 Sisaks Kriegszug.** Im 5. Jahr Rehabeams unternimmt Sisak (*Šošenk*) einen Eroberungszug gegen Juda. Es ist derselbe ägyptische Pharao, der nach 11 40 den vor Salomo fliehenden Jerobeam aufnahm, der erste Pharao der XXII. Dynastie (vgl. HbA 1519f.). Die Ergebnisse des Kriegszugs sind am Tempel von Karnak inschriftlich aufgezeichnet (M. MÜLLER Asien und Europa nach altägypt. Denkmälern 1893 S. 166); die Liste der eroberten Städte umfasste über 60 israelitische und anscheinend doppelt so viel judäische Namen. Der Pharao kommt also nicht als Verbündeter seines Gastfreundes Jerobeam, um diesem zu helfen. **26** Er plündert Tempel und Schatzkammern. Statt der von Salomo verfertigten goldenen Schilde nennt LXX Vat. die von David nach II Sam 8 7 erbeuteten Schilde, wie sie auch in jener Stelle die Notiz von ihrer Wegnahme durch Sisak nachgetragen hat. Rehabeam macht statt ihrer **27** eherne Schilde. Bei dieser Gelegenheit erfahren wir auch, wozu diese Prunkschilde dienten: wenn der König in den Tempel ging, begleiteten ihn seine Trabanten mit diesen Schilden.

**29—31 Schlussformel.**  S. Einleitung III. Die Notiz 30, dass zwischen Rehabeam und Jerobeam „allezeit" Krieg war, hat der Interpolator von 12 22-24 offenbar zu streichen vergessen.  Die nochmalige Erwähnung der Mutter des Königs 31 ist mit Chr und LXX zu streichen; der Name der Königin-Mutter wird stets in der Einleitung genannt.

### III. Abia von Juda 15 1—8 (vgl. II Chr 13).

**1—6 Einleitungsformel.**  Der Name des Königs lautet nach LXX und Chr אֲבִיָּה *Abia* beziehungsweise in vollständiger Form אֲבִיָּהוּ; ob Abiam nur ein Schreibfehler ist, oder die Beseitigung des Gottesnamens bei diesem „gottlosen" König bezweckt, lässt sich nicht ausmachen.  Die Regierungszeit giebt LXX auf 6 (statt 3) Jahre an.  Abias Mutter ist eine Tochter Absaloms; da kein weiterer Zusatz dabei steht, kann nur der bekannte Sohn Davids gemeint sein. Abias Vater Rehabeam ist nach der Chronologie unseres Buches (14 21 vgl. mit 11 42) ein Jahr vor dem Regierungsantritt Salomos geboren. Da Absaloms Tod jedenfalls in das letzte Jahrzehnt der Regierung Davids fällt, so war Maacha allerdings einige Jahre älter als Rehabeam, aber unmöglich wird die Sache nicht. II Chr 13 2 ist, wie II Chr 11 19 zeigt, falsch. Josephus (Ant. VIII 10 1) bezeichnet übrigens Maacha als Enkelin Absaloms von der Thamar (II Sam 14 27), was nicht unmöglich ist. Zu בת — Enkelin vgl. Gen 29 5 בן Enkel. **4** Zu dem Ausdruck *eine Leuchte geben* vgl. 11 36, auf welche Weissagung der Redaktor hier Bezug nimmt. Dass trotz der Sünden der Davididen das Königtum bei ihrem Hause bleibt, braucht für den Standpunkt des Redaktors eine besondere Rechtfertigung, um so mehr, als im Nordreich der Verlust des Thrones für die Nachkommen die stets angekündigte Strafe ist (14 10ff. 16 3f.).  **5ᵇ** Die Ausnahme, die bei Davids Lob gemacht wird, fehlt in LXX Vat. und ist wohl Glosse eines reflektierenden Lesers; der Redaktor spendet sonst David ein uneingeschränktes Lob (11 34 38).  **6** fehlt in LXX Vat. und ist irrig aus 14 30 wiederholt, vgl. auch 15 7.

**7—8 Schlussformel.**  Der ganze Bericht besteht aus den Formeln des Redaktors. Nur die eine Thatsache, dass Krieg zwischen Abia und Jerobeam war 7ᵇ, wird von Abias Regierung erzählt, vgl. auch zu v. 9.

### IV. Asa von Juda 15 9—24 (vgl. II Chr 14—16).

**9—15 Einleitungsformel.**  **9** Der Regierungsantritt wird in LXX in Konsequenz der Lesart in v. 2 und entsprechend der Rechenweise der LXX (s. 16 8) auf das 24. Jahr Jerobeams bestimmt; Hebr. giebt nach seiner Rechenweise (s. zu v. 25) das 20. (nicht 21.) Jahr.  **12** Auch Asas Mutter heisst Maacha und wird als Tochter Absaloms bezeichnet. Ist das richtig, so ist v. 8 zu korrigieren. Ist aber nach v. 8 Asa der *Sohn* Abias, so ist בת־אֲבִישָׁלוֹם hier aus Versehen von v. 2 hereingekommen. Eine Entscheidung ist nicht möglich, doch wäre es auffallend, wenn Abias Kinderlosigkeit nicht erwähnt wäre. Ob man mit Thenius aus II Chr 13 2 den Namen Uriel von Gibea einsetzen darf, ist unsicher.  **13** Statt וַיִּסְרָהּ lies mit II Chr 15 16 und LXX חֲסָרָה. Die Königin-Mutter hat einen besonderen Ehrenrang und wohl auch ein Ehrenamt bei Hof, vielleicht als Vorsteherin des königlichen Frauenhauses (vgl. 2 19 11 19 II Reg 10 13). Was מִפְלֶצֶת ist, wissen die alten Übersetzungen selbst nicht mehr; simulacrum Priapi der Vulgata ist wohl auch geraten. Das Kidronthal, in LXX stets als χείμαρρους *Winterbach* bezeichnet, ist die die Landzunge von Jerusalem auf der Ostseite abgrenzende tiefe Schlucht (s. d. Plan von Jerusalem). **15** lies mit Ketib יַעֲשֶׂה. Wo diese Weihegeschenke vorher waren, wissen wir nicht; vielleicht in einem anderen Heiligtum Jahwes? War etwa Baesas Angriff (v. 17) Veranlassung zu ihrer Sicherung in Jerusalem?

Obwohl die Verse in ihrer jetzigen Form von der Hand des älteren Redaktors stammen, sind doch die thatsächlichen Angaben jedenfalls aus dem Annalenbuche genommen, wofür schon die Beschränkung der kultischen Massnahmen des „frommen" Königs auf die Verjagung der Hierodulen und die Beseitigung der Götzenbilder spricht; die Höhen und Ascheren bleiben auch von ihm unangetastet als notwendige Bestandteile des Kultus, was dem Redaktor nicht recht begreiflich ist. Demnach kann auch das Vergehen der Königin-Mutter, wenn die Nachricht darüber aus der alten Quelle stammt, nicht in einfacher Ausschmückung einer Aschera liegen, sondern nur in offenkundigem Götzendienst. Die Deutung der Vulgata ist eigentlich die einzig brauchbare. Die andere Möglichkeit ist die, dass der Ausdruck vom Redaktor herrührt, der sich unter Aschera die Göttin Astarte denkt, welcher die Königin-Mutter ein Bild errichtet hätte.

**16—22 Der Krieg mit Israel.** **17** Baesa von Israel zieht gegen Juda und beginnt, in Rama Benjamin (dem heutigen *er-Râm*, nur 2 Stunden nördlich von Jerusalem), eine Zwingburg zu erbauen, um von hier aus Jerusalem im Schach zu halten und vom Verkehr abzuschneiden. **18** Asa greift zu dem verzweifelten Mittel, die Syrer herbeizurufen: er rafft zusammen, was an Schätzen im Tempel und Palast von Sisaks Plünderung her (14 25) noch übrig ist — zu der Nachricht, dass der Tempelschatz eben erst neugefüllt worden (v. 15), stimmt das nicht gut — und schickt das Gold an Benhadad, den Sohn Tabrimmons, des Sohnes Hezjons. Thenius identificiert letzteren mit Rezon (LXX Ἐσρων 11 23) und hält חֶזְיוֹן für die richtige Namensform. Winckler dagegen (Alttest. Untersuchungen 60ff.) will den Namen nach LXX (Luc. Ἀζαηλ, Vat. Ἀζιν) in Hazael korrigieren. Eine Entscheidung ist nicht möglich. Über Benhadad s. zu 20 1. **19** Das „Bündnis" mit Benhadad ist natürlich ein Abhängigkeitsverhältnis wie bei Ahab (20 3f.); was *berith* bedeutet, zeigt 20 34. **20** Benhadad leistet der Aufforderung Folge, fällt in Israel ein und nimmt eine Anzahl von Städten ein (vgl. II Reg 15 29). Ijjon wird mit aller Wahrscheinlichkeit auf dem Hügel *Tell Dibbîn*, der sich über der wasserreichen kleinen Ebene *Merdsch 'Ijun* erhebt, gesucht (Robinson N. Bibl. Forsch. 490 ff.). Abel bet Maacha (I Chr 16 4 Abel Maim, vgl. auch II Sam 20 18 und II Reg 15 29) ebenso wahrscheinlich in *Ibil el-Kamh* am *Derdâra*, einem rechtsseitigen Nebenfluss des Jordan, ca. 1½ Stunde westlich von Dan gelegen (Robinson N. Bibl. Forsch. 488 f.). Über Dan s. zu 12 29. Kinnaroth, sonst Name des Genezareth-Sees (Num 34 11 u. a.) und Name einer Stadt am Westufer desselben (Jos 19 35), ist hier Bezeichnung eines Landstriches — „das Land Genezareth" (Mt 14 34), die Uferebene *el-Ghuwēr* im Westen des Sees, deren Fruchtbarkeit von Josephus in überschwenglichen Worten gepriesen wird (Bell. Jud. III 10 8; vgl. HbA 500 ff.).

Zu Naphtali vgl. 4 14. **21** Daraufhin *kehrt* Baesa *nach Thirsa zurück*; lies mit Klostermann nach LXX וַיָּשָׁב תִּרְצָתָה. Welcher König Thirza an Stelle von Sichem zur Residenz gemacht hat, wird in unserem jetzigen Königsbuch nicht erzählt (vgl. zu 14 17 und 15 33). Der schön gelegene (Cnt 6 4) Ort wird Jos 12 24 als kanaanitische Königsstadt genannt; die Identifikation mit *Tallūsa* (Robinson Neuere Bibl. Forschungen 396 f.) ist wenig wahrscheinlich. **22** mit dem Material von Rama bauen die Juden zwei Grenzfestungen: Geba Benjamin, das heutige *Dscheba'* (Baedeker Paläst.⁴ 116), und Mizpa, das heutige *en-Nebi Samwīl*, auf dem höchsten Berg der Umgebung Jerusalems (Baedeker Paläst.⁴ 114), vgl. auch Jer 41 9.

**23 24 Schlussformel.** Die Siege Asas zu wissen, wäre sehr interessant, dem Nordreich gegenüber konnte er sich solcher nicht rühmen. II Chr 14 8 ff. erwähnt einen Sieg über den Äthiopenkönig Serach. **24** „Stadt Davids" ist Eigenname, der Zusatz אביו passt deswegen nicht und ist nach LXX zu streichen.

## V. Nadab von Israel 15 25—32.

**25 26 Einleitungsformel.** Asa kommt im 20. Jahr Jerobeams zur Regierung, in Asas zweitem Jahr wird Nadab König. Jerobeam werden 22 Regierungsjahre gegeben (14 20). Es ist also das 21. (nicht das 20.) Jahr Jerobeams = 1. Jahr Asas. Diese Rechnungsweise ist im Hebr. nicht die gewöhnliche, vgl. v. 25 28: Nadab regiert 2 Jahre und wird im 3. Jahr Asas ermordet, also ist das 2. (nicht das 3.) Jahr Asas als 1. Jahr Nadabs gerechnet. Ebenso 15 1 2 9: Abia wird im 18. Jahr Jerobeams König, sein Nachfolger im 20. Jahr Jerobeams und doch hat Abia 3 Regierungsjahre (s. zu 16 5 und Einleitung VI).

**27—30 Der Aufstand Baesas.** **27** Die Empörung bricht aus während der Belagerung von Gibbeton, einer starken philistäischen Festung, die auch unter Ela vergeblich belagert wurde (16 15ff.). Es ist also eine Militärrevolution und Baesa mag Feldhauptmann gewesen sein, wie Omri (16 16) und andere seiner Nachfolger. Nach gut orientalischer Sitte ermordet der neue König auch die ganze Familie seines Vorgängers **29 30**, worin der Redaktor natürlich die Erfüllung der Weissagungen an Jerobeam (14 10 ff.) erblickt. Da הַכְעִים כָּעַם gut hebräisch ist (vgl. 21 22), so braucht man nicht mit Klostermann אֲשֶׁר הִכְעִים als Glosse zu streichen. Es liegt kein Grund vor, v. 27 und 28 der alten Königsgeschichte ab- und dem Redaktor zuzusprechen.

**31 32 Schlussformel.** Die Bemerkung **32** passt nicht hierher und fehlt in LXX. Sie ist aber vielleicht doch nicht zu streichen: in den Annalen der Könige Israels wird so gut eine solche Notiz gestanden haben, wie in denen der judäischen Könige (vgl. Einleitung II), allerdings wohl bei Baesa und nicht bei Nadab.

## VI. Baesa von Israel 15 33—16 7.

**33 34 Einleitungsformel.** Über die Person Baesas s. zu v. 27. Er ist der erste König, von dem berichtet wird, dass er zu Thirza (s. zu v. 21) regierte; es ist nicht unwahrscheinlich, dass er als Anfänger einer neuen Dynastie die neue Residenz wählte.

**16 1—4 7 Die Prophetenlegende.** Dem Anfänger einer neuen Dynastie wird wegen seiner Frevel der Untergang seines Hauses durch einen Propheten verkündigt, ein im übrigen ganz allgemein gehaltenes vaticinium ex eventu geschöpft aus v. 11. Die Weissagung steht jetzt doppelt da: v. 1-4 in ausführlicherer, v. 7 in kürzerer Form. Das wäre an sich nicht auffallend, aber v. 7 bietet einen sehr schlechten Text: die Anknüpfung mit גַם ist auffallend, die Strafverkündigung ist nicht ein Wort *an* (אֶל) den König, sondern *gegen* (עַל) ihn und *an* den Propheten (so richtig v. 1), der Inhalt der Strafe ist mit „dass er sein soll wie das Haus Jerobeams" sehr schlecht und nicht nach sonstiger Art des Redaktors bezeichnet, endlich wenn am Schluss noch ein zweiter Grund für die Strafe nachträglich angeführt wird, nämlich dass Baesa das Haus Jerobeams gemordet habe, so ist das stilistisch schlecht und sachlich ungereimt: dafür dass Baesa das Werkzeug der göttlichen Strafe gewesen, kann er doch nicht selbst gestraft werden. Sehr einleuchtend ist daher KLOSTERMANNS Konjektur, wonach hier ursprünglich ein Gotteswort *an* Baesa stand, das ihm die Vernichtung des Hauses Jerobeams auftrug, wie dies II Reg 9 7 der Redaktor auch bei Jehu einfügt: *Es war aber auch durch Jehu das Wort Jahwes an Baesa ergangen, dass er das ganze Haus Jerobeams schlagen sollte um des Bösen willen, das er in den Augen Jahwes gethan, indem er ihn durch das Machwerk seiner Hände reizte.* Aber die Stellung hier ist sonderbar und jedenfalls nicht vom Redaktor; der Vers muss also späterer Zusatz sein (etwa vom jüngeren Redaktor). Dass er dann nach v. 1-4 umgewandelt wurde, ist begreiflich; ein Schreibfehler (לִהְיוֹת כְּ für לְהַכּוֹת) mag den ersten Anlass gegeben haben (KLOSTERMANN).

**5 6 Schlussformel.** LXX fügt hinzu *im 20. Jahre Asas* (Var. 28. Jahr, s. FIELD). Letztere Zahl ist die richtige nach der in LXX überwiegenden Rechenweise, wobei die Regierungsjahre einfach addiert werden: Jerobeam 22 + Nadab 2 + Baesa 24 = 48. Rehabeam 17 + Abia 3 + Asa 28 = 48 Jahre (vgl. zu 15 25 und Einleitung VI). Dass Baesa eines friedlichen Todes stirbt und in seinem Familiengrab begraben wird, ist auffallend angesichts der Weissagung v. 3 4. Vielleicht ist die Weissagung späterer Zusatz und nicht Zuthat des älteren Redaktors.

### VII. Ela von Israel 16 8-14.

**8 Einleitungsformel.** Bemerke auch hier die Rechenweise: Baesas Regierungsantritt im 3. Jahr Asas, Regierungsdauer 24 Jahre, sein Tod im 26. Jahr Asas. Das Zeugnis fehlt hier ohne ersichtlichen Grund. Die Zeitangabe ist in LXX nach v. 6 hinaufgeraten, ein äusseres Zeichen, dass v. 6 und 8 ursprünglich zusammenstanden.

**9-12 Verschwörung Simris.** Auch hier handelt es sich um eine Militärrevolution; wie v. 15 zeigt, benutzte der Verschwörer die Gelegenheit, wo das Haupttheer im Felde war. Arza, der Hausminister, mag mit im Einverständnis gewesen sein. Die Zeitangabe 10 fehlt in LXX, der Vergleich mit 15 28 zeigt aber, dass sie ursprünglich ist. Auch hier die Rechnung: Regierungsantritt im 26. Jahr, Dauer 2 Jahre, Tod im 27. Jahr Asas. **11ᵃ** Von der Dublette מַמְלִכוֹ (so ist nach 15 29 zu lesen) und שָׁבְתוֹ עַ ist nach 15 29 das zweite Glied als Glosse hereingekommen. Der Schluss von 11ᵃ לֹא הִשְׁאִיר לוֹ fehlt in

LXX und ist, wie die Fortsetzung 11ᵇ zeigt, nachträglicher Einschub aus 14 10. Auch 11ᵇ und 12ᵃ fehlen in LXX; die ganze Auslassung ist durch das Abgleiten eines Schreibers vom ersten בְּעַשָׁא בָּיִת auf das zweite veranlasst. Diese Notizen stammen jedenfalls aus der Königsgeschichte; dagegen ist 12 · 13 Reflexion des Redaktors und zwar des jüngeren (Rd²), denn es scheint, dass derselbe das Zeugnis über Ela vermisste und deswegen mit der Bezugnahme auf v. 1 ff. eine entsprechende Bemerkung (v. 13) nachtrug.

**14 Schlussformel.** Die Nachricht über das Begräbnis fehlt; Ela wie Nadab scheint kein ehrliches Begräbnis gefunden zu haben. Oder ist die Nachricht nur weggelassen mit Rücksicht auf die entsprechende prophetische Weissagung 14 11 16 4?

### VIII. Simri von Israel 16 15—22.

**16ᵃ Einleitungsformel.** Zur Synchronistik vgl. 15 25 u. a. LXX Vat. hat keine Zeitbestimmung; Luc.: im 22. Jahre Asas entsprechend der irrigen Zahlenangabe in v. 8 LXX. Die 7 Tage Regierung sind wohl gemeint bis zu dem v. 16 bezeichneten Zeitpunkt, wo Omri zum König ausgerufen wird.

**16ᵇ—19 Omris Wahl.** 16ᵇ-18 entstammen der alten Königsgeschichte. Das Heerlager vor Gibbeton (s. zu 15 27) wählt auf die Nachricht von Elas Tod Omri zum König. Nach erfolglosem Widerstand zündet Simri den Palast an und stirbt in den Flammen. Welchen Teil des Palastes אַרְמוֹן bezeichnet, wissen wir nicht. Nach Jes 25 2 (אַרְמוֹן — Burg) an die Citadelle des Palastes zu denken ist möglich, weil die Hofburg jedenfalls viele Gebäude umfasste, darunter wohl auch einen festen Turm oder dgl. Es könnte aber auch irgend ein Palast der Hofburg gemeint sein. **19** Dieses Ende ist die Strafe dafür, dass Simri in Jerobeams Wegen gewandelt u. s. w. — und doch hat er nur sieben Tage regiert! Man sieht, wie mechanisch oft der Redaktor seinen Satz von Sünde und Strafe anwendet.

**20 Schlussformel.** Es ist interessant zu hören, dass in der Königsgeschichte auch über die Verschwörungen und Thronumwälzungen näher berichtet wurde. In officiellen Annalen stand derartiges nicht.

**21 22 Tibni Gegenkönig.** **21** Das Volk spaltet sich: יִשְׂרָאֵל ist, wie der vorausgehende Artikel (הָעָם) zeigt. Glosse; לַחֲצִי fehlt in LXX und ist als unmöglich zu streichen. Die Gegenpartei — ob die Anhänger Simris? — wählt Tibni. **22** Omris Partei gewinnt allmählich die Oberhand; statt אֶת־הָעָם ist mit LXX Luc. zu lesen עַל־הָעָם oder סָהָעָם, Vat. giebt eine hübsche Variante: καὶ ἡττήθη ὁ λαὸς ὁ ὢν ὀπίσω Θαμνει. Leider wird über die Kämpfe nichts berichtet. Erst der Tod Tibnis und seines Bruders Joram scheint die Sache endgiltig entschieden zu haben. Zum Schluss וַיָּמָת תִּבְנִי hat LXX Vat. und Luc. den Zusatz καὶ Ἰωρὰμ ὁ ἀδελφὸς αὐτοῦ ἐν τῷ καιρῷ ἐκείνῳ, was nicht frei erfunden ist, sondern aus der Königsgeschichte rühren muss.

### IX. Omri von Israel 16 23—28.

**23—26 Einleitungsformel.** Der Zeitangabe **23** nach dauerte der Bürgerkrieg zwischen Tibni und Omri 4 Jahre. Weder diese Angabe, noch die der Regierungsdauer, so wie der Redaktor sie versteht, (vom Tode Tibnis an gerechnet) kann einer alten officiellen Quelle entnommen sein. Omri rechnete jedenfalls seine Regierung von seiner Königswahl in Gibbeton an. Dass hinter den 12 Jahren ausgefallen sei „in Samarien" und ebenso vor den 6 Jahren in Thirza ein „und", ist eigene Erfindung KLOSTERMANNS; im Text steht nichts davon da, dass die 6 Jahre Regierung in Thirza „auf jeden Fall" vor den 12 Jahren in Samarien gelegen sind. Das Gegenteil geht vielmehr hervor sowohl aus v. 29, wo im Widerspruch zu unserm Vers aber in sachlich richtiger Erwägung die 12 Jahre als Gesamtzeit Omris von Simris Tod im 27. Jahr des Asa an gerechnet sind (27. Jahr des Asa + 12 Jahre Omris = 38. Jahr des Asa nach der üblichen Rechnungsweise des Hebr., s. zu 15 25 33), als auch aus der Angabe der LXX, wornach Omris Sohn Ahab im 2. Jahr Josaphats den Thron bestieg (31. Jahr Asas v. 29 + 12 Jahre Omris = 43. Jahr Asas = 2 Jahr Josaphats, da Asa 41 Jahre regiert; hier die in LXX übliche einfache Zahlenaddition, wie auch v. 6 LXX), s. auch zu v. 29. **24** Die übliche Erwähnung der Residenz nötigt den Redaktor, über die Erbauung der neuen Residenz zu berichten. Die Wahl war eine vortreffliche: auf einem mehr als 100 m über einem weiten Thalkessel sich isoliert erhebenden Bergkegel gelegen, konnte Samaria zur unbezwingbaren Feste ausgebaut werden (vgl. Jes 28 1 „die stolze Krone Ephraims auf dem Haupte des fetten Thalgrundes"). יִקֶן meint eben dieses ausbauen und befestigen; dass der Ort schon vorher bebaut war, ist eigentlich selbstverständlich. Über den Namen Schomron vgl. ZATW 1885 165ff., über die Lage der Stadt und die heutigen Ruinen bei *Sebastije* vgl. BAEDEKER Paläst.[1] 253f. **25** Die Bemerkung über die Erbauung der neuen Residenz unterbricht die Einleitungsformel, deren zweiter Teil nunmehr folgt. Was an der Regierung Omris den besonders heftigen Tadel des Redaktors herausgefordert, erfahren wir leider nicht.

**27 28 Schlussformel.** Einleitungs- und Schlussformel bilden den ganzen Bericht über die ereignisreiche (s. STADE Gesch. Isr. 1 520 ff. und vgl. 1 Reg 20 34) Regierung. Das dürfte mit dem Unwillen des Redaktors über Omri zusammenhängen. Ungünstiges hätte er wohl nicht verschwiegen. **27** Mit LXX lies וְכָל־אֲשֶׁר, wie sonst in den Verweisungen; das zweite אֲשֶׁר עָשָׂה streiche mit LXX, es steht sonst nirgends in der Schlussformel hinter גְּבוּרָתוֹ.

## X. Ahab von Israel 16 29—22 40.
### 1. Kleinere Notizen 16 29—34.

**29 30 Einleitungsformel.** LXX (16 28ᵃ·ᵇ SWETE = 16 29—37 LAGARDE) fügt hier einen Bericht über die Regierung Josaphats ein. Nach ihrer Rechnung (s. zu v. 23) regierte Omri über 1 Jahr länger als Asa, Josaphat in Juda kam in Omris vorletztem (dem elften) Jahr zur Regierung. Seine Geschichte war also hier zu erzählen nach der strengen Ordnung des Buchs. Der Regierungsantritt Ahabs fällt dementsprechend in das 2. Jahr Josaphats, nach der anderen Rechnung dagegen (bei Hebr.) in das 38. Jahr Asas. **29** Der Text von LXX ist wesentlich kürzer, der Hebr. im Vergleich zu den sonstigen Einleitungen wortreich. **30** Nach v. 25 und 14 9 ist auch hier mit LXX zu lesen רָעַ֫ם. Auch Ahab ist schlimmer als je ein König vor ihm: das wird sogleich bewiesen durch das folgende.

**31—33 Die Einführung des Baalkultus.** 31 Ahab heiratet Isebel, die Tochter Etbaals, des Königs der Sidonier, d. h. Phönikier. Über ihn vgl. PIETSCHMANN Gesch. d. Phön. 298f. Sein Name, von den Griechen (MENANDER bei JOSEPHUS Ant. VIII 13 1 2; c. Ap. I 18) Ithobalos geschrieben, dürfte Ittobaal („mit ihm ist Baal") gewesen sein. Nach der Königsliste MENANDERS berechnet PIETSCHMANN seine Regierung auf 887—856 v. Chr. Statt der unmöglichen mass. Punktation הֲנָקֵל als zwischeneingeschobene Frage (*war es etwa ein Geringes?*) ist jedenfalls mit KLOSTERMANN הֲנָקֵל zu lesen: *und das war noch das geringste*, LXX las wohl וַיְהִי לוֹ נָקֵל *es war ihm zu wenig*. Das Urteil der Geschichte über diese Heirat wird anders lauten, als das des Redaktors. Dass mit Phönizien ein so enger Freundschaftsbund geschlossen wurde, ist ein Zeichen grosser Staatsklugheit: die Einsicht in die gemeinsame Gefahr, die allen den kleinen palästinensischen Staaten von Osten her drohte, scheint Ahab als erster besessen zu haben (vgl. auch 22 2). Ganz wie Salomo baut Ahab 32 dem Gotte seiner Frau, dem phönikischen Baal, einen Altar und einen Tempel in Samarien. Dazu gehört nach allgemeiner Kultussitte auch eine Massebe (II Reg 3 2) und eine Aschera. Die Erwähnung der ersteren verbietet, die Aschera hier als Bild der Astarte zu deuten. Damit ist er selbst aber so wenig wie Salomo vom Dienste Jahwes zur Verehrung Baals abgefallen, wie der Redaktor v. 31 es ansieht. Er kennzeichnet sich vielmehr als Jahwediener dadurch, dass er seine Kinder nach Jahwe, nicht nach Baal benennt: Ahasja, Joram, Athalja; auch hat er Jahwepropheten um sich (I Reg 22 6ff. 22ff.). Weiteres über das Eindringen des Baalkultes s. unten S. 106. 33 Nach לַעֲשׂוֹת lies mit LXX noch בְּעֵסִים. Die thatsächlichen Notizen in v. 31 32 stammen aus der alten Quelle, nur ohne das Urteil.

**34 Bau von Jericho.** Die der alten Quelle entstammende Notiz fehlt in LXX Luc.; vielleicht hatte sie ursprünglich auch einen andern Platz. Die Geschichte selbst ist nicht recht durchsichtig. Jericho lag nicht bis dahin in Trümmern, sondern wird unter David als bewohnter Ort genannt (II Sam 10 5), man kann also das בָּנָה nicht vom Aufbauen der Stadt, sondern nur vom Befestigen verstehen. Übrigens gehörte Jericho zu Juda. Ob es sich um einen Unglücksfall handelt, der vergrössert und auf die Dämonen des verfluchten Orts zurückgeführt wurde, oder um Menschenopfer (KUENEN Onderz.² 233, WINCKLER Gesch. Isr. 163), können wir nicht mehr entscheiden. Jedenfalls ist die Weissagung Jos 6 26 auf Grund unserer Erzählung formuliert. Nach LXX dürfte *Achiel* der Name des Mannes gewesen sein. בֵּית הַלַּחְמִי wie בֵּית הָאֵלִי I Sam 16 1.

## 2. Die Eliageschichte Cap. 17—19 21.

Es ist allgemein anerkannt, dass die Erzählungen in Cap 17—19 und 21 nicht aus dem Annalenbuch der Könige Israels, sondern aus anderer Quelle stammen. An Stelle der bloss kurzen Notizen und Auszüge in recht trockener Form haben wir hier ausführliche, ins Einzelnste gehende Erzählungen. Das ihnen gemeinsame charakteristische Merkmal, was den Inhalt betrifft, ist der Umstand, dass im Mittelpunkt der Erzählung nicht der König, sondern der Prophet Elia steht. Und zwar sieht man leicht, dass es sich nicht nur um eine Sammlung einzelner mehr oder weniger zusammenhangloser Anekdoten handelt, die sich an den Namen des Elia angeheftet, sondern um eine ganze Geschichte desselben, die ihn als den eigentlichen geistigen Leiter des Volkes vor Augen stellen will. Das uns Erhaltene bildete deutlich eine fortlaufende Erzählung, aus der freilich grosse Stücke fehlen (s. u. und vgl. WELLHAUSEN bei BLEEK⁴ 245).

Als Erzählung betrachtet sind die Berichte nach allgemeinem Urteil Meisterstücke, die zu den besten Leistungen der hebräischen Geschichtschreibung gehören. Grosse stilistische Gewandtheit und frische Lebendigkeit zeichnen den Erzähler aus; man vergleiche z. B. nur die grossartige Schilderung der Gotteserscheinung am Horeb. Mit den einfachsten Mitteln weiss er die grössten Wirkungen zu erzielen, vgl. die Dialoge zwischen Elia und Ahab, oder zwischen Elia und den Baalspropheten. Die Heimat des Erzählers ist das Nordreich, wie 19 3 sicher beweist. Auch hat er für Ahab entschieden noch etwas mehr Sympathie, als der judäische Redaktor des Königsbuchs (s. zu 21 20-29). Für die Zeit des Ursprungs ist namentlich kennzeichnend das Urteil des Verfassers über die religiösen Verhältnisse; einerseits fehlt jede Polemik gegen den Stierdienst, was entschieden für ein hohes Alter spricht, andrerseits erscheint durch die Verfolgung der Jahwepropheten und Jahwediener übertrieben (s. zu 16 31 18 32). Nicht um systematische Verdrängung des Jahwedienstes durch den von Isebel begünstigten Baalsdienst, um bewussten Abfall des Volkes zu Baal, wie der Erzähler die Sache ansieht, handelt es sich, sondern Elia kämpft gegen den Synkretismus des Volkes, für dessen Anschauung Baal und Jahwe in eins zusammenfliessen (18 21). Dies setzt immerhin einigen Abstand des Verfassers von den Ereignissen voraus und man wird deshalb über den Anfang des 8. Jahrhunderts nicht hinaufgehen dürfen.

Die Eliageschichte ist uns nur unvollständig erhalten: gleich der Anfang fehlt, eine Einführung des Elia, die uns sagt, von wo er fortgehen, warum er fliehen muss (17 3), was Ahab und Elia miteinander hatten, dass Elia „der Verstörer Israels" genannt wird u. a. Weiter fehlt ein Bericht über die Verfolgung der Jahwepropheten, der 18 4 ff. vorausgesetzt ist. Die Ausführung des Gottesbefehls am Horeb 19 15 ist jetzt nicht mehr erzählt (s. zu d. St.). Auch über Elias Ende dürfte die Geschichte etwas berichtet haben; II Reg 2 gehört nicht zur Eliageschichte (s. das.). Gegen die Zugehörigkeit von Cap. 21 zur Eliageschichte hat namentlich KUENEN (Hist.-krit. Einl. I § 25 no. 7) Bedenken erhoben, da hier Elias Stellung eine andere als sonst, nicht die des Vorkämpfers für Jahwe gegen Baal sei. Allein die Eliageschichte ist uns nicht vollständig erhalten und so sind wir nicht berechtigt, ein derartiges Auftreten Elias in der Rolle eines Sprechers des öffentlichen Gewissens als zu der Eliageschichte nicht passend auszuscheiden, zumal da sonst alles, die ganze Art der Erzählung wie die Art des Auftretens Elias und seine Drohungen, aufs trefflichste mit den andern Stücken übereinstimmt. Von redaktionellen Eingriffen (ausser den genannten Auslassungen) ist der ganzen Art des Redaktors entsprechend nicht viel zu sehen, nur 21 20ᵇ-26 sind teilweise von ihm eingeschoben (s. das.). Sonstige bedeutendere junge Zusätze sind 18 31 und 19 9ᵇ-11 (s. das.). Die Geschichten sind begreiflicherweise gerne und mit Interesse gelesen worden; der Text giebt Zeugnis davon: der Vergleich mit LXX zeigt, dass Hebr. und LXX ziemlich häufige kleine Zusätze (Auffüllungen, erklärende Zusätze u. dgl.) aufzuweisen haben. Dieselben sind inhaltlich meist von keiner Bedeutung und deshalb auch in der folgenden Erklärung nicht immer aufgeführt.

**17 1 Ankündigung einer Dürre.** Die Art, wie ganz unvermittelt der Prophet auftritt, zeigt, dass uns der Anfang seiner Geschichte nicht erhalten ist. Nicht einmal der Schauplatz dieses Auftretens wird genannt; auf welchen Ort das מקום v. 3 geht, erfahren wir nicht. Immerhin ist Samaria das wahrscheinlichste. Dass statt des sonderbaren מתשבי der Mass. mit LXX משבי *aus Tisbe in Gilead* zu lesen ist, hat schon THENIUS erkannt. Der Ort wird durch den Zusatz von dem galiläischen Tisbe (Tob 1 2) unterschieden. Nach KLOSTERMANN kann man daraus auch יבש סימיב machen, weil die Jabesiten zu allen Zeiten „ein absonderliches Geschlecht" gewesen seien! LXX Vat. giebt die vollere Form יהוה אֱלֹהֵי צְבָאוֹת, was nach 18 15 richtig sein dürfte. Zu עֲמָדְתִּי vgl. 12 6 8. Auch MENANDER bei JOSEPH'S (Ant. VIII 13 2) erwähnt eine Dürre unter Ithobalos, welche ein Jahr dauerte. Dass eine solche als direkte göttliche Strafe aufgefasst wurde, s. zu 8 35.

**2—6 Das Wunder am Bache Krit.** Um sich zu retten, erhält der Prophet den Befehl 3, sich an den Bach Krit zu begeben. Derselbe ist *östlich* (קַדְמָה vgl. עַל־פְּנֵי) vom Jordan zu suchen unter dessen Nebenflüssen; die traditionelle Gleichsetzung mit dem *Wâdi el-Ḳelt* (BAEDEKER Paläst.⁴ 116 149) ist deshalb unmöglich. Dort soll Elia sich verborgen halten. 4 Aus dem Bach, der offenbar nicht leicht versiegt, soll er trinken (LXX fügt noch ὕδωρ hinzu). Raben werden ihn speisen. Die Eliageschichte wie die Elisageschichte hat eine grosse Vorliebe für Wunder. 6 Nach LXX bringen die Raben morgens Brot, abends Fleisch; ob das ursprünglich ist, oder Gleichmachung mit Ex 16 8, lässt sich nicht sagen.

**7—24 Die Wunder in Zarpath.** Das Speisungswunder 7—16: Nachdem der Krit vertrocknet ist, erhält Elia Befehl 8, nach Zarpath zu gehen (Sarepta Lk 4 26), einer altphönikischen Stadt, 10 röm. Meilen = 15 km von Sidon entfernt am Meere gelegen, meerwärts von dem heutigen Dorfe *Sarafand* (HbA 1814, BAEDEKER Paläst.⁴ 303). 9ff. Von einer Witwe dort erbittet er sich Brot; man bemerke die Unbefangenheit, mit welcher Elia im Ausland mit den Baalsverehrern verkehrt. 11 לְקַחִי neben קְחִי v. 10 auffallend, ist nach KLOSTERMANN aus וַיֹּאמֶר לָהּ קְחִי (LXX Luc.) entstellt. 12 מָעוֹג ist der Brotfladen, LXX ἐγκρυφίας; das Brot wurde nicht in Laiben, sondern in dünnen Fladen gebacken (BENZINGER Archäol. 85f.). Syr. hat übrigens מְאוּמָה *irgend etwas* gelesen. 31f. Das Weib gehorcht dem Wunsch des Propheten, seinem Worte unbedingt vertrauend, und wird durch Erfüllung der Verheissung belohnt. Statt בֵּיתָהּ 15 ist nach LXX (die allerdings hier wie sonst den Plural τέκνα giebt) וּבְנָהּ zu lesen; Hebr. würde weitere Familienglieder und Dienerschaft voraussetzen. Der Schluss יָמִים *geraume Zeit* widerspricht mit seiner auffälligen Beschränkung der Segensgabe auf eine bestimmte Frist der eben zuvor (14ᵇ) gegebenen Versicherung. Er passt auch nicht zum Zusammenhang, nach welchem man die Worte 15ᵇ vom Essen des auf Elias Verlangen gebackenen Brotes verstehen muss. In LXX Vat. und Luc. fehlt יָמִים ganz; SYMM., THEODOT., LXX Alex. u. Vulg. haben וּמִקְּדֵים הַהוּא gelesen und mit dem folgenden verbunden, was gut passt. KLOSTERMANNS Konjektur יוֹם יוֹם ist ebenfalls gut, aber gegen LXX.

**Die Totenerweckung 17—24.** 17 Der Sohn der Witwe wird krank und stirbt. Dass hier auf einmal die Frau als בַּעֲלַת הַבַּיִת bezeichnet wird, ist sehr auffallend. KLOSTERMANNS Vermutung, dass dies aus einer an falschem Ort in den Text geratenen Glosse בַּעֲלַת הַבַּיִת (zu שָׁם v. 19) entstanden sei, hat vieles für sich. 18 Die Schuld am Tode wird dem Manne Gottes zugemessen: er hat durch seine Anwesenheit die Aufmerksamkeit Gottes auf die Frau gelenkt und ihre Schuld Gott in Erinnerung gebracht. 20 Elia betet nun für das Leben des Kindes zu Gott. *Sogar der Witwe* (wie dem andern

Volk durch die Dürre) *hast du übles zugefügt?* Nicht, wie KLOSTERMANN will, *du hast übel gehandelt*, so erlaubt sich der Prophet nicht einmal in seiner verzweifeltsten Stimmung (19 4) mit seinem Gott zu reden. LXX οἴμοι κύριε ὁ μάρτυς τῆς χήρας hat einen verdorbenen Text gelesen י לי אוי statt אליו, עד statt על; daraus aber nun einen neuen hebräischen Text zu konstruieren (KLOSTERMANN), haben wir kein Recht. **21** Dass mit וַיִּתְמֹדֵד gemeint ist *er breitete sich aus*, zeigt II Reg 4 34 35, welche Geschichte der unsrigen nachgemacht ist. **22—24** Gott erhört Elias Gebet, und das Weib spricht das Bekenntnis aus, dass Jahwe, der durch den Propheten geredet, ein Gott der Wahrheit ist (24 fin.). Man sollte eher erwarten: ein mächtiger Gott; die Tendenz aller dieser Prophetengeschichten, zum strikten Glauben an das Prophetenwort und zu unbedingtem Gehorsam zu mahnen, hat dem Gedanken diese Wendung gegeben.

**18 1—16 Das Gottesgericht am Karmel.** Elias Begegnung mit Obadja. **1** Elia erhält den Befehl, sich Ahab zu zeigen, da es wieder regnen soll. Dies geschieht im dritten Jahr nach der Ankündigung der Dürre (17 1). **2 3** In Samaria ist inzwischen grosse Hungersnot eingetreten; Ahab geht selbst **5 6** mit seinem Hausminister (s. zu 4 6) Obadja auf die Suche nach Gras fürs Vieh, eine etwas abenteuerliche Vorstellung. Das Zusammentreffen mit Elia ausserhalb von Samarien soll damit motiviert werden. Gerste, womit Pferde und Maultiere sonst gefüttert werden, giebt es schon keine mehr. Hinter לך v. 5 ergänze mit LXX וְנַעֲבֹר *wir wollen das Land durchziehen*, was wegen des Folgenden notwendig ist; sonst erginge nur an Obadja der Befehl, ins Land hinaus zu gehen. KLOSTERMANN meint, וְלֹא נַכְרִית sei unverständlich, „wenn man nicht die Pferde in Ermangelung von Gras mit Fleisch von Rindern, Ziegen und Schafen gefüttert werden lassen will." Das „will man" natürlich nicht, aber warum soll בְּהֵמָה nicht die genannten Pferde und Maultiere des Marstalls meinen, welche zum Teil abgethan werden müssten, wenn man kein Futter auftreiben kann? **3b 4** Dazwischen hinein ist die Bemerkung eingeschoben, dass Obadja einst bei Verfolgung der Jahwepropheten durch Isebel hundert derselben versteckt habe (nach LXX und v. 13 lies חֲמִשִּׁים doppelt — *je fünfzig*). Diese Verfolgung muss jedenfalls in der Eliageschichte erzählt gewesen sein und im Zusammenhang damit — nicht wie jetzt an ganz ungeeignetem Ort — auch Obadjas That. Nachdem der Redaktor jene Geschichte ausgelassen, musste er diese wenigstens kurz bei Beginn unserer Erzählung erwähnen, weil Obadja sich nachher darauf bezieht v. 13. Zu dem Treiben der Prophetenhaufen vgl. I Sam 10 10ff.: es ist sicher nicht zufällig, dass unter David und Salomo, in politisch im Innern ruhigen Zeiten, von ihnen gar nicht die Rede ist, während sie nunmehr in erregter Zeit ganz plötzlich wieder auftauchen. **7** Wie Obadja seines Weges dahinzieht, steht plötzlich vor ihm Elia. Statt וַיַּכִּרֵהוּ *er erkannte ihn* hat LXX ἔσπευσεν וַיְמַהֵר *er eilte*, was weniger gut ist. **8** Er erhält den Auftrag, Elias Gegenwart Ahab zu melden, weigert sich aber zuerst **9 10**; denn Ahab hat alle Völker und Königreiche — ein stark hyperbolischer Ausdruck für „das ganze Israel" — nach Elia aussuchen lassen und alle Welt beschwören lassen, dass sie den Elia nicht gesehen.

**11 12** Wollte Obadja dem Ahab melden, dass Elia da sei, während inzwischen der Geist diesen — wer weiss, wohin? — entführt, so müsste er das mit dem Tode büssen. Also Elia erscheint und verschwindet ganz plötzlich wie ein Zauberer, „vom Geiste Jahwes getragen" (vgl. II Reg 2 11).

Elia vor Ahab v. 16-19. **16** Obadja holt nun Ahab, von dem er offenbar erst kurz zuvor sich getrennt hatte (v. 6). Mit dramatischer Lebendigkeit ist die Scene geschildert, wie König und Prophet einander wieder gegenübertreten. Voraussetzung der ganzen Situation ist aber, dass die beiden sich früher schon gegenüber gestanden und Elia schon früher dem König über den Baaldienst Vorwürfe gemacht, was jetzt in unserem Buche fehlt. **18** LXX Luc. fügt אב hinzu, ein hübsches Beispiel von Hervorhebung des Gegensatzes durch Zusätze. Man bemerke, dass die Familie eines Mannes im Sinne von Verwandtschaft, Geschlecht, stets sein „Vaterhaus" בית אב heisst; das „Haus" eines Mannes bedeutet seine Hausgenossen, beim König z. B. den Hofstaat. **19** So gut wie Jahwe hat auch Baal seine Propheten, die sich in ihrem Auftreten nicht von jenen werden unterschieden haben. Wort und Sache sind bei den alten israelitischen Nebiim von den Kanaanitern entlehnt. Die 400 „Astarteprophen" gehören nicht dem ursprünglichen Text an, sondern sind später eingeschoben (in LXX auch in v. 22); in v. 22 Hebr. und v. 40, wo sie nicht fehlen durften, sind sie nicht erwähnt. Textgeschichtlich interessant ist, dass in v. 19 und 25 LXX statt des Namens Baal vielmehr das Schimpfwort בשת (αἰσχύνη) gelesen hat; dies überall statt Baal auszusprechen, war in den letzten vorchristlichen Jahrhunderten Gewohnheit; vgl. die Verstümmelung des Namens Eschbaal in Ischboschet (II Sam 2 8 u. a.). Elia und mit ihm die strenge Jahwepartei war gegen die Zulassung des Baalkults durch Ahab nicht mehr so „tolerant" wie die ältere Zeit und die Masse des Volkes, sondern sah darin ein Übertreten göttlicher Gebote (v. 18); vgl. auch zu v. 21.

Das Opfer auf dem Karmel v. 20-40. Auf dem Karmel versammelt sich das Volk und die Baalspropheten. **21** Die wörtliche Bedeutung des von Elia gebrauchten Bildes ist uns nicht mehr klar. פסח wird von allen Verss. mit *hinken* wiedergegeben; סעפים wird von LXX mit ἰγνύαι, Kniekehlen, übersetzt. Da das Wort sonst nicht vorkommt, und aus der Bedeutung der Wurzel סעף — spalten sich auch kein befriedigender Sinn für das Wort ableiten lässt, haben wir nichts besseres an Stelle der Übersetzung der LXX zu geben. Klostermanns Verbesserung von Hebr. und LXX: „was geht ihr vorüber an beiden Schwellen", statt durch die eine oder andere Thüre in ein Haus einzutreten, empfiehlt sich keineswegs durch Deutlichkeit und Richtigkeit des Bildes. Was der Prophet tadelt, ist ja gerade das, dass das Volk bei beiden, bei Jahwe und bei Baal „einkehrt". Zu dem „Einknicken in beiden Kniekehlen" (LXX) vgl. unser Bild „auf beiden Achseln Wasser tragen"; es muss dabei keineswegs „dem Jahwe zu dienen ein Hinken auf einer Seite und dieses Hinken die normale Bewegung überhaupt" sein (Klostermann). So darf man bildliche Redensarten nicht pressen. Wenn übrigens v. 26 der Tanz der Baalspropheten um ihren Altar ein „Hinken" genannt werden kann — das Wort ist hier sicher absichtlich und in gleicher Bedeutung wie v. 21 wieder gebraucht — so ist damit die Deutung der LXX bestätigt und die Wahl des Bildes zur Genüge erklärt. **22** Elia soll der einzige Jahweprophet sein; der Erzähler hat ganz vergessen, was er soeben über die Rettung von 100 solcher Propheten berichtet hat. Auch in Cap. 20 und besonders 22 6 giebt es Jahwepropheten in Menge. **23 ff.** Nach dem Vorschlag Elias bringen nun die Baalspropheten ihr Opfer. **26** אֲשֶׁר נָתַן לָהֶם passt nicht zu v. 23, wonach sie sich ihren Farren auswählen dürfen; es fehlt in LXX und dürfte späterer Zusatz sein. Statt יַעֲשׂוּ 26ᵇ lies mit LXX und allen Verss. וַיַּעַשׂ. Zu פָּסַח s. oben bei v. 21. Leider wissen wir nicht, wie dieser Tanz geschah. Man wird wohl an ein dem Hinken ähnliches Umkreisen des Altars denken müssen; seltsame Stellungen und Bewegungen des Körpers waren bei diesen gottesdienstlichen Tänzen üblich (vgl. PIETSCHMANN, Gesch. d. Phönizier 220). **27** Elia höhnt sie; er verspottet ihre Vorstellung von einem Gott, der den Kopf voll hat u. s. w. und deshalb nicht auf sie hören kann. כִּי שִׂיג לוֹ war in der Vorlage von LXX offenbar ganz verdorben, sie übersetzt, wie wenn sie gelesen hätte לוֹ וַיֵּתֵד אוּלַי דֶּרֶךְ. Einer derartigen Übersetzung zu lieb darf man aber den hebr. Text, der einen ausgezeichneten Sinn giebt, nicht korrigieren. KLOSTERMANN behauptet freilich, das Wort שִׂיג existiere nicht im Hebräischen. Aber warum denn nicht? **29 30** LXX hat hier und v. 33 36 einen mehrfach erweiterten Text; der Hebr. lässt sich leicht als der ursprünglichere erkennen. Die Zeitbestimmung nach dem täglichen Speiseopfer zeigt, dass solche auch an den königlichen Heiligtümern Israels im täglichen Gebrauch waren. Sie wurden nicht, wie Ex 29 38 ff. und Num 28 3–8 vorgeschrieben wird, am Abend kurz vor Dunkel, sondern früher am Nachmittag dargebracht (s. auch zu v. 36). Das Blut des Opfernden, an den Altar gebracht — im semitischen Gottesdienst kein seltener Brauch — stellt die innigste Verbindung zwischen dem Gott und seinem Diener her, vgl. die Bedeutung des Bluts beim Bundesschluss (vgl. ROB. SMITH Rel. of the Semites² 321 f.). **30** Nun stellt Elia den (zerfallenen) Altar Jahwes wieder her. Dass ein solcher auf dem Karmel gestanden, war einem späteren gesetzestreuen Leser anstössig; derselbe hat daher **31 32ᵃ** eingeschoben, wonach Elia aus zwölf Steinen nach der Zahl der Stämme (im Nordreich!) einen Altar baut. Dabei citiert der Glossator noch Gen 35 10 aus dem Priesterkodex. Er will damit wohl die Zwölfzahl der Steine rechtfertigen, indem er den Elia als Vertreter von Israel = Söhne Jakobs (nicht = Nordreich) handeln lässt, eine höchst ungeschichtliche Anschauung. LXX hat gemerkt, dass v. 31 32ᵃ hinter v. 30 unmöglich sind und hat den Widerspruch dadurch zu heben gesucht, dass sie die Notiz vom „Herstellen des zerfallenen Altars" erst hinter 32ᵃ gestellt unter Auslassung von הָרוּס in 32ᵃ. Um den Altar her kommt 32ᵇ ein Graben, *der den Raum von ungefähr zwei Seah Aussaat einnimmt.* בֵּית סְאָה — das Ackerland von ein Seah Weizenaussaat ist in der Mischna geradezu ein fest bestimmtes Flächenmass (784 qm; vgl. BENZINGER in HERZOG RE³ I 136). Wenn dies auch in alter Zeit nicht der Fall war, so stand doch ein gewisses Durchschnittsmass der Aussaat fest, so dass eine derartige Flächenbezeichnung wohl verständlich war. KLOSTERMANN bestreitet zwar diese Erklärung, aber wie man es machen soll, dass man einen Doppelscheffel Samen als Massstab für die Breite und Tiefe des Grabens vor Augen hat — wie er verlangt —, ist uns unklar. 34ᵃ hinter עֵצִים ist mit LXX und nach 34ᵇ einzusetzen וַיְשַׂם כֵּן. Die grosse Dürre hat der Erzähler vergessen, wenn er oben auf dem Berg das Wasser gleich bei der Hand sein lässt, und wenn 35 die 12 Krüge Wasser den grossen (s. v. 32) Graben füllen, so hat er da das Rechnen auch vergessen. 36ᵃ Der Anfang lautet bei LXX ganz kurz καὶ ἀνεβόησεν Ἠ. εἰς τὸν οὐρανὸν καὶ εἶπε u. s. w. Das wird vorzuziehen sein, da die Zeitbestimmung des Hebr. der in v. 29 gegebenen widerspricht. Einem späteren Leser, der nach dem Priesterkodex nicht anders wusste, als dass das abendliche Opfer bei Sonnenuntergang gebracht wurde (s. zu v. 29), war es darum zu thun, zu zeigen, dass Elias Opfer um dieselbe Stunde entzündet wurde, und damit zugleich die ungenaue Angabe v. 29 richtig zu stellen. 36ᵇ und 37 sind Dubletten, was in LXX noch deutlicher hervortritt dadurch, dass auch 36ᵇ beginnt ἐπάκουσόν μου, κύριε, ἐπάκουσόν μου. Luc. hat nur einen der ersten beiden Sätze in der Form von Vat. Elia ist der Wirkung auf das Volk sicher; er bittet, dass das Volk erkennen möge, dass das, was ihre Bekehrung heute veranlasst, von Jahwe geschehen ist. 38 Mit LXX und Targ. lies מֵאֵת יהוה *Feuer von Jahwe her*. Die Niedermetzelung der Baalspropheten 40 auf Geheiss Elias geschieht in der Ebene am Kison, dem heutigen *Nahr el-Mukaṭṭa'*. Die Tradition zeigt auf der Südostspitze des Karmel noch heute den „Platz der Verbrennung" *el-Muḥraḳa*.

Der verheissene Regen v. 41-46 kommt jetzt, nachdem die Strafe an den Baalspropheten vollzogen ist, unverzüglich. Die ganze Schilderung soll zeigen, wie es wirklich Elia ist, von dessen Wort es abhängt, ob es regnet (s. 17 1). 41 Ahab soll vom Kison, wo er Zeuge des Gerichts gewesen, hinaufsteigen, wohin wird nicht gesagt, irgendwo am Berg, wo ihm ein Zelt bereit ist. Er soll essen und trinken — den Tag über während den Opferfeiern hatte man gefastet — denn jetzt ist es Zeit fröhlich zu sein, da wieder Regen kommt. 42 bemerke die eigentümliche Gebetsgeste: niederkauern, den Kopf zwischen die Kniee gebückt. 43 Hinter פְּעָמִים hat LXX καὶ ἐπέστρεψεν τὸ παιδάριον ἑπτάκι, was wohl einzusetzen ist. 44 In וַיַּעֲרָכָה ist das ה durch Dittographie entstanden und zu streichen. 46 עָצַם וַיְ giebt LXX mit συνέσφιγξε wieder; der Sinn ist zweifellos, vielleicht aber ist das Wort, das sonst nicht vorkommt, falsch überliefert. Elia rennt vor dem Wagen her nach Jesreel, eine gehörige Leistung, die deutlicher als alles andere die nahe Zusammengehörigkeit Elias mit den alten Nebiim zeigt.

**19 1–18 Die Gotteserscheinung am Horeb.** 1ᵇ mit allen Verss. streiche כל und lies nur וְאֵת אֲשֶׁר, was allein sprachlich möglich ist. 2 Isebel droht den Propheten mit ihrer Rache; LXX leitet ihre Botschaft ein mit den Worten εἰ σὺ εἶ Ἠλ. καὶ ἐγὼ Ἰεζ., was zu den ausschmückenden Zuthaten gehört. Nach LXX לִי zu ergänzen (KAMPHAUSEN bei KAUTZSCH), ist nicht notwendig, vgl. I Sam 14 44. 3 Elia fürchtet sich (die Mass. hat durch die Punktation וַיַּרְא Elia von dem Vorwurf der Furcht befreien wollen) und flieht ausser Laudes — was Isebel mit ihrer Drohung gewollt — zu dem alten Heiligtum

Berseba (s. z. 5 1). Der Zusatz „welches in Juda liegt" beweist, dass kein Judäer die Geschichte geschrieben hat (vgl. v. 3). In lebensmüder Stimmung geht Elia eine Tagereise weit in die Wüste 4. Der Zwischensatz וַיָּבֹא וַיֵּשֶׁב תַּחַת רֹתֶם אֶחָד ist spätere Glosse; 5ᵃ תַּחַת רֹתֶם אֶחָד zeigt deutlich, dass vorher von diesem Ginsterstrauch nicht die Rede war. Sterben will er, weil das Mass dessen, was er, der auch nicht stärker ist als andere Menschen, ertragen kann, jetzt voll erscheint. 5 Unter einem Ginsterstrauch (eine in der Wüste *et-Tih* sehr häufige strauchartige Pflanze, vgl. HbAT 533f.) erscheint ihm im Schlaf ein Engel und speist ihn. 6 עֻגַת רְצָפִים sind wahrscheinlich „auf Glühsteinen gebackene Brotfladen" (BENZINGER, Arch. 85f.). Ohne diese göttliche Stärkung wäre 7 der Weg, der vor ihm liegt, zu weit für ihn. Er soll nämlich zum Gottesberg Horeb gehen. Es ist nicht Elias geheimer Plan, dass er dort an Jahwe appellieren will (KLOSTERMANN), sonst wäre v. 4 ein ganz unwürdiges Spiel; sondern Jahwe bescheidet ihn dorthin. Ob auch sonst von den Israeliten dorthin gewallfahrt wurde? Jedenfalls gilt dem Elia der Sinai als der Wohnsitz Jahwes; der Volksglaube, der Jahwe mit Baal zusammenwirft, lässt ihn natürlich in Kanaan wohnen. Dagegen protestiert Elia. 40 Tage und Nächte wandert Elia. Von der Lage des Horeb 8 scheint der Erzähler nur dunkle Vorstellungen einer grossen Entfernung zu haben. Den Namen Horeb gebrauchen im Pentateuch der Nordisraelite E und das Deuteronomium; sonst wird stets der Sinai als Wohnsitz Gottes genannt. Die Erzähler meinen natürlich denselben Berg. Wo derselbe gelegen, ist unmöglich zu sagen. Unser Erzähler sucht ihn in der Ferne auf der Sinaihalbinsel — wenn nicht die 40 Tage späterer Eintrag sind (vgl. WINCKLER Gesch. Isr. 29). Sonst suchte man ihn nahe an der Südgrenze des Landes bei Seir und Edom Jdc 5 4 Dtn 33 2 (SMEND Relig.-Gesch. 31 Anm.; vgl. BAEDEKER Paläst.⁴ 212 ff.). 9ᵇ—11ᵃ sind hier zu streichen als Heraufnahme von v. 14. Der Widerspruch zwischen 11ᵃ — Elia soll zuerst aus der Höhle herauskommen — und 13ᵇ, wonach er erst infolge der Theophanie heraustritt, springt in die Augen. Inhaltlich ist ebenso deutlich, dass die Unterredung mit Jahwe nicht der Vision vorausgehen kann. „Die Bedeutung der Vision wird ganz verdorben, wenn schon vorher Jahwe privatim mit Elia geredet und gleichsam gesagt hat: warte nur, gleich erscheine ich officiell, dann trag deine Klage noch einmal vor, dann will ich antworten" (WELLHAUSEN bei BLEEK⁴ 246). Im Übrigen s. zu v. 14. 11ᵇ 12 Sonst erschien Jahwe im Sturm und Erdbeben (Jdc 5 4) oder im Feuer (Ex 3 2); die Verfeinerung des Gottesbegriffs ist deutlich, der Erzähler bemüht sich möglichst, Jahwes geistiges Wesen zu umschreiben und seine geistige wirksame Gegenwart zu schildern, ohne dass grobsinnliche Vorstellungen erweckt werden. Ganz von den Symbolen kommt er so wenig los, wie ein Jesaja und Hesekiel; die Sprache der philosophischen Abstraktion ist ihm noch fremd. Darum ist aber Jahwe doch der alte eifersüchtige Gott; es ist geschmacklos, diese Theophanie so zu deuten, dass Elia dadurch eine ernste Zurechtweisung bekommen soll, dass ihm gezeigt werden soll, wie sein Feuereifer nicht zum Geiste Gottes passt, der langmütig und geduldig ist und sanft wie das stille Säuseln. Jahwes Rede v. 15f. geht aus einer anderen Tonart. **13** Das Verhüllen des Hauptes erscheint als Schutzmittel gegen den lebensgefährlichen (Gen 32 ₃₁ u. o.) Anblick der Gottheit. Vielleicht ist es Rest einer alten Sitte, sich mit dem Gewand der Gottheit zu umhüllen (MARTI Gesch. d. isr. Rel. 33). Elias Klage **14** verrät die gleiche Stimmung wie v. 4; zu 14ᵇ vgl. das bei 18 ₂₂ bemerkte. בְּרִיחְךָ fehlt in v. 10 in LXX; es dürfte zu streichen und קִבּוּץ zu lesen sein. Als Antwort erhält er den Auftrag, selbst den Vollzug des furchtbaren göttlichen Strafgerichts über Ahab und sein Haus und Israel einzuleiten. Mit der „Wüste von Damascus" ist wohl die syrische Wüste im Süden des Hauran gemeint. Inhaltlich vgl. auch zu v. 19. **18** Einen Rest lässt Gott übrig als Stamm für eine bessere Zeit, — zum erstenmal die später stets wiederkehrende Idee von dem frommen Kern, der gerettet wird. Das Küssen der Gottesbilder, heiligen Steine u. s. w. und das Streicheln derselben war weit verbreitete kultische Sitte, auch im Jahwedienst (Hos 13 ₂; vgl. WELLHAUSEN Skizzen III 105).

### 19—21 Die Berufung Elisas.

Zwischen v. 18 und 19 klafft eine Lücke; שָׁם **19** kann ursprünglich nicht, wie es jetzt der Fall ist, den Horeb gemeint haben. Von dort geht ja Elia nach v. 15 nach Damascus und jedenfalls ist er v. 19 in der Nähe von Abel Mehola (s. u.). Man wird annehmen müssen, dass hier eine oder mehrere Erzählungen aus der Eliageschichte ausgelassen worden sind. Offenbar war hier die Ausführung des göttlichen Befehls v. 15 in der dort angegebenen Reihenfolge erzählt. Die Erzählungen in I Reg 20 22 II Reg 6 8 9 10 stimmen nicht zu unserer Stelle und können nicht aus der Hand des Verfassers der Eliageschichte rühren: Hasael wird nicht von Elia sondern von Elisa, Jehu von einem Prophetenjünger gesalbt. Die Syrerkriege sind zunächst keineswegs von Ahab mit so ungünstigem Erfolg geführt worden, das Unglück kommt erst, nachdem durch Jehu der Baalsdienst schon wieder ausgerottet ist und Jehu selbst hat darunter zu leiden; Elisa aber spielt in unseren Texten überhaupt nicht die Rolle, die ihm dort zugeschrieben wird. Die Eliageschichte hat jedenfalls eine Darstellung dieser Vorgänge (wenigstens der Salbung Hasaels und Jehus) gehabt, die zu v. 15 stimmte, und der natürlichste Platz für dieselbe war hier. Der Redaktor liess sie weg, weil er die Erzählungen über die politischen Vorgänge einer anderen Quelle entnahm.

**19** Zu שָׁם s. die Vorbemerkung. Die Weihe Elisas zum Nabi und Nachfolger Elias erfolgt dadurch, dass er den Prophetenmantel ihm überwirft. Das „härene Gewand", d. h. der Mantel aus Fellen ist schon damals die Amtstracht der Propheten gewesen (I Sam 28 ₁₄ Mt 3 ₄). **20** Die Antwort Elias auf Elisas Bitte in ihr Gegenteil zu verwandeln: *nein, geh fort* [ich brauche dich nicht], *bleib weg* (KLOSTERMANN), ist das bequemste, um die Schwierigkeit des Schlusses von v. 20 zu beseitigen. Aber es ist gegen alle Überlieferung und recht gewaltsam. Elia erlaubt vielmehr nach allen Textzeugen dem Elisa, dass er sich zu Hause verabschiedet. Der Wortlaut כִּי מֶה־עָשִׂיתִי לָךְ bleibt dunkel; es dürfte wohl irgend etwas ausgefallen sein. LXX las das מֶה nicht. כִּי — *doch* ist hart; vielleicht ist doch mit שׁוּב die Rückkehr zu Elia gemeint, und vielleicht darf statt מֶה vielmehr כֹּה (LXX) gesetzt werden: geh und komm wieder, denn so und so habe ich dir gethan — mit dem Mantelumhängen hat er ihm den Prophetengeist verliehen, so dass Elisa nicht anders kann als ihm nachfolgen. Thatsächlich wird jedenfalls **21** ein Abschied mit Opfermahl veranstaltet. הַבָּשָׂר fehlt in LXX und ist Randbemerkung zu dem Suffix in בִּשְּׁלָם.

## Cap. 21 Naboths Ermordung.

Über die Zugehörigkeit dieses Kapitels zur Eliageschichte s. oben S. 108. LXX hat es hinter Hebr. Cap. 19 und vor 20 eingereiht. Das ist sachlich und literargeschichtlich richtiger; wenn die Zeitbestimmung v. 1 וַיְהִי אַחַר הַדְּבָרִים הָאֵלֶּה der alten Erzählung angehört, so bezieht sie sich jedenfalls nicht auf das Cap. 20 Erzählte. Die Angabe fehlt aber in LXX Vat. und scheint erst von der Hand herzurühren, welche die Cap. in ihrer jetzigen Reihenfolge im Hebr. geordnet hat. Die Umstellung lässt sich dadurch erklären, dass man die Weissagung und ihre Erfüllung (Cap. 22) neben einander stellen wollte, während die Siege Ahabs Cap. 20 nicht gut hinter diese Unglücksweissagung zu passen schienen.

**1** Zum Anfang s. oben. — אֲשֶׁר בְּיִזְרְעֶאל fehlt in LXX; es mag spätere Glosse sein, um das Missverständnis zu verhüten, dass man wegen מֶלֶךְ שֹׁמְרוֹן den Weinberg in Samaria sucht; aus der Geschichte selbst geht nicht hervor, dass er in Jesreel lag (wohl aber aus II Reg 9 25 f.) und der Interpolator von 22 38 hat ihn wirklich nach Samaria verlegt. Jesreel ist die heutige kleine Ortschaft *Zer'in*, in beherrschender Lage auf einem niederen Hügelrücken, einer nordwestlichen Vorstufe der Gilboaberge gelegen; hier ist die Wasserscheide zwischen dem Thal von Zer'in, das nach Osten, nach Bethsean läuft, und der später ebenfalls unter dem Namen „Ebene Jesreel" inbegriffenen Ebene von Megiddo (auch „grosse Ebene" genannt), welche sich westlich bis ans Meer erstreckt. Auch in Jesreel hatte Ahab einen Palast (vgl. II Reg 9 30 ff.). **2**ᵇ Vor אִם ist nach v. 6 und LXX ein אוֹ *oder* einzuschieben. **3** Naboth will den Acker aus religiösen Gründen nicht hergeben: den Acker der Väter zu verkaufen dünkt ihm eine Versündigung an den Vorfahren zu sein. Vielleicht waren auch seine Väter dort begraben, wie es im alten Israel häufige Sitte war. **4** LXX bietet eine wesentlich kürzere Form (von 4ᵃ nur καὶ ἐγένετο τὸ πνεῦμα 'Α. τεταραγμένον, dann 4ᵇ), die als ursprünglich anzusehen sein dürfte, da sie v. 5ᵇ genau entspricht, und der sehr gewandte Erzähler auch sonst solche umständlichen Wiederholungen wie 4ᵃ meidet. וַיָּסֵב ist entweder nach II Reg 20 2 durch אֶל־הַקִּיר *er wandte sein Angesicht zur Wand* zu ergänzen, oder nach LXX in וַיְכַס *er verhüllte sein Angesicht* zu ändern. **6** Ahab klagt Isebel seine Not. Ganz ohne Grund nimmt KLOSTERMANN Ahab in Schutz, indem er durch Anfertigung eines neuen Textes Ahab zum nahen Verwandten von Naboth macht; „da bei Verkauf an Verwandte die Grundstücke in der Familie bleiben, so ist die Weigerung Naboths eine vollends unmotivierte Ungebühr gegen den König". **7** Isebel spottet ihn aus: hast *du* eigentlich das Regiment in Händen? (nach LXX Luc. *also so regierst du?*) und schreibt an die Ältesten (s. zu 8 1) und Vornehmen der Stadt Naboths. Darnach waren Ahab und Isebel in Samaria, nicht in Jesreel. Die חֹרִים scheinen Mitglieder des Gemeindegerichts beziehungsweise der Gemeindeverwaltung gewesen zu sein; auch später noch (Neh 2 16 u. a.) werden sie unter den obrigkeitlichen Personen genannt. Im Unterschied von den Familienhäuptern (זְקֵנִים) sind es wohl angesehene Personen, die nicht in den Geschlechtsverband eingereiht sind. אֲשֶׁר בְּעִירוֹ fehlt in LXX und ist neben הַיֹּשְׁבִים אֶת־נָבוֹת überflüssig; beides drückt denselben Gedanken aus, dass es die Mitbürger Naboths sein sollen, die ihn richten, nicht das Gericht des Königs, damit der böse Schein vermieden wird. Dass Naboth selbst zu den Ratsherren gehörte (KLOSTERMANN), wird mit keiner Silbe angedeutet, also haben wir kein Recht. הַיֹּשְׁבִים mit „Beisitzer" zu übersetzen. **8** Ein allgemeines Fasten, wobei sich das Volk versammelt, soll die Gelegenheit geben; die Ehrung Naboths soll allen Verdacht fern halten. **10** Zwei Zeugen verlangte schon damals die Rechtssitte, wie das spätere Gesetz Dtn 17 6 19 15, bei todeswürdigen Vergehen. **11** Auch hier ist der Text unnötig voll אַנְשֵׁי עִירוֹ und בְּעִירוֹ הַיֹּשְׁבִים אֲשֶׁר (s. zu v. 8); letzteres ist auch stilistisch schlecht wegen des Artikels und dürfte erklärender Zusatz sein. **12** וְהֹשִׁיבוּ in der Erzählung ist hier unmöglich; entweder muss man וַיֹּשִׁיבוּ lesen (so LXX Luc.), oder קָרָא statt קִרְאוּ, so dass der Befehl des Briefes v. 9 noch einmal wörtlich wiederholt würde (in diesem Fall wohl von späterer Hand herrührend). **13** Das zweite אַנְשֵׁי הַבְּלִיַּעַל und das zweite נָבוֹת sind Glossen, die in LXX fehlen. Man kann sich über die Unverfrorenheit wundern, mit welcher Isebel den Stadtältesten das Verbrechen ansinnt, und nicht minder über die Willfährigkeit, mit welcher letztere sich zu gefügigen Werkzeugen hergeben — aber das giebt noch lange nicht das Recht, den Text so zu ändern, wie KLOSTERMANN thut, dass Isebel offiziell nur den Befehl giebt, eine neue Bürgermeisterwahl vorzunehmen und dabei den Naboth zu wählen, während sie auf anderem Wege zur grossen Überraschung der Stadtobrigkeit zwei Bösewichter zum Auftreten an diesem Tage gewinnt. **15 16** Dem König fällt das confiscierte Gut des Verbrechers zu; nach alter Rechtssitte sind auch Naboths Kinder für das Verbrechen des Vaters getötet worden (II Reg 9 26). Das zweite אִיזֶבֶל v. 15 und das zweite אַחְאָב v. 16 sind als Glossen nach LXX zu streichen. Einer, der Ahab wohlwollte, hat aus v. 27 geschlossen, dass Ahab nichts von dem Vorgehen der Isebel wusste, und dass es ihm deswegen leid war — dann natürlich nicht erst auf die Strafrede des Propheten hin, sondern gleich als er die Sache erfuhr; dieser Leser hat deshalb in der Vorlage von LXX aus v. 27 einiges hier zwischen v. 26ᵃ und ᵇ eingeschoben.

**17 18** Blitzartig, wie immer, erscheint Elia auf der Scene, als eben Ahab seinen Raub besichtigt. אֲשֶׁר בְּשֹׁמְרוֹן v. 17, kann nicht ursprünglich sein, denn nach dem folgenden Wort ist Ahab auf dem Weinberg Naboths und dieser lag zu Jesreel. Der Zusatz würde dann wohl von derselben Hand wie 22 38 rühren (s. zu v. 1). Man darf sich aber vielleicht doch fragen, ob nicht schon die Eliageschichte die Sache irrtümlich so verstand, dass Naboth zwar Jesreelite war, aber einen Weinberg in Samarien besass. Dann würde auch auf die immer wiederholte ausdrückliche Bezeichnung Naboths als Jesreelite und die Betonung, dass das Gericht in seiner Heimatstadt und von seinen Mitbürgern gehalten wurde, ein neues Licht fallen. **19** Elias Sprache ist stets eine kurze aber gewaltige: *Hast du gemordet und auch die Erbschaft schon angetreten?* Der Eifer, mit welchem Ahab zugreift, verrät am besten den Urheber des Ganzen. Das zweite וְדִבַּרְתָּ אֵלָיו לֵאמֹר ist zu streichen: der meisterhafte Erzähler wird nicht die Wirkung der zusammengehörenden Worte durch einen solchen matten Flicksatz selbst verdorben haben. LXX hat hier nach 22 38 (s. zu d. St.) noch den Zusatz: καὶ αἱ πόρναι λούσονται ἐν τῷ αἵματί σου. **20ᵇ** Ahab weiss aus Erfahrung, was solches plötzliche Erscheinen Elias bedeutet. Zu seiner Frage vergleiche 18 17; KLOSTERMANN heisst sie „unpassend."

20ᵇ—22 24 Die wirkliche Strafandrohung aus dem Munde Elias gemäss v. 19 hat jetzt deuteronomistischen und späteren Einschüben Platz machen müssen. Der Redaktor kann es sich nicht versagen, bei dieser Gelegenheit seine nicht sehr geschmackvolle Fluchformel von 14 10 noch einmal anzubringen und sie in einer hier durchaus unpassenden Weise mit dem ihm eben immer als allerärgstes erscheinenden Kälberdienst zu begründen. Dass ein Elia dafür sollte gar keinen Sinn gehabt und ihn nicht eines einzigen strafenden Wortes sollte gewürdigt haben, geht über sein Verständnis. 23 Ein Späterer hat die in II Reg 9 36 (s. zu d. St.) angeführte Unglücksweissagung über Isebel hier einfügen zu müssen geglaubt — nur an sehr ungeschicktem Platz. Nach der angeführten Stelle ist auch hier בְּחֵלֶק *auf der Flur von Jesreel* zu lesen. 25 26 Ein weiterer Glossator hat nachdrücklich hervorheben wollen, dass doch Ahab noch schlimmer ist, als Jerobeam und Baesa, mit denen er v. 22 auf eine Stufe gestellt wird. Er findet auch noch einen grösseren Frevel als den Stierdienst: Ahab hat den Götzendienst der alten Amoriter angenommen, verführt von Isebel! 27—30 Die Weissagung Elias geht nicht an Ahab selbst, sondern erst an seinem Sohne Joram in Erfüllung (II Reg 9 24 ff.). Darum hat sich schon der Verfasser der Eliageschichte bewogen gefühlt, die Weissagung selbst durch Elia modificieren zu lassen. Solche Milderung war durch ein bussfertiges Benehmen Ahabs am besten zu begründen, vielleicht war auch etwas ähnliches überliefert; dass Elia einen gewissen Einfluss auf Ahab hatte, geht aus der ganzen Eliageschichte hervor. Das Zerreissen des Kleides ist ein ganz bekanntes Zeichen der Trauer; der Sak ist ein rauhes Gewebe aus Ziegen- oder Kamelshaaren, von Trauernden und Büssenden auf blossem Leib getragen. וַיְהַלֵּךְ אַט *er ging leise* giebt keinen erträglichen Sinn, leise gehen ist kein Zeichen der Trauer oder Busse und heisst auch nicht soviel wie „demisso capite" gehen (Vulg.): LXX Vat. lässt אט, Luc. auch וַיְהַלֵּךְ ganz weg. Sachlich sinngemäss ist Syr. und JOSEPHUS: barfuss יָחֵף, aber ob man das in den Text einsetzen darf? Besser ist die Konjektur KLOSTERMANNS וַיָּלֶן אַרְצָה *er legte sich über Nacht auf den Boden* (vgl. II Sam 12 16). LXX hat ausser kleineren Änderungen den Zusatz: an dem Tage da Isebel den Jesreeliten Naboth (und seinen Sohn) erschlug. Zu der ganzen Unglücksweissagung vgl. auch II Reg 9, bes. das zu v. 25 Bemerkte.

### 3. Die Syrerkriege Cap. 20 und 22.

Die Erzählungen von Ahabs Syrerkriegen und seinem Heldentod gehören nicht zur Eliageschichte. Elia spielt in ihnen gar keine Rolle, als hervorragend unter den vielen Jahweprophoten erscheint vielmehr Micha ben Jimla, der auch Ahab gegenüber die Rolle des Tadlers und Unglücksprophoten spielt. Umgekehrt ist Ahabs Stellung hier eine weit wichtigere als in der Eliageschichte: hier ist er im Mittelpunkt des ganzen Interesses. Von der dort deutlichen Animosität gegen Ahab ist hier so wenig zu spüren, dass vielmehr klar ersichtlich ist, wie der Erzähler mit wirklicher Liebe seinen Helden behandelt und dem Leser lebhafte Sympathie für ihn einzuflössen weiss: er ist ein tapferer Krieger (s. 22 29 ff.), kein Despot, sondern ein Mann, der auch das Beste seines Volkes im Auge hat und zu persönlichen Opfern für dasselbe bereit ist (20 7), kein grausamer Wüterich, sondern ein milder Sieger, der am Feind Grossmut zu üben versteht (20 33). Die scheinbare Beziehung auf die Eliageschichte in 22 38 ist das Werk eines Späteren (s. zu d. St.).

Dass die Capitel nicht aus dem Annalenbuch stammen, bedarf keines weiteren Beweises. Sie gehören also einer eigenen Quelle an, von der wir jedenfalls zunächst soviel sagen können, dass sie Ahabs Geschichte erzählte. Denn ausser den beiden erhaltenen Stücken war im ursprünglichen Zusammenhang dieser Capitel noch mehr von Ahab erzählt: 22 8 setzt doch wohl voraus, dass über Ahab und Michas früheres Zusammentreffen schon einiges erzählt war; 22 25 deutet darauf hin, dass auch die Erfüllung der Weissagung an Zedekia berichtet war. Auch die Vorgeschichte der Syrerkriege wird nicht verschwiegen gewesen sein. Dazu kommt der allgemeine Eindruck: ein Erzähler, der so gewandt erzählt und seinem Helden so sympathisch gegenüber steht, hat bei einem Könige wie Ahab sich nicht auf ein paar Geschichten beschränkt, sondern wie der Erzähler der David- oder Salomogeschichte überhaupt zusammengestellt, was er von ihm wusste oder für wissenswert erachtete. Allerdings — und das kennzeichnet den Unterschied von der Eliageschichte — ist sein Interesse ein rein politisches; die Propheten spielen keine grössere Rolle, als man in einer volkstümlichen Erzählung von jenen Zeiten erwarten muss. Und wenn wir auch nicht sagen können, ob in dem uns nicht erhaltenen Teil der Ahabgeschichte über die Kämpfe der Jahwepropheten mit dem Baaldienst etwas erzählt war und was, so können wir doch soviel sicher sagen, dass der Verfasser an der „Einführung" des Baaldienstes durch Ahab keinerlei Anstoss nahm; ihm ist Ahab nicht ein „Götzendiener".

Ausser dieser Stellungnahme ist für das Alter der Ahabgeschichte noch in Betracht zu ziehen die 22 5 ff. erzählte Prophetengeschichte. Die v. 19 ff. ausgesprochenen Anschauungen von der Prophetie sind alt, jedenfalls älter als Amos. Das Treiben der Nebiim kennt der Verfasser recht gut, er giebt davon eine sehr unzartgetreue und wenig schmeichelhafte Schilderung. Wir begreifen, warum Ahab kein besonderes Wohlgefallen an den Jahwepropheten hat: die einen weissagen ihm stets nach dem Mund, die andere ärgert ihn stets als Unglücksrabe. Diese Propheten werden aber alle als ächte Jahwepropheten anerkannt. Man wird die Ahabgeschichte nach alledem für älter halten müssen, als die Eliageschichte (also Ende des 9. Jahrhunderts).

Meist werden nun auch noch II Reg 3 6 25—7 20 9 10 von derselben Quelle, wie unsere Geschichte abgeleitet. Die Frage ist des näheren bei den betreffenden Erzählungen zu untersuchen. Allgemeine Erwägungen sprechen nicht dafür, sondern dagegen. Die kritische Analyse der Geschichtsbücher führt uns zurück auf eine Geschichte Sauls, eine Samuel-Saulgeschichte, zwei Davidgeschichten, eine Salomogeschichte, auch eine Jerobeamgeschichte werden wir annehmen müssen. Weiterhin haben wir die Eliageschichte: lauter Niederschriften von Erzählungen, die sich um einen berühmten Mann gruppieren, Schriften, welche ursprünglich litterarisch nichts mit einander zu schaffen hatten, sondern jede für sich geschrieben wurde. Zu einer fortlaufenden ausführlichen Erzählung der Geschichte des Volkes durch Jahrhunderte hindurch hat es die hebräische Geschichtschreibung nie gebracht: die „grossen" Geschichtswerke sind nichts anderes als Aneinanderreihung dieser einzelnen „Lebensbilder". Fortlaufende Geschichtserzählung kannte man nur in der Form von Annalen (s. Einleitung II). Dass unsere Quelle hiervon eine Ausnahme machte, und die Geschichte mehrerer Könige zusammen erzählte, ist also nicht sehr wahrscheinlich.

**20 1—43 Die Belagerung Samarias.** 1 Benhadad II. zieht mit 32 Vasallenfürsten, also mit dem Aufgebot eines grossen Heeres, gegen Samaria. Was den Anlass zum Krieg gegeben, erfahren wir nicht. Aus v. 34 hören wir, dass Omris Kriege mit Benhadad I. unglücklich verliefen, er musste sogar Land abtreten und dann wohl auch sich in ein Vasallenverhältnis zu Syrien begeben. Ein solches ist auch v. 3 vorausgesetzt und wird dadurch bestätigt, dass Ahab in der Schlacht bei Karkar dem Syrerkönig Heeresfolge gegen Salmanassar leisten muss. Es scheint, dass Ahab jetzt den Zeitpunkt für gekommen erachtete, das Joch der Syrer abzuwerfen und etwa den Tribut verweigerte. Das Vorrücken der Syrer bis zur Hauptstadt setzt vorhergegangene unglückliche Kämpfe voraus, die wohl auch erzählt waren. Der Anfang der ephraimitischen Kriegsgeschichten scheint weggefallen zu sein.

Benhadad, der Gegner Ahabs, wird gewöhnlich zum Unterschied von dem 15 18 genannten, seinem Vater, als Benhadad II. bezeichnet. Der Name ist das hebraisierte Barhadad. Nun ist die Thatsache für das Altertum sehr auffallend, dass der Sohn den gleichen Namen wie der Vater sollte getragen haben. Deswegen will WINCKLER (Alttest. Unters. 63) die Identität der beiden Benhadad behaupten, was in chronologischer Hinsicht nicht unmöglich wäre. Er dürfte in soweit im Recht sein, als der Erzähler unserer Geschichten resp. der Redaktor die beiden für identisch hält. Es ist wenigstens eigentümlich, dass Benhadads II. Vater und Vorgänger nirgends genannt wird, während in 15 18 der ganze Stammbaum Benhadads I. angegeben ist und II Reg 13 24, wo ein weiterer Benhadad genannt wird, dieser sorgfältig mit seinem Vaternamen bezeichnet wird. Namentlich würde sich durch diese Verwechselung oder Identification am leichtesten die Thatsache erklären, dass der Name einen Mann bezeichnet, der nach den assyrischen Inschriften anders hiess: es wird wenigstens kaum zweifelhaft sein, dass der auf einer Inschrift Salmanassars genannte Dad'idri' (so SCHRADER KAT² 196; WINCKLER allerdings Bir'idri) = Hadadezer הֲדַדְעֶזֶר des AT, der in der Schlacht von Karkar Salmanassar gegenüber stand, identisch ist mit dem Benhadad unserer Geschichte. Wann die hier beschriebene Belagerung von Damascus und die im ferneren erzählten Syrerkämpfe Ahabs stattgefunden haben, ob vor oder nach der genannten Schlacht von Karkar (854 v. Chr.) ist eine noch immer offene Frage, die aber den Historiker und nicht den Exegeten angeht; vgl. E. MEYER Gesch. d. Altert. I 393, STADE Gesch. Isr. I 528, KITTEL Gesch. II 231. WELLHAUSEN JdTh XX 626 ff., KAMPHAUSEN Chronol. 43 60, WINCKLER Gesch. Isr. 148 ff. Über das Verhältnis zu der II Reg 6 27 ff. erzählten Belagerung Samarias s. das.

**2 3** Benhadad schickt erst Boten an Ahab mit einem Friedensangebot: Mein bist du und dein Haus und alle deine Habe (mit LXX ist nach v. 5 und 7 טוֹבִים zu streichen), eine Erinnerung an das Vasallenverhältnis. Ahab muss das jetzt in der Not wohl oder übel anerkennen **4** und verspricht, sich mit allem auszuliefern. Allein diese Nachgiebigkeit steigert die Forderungen Benhadads, der nunmehr **5** Preisgabe der ganzen Stadt verlangt. אִם כִּי ohne vorausgehende Negation ist auffallend; es empfiehlt sich mit KLOSTERMANN statt לֵאמֹר כִּי zu korrigieren לֹא אָנֹכִי *nicht hab' ich dir sagen lassen.... sondern* (LXX hat ἐγώ erhalten). In **6** ist natürlich mit LXX עֵינֵיהֶם zu lesen: die Soldaten sollen rauben was ihnen gefällt. **7** Der König hält Rat mit den „Ältesten vom Lande", dem Bauernadel; das Landvolk hat sich vor dem heranziehenden Feind hinter den Mauern der Stadt geborgen. Sie sind einstimmig **8** für Abweisung der Forderungen — schlimmeres als verlangt wird, kann ja doch nicht kommen. WELLHAUSEN (bei BLEEK⁴ 249) will v. 7 nach LXX lesen: *er hat meine Weiber und Kinder verlangt; mein Silber und Gold habe ich ihm nicht geweigert*, und darnach v. 3 לוֹ הֵם lesen, so dass die erste Forderung auf Geld und Gut ging, die zweite, die Ahab entrüstete, auch auf die Auslieferung seiner Familie. Allein dazu stimmt nicht die Antwort Ahabs v. 4 und nicht die Wiederholung in v. 5. **10** In ächter Prahlerei droht nun Benhadad mit Vernichtung der Stadt: soviele Soldaten hat er, dass der Trümmerhaufen von Samarien nicht ausreicht, um jedem auch nur eine Hand voll Staub zu geben. LXX Vat. hat dieses ganz gelungene Gleichnis nicht verstanden, und aus den „Händen" der Soldaten שֻׁעָלִים *Füchse* gemacht, für die der Schutt nicht reicht; das muss man ihr nun aber nicht mit KLOSTER-

MANN nachmachen.   11 Ahab antwortet auf die Prahlerei mit einem Sprichwort: Wer sich erst rüstet zur Schlacht, prahle nicht wie der, der siegbeladen die Rüstung wieder ablegt, d. h. verkaufe das Fell des Bären nicht, ehe du ihn hast.   12 Benhadad giebt nun Befehl zum Sturm. שִׂימוּ ist ein uns unbekannter technisch-militärischer Ausdruck, der sich jedenfalls auf das Anwenden von Belagerungs- oder Sturm-Werkzeugen bezieht. Vielleicht ist (ähnlich KLOSTERMANN) nach LXX οἰκοδομήσατε χάρακαν das Wort כָּרִים Sturmböcke (Hes 21 27) hinter שִׂימוּ wieder einzusetzen.   12—14 Eine Prophetengeschichte unterbricht in unnötiger Weise die Erzählung: ein anonymer Prophet verkündigt in höchst matten Worten Ahab den Sieg, damit er erkenne, dass Jahwe der Herr sei, und giebt ihm strategische Ratschläge. Nach v. 12 ist es der Angriff der Syrer, der Ahab zum Ausfall veranlasst; im übrigen vergleiche man, wie der alte Erzähler in Cap. 22 solche Prophetengeschichten erzählt und das Verhältnis zwischen König und Propheten darstellt. Es ist verständlich, dass ein späterer Leser daran Anstoss genommen hat, dass überall alles Unglück Ahab als Schickung Jahwes verkündigt wird und nur hier das Glück als sein eigenes Werk, nicht als Jahwes Fügung erscheint.   13 Ahab ordnet sein kleines Heer zum Ausfall: voran die Leute der Landvögte, der königlichen Beamten, die an der Spitze der Regierungsbezirke standen, jetzt nicht mehr נְצִיב sondern שַׂר הַמְּדִינָה genannt. Ihre Zahl, 232 Köpfe, ist sehr gering, auch die des übrigen Heeres ist nicht gross; offenbar geschah Benhadads Einfall sehr rasch und von dem geschlagenen Heer hatte sich nur ein Bruchteil nach Samaria retten können. Sie haben aber an Benhadads Übermut einen guten Bundesgenossen 16—18; er nimmt die Sache in der Weinlaune leicht und befiehlt, die Israeliten unter allen Umständen lebendig gefangen zu nehmen.   20 Die Syrer werden aber geschlagen. Dass das Plus der LXX וַיַּשְׁנוּ אִישׁ אִישׁ nur aus וַיַּכּוּ verdorben ist, hat schon THENIUS erkannt.   Benhadad entkommt nur mit knapper Not auf dem nächsten besten Wagenpferd — wenigstens bezeichnet סוּס meist das Wagenpferd neben פֶּרֶשׁ Reitpferd. Der Zusatz וּפָרָשִׁים giebt keinen Sinn. Der Text scheint verderbt zu sein, die Verss. suchen auf verschiedene Weise einen Sinn hinein zu bringen: LXX Al. (und Syr.) σὺν ἱππεῦσί τισι, Vat. ἐφ' ἵππου ἱππέως, HIERON. in equo cum equitibus suis. Das letztere ist noch das beste, weswegen auch KLOSTERMANN darnach den Text ändern will הוּא וּפָרָשָׁיו. Die Übersetzung scheint aber ebenfalls geraten, nicht nach der Vorlage gemacht zu sein. וּפָרָשִׁים dürfte Randbemerkung eines Lesers sein, der allerdings sagen wollte, dass sich ausser Benhadad auch andere Reiter gerettet haben.   21 Statt וַיֵּלֶךְ lies mit LXX וַיֵּקַח. Das Perfectum וְהִכָּה ist ebenfalls Textfehler.

KLOSTERMANN lässt Ahab den Sieg durch eine Kriegslist gewinnen: voraus schickt er (v. 7) Knaben, Männer und Weiber und Kriegsunfähige mit Sack und Pack — ein ungefährlicher Zug. Hinter diesen birgt sich aber die Kriegsmannschaft, 7000 Mann stark, und Ahab mit dem Haupheer bleibt zur Hilfe bereit in der Stadt. Plötzlich entpuppen sich die scheinbar Wehrlosen den nichts ahnenden Syrern gegenüber als tapfere Helden. KLOSTERMANN weiss auch den Text so durchzukorrigieren, dass das alles darinsteht.

**22—43 Die Schlacht bei Aphek.**   22 Nach errungenem Sieg taucht wieder der anonyme Prophet auf mit einer höchst überflüssigen Mahnung an

Ahab, ein Held zu sein und sich aufs nächste Jahr zu rüsten. Der Einschub ist hier handgreiflich. **23** Die Syrer erklären ihre Niederlage damit, dass Israels Götter Berggötter seien, die nur in den Bergen Macht haben. LXX καὶ οὐ θεὸς κοιλάδος ist ein schönes Beispiel von Textergänzung. **24** Schon der Ausdruck פָּחוֹת (s. zu 10 15) beweist zur Genüge den späten Ursprung des Verses; וְאַתָּה v. 25 passt gut hinter v. 23, aber hinter v. 24, der schon eine Aufforderung enthält, ist es nicht verständlich. Sachlich ist die Vorstellung doch sehr merkwürdig, dass Benhadad seine 32 Vasallenkönige absetzen und dafür Satrapen bestellen soll; der Rat wird im folgenden auch ganz ignoriert (vgl. Giesebrecht ZATW 1881 233). Wie der Vers hereingekommen, ist dunkel. Man kann vielleicht vermuten, dass ein aufmerksamer Leser, der die 32 שָׂרִים in 22 31 schon vorfand, diese mit den 32 Königen so combinierte, dass er annahm, die Könige seien durch שָׂרִים ersetzt worden. Für שָׂרִים wäre dann später der übliche Titel פָּחוֹת eingesetzt worden. **26** Zur Form מֵאִתָּךְ vgl. Ges.-Kautzsch[26] § 103ᵇ; es fragt sich aber, ob nicht hier wie nachher bei אֹתָם (wo v. 23 die Änderung verlangt) und sonst אֹתָם bezw. מֵאִתָּם zu corrigieren ist. **26** Bei Aphek lagern sich die Syrer. Nach I Sam 29 1 muss die Stadt in der Ebene nahe bei Jesreel gelegen haben, ihre Lage ist nicht näher zu bezeichnen. Die Israeliten **27** lagern ihnen gegenüber *wie zwei Ziegenhäuflein*; so die gewöhnliche Erklärung nach LXX. Die Bedeutung von חֲשִׂפֵי ist allerdings nicht sicher. Allein das Bild passt gut: zwei Ziegenhaufen am Bergabhang vergleichbar lagern sich die Israeliten in zwei Abteilungen an den Bergen, während die Syrer die Ebene überschwemmen. Jedenfalls soll gesagt sein, dass die Israeliten auf den Bergen blieben, wo sie vor den Feinden sich sicherer fühlten, und sich nicht in die Ebene herunterwagten. Zu erwarten wäre eine Ortsangabe. Ob in וְכִלְכְּלוּ eine solche steckte? Die Form, Perf. mit ו, ist hier unmöglich und die Bedeutung *sie wurden reproriantiert* passt schlecht in den Zusammenhang. Aber jede Korrektur des verdorbenen Textes ist geraten, da LXX das Wort ganz weglässt. **28** Vor der Schlacht tritt wieder der anonyme Prophet auf; am Untergang der Syrer darf ja nicht Ahabs Tüchtigkeit, sondern nur ihre Gotteslästerung Schuld sein. Das zweite וַיֹּאמֶר in 28ᵃ ist mit LXX zu streichen; am Schluss wird mit LXX nach v. 13 וְיָדַעְתָּ (statt des Plurals) zu lesen sein: der götzendienerische Ahab ists, der diese Belehrung braucht. **29** Am siebenten Tag kommt es zur Schlacht; 100000 Syrer werden erschlagen, man vergleiche damit die bescheidenen Zahlen v. 15. Der Rest floh **30** in die feste Stadt Aphek, aber *die Mauer fiel auf 27000 Mann*, das wird wohl nichts anderes heissen können, als dass bei der Einnahme und Zerstörung der Stadt diese Menge umkam. Oder soll am Ende ein wunderbarer Einsturz der Mauer, wie bei Jericho, berichtet werden? Die Erzählung ist zu kurz zusammengedrängt, als dass ihr Sinn ganz deutlich wäre. Auch Benhadad hat sich durch die Flucht *in die Stadt* gerettet. Das gäbe einen guten Sinn, wenn nicht noch חֶדֶר בְּחָדֶר *von einem Gemach ins andere* (vgl. 22 25) folgen würde. Das setzt voraus, dass vorher ein bestimmtes Gebäude bezeichnet war; LXX hat noch בַּיִת (statt עִיר) gelesen, aber die nähere Bezeichnung schon nicht mehr gehabt. Dann ist also erzählt, dass bei Eroberung der Stadt Benhadad sich versteckte. Nachdem die Ortsbestimmung verstümmelt war, lag die Vertauschung von בַּיִת mit עִיר nahe, um einen Sinn zu bekommen. **31** Sie legen den Sak an (s. zu 21 27 S. 116) und Stricke um ihre Häupter (lies mit LXX nach v. 32 בְּרֹאשָׁם), ein Zeichen der Demütigung: der Strick um den Kopf, vielleicht einst die übliche Kopfbedeckung, ist die Kleidung der Ärmsten. So bitten sie **32** für Benhadads Leben und Ahab gewährt ihre Bitte mit dem Worte „er ist mein Bruder". Die Fortsetzung **33** ist unverständlich: in יְנַחֲשׁוּ ist nicht nur das Imperfectum höchst befremdlich, sondern auch die traditionelle Deutung (LXX Vulg.) „sie nahmen es als gute Vorbedeutung" sehr unsicher. Und nicht minder ist יַחְלְטוּ ein fragwürdiges Wort; LXX καὶ ἀνελέξαντο τὸν λόγον ἀπὸ τοῦ στόματος αὐτοῦ. An sich würde der Sinn ganz gut passen: sie beeilen sich, den König beim Wort zu packen, das Wort „aufzunehmen" und zu wiederholen *dein Bruder ist Benhadad*. Da die Verss. keinerlei Anhalt geben, müssen wir auf Herstellung des Textes verzichten. Ahab lässt den Syrerkönig holen und dieser kommt heraus aus seinem Versteck. Schon hieran scheitert Klostermanns ganze Umgestaltung des Textes von v. 33, wonach Benhadad, durch Stricke um sein Gesicht unkenntlich(!), mit vor Ahab stand und auf sein Wort: lebt er noch? sich zu erkennen gab. **34** Ausser der Rückgabe der seinem Vater weggenommenen Städte erhält Ahab auch das Recht, in Damascus Bazare für israelitische Händler anzulegen, wie die Syrer dieses Recht in Samaria schon früher hatten. Man erinnere sich daran, dass im Orient die verschiedenen Gewerbe noch heute ihre besonderen Bazargassen haben (Benzinger, Archäol. 132). Vielleicht ist auch eine gewisse Steuerfreiheit der Händler mit der Einrichtung solcher eigenen Quartiere für Juden und Syrer verbunden gewesen. Da nur Ahab Subjekt sein kann, muss entweder ein וַיֹּאמֶר אֵלָיו ausgefallen sein, oder muss man die zweite Person תְּשַׁלְּחֵנִי lesen mit vorausgestelltem absolutem אֲנִי (Wellhausen bei Blfek⁴ 249), das dann fälschlich als Subjekt gefasst wurde. בְּרִית ist, wie man sieht, nicht „Bündnis" im modernen Sinn, sondern der „Bund" eines Lehnsherrn mit seinem Vasallen. Demnach wäre Benhadad Ahabs Vasall geworden. Die Schönfärberei liegt auf der Hand (s. zu 22 3). Für die Beurteilung dieser Handlungsweise Ahabs fehlt uns die nötige Einsicht in die politische Lage jener Zeit und in Ahabs Beweggründe; durch die im folgenden angeschlossene Prophetenlegende darf jedenfalls unser Urteil nicht beeinflusst werden.

Der anonyme Prophet 35—43.

Die Verwandtschaft dieser Geschichte mit Cap. 13 springt in die Augen; vgl. בִּדְבַר יהוה v. 35; der gleiche absolute Gehorsam auch gegenüber einem unverständlichen Gotteswort wird verlangt v. 35, und der Ungehorsam mit dem Tode bestraft v. 36; auch hier ist der Löwe Vollstrecker des göttlichen Urteils. Das beweist hinlänglich den späten Ursprung der Geschichte (nach der Redaktion). Von derselben Hand wie v. 13 f. 22 28 kann sie jedoch nicht stammen, sonst würde der gleiche Prophet wie dort die Rolle spielen, vgl. auch die Bezeichnung hier als אִישׁ מִבְּנֵי הַנְּבִיאִים. Die ganze Geschichte ist übrigens ungeschickt erzählt, sodass die Pointe verloren gegangen ist (s. zu v. 37 u. 40).

**35** מִבְּנֵי הַנְּבִיאִים die alten Quellen (in den Samuelbüchern und unsere ephraimitische Kriegsgeschichte) reden nicht von *Prophetenjüngern*, sondern

nur von נְבִיאִים, vgl. zu II Reg 2 3. Zu בִּדְבַר יהוה vgl. das bei 13 1 Gesagte.
**37** Wozu die Verwundung dient, ist nicht recht einzusehen: nur um nachher das „Sich verstellen" durch eine Binde v. 38 zu ermöglichen? oder um dem Propheten Anschein eines aus der Schlacht zurückkehrenden zu verleihen? Das wäre beides sehr nebensächlich. Soll diese symbolische Handlung zur Hauptsache selbst gehören, so müsste nachher die Verwundung als dem Propheten von dem Betrogenen zur Strafe zugefügt dargestellt werden, s. auch zu v. 40. **38** Nach dem Hebr. soll die Binde über den Augen in erster Linie den Propheten unkenntlich machen; nach LXX soll nur die Wunde damit verbunden werden. **40** עֹשֶׂה des Hebr. giebt keinen rechten Sinn, der Mann ist offenbar nur als Zuschauer in den Kampf gezogen, er hat also nicht bald da bald dort etwas zu thun; alle Verss. übersetzen פֹנֶה *er blickte dahin und dorthin*, was vorzuziehen sein dürfte. Den Schluss hat LXX רָתַח ἐφόνευσας gelesen und dann aus dem Unsinn den Ausweg natürlich nicht mehr gefunden. Übrigens scheint auch das Vorhergehende in der Vorlage von LXX Vat. schon verdorben gewesen zu sein. Der Hebr. giebt an sich einen guten Sinn: *so lautet dein Urteil; du hast es selbst gefällt* (mit dem v. 39 Gesagten). Aber man sollte nach dem Anfang der Geschichte v. 35-37 erwarten, dass der Prophet sich beim König wegen der ihm zugefügten Verwundung beschwert und dann die Antwort erhält: dir ist recht geschehen. Diese zu erwartende Pointe ist jetzt im hebr. Text unkenntlich, ob durch Ungeschicklichkeit des Erzählers? oder durch unabsichtliche Textänderungen? oder durch absichtliche, damit nicht der Prophet Ahab direkt mit Worten täusche? **41** Warum die Mass. מַאֲפֵר lesen will, ist nicht klar. Woran erkennt Ahab den Prophetenjünger? Sonst ist der Mantel (s. zu 21 19) das Erkennungszeichen der Propheten. Dem Gesicht nach wird er ihn wohl nicht gekannt haben. Hatten die Prophetenjünger noch ein anderes Erkennungszeichen, etwa an der Haartracht oder an der Stirne? Vgl. STADE ZATW 1894. 314—16. **42** Statt מִיָּד lies mit LXX פִּיךָ. Benhadad ist dem Banne Jahwes verfallen; was gebannt ist, muss getötet werden. Dem Ahab ist aber davon vorher nichts gesagt worden; die Sitte, die unterworfenen Feinde zu bannen, scheint auch nicht mehr im Gebrauch gewesen zu sein, vgl. v. 31. Die Strafankündigung an Ahab zeichnet sich durch Allgemeinheit aus.

**22 1-38 Der Krieg in Gilead** (vgl. II Chr 18).    Hebr. und LXX variieren hier vielfach in der Bezeichnung der Könige (bald mit, bald ohne Namen); auch Chr hat bei einem in der Hauptsache wörtlich gleichen Bericht doch einen mehrfach überarbeiteten Text: ihre Abweichungen sind nur da beigezogen, wo der Text danach zu korrigieren sein dürfte.    **1** Deutlich schliesst der Vers an 20 34 an, vgl. auch S. 113f.). Chr lässt die allgemeiner gehaltene Zeitangabe auf die Verschwägerung Josaphats mit Ahab sich beziehen (s. II Reg 8 18).    KLOSTERMANN hat richtig erkannt, dass 2ᵇ das Zusammengehörige auseinanderreisst. Jetzt erscheint die Sache so, dass bei Gelegenheit eines verwandtschaftlichen Besuchs Josaphats in Samarien (diesen Charakter des Besuchs hebt Chr besonders hervor II 18 2) Ahab auf den Gedanken des Kriegs kommt. Die Notiz wird wohl hinter v. 4 gestanden haben: die Heraufversetzung ist nicht zufällig: sie verschleiert geschickt den Thatbestand der Abhängigkeit Judas (s. zu v. 4). 3 Grund zum Krieg ist, dass Benhadad die Stadt Ramoth in Gilead (s. zu 4 13) trotz des Vertrags (20 34) nicht herausgegeben hat. Man wird kaum fehlgehen in der Annahme, dass es die allgemeinen politischen Verhältnisse nach der Schlacht bei Karkar waren, welche Ahab dazu ermutigten. Die wiederholten Angriffe Assyriens auf das Damascener Reich boten den Vasallen geschickte Gelegenheit, ihr Joch abzuwerfen. Der Sieg bei Aphek (20 26 ff.) aber wird nicht so grossartig gewesen sein, wenn nachher Benhadad den Raub doch nicht herausgiebt. 4 Josaphat von Juda wird zur Teilnahme aufgefordert; das ist natürlich nicht eine höfliche Einladung — Josaphat hatte in Gilead nichts zu suchen —, sondern der Vasall wird an seine Pflicht der Heeresfolge gemahnt. Er muss wohl oder übel Folge leisten, und kommt nach Samaria (vgl. zu v. 2ᵇ). 6 Vor dem Auszug werden die Jahwepropheten befragt; Ahab steht also keineswegs auf so schlechtem Fusse mit ihnen, wie es nach der Eliageschichte (18 4 22) scheinen könnte. Die Propheten verkündigen Glück (statt אֲדֹנָי lies mit LXX יהוה); es ist eine etwas eigentümliche Entschuldigung derselben, wenn KLOSTERMANN zu v. 12 bemerkt: „die Weissagung ist nicht Lüge, sondern beschränkte Wahrheit, sofern Israel wirklich gesiegt hat". Micha urteilt anders (v. 19-23). Die einstimmige Glücksweissagung macht Josaphat stutzig 7; er will noch andere Propheten hören. Es ist aber nur noch Micha ben Jimla da 8, der Unglücksprophet. Von Elia ist gar nicht die Rede, der beste Beweis, dass unsere Geschichten nicht von der Hand des Verfassers der Eliageschichte stammen. Wegen מֵאִתּוֹ v. 7 und 8 s. zu 20 25; man wird überall unter Nichtachtung der mass. Schrulle מֵאִתּוֹ punktieren müssen. 9 Der „Kämmerer" muss Micha eilig holen. Was der סָרִיס für ein Amt hatte, wissen wir nicht; LXX giebt das Wort dem späteren Sprachgebrauch (Est 2 3 14 u. a.) folgend mit „Eunuch" wieder, aber II Reg 25 19 und ähnliche Stellen verbieten, an verschnittene Haremswächter zu denken. 10 Inzwischen sitzen die beiden Könige auf dem freien Platz unter dem Thor (s. zu 13 25). בְּגֹרֶן ist sinnlos, dagegen verlangt בְּגָדִים notwendig eine Ergänzung. Da LXX für alle drei Worte nur ἔνοπλοι giebt und Chr (II 18 9) ebenfalls גַּן gelesen hat, so sind wir ganz aufs Raten angewiesen. Neben KLOSTERMANNS בִּגְדֵי כָבוֹד *Prunkkleider* und KAMPHAUSENS אַרְגָּז *Purpurkleider* kann man unter Hinweis auf LXX ebensogut auch vermuten בְּנֵי זַיִן *Waffenrüstung*. Die Propheten fahren fort mit ihrem „Prophezeien". 11 Zedekia, offenbar einer der hervorragenderen, bekräftigt die Verkündigung durch eine leicht verständliche symbolische Handlung. 13 Der Bote, der zu Micha kommt, erzählt diesem die Weissagung der anderen und redet ihm zu, doch auch gutes zu verkündigen. Man sieht, in allzu grossem Ansehen stand das Wort dieser Prophetenhaufen nicht; dass sie dem Könige zu Gefallen reden, kann man ihnen ohne weiteres zumuten. Daher begreift sich auch Josaphats Misstrauen. Statt וַיְדַבֵּר 13ª lies mit THENIUS nach LXX דִּבְּרוּ *es haben geredet*. Aber Micha 14 lässt sich nur durch Jahwes Wort vorschreiben, was er zu sagen hat; doch giebt auch er zuerst 15 günstigen Bescheid mit den gleichen Worten, und erst als der König die reine Wahrheit von ihm verlangt, berichtet er 17. was er im Bilde geschaut. Statt אֱלֹ־הָעֲרָרִים ist vielleicht nach Chr עַל zu korrigieren. Warum Micha so handelt, ergiebt sich aus v. 19 ff.: Jahwe will, dass Ahab bethört und betrogen werde. Die anderen Propheten sind selbst vom Lügengeist belogene Lügner; Micha, der allein die tiefere Erkenntnis hat, muss zuerst auch Jahwes Zwecken dienen, nur auf die Beschwörung hin, da ihm Ahab einen Eid auflegt, kann er die Wahrheit nicht mehr verheimlichen.     19 Statt לָךְ ist mit THENIUS nach LXX לֹא כֵן zu lesen: *nicht so ist's*, wie du meinst, dass ich aus persönlicher Abneigung immer böses verkünde. Sondern Micha hat Jahwe inmitten des Himmelsheeres, seiner Diener und Boten, gesehen ratschlagend, wie man Ahab bethören könne. „Der Geist" weiss das rechte Mittel 21 22: er will als Lügengeist aus den Propheten Ahabs reden. Mit diesem Geist, der unter Jahwes Dienern ist, kann nur der Geist gemeint sein, der überhaupt die Propheten beseelt und treibt. Dagegen verwahrt sich nun aber Zedekia 24 — mit Chr wird zu אֵיזֶה noch הַדֶּרֶךְ hinzuzufügen sein, das nicht wohl fehlen kann —; er wird von Micha dafür gestraft 25: er wird in die Lage kommen, von einem Gemach ins andere (vgl. 20 30) fliehen zu müssen. 26 Micha selbst aber lässt der König ins Gefängnis setzen, bis er wiederkommt und entschieden ist, wer Recht hat. Der Befehl ist offenbar an den Kämmerer gerichtet, der Micha herbrachte (v. 9); LXX und Chr geben allerdings den Plural קְחוּ etc., aber der Singular ist durch εἶπόν v. 27 in LXX selbst geschützt. Die Plurale passen auch gar nicht. Von Ahabs Sohn Joas ist uns sonst nichts bekannt.    Zu der Nominalapposition לֶחֶם לַחַץ מַיִם לַחַץ vgl. GES.-KAUTZSCH[26] § 131 c.    28[b] fehlt in LXX und ist Glosse eines Lesers (Citat aus Mch 1 2), der die beiden gleichnamigen Propheten identificierte.

Die Verwandtschaft dieser biblisch-theologisch sehr interessanten Erzählung mit dem Prolog zum Buche Hiob springt in die Augen. Entsprechend der altisraelitischen Anschauung wird Jahwe ohne Scheu auch zum Urheber des Bösen gemacht. Wie er den Rehabeam bethört hat, dass es zur Reichsspaltung kam (12 15), oder einen bösen Geist zwischen Abimelech und die Sichemiten schickt (Jdc 9 22 f.; vgl. I Sam 26 19), so bethört er hier den Ahab. Auch hierzu wie zum Guten, benutzt er als Werkzeuge seine Diener. Diese versammelt er um seinen Thron und stellt ihnen die schwere Aufgabe, Ahab zu bethören. Der eine rät dies, der andere das; erst der Vorschlag des „Geistes der Weissagung" (wie man kurz sagen könnte) findet Billigung. Die Inspiration der Propheten erscheint also hier als Aufgabe eines besonderen Dieners Jahwes (vgl. Jdc 14 6 I Sam 10 10 I Reg 18 12). Dieser Geist kann aber auch einmal, wenn das Gottes Zwecken entspricht, einem Propheten etwas Falsches, eine Lüge, eingeben. Wir haben hier von seiten eines „ächten" Propheten eine merkwürdige Beurteilung dessen, was die spätere Zeit „falsche" Propheten nennt. Micha bestreitet diesen Propheten, trotzdem sie Lügen reden, keineswegs, dass sie rechte Propheten sind. Ganz anders hat Jeremia über seine Gegner unter den Propheten geurteilt: sie sind ihm falsche Propheten, nicht Propheten Jahwes; sie sind bewusste Lügner, die mit ihrer Lüge den Tod verdienen (Jer 28, vgl. bes. v. 15 53 23 25 ff. u. a.). Kennzeichen des wahren Propheten ist in unserer Geschichte, dass sein Wort eintrifft; später tritt bei den Propheten in den Vordergrund das andere, dass sie nicht den Volksleidenschaften schmeicheln, sondern dem Volke Unangenehmes sagen. KLOSTERMANN ist diese bethörende Arbeit des Geistes offenbar unbequem; er macht deshalb aus ihm den Wind, „welcher auch sonst als Gegensatz des Wesenhaften, Wahren erscheint". Dieser wird dann zum „Lügenodem" im Munde des Propheten. Aber die Vorstellung, dass der Wind den Geist der Propheten regiere, ist doch sehr sonderbar.

Und wenn KLOSTERMANN weiter sagt: „der elementare Wind als göttliche Gewalt die Menschenlippen in Bewegung setzend wandelt sich in einen Lügengeist, in eine dem Menschen innewohnende Macht, die ihn Verkehrtes urteilen und raten lässt", so ist das Zauberei im höheren Grade. — הפתה v. 22 kann übrigens nicht heissen: „du bist ein Betrüger."

29 Trotz der Unglücksweissagung ziehen beide Könige in den Krieg; man sieht, dass Josaphat nicht freiwillig mitgeht. Ahab sucht sich 30 durch Verkleidung als gemeiner Soldat zu schützen (zum Infinitiv vgl. GES.-KAUTZSCH²⁶ § 113dd), an sich eine ganz zweckmässig scheinende Massregel, da Benhadad Befehl gegeben 31, vor allem den König von Israel zu töten. Die Zahl zweiunddreissig fehlt in Chr und ist Glosse eines Lesers, der sich daran erinnerte, in 20 1 etwas von zweiunddreissig Hauptleuten — wie er es verstand — gelesen zu haben. Durch diese Massregel kommt zunächst Josaphat in Gefahr; an seinem Feldgeschrei, durch das er seine Judäer zu Hilfe ruft, merken die Feinde jedoch 33, dass er nicht Israels König ist. Chr und LXX Luc. haben den „Ruf" Josaphats von einem Gebetsruf verstanden und setzen dementsprechend hinzu: *und Jahwe kam ihm zu Hilfe* u. s. w. Ahab aber 34 wird von einem Bogenschützen, der *in seiner Unschuld* לְתֻמּוֹ, d. h. ohne eine Ahnung zu haben auf wen? seinen Pfeil abschiesst, verwundet. הַדְּבָקִים „Anhängsel" ist jedenfalls ein Stück der Rüstung und wird am besten auf den aus beweglichen Gliedern bestehenden Panzeranhang (Ringelgurt) bezogen (THENIUS); Ahab ist also am Unterleib verwundet. Er will sich aus dem Kampfgewühl (statt מִן־הַמַּחֲנֶה lies mit LXX und Chr מִן־הַמִּלְחָמָה) herausfahren lassen, aber 35 *die Schlacht geht vorwärts* (וַתַּעֲלֶה) ist nach dem ganzen Zusammenhang besser so zu deuten, als „die Schlacht wird immer heftiger"), so dass der König nicht aus der Front kann, ohne die Schlachtreihe in Verwirrung zu bringen. וַיָּמָת בָּעֶרֶב gehört nach LXX an den Schluss des ganzen Verses, hier am Schluss von 35ᵃ ist nach LXX und Chr עַד־הָעָרֶב einzufügen. Am Abend stirbt Ahab und nun erschallt 36 durch das Heer der Ruf „nach Hause, denn der König ist tot!" (lies mit LXX כִּי מֵת). 37 In Samaria wird er begraben (lies mit LXX וַיָּבֹאוּ). Zu Elias Weissagung 20 19 stimmt dieses Ende zunächst nicht; ein nachdenklicher Leser hat sich daher bewogen gefunden, nachträglich die Übereinstimmung herzustellen zuerst durch den Zusatz 35ᵇ *das Blut floss aus seiner Wunde in den Wagen*, welcher weiterhin die Erzählung ermöglicht 38, dass der Wagen im Teich bei Samaria gewaschen wurde und so doch noch die Hunde zu ihrem Recht kamen. Übrigens spielt 21 19 in Jesreel; die Übereinstimmung ist also mangelhaft. Der Ahabgeschichte, die auf Elia gar keine Rücksicht nimmt, gehören diese Bemerkungen natürlich nicht an. Die geschmacklose Erweiterung des Prophetenworts (von den Huren, die im Blute Ahabs badeten) ist ein noch späterer Zusatz, der zeigt, wie die spätere Zeit sich nicht genug thun konnte in Beschimpfung des verhassten Königs (vgl. auch zu 21 19).

### 4) Die Schlussformel 22 39-40.

39 Aus dem Annalenbuch erfahren wir nur noch die Notizen, dass Ahab sich einen „Elfenbeinpalast" gebaut, der ähnlich wie das „Libanonwaldhaus"

Salomos seinen Namen von der ausserordentlich reichen Verwendung von Elfenbein erhalten haben wird, — weiterhin, dass er mehrere Städte befestigte. 40 Trotzdem der Redaktor selbst ganz anderes von Ahab geweissagt (21 24), lässt er ihn doch im Frieden bei seinen Vätern begraben werden.

### XI. Josaphat von Juda 22 41–51 (vgl. II Chr 17–20).

**41–45 Einleitungsformel.** LXX setzt nach ihrer Rechenweise Josaphats Regierungsantritt richtig in das 11. Jahr Omris (s. auch zu 16 29). Dementsprechend steht der Abschnitt über Josaphat vor dem Bericht über Ahab (hinter Hebr. 16 28). In LXX Vat. (nicht in Luc.) ist dann derselbe Text — nur mit Auslassungen — an unserer Stelle noch einmal nachgetragen worden. Über die ursprüngliche Rechnung und Ordnung des Redaktors vgl. Einleitung VI. Zu dem Zeugnis 43 44 vgl. 15 9 ff. An falscher Stelle, in der Schlussformel, ist v. 47 nachgetragen. Diese positive Notiz stammt aus den Königsannalen; aber ob dort zweimal, von Asa und von Josaphat das Gleiche berichtet war? 45 Welcher Art der Frieden zwischen Ahab und Josaphat war, ist zu 21 4 bemerkt worden. Der Vers fehlt in LXX Luc. und in Vat. hinter 16 28.

**46–51 Schlussformel.** Zwischen die beiden Sätze der Schlussformel (46–51) sind in auffallender Weise verschiedene kleinere Notizen hineingestellt. 47 Die Ausrottung der Kedeschen sollte ordnungsgemäss in der Einleitung erzählt sein (s. o.) 48 Edom hat keinen König, sondern ein Statthalter ist dort „König". Der Satz, den auch LXX genau so gelesen, giebt zwar einen Sinn, ist aber doch ein sonderbarer Ausdruck dafür, dass Edom unter Josaphat wieder unterworfen war, nachdem es unter Salomo abgefallen (11 14 ff.). STADE (ZATW 1885 178) schlägt vor, zu lesen וּנְצִיב הַמֶּלֶךְ und es mit dem folgenden zu verbinden: *der Statthalter des Königs baute ein Schiff*. Da wir jedoch gar nicht wissen, in welchem Zusammenhang der Satz in den Königsannalen stand, lässt sich nichts weiter sagen. II Reg 3 9 erscheint Edoms „König" ebenfalls als Vasall Josaphats. Vgl. auch II Chr 20, wo von einem grossen Sieg Josaphats erzählt ist, bei welchem auch die Edomiter vernichtet werden (v. 10 28). 49 Josaphat will die Ophirfahrten wieder aufnehmen (statt עָשָׂר lies mit allen Verss. עָשָׂה; zum „Tarsisschiff" vgl. I Reg 10 22), aber das Schiff (nach LXX lies überall den Singular) leidet Schiffbruch und dadurch offenbar entmutigt, lehnt Josaphat 50 die Aufforderung Ahasjas zu gemeinsamen Fahrten ab. Nach II Chr 20 35 ff. hätte er dagegen mit Ahasja gemeinsam Schiffe gebaut; da Josaphat doch wohl noch wie zur Zeit Ahabs (s. 22 4) Vasall des israelitischen Königs war, dürfte die Chronik Recht haben. Die sämtlichen Notizen sind ganz zusammenhanglos nebeneinander gestellt. Ursprünglich wird der Redaktor, der sonst so pünktlich Ordnung hält, sie sicher am gewöhnlichen Platz *vor* der Schlussformel, eingereiht haben.

### XII. Ahasja von Israel I Reg 22 52—II Reg I 18.

**1 22 52–54 Einleitungsformel.** 52 Josaphat kommt im 4. Jahr des Ahab zur Regierung (v. 41); das 22. Jahr Ahabs, das zugleich als 1. Jahr

Ahasjas gilt (s. zu 15 23), ist also das 19. nicht 17. Jahr Josaphats. Hier liegt eine deutliche Incongruenz der Zahlen der Regierungsdauer und der synchronistischen Zahlen vor, die auf einem Rechenfehler beruht. LXX Luc. ihre alte Rechnung (s. zu 16 29 und 22 41) fortsetzend, bietet hier nach ihrer Rechenweise richtig „im 24. Jahr" (vgl. auch zu II 1 17).

**II 1 Moabs Abfall.** Die Notiz, inhaltlich = 3 5, ist jetzt an ganz unbrauchbarem Ort. Sie bildete einst die Einleitung zu einer Erzählung von dem Krieg gegen Moab, wie eine solche jetzt II Reg 3 steht. Schwerlich dürfte dieser zusammenhanglose Satz zufällig hierher versprengt sein (der Wortlaut von 3 5 ist anders!), und sicher hat der Redaktor nicht von sich aus diesen einzigen Satz hier eingefügt, um der chronologischen Ordnung willen — denn dies war gar nicht nötig. Er muss also wohl in einer seiner Vorlagen hier die Erzählung vom Moabiterkrieg gefunden haben — vielleicht auch in etwas anderer Form — und daraus entweder den Satz allein, oder die ganze Erzählung hierher gestellt haben. In letzterem Fall wäre dieselbe dann wegen Cap. 3 später ausgefallen. Wir hätten dann einen ganz ähnlichen Vorgang wie bei der Jerobeamgeschichte (s. S. 96 f.), vgl. auch das zu 3 4 Bemerkte.

**2—16 Ahasjas Krankheit.**

Die Geschichte besteht eigentlich aus zwei Erzählungen, die nur ganz äusserlich mit einander zusammenhängen: v. 2-4 17ᵃ Ahasjas Krankheit und Elias Weissagung; 5-16 die wunderbare Vernichtung der Häscher Elias. Die erstere Erzählung mag recht wohl aus der Eliageschichte stammen; blitzartig, wie auch dort immer, erscheint Elia auf göttlichen Befehl vor Ahasjas Sendboten, thut seinen Gottesspruch und verschwindet ebenso rasch — woher? und wohin? weiss niemand. Dass der mal'akh jahwe hier zu Elia redet (v. 3), ist kein so schwerwiegender Unterschied; auch I 19 5 ff. ist er es, der dem Propheten den Befehl Gottes überbringt. Ein grosser Unterschied dürfte für den Verfasser zwischen Jahwe und dem mal'akh jahwe überhaupt nicht gewesen sei. Die andere Erzählung dagegen, wie Elia durch Feuer vom Himmel zweimal die gegen ihn ausgesandte Schar fressen lässt, atmet einen ganz anderen Geist. Dieser Elia ist nicht der grosse Prophet von I Reg 18 und 21, sondern ein „übermenschlicher Popanz". Es ist derselbe Geist, der I Reg 13 erfüllt. Ebenso erinnert die Geschichte an I Sam 19 18-24 und ist wohl jener Erzählung nachgebildet; vgl. auch aus der Elisalegende die Geschichte mit den kinderfressenden Bären (II Reg 2 23 ff.). Dass es dem Erzähler nur um eine Kraftprobe Elias zu thun ist, und alles andere ihm Nebensache ist, zeigt der auffallende Umstand, dass Elia dem Könige selbst nichts weiter zu sagen hat, als was ihm bereits durch seine Boten ausgerichtet wurde, m. a. W. was der Erzähler da als Weissagung Elias bereits vorfand. Man wird wohl kaum fehlgehen, wenn man in diesen Versen einen Zusatz aus der Zeit nach der ersten Redaktion sieht. Ob der zweite Redaktor am Ende schon solche Geschichten aufnahm? — Der Vergleich mit LXX zeigt, dass auch diese wie alle Prophetengeschichten sich der besonderen Zuneigung der Leser erfreute und mit zahlreichen Auffüllungen des Textes bedacht wurde.

**2** Ahasja fällt durch das Gitterfenster des Obergemachs in seinem Palast und will nun den Baal-Sebub um ein Orakel befragen. Der „Fliegengott" Baal-Sebub führt eine altehrwürdige (vgl. schon LXX), aber darum doch etwas fragwürdige Existenz. Die Regel ist, dass der ba'al nach seinem Orte, wo er verehrt wird, näher bezeichnet wird. Man sollte erwarten, dass sebub ein Ort ist. Wenn HALÉVY Recht hat, dass das Wort als Stadtname wirklich in einem der aus Jerusalem stammenden Tell-Amarna-Briefe vorkommt, so wäre damit der „Fliegengott" glücklich aus der Welt geschafft (Comptes rendus de l'Acad. des Inscr. 1892. XX. S. 74). Ekron, zu der philistäischen Pentapolis gehörend, ist das heutige 'Ikir ca. 2 Stunden südwestlich von er-Ramle.

מחלי ist מָחֳלִי (mit Suff.) zu lesen. **3 4** Den Boten tritt Elia entgegen mit einem Gottesspruch. In וְלֵךְ ist wohl nach v. 6 das ו zu streichen. **7 8** An den Kennzeichen, welche die Boten für den ihnen unbekannten Gottesmann angeben — der Mantel von Fellen (s. zu 19 19) und der lederne Gurt um die Lenden — erkennt der König Elia, den Thisbiter.

**9** Ahasja sendet einen Hauptmann mit 50 Mann aus, Elia zu greifen, der auf dem Gipfel *des* (welchen?) Berges sass — eine eigentümliche Situation. Elia beweist, dass er ein *Gottesmann* ist, dadurch, dass er Feuer vom Himmel fallen lässt **10**. Das wiederholt sich dann noch einmal **11 12**. Man darf wohl nach dem sittlichen Gehalt dieses Wunders fragen, durch das die unschuldigen Leute, die Elia als den Gottesmann anerkennen, statt des schuldigen Königs gestraft werden. Statt וַיַּעַן v. 11 lies wie v. 9 und 13 וַיַּעַל *er kam hinauf*; ebenso statt אֲלֵיהֶם mit LXX אֵלָיו. **13** Erst der dritte Bote (statt שְׁלֹשִׁים lies mit LXX Luc. שְׁלִישִׁי), der in begreiflicher Angst vor dem Gottesmann auf die Kniee fällt und um Gnade fleht, erweist damit dem Propheten den gebührenden Respekt. Hierin liegt der Kern der ganzen Erzählung, die neben II Reg 2 23ff. die unbedingte Ehrfurcht vor dem Propheten predigt, wie I Reg 13 den unbedingten Gehorsam. Das zweite שַׂר הַחֲמִשִּׁים הַשְּׁלִישִׁי v. 13 ist schon durch seine Stellung als Glosse erkennbar. **15** Elia erhält Befehl, mit ihm (statt אוֹתוֹ lies אִתּוֹ s. zu I Reg 20 25) zum König zu gehen. Er weiss aber **16** demselben nichts neues zu sagen, als was er ihm schon durch die Boten hat sagen lassen. KLOSTERMANN meint deswegen, das Urteil über Ahasja sei erst hier von Elia gesprochen und nachträglich in v. 3 und 6 eingefügt worden. Aber was sagte Elia dann zu den Boten? Umgekehrt ist die Frage הַמִבְּלִי אֵין־אֱ׳ aus v. 3 falscher Weise hierher geraten, wo sie schon stilistisch unmöglich ist; sie fehlt hier in LXX.

**17b 18 Die Schlussformel.** LXX Vat. stellt die Sätze um: zuerst 18 der Verweis auf die Königsannalen, dann 17b die Erwähnung des Nachfolgers und zwar sogleich als Einleitung zu dessen Geschichte. Jedenfalls ist, wie auch LXX Luc. zeigt, bei der Ordnung des Hebr. die chronologische Angabe über den Regierungsantritt Jorams nicht am Platz (vgl. zu derselben das zu 3 1 gesagte); ganz regelmässig steht diese Angabe in der Einleitungsformel. Die Unordnung kommt daher, dass nach dem Ausweis von LXX Vat. und Luc. ursprünglich in ganz korrekter Weise sich sogleich hier die Einleitungsformel für Jorams Regierung anschloss, die jetzt im Hebr. nach 3 1ff. hinunter versetzt ist (in LXX dort ebenfalls wiederholt). In Hebr. steht jetzt Cap. 2 ganz ausserhalb des Rahmens des Redaktors, was unmöglich ursprünglich gewesen sein kann.

### XIII. Joram von Israel 2 1–8 15 9.

**3 1–3 Einleitungsformel.** Über die Stellung der Verse s. zu 1 17f. Die Chronologie ist doppelt gegeben: nach 1 17 kommt Joram im 2. Jahre Jorams von Juda, des Sohnes Josaphats, zur Regierung, nach 3 1 schon im 18. Jahr Josaphats (in LXX Vat. beidemal wie Hebr. 3 1, in Luc. nur bei 1 17 und zwar wie Hebr. 1 17). Dies ist nicht zufällig: die Angabe 3 1 (18. Jahr Josaphats) entspricht der im Hebr. üblichen Rechenweise (s. zu 15 23), wobei allerdings von dem einmal gemachten Rechenfehler in I Reg 22 52 aus weiter gerechnet ist. Die andere Angabe dagegen (2. Jahr Jorams von Juda) stimmt zu der in LXX Luc. sich findenden Rechnung (s. z. 16 5 29 22 41 52), wonach 1. Jahr Josaphats = 11. Jahr Omris. 24. Jahr Josaphats = 1. Jahr Ahasjas ist. 2 Nach der guten alten Erzählung Cap. 10 ist die Ausrottung des Baaldienstes das Werk Jehus; ob der Redaktor für sein Urteil eine besondere Grundlage in seinen Quellen hatte, wissen wir nicht. Übrigens lies nach LXX den Plur. מזבח.

### Die Elisageschichten.

Die in dem Abschnitt II Reg 2—8 erzählten Geschichten weisen sich schon dadurch, dass sie alle von Elisa als der Hauptperson handeln, als inhaltlich zusammengehörig aus. Die genauere Betrachtung ergiebt, dass der Redaktor diese Erzählungen nicht aus der lebendigen Überlieferung geschöpft, sondern schriftlich vor sich gehabt hat. Nur unter diesen Umständen lässt sich die Vereinigung der beiden Varianten einer Erzählung begreifen, wie sie Cap. 4 vorliegt (s. zu 4 8 ff.). Die Zugehörigkeit zu dieser Quelle ist nur bei Cap. 3 und 6 24—7 20 bestritten worden, auch hier mit Unrecht, wie bei den betreffenden Capiteln gezeigt werden wird. Ausserdem gehört noch hierher die Erzählung von Elisas Tod und die Wunderkraft seiner Gebeine (13 14—21) und die Erzählung von der Salbung Jehus (9 1—13); s. zu d. St.

Der Charakter dieser Erzählungen ist bis zu einem gewissen Grade ein einheitlicher: sie enthalten nicht Geschichte, sondern Legende. Das Wunder steht im Vordergrund, teilweise wird es geradezu zum Zauberhaften gesteigert (vgl. 4 31 13 20 f.). Den unbedingten Gehorsam gegen den Propheten und die Verehrung desselben einzuschärfen, erscheint mehrfach als deutlicher Zweck der Geschichten (2 23 ff.; s. auch zu 4 30 f. 8 1 ff. 7 ff. 13 14 ff.). Dass die meisten Erzählungen der Eliageschichte einfach nachgebildet sind, dieselbe noch überbietend, ist von jeher aufgefallen. Solche Nachbildungen sind: das Speisungswunder bei der Witwe des Propheten (4 1 ff.), die Erweckung des Sohnes der Sunamitin (4 8 ff.), die Salbung Hasaels und Jehus (8 7 ff. 9 1 ff. vgl. zu I Reg 19 19). Man wird nicht umhin können auch litterarische Abhängigkeit, die Bekanntschaft des Sammlers mit der Eliageschichte als Buch, anzunehmen. In formeller Beziehung haben die Geschichten gemeinsam, dass Elisa mit Vorliebe schlechthin als „der Gottesmann" bezeichnet wird. Ebenso werden die Könige von Israel in der Regel nicht mit Namen genannt; in den wenigen Ausnahmefällen ist es fraglich, ob der Name nicht erst später zugesetzt ist. Auch das passt durchaus zum Charakter der Legende: die Namen der Personen sind ihr Nebensache. Des weiteren ist zu betonen, dass es sich nicht um eine Elisageschichte handelt, sondern um eine Reihe anekdotenartiger Erzählungen, die so gut wie garnicht mit einander zusammenhängen. Während wir in der Eliageschichte eine einheitliche Beschreibung des Wirkens Elias haben, ist die Elisageschichte eine Anekdotensammlung. Nur 8 1 ff. hängt mit 4 8 ff. zusammen und einige andere Geschichten kommen dadurch in eine gewisse äussere Verbindung, dass sie in die Zeit der siebenjährigen Hungersnot fallen. Aber dieser Umstand wird nicht einmal als formelles Bindeglied bei der Aneinanderreihung der Erzählungen benutzt (vgl. 4 38 und 8 1 ff.).

Deshalb sind auch die Widersprüche, welche sich zwischen den verschiedenen Erzählungen finden, nicht ausschlaggebend gegen die Annahme, dass die Legenden in der Vorlage des Redaktors bereits vereinigt waren. So streiten miteinander 5 1 ff., wo tiefer Frieden zwischen Israel und Damaskus herrscht, und 6 8 ff., wo Krieg ist; 5 27 wird Gehasi aussätzig, 8 1 ff. erscheint er ohne weiteres vor dem König. Auch tiefer liegende Widersprüche finden sich: in den einen Nachrichten hat Elisa seinen Sitz in Gilgal (2 1 ff. 4 1 ff. 18 ff. 38 ff. 41 ff. 6 1 ff.), nach den anderen in Samarien (5 1—27 6 8 ff. 6 24 ff. 13 14 ff.). Die Stellung Gehasis ist eine verschiedene, in einigen Geschichten spielt er eine ganz bedeutende Rolle (4 8 ff. 8 1 ff.), in andern eine ganz nebensächliche (4 8 ff. zweite Recension; 5 1 ff.). Auch das Verhältnis von König und Prophet ist ein anderes in 3 11-15 6 31 ff. als in 5 6 6 21 8 1-6 13 14 ff. Mehr ins Gewicht als diese Widersprüche der Einzelheiten fällt eine andere Verschiedenheit der Erzählungen. Aus der Mehrzahl der Geschichten, welche sich meist als ziemlich minderwertige Erzeugnisse der religiösen Fantasie ausweisen, heben sich einige Erzählungen ab (3 1 ff. 6 24 ff. 8 7 ff. 9 1 ff.), welche bei allem legendarischen Charakter doch auch wertvolles geschichtliches Material enthalten. Das hängt damit zusammen, dass diese Erzählungen, wenn man so sagen darf, das öffentliche Auftreten Elisas behandeln und der Erzähler dadurch veranlasst wird, auch von den begleitenden Vorgängen etwas zu berichten. Dank diesem Umstand erfahren wir auch einiges über die politische Geschichte jener Zeit.

Nach dem Gesagten ist es völlig ausgeschlossen, die Elisageschichten als eine litterarische Einheit zu betrachten in dem Sinne, dass sie einen Verfasser gehabt hätten. Solche Anekdoten haben überhaupt keinen Verfasser, sondern nur einen Sammler, der sie zusammenstellt. Dass dies nicht der Redaktor der Königsbücher war, ist schon bemerkt worden. Es könnte sich höchstens fragen, ob derselbe vielleicht anderswoher die eine oder andere Geschichte hinzugefügt hat. Ein besonderer Grund für diese Annahme liegt jedoch nirgends vor, dagegen ist es wohl möglich, dass die eine Erzählung aus dieser, die andere aus jener Recension der Sammlung (welche dem Redaktor in doppelter Bearbeitung vorlag, s. oben) entnommen ist; und damit könnte vielleicht auch mancher der genannten Widersprüche und vor allem die nicht immer einwandfreie Anordnung des Stoffes (z. B. 8 1 ff. von 4 fin. getrennt) zusammenhängen.

Die Geschichten spielen ihrer jetzigen Einordnung in den Königsbüchern nach zu schliessen alle unter Jorams Regierung. Dies wäre — wenn man sie als geschichtlich nimmt — schon zeitlich unmöglich: zwischen 1 18 und 1 8 liegt ein Zeitraum von mindestens 7-8 Jahren, dann kommt die 7jährige Hungersnot, deren Ende ebenfalls noch unter Joram fallen soll (8 1 ff.), und doch hat Joram nur 12 Jahre regiert (3 1). Einer Verteilung der Geschichten auf die Regierung des Jehu, Joahas und Joas steht, da fast nirgends der Name des Königs genannt wird (s. o.), nichts im Wege. Aber Anhaltspunkte haben wir keine. Die Legende ist eben gegen Ort und Zeit gleichgiltig.

### 2 1-18 Elias Himmelfahrt.

So sehr inhaltlich die Erzählung eigentlich zur Elisageschichte als deren Abschluss gehört, so hat sie doch mit dem litterarischen Werke, das wir als Eliasgeschichte bezeichnet haben, nichts zu thun. Die Situation ist eine wesentlich andere: dort Elia, der wie der Blitz auftaucht und verschwindet und eigentlich keinen festen Wohnsitz hat, hier Elia und Elisa gemeinsam wohnhaft im Gilgal; dort der allein stehende einsame Gottesmann, hier der Lehrer, der von einem Schwarm „Prophetenjünger" umgeben ist. Dies verrät — auch ganz abgesehen von den Stücken v. 19-25, die mit der Eliasgeschichte nichts mehr zu thun haben — eine nahe Verwandtschaft mit der Vorstellung von dem Propheten, wie sie die Elisageschichte zeigt (s. oben), und über die litterarische Zugehörigkeit des Stücks zu dieser kann kaum ein Zweifel sein.

**1** Elia und Elisa sind im Gilgal zu Hause; nach 4 38 ist dies auch sonst der Wohnsitz Elisas und zugleich Sitz einer Prophetengenossenschaft. Nach **2** וַיֵּרְדוּ lag dieses Gilgal höher als Bethel; es wird mit grosser Wahrscheinlichkeit in dem heutigen *Dschildschiljā* südwestlich von Silo gesucht. **3** Die בְּנֵי־הַנְּבִיאִים spielen in der Elisageschichte eine grosse Rolle (vgl. v. 4 1 38 5 22 6 1 u. o.); in der Eliasgeschichte ist von ihnen gar keine Rede. Auch die alte gute Ahabgeschichte weiss zwar von zahlreichen Jahwepropheten, die in der Hauptstadt Samarien zu finden sind, aber gar nichts weist darauf hin, dass sie irgendwie als Genossenschaft zusammengelebt hätten. Dies aber deutet der Ausdruck Bene nebiim an und die sonstigen Erzählungen bestätigen es. Nach der Elisageschichte leben die Prophetenjünger in Scharen zusammen mit einem Meister an der Spitze, dessen Schüler sie sind. Elisa gilt bei allen als oberste Autorität; vor ihm war nach unserer Darstellung auch Elia das Haupt aller Propheten (vgl. בַּעַל רֹאשׁ, wenn dies nicht etwa ganz buchstäblich gemeint ist) und hatte Schüler um sich. Was an dieser Schilderung des Prophetenlebens historisch richtig ist und für welche Zeit es zutrifft, lässt sich schwer sagen; verdächtig ist, dass nur die junge Elisageschichte davon berichtet. 7 Nicht das Wunder der Himmelfahrt (s. zu v. 10), aber die nachherige Wunderthat Elisas muss durch fünfzig Augenzeugen bezeugt werden. 8 Der Mantel spielt hier und noch mehr v. 14 die Rolle des Zauberstabs. Er ist nicht blos äusseres Kennzeichen des Propheten; den Kleidern heiliger Männer teilt sich von ihrer Kraft etwas mit (vgl. Mk 5 28ff.; Hes 44 19). Der Mantel Elias erst macht Elisa zum rechten Nachfolger, der den Geist und die Kraft des Meisters besitzt (v. 13). 9 Zum Abschied erbittet sich Elisa einen doppelten Anteil an Elias Geist: der Erstgeborene erbt einen doppelten Teil und Elisa will der „Erstgeborene unter den geistigen Söhnen Elias", d. h. ihr Haupt, sein (so richtig schon Thenius). Das findet Elia 10 eine *schwere Bitte*, die nur Jahwe gewähren kann; wenn dieser Elisa würdigt, das Wunder, das geschehen wird, mit seinen Augen zu sehen, soll das ein Zeichen sein, dass Jahwe seine Bitte erhört hat. Der Erzähler stellt es sich demnach so vor, dass die feurigen Rosse für gewöhnliche Sterbliche nicht sichtbar sind, sondern nur für die Augen besonders Gottbegnadeter; die 50 Prophetenjünger (v. 7) haben daher auch nichts von Elias Himmelfahrt gesehen (v. 16). 12 *Wagen Israels und seine Reiter!* damit sind natürlich die himmlischen Heerschaaren v. 11 gemeint. Der Ausdruck ist aber schon frühe (s. zu 13 14) auf Elia bezogen worden als Urteil über seine Bedeutung: ein grösserer Schutz für Israel als Wagen und Reiter. Die Eliageschichte könnte von ihrem Elia solches nicht gerade sagen (vgl. 19 15 ff.). Als Zeichen der Trauer zerreisst Elisa seine Kleider; dann 13 ergreift er den dem Elia entfallenen Mantel (s. a. zu v. 8). Mit ihm macht er gleich die Probe auf seine neue Prophetenkraft 14: er schlägt damit, wie er es von Elia gesehen, das Wasser mit der Frage, *wo ist der Gott Elias?* Und siehe da! er ist da, wo der Mantel Elias ist, und das Wasser gehorcht nunmehr auch dem Elisa. Es scheint, dass derselbe vorher keine Wunder thun konnte; auch die Prophetenjünger haben diese Gabe nicht (4 38 ff. u. a.). Statt אַף־הוּא lies mit Thenius nach LXX ἀφφώ vielmehr אֵפוֹא *wo?* אֲשֶׁר נָפְלָה מֵ ist hier versehentlich aus v. 13 wiederholt. 15 Auch für die 50 Prophetenjünger, welche der Sache zusehen (v. 7), ist dies das Zeichen, dass Elisa den Geist Elias überkommen hat; sie bezeugen ihm also ihre Ehrfurcht — darauf legt die Elisageschichte merkwürdig viel Wert, dass der Prophet stets recht geehrt werde (s. zu 1 13). אֲשֶׁר בִּירִיחוֹ ist mit Klostermann als Zusatz zu streichen, wie v. 7 zeigt; von Jericho kann man nicht zum Jordanbett sehen. 16—18 Dass Elia wirklich gen Himmel gefahren und nicht blos (wie die Prophetenjünger meinen, welche den feurigen Wagen nicht sehen konnten) vom Geiste Gottes wie schon oft irgendwohin entrückt wurde, wird noch erhärtet durch das vergebliche

Suchen. Zugleich wird Elisas Autorität dadurch noch mehr befestigt. Man wird mit KLOSTERMANN annehmen dürfen, dass die „50 Männer" v. 16 identisch sind mit den „50 Prophetenjüngern" v. 7 15, die sich also selbst zum Suchen anbieten. Statt „schicken" hätte es dann ursprünglich überall „gehen" geheissen, wie v. 18 Schluss. Der Zusatz von LXX Vat. ἐν τῷ Ἰορδάνῃ ἢ (ἀφ' ἓν τῶν ὀρέων) v. 16 ist ein schönes Beispiel von Auffüllung des Textes.

**19—22 Das Wunder mit der Quelle.** Über die Vorliebe der Elisageschichte für solche Wunder s. S. 129. **19** Da nach v. 21 das Wasser von Jericho schädlich ist, insbesondere die Wirkung hat Fehlgeburten (bei Mensch und Vieh?) zu verursachen, so ist hier der Ausdruck מְשַׁכֶּלֶת so zu verstehen: die ganze Gegend (ist dadurch ungesund und) verursacht Fehlgeburten. **22** Bemerke den Abstand des Erzählers von der Zeit Elisas עַד הַיּוֹם הַזֶּה.

**23—25 Bären fressen die spottenden Kinder.** **23** Die Glatze gilt als Schimpf (Jes 3 17-24). **24** Die Ausleger haben sich viele Mühe gegeben, die sittliche Berechtigung dieser Strafe darzuthun. Man vergleiche 1 9ff. Gewissen Kreisen galten die Gottesmänner eben als ganz unantastbar und dies ins rechte Licht zu stellen, ist auch dem Verfasser sehr wichtig (s. zu 1 13). Es ist aber nicht die Autorität der freien Persönlichkeit, wie bei Elia, vor der sich die Leute beugen, sondern die sehr magische Heiligkeit des Amts, die mit dem Mantel auf den Propheten übergeht. **25** WELLH. (bei BLEEK⁴ 253) vermutet, dass es ursprünglich hiess, Elisa kehrte *nach dem Gilgal* zurück (wie 4 38), und dass mit Rücksicht auf 3 4ff. dann Samarien dafür korrigiert wurde; in v. 1 ist Gilgal der Ausgangspunkt, zu dem wohl auch die „Rückkehr" stattfand.

**3 4—27 Jorams Moabiterkrieg.**

Es ist schon oben (S. 117) erwähnt worden, dass die Erzählung von Jorams Moabiterkrieg meist (WELLH., KUENEN, CORNILL u. a.) demselben Verfasser wie der Bericht über Ahabs Syrerkriege zugeschrieben wird. Allein der allgemeine Charakter unserer Erzählung ist ein ganz anderer: dort einfache volkstümliche Geschichtserzählung, hier eine etwas phantastische Überlieferung, in welcher ein Prophetenwunder den Mittelpunkt bildet, dort ganz profane Geschichte ohne jede Beziehung zu Elia, hier ein Stück Prophetenlegende zur Verherrlichung Elisas. Wenn hier in v. 11 als Legitimation für Elisa schon das genügt, dass er Elias Diener gewesen, der ihm Wasser über die Hände gegossen, so ist dort von Elisa überhaupt nicht die Rede. Derselbe Josaphat, der hier um Elias Willen Elisa anerkennt, weiss dort gar nichts von Elia. Dem entsprechend nimmt der König eine ganz verschiedene Stellung ein: dort eine ausgesprochene Vorliebe des Verfassers für Ahab, hier der herbe Tadel des gottlosen Joram und die direkte Bevorzugung des frommen Josaphat. Dem Nordreich gehört unsere Erzählung trotzdem an; nur dort konnte sich diese Elisalegende bilden, wo man den Schauplatz des Wunders ferne war (s. zu v. 16f.). Die Ähnlichkeiten mit I Reg 22 erklären sich ohne Schwierigkeit: wie die Wundergeschichten, die von Elisa erzählt werden z. T. nur Nachbildungen der Eliageschichte sind, so ist auch die Bildung unserer Prophetenlegende von der in I Reg 22 erzählten Geschichte beeinflusst gewesen. Die Stellung die dort Micha einnimmt als einziger wahrer Prophet, kommt hier ganz in derselben Weise Elisa zu — nur durch das Hinzuthun des Wunders wird die Sache noch gesteigert. Man darf auch vielleicht den Ausdruck: Jahwe hat uns hiehergerufen (v. 10 und 13) auf ergangene Prophetensprüche vor Beginn des Feldzugs deuten. Dem Erzähler unserer Geschichte mag wohl schon eine Niederschrift jener Ahabgeschichte vorgelegen haben; vgl. auch das S. 129 über die literarische Abhängigkeit von der Eliageschichte Bemerkte.

Ein äusseres Zeichen für unsere Annahme ist auch noch II Reg 1 1 (s. z. St. S. 127). Die Notiz dort ist Rest einer anderen Darstellung des Feldzuges, welche durch unsere Prophetengeschichte verdrängt wurde.

Sachlich sind wir über die vorausgehenden Kämpfe mit den Moabitern, die das Königsbuch verschweigt, durch die Inschrift des Königs Mesa unterrichtet (vgl. SMEND und SOCIN, Die Inschrift d. Königs Mesa, Freibg. i. B. 1886). Dort berichtet Mesa, dass er das von Omri eroberte Land (unter Ahasja und Joram) wieder zurückgewann. Ihn hierfür zu züchtigen und die israelitische Oberherrschaft wieder aufzurichten, ist Zweck dieses Kriegszugs, der allerdings erfolglos verlief.

**1—3** s. S. 128 f. **4** Mesa der Moabiter König ist Ahab zinspflichtig; es ist ein Schafezüchter, נקד, daher er seinen Tribut in Kleinvieh entrichtet. Die Moabiter, wie auch die ostjordanischen Israeliten, sind nicht vollständig zum Ackerbau übergegangen, sondern Halbnomaden geblieben; die Landesnatur war auch für Kleinviehzucht besonders geeignet (vgl. Mesainschr. Z 30; SMEND-SOCIN S. 15). In der Bezeichnung als „Viehzüchter" dürfte übrigens etwas verächtliches liegen. Der Tribut, dessen Zahlen unkontrollierbar sind, wird jährlich geleistet, das Perf. consec. bezeichnet die in der Vergangenheit wiederholte Handlung (GES.-KAUTZSCH[26] § 112 eff). In LXX Vat. hat ein Leser, dem der Tribut hoch vorkam, hinzugesetzt ἐν τῇ ἐπαναστάσει und damit den Tribut als einmalige Strafe für den 1 1 erwähnten Abfall bezeichnet, zugleich 1 1 und 3 5 auf diese Weise auszugleichen bestrebt (so richtig THENIUS). **5** Nach Ahabs Tod verweigert er den Tribut. Dass kein anderer als Mesa gemeint sein kann, wenn er auch nicht ausdrücklich genannt ist, geht aus dem Zusammenhang von v. 4 und 5 hervor und wird durch die Mesainschrift bestätigt. Nach letzterer geschah der Abfall noch unter Ahab, in der Mitte seiner Regierung. **7** Juda ist immer noch in Abhängigkeitsverhältnis von Israel (s. zu I Reg 22 4) und Josaphat muss Heerfolge leisten. LXX Luc. nennt Ahasja von Juda als den damals regierenden König. Nach ihrer Chronologie (s. zu 3 1 ff. S. 128 f.) kam dieser allerdings schon im 5. Jahr (Hebr. im 12. Jahr) Jorams von Israel zur Regierung. Das wahrscheinlichste ist, dass der ursprüngliche Bericht auch hier nur den „König von Juda" ohne Namennennung anführte, wie auch nachher der König von Edom nicht genannt wird. Die ganz unregelmässige Einsetzung der Namen wird durchweg auf erklärenden Zusätzen von späterer Hand beruhen (s. auch zu v. 5). **8** Der Fragende ist natürlich der Untergebene, der judäische König. — Joram wählte zum Angriff den *Weg durch die Steppe Edoms* d. h. den Weg um das Südende des Toten Meeres, so dass sie von Süden her Moab angriffen. Im Norden lagen die festen Moabiterstädte, die Mesa gebaut (vgl. die Mesainschrift); auch bedrohten dort die Syrer den Rücken des Heeres. **9** Auch Edom als Vasallenland Judas zieht mit; einen „König" von Edom gab es freilich nach I Reg 22 48 f. und II Reg 8 20 in jener Zeit nicht. **10 11** Das Heer gerät durch Wassermangel in grosse Not. Josaphat, der „fromme" König, verlangt (ganz wie I Reg 22 5) nach einem Jahwepropheten. Man nennt ihm den Elisa, der einst „dem Elia Wasser auf die Hände goss", d. h. dessen Diener war. Das ist in den Augen Josaphats eine genügende Legitimation für Elisa **12**; vgl. aber das oben S. 132 Gesagte. Man darf wohl auch fragen, wie Elisa auf einmal hierher kommt. Soll auch das blitzartige Erscheinen des Elia nachgeahmt werden? **13** Das Auftreten Elias gegenüber von Ahab wird von Elisa d. h. vom Erzähler der Geschichte nachgeahmt, aber nicht sehr glücklich: Elisa schilt (v. 14), aber imponiert nicht. Zur Beurteilung Ahabs als eines Baalsdieners vgl. S. 106. Die Antwort Jorams will der Erzähler dahin verstanden wissen: Jahwe hat uns hierhergeführt, also muss Jahwe befragt werden. Über die Meinung, dass Jahwe (wohl durch Lügenpropheten) die Könige ins Verderben gelockt, vgl. zu I Reg 22 9ff. Die Dublette zu jener Erzählung ist unverkennbar (s. oben S. 132). Die Opposition des „wahren" Propheten gegen den König wird hier **14** noch schärfer als dort ausgedrückt. **15** Um in Begeisterung zu geraten, verlangt Elisa einen Spielmann (vgl. I Sam 10 5). Während Elia nicht nur äusserlich mit den „Prophetenjüngern" nichts zu thun hat (s. zu II Reg 1 3), sondern auch sonst über sie weit emporragt, erscheint Elisa eng mit ihnen verbunden als ihr geistiges Haupt und auch innerlich mit ihnen zusammengehörig.   וְהָיָה kann trotz der Fortsetzung durch Imperf. consec. als frequentatives Perf. consec. (*jedesmal, wenn der Saitenspieler spielte, kam der Geist über ihn*) gefasst werden (ebenso Jdc 12 5 vgl. GES.-KAUTZSCH[26] 112 ee). **16** Der Rat Elisas geht dahin, im Bachgrund (vielleicht im Nachal ha'arabim Jes 15 7, dem südlichen Grenzfluss Moabs), Grube an Grube anzulegen, die sich dann **17** ohne Regen und Wind mit Wasser füllen sollen. Der Rat verrät gute Lokalkenntnis in jener Gegend (s. WETZSTEIN bei DELITZSCH Genesis[4] 567), die im Heere der Judäer und Edomiter zweifellos nicht fehlte. Die Belehrung Elisas brauchte man daher nicht; in der Prophetenlegende ist aber aus der Sache ein Wunder Elisas gemacht vgl. v. 20.   Statt מִקְנֵיכֶם *euer Vieh* lies mit KLOSTERMANN nach LXX Luc. מַחֲנֵיכֶם *euer Lager.*   **19** וְכָל־עִיר מִבְחוֹר fehlt in LXX Vat. und Luc. und ist mit KLOSTERMANN als Variante zu streichen. Statt תַּכְאִבוּ, das sonst nur in der Bedeutung „wehethun" sich findet, liest KLOSTERMANN תְּאַבְּדוּ.   Die empfohlene Art der Kriegführung war in jener Zeit auch in Israel die gewöhnliche (vgl. Dtn 20 19f.).   **20** Die Zeitbestimmung nach der täglichen Mincha findet sich ebenso in der Eliageschichte I Reg 18 29 s. das.   **21** Luc. hat als Dublette: καὶ παρήγγειλαν παντὶ περιεζωσμένῳ παραζώνην καὶ παρατείνοντι, was aber selbst verdorben ist und auf eine Verderbnis des Hebr. zurückgeht.   **23** Statt הָחֳרֵב נֶחֶרְבוּ *sie haben sich verheert* lies mit KLOSTERMANN auch LXX Luc. (ἐρίσαντες γὰρ ἤρισαν) und Targ. הִתְגָּרָה הִתְגָּרוּ *sie sind aneinander geraten*, was zum folgenden besser passt.   **24** Statt des unmöglichen וַיְּכָה־בָהּ lies mit THENIUS nach LXX וַיָּבֹאוּ בוֹא *sie drangen immer weiter ein*. Zu הַכּוֹת (Inf. absol.) vgl. GES.-KAUTZSCH[26] § 75 ff.   Auch der Schluss von 25ᵃ giebt keinen Sinn. Die Fortsetzung in v. 26ᵇ, welche vom Umzingeln eines Ortes redet, verlangt, dass hier eine Festung genannt war. Dies kann nur die auch Jes 16 7 genannte Festung Kir Hareseth (wohl identisch mit Kir Moab Jes 15 1) sein, das heutige Kerak, eine feste Burg auf steilen hohen Felsen. Was aber von dieser Burg gesagt war, können wir nicht mehr erraten. LXX Luc. fügt hinzu καὶ ἐξέκοψαν τὸν Μωάβ, ἕως etc. Darnach liest KLOSTERMANN: עַד לֹא הִשְׁאִיר כִּי אִם אַנְשֵׁי ק *sie jagten Moab in die Flucht, bis nur noch übrig blieben die Bürger von Kir Hareseth*.   **26** Mesa macht einen vergeblichen Versuch, die Linien der Belagerer zu durchbrechen und zwar in der Richtung gegen die edomitischen Schlachtreihen; vielleicht setzte er bei diesen eine gewisse Geneigtheit, ihn entkommen zu lassen, voraus. Dann **27** greift er zum Aussersten: er opfert dem Kemosch seinen erstgeborenen Sohn. Und Kemosch erhört ihn, sein Zorn entbrennt gewaltig über die Israeliten und diese ziehen ab — natürlich nicht freiwillig. Ob der abrupte Schluss auf Rechnung des Redaktors kommt, oder schon der alte Erzähler die Kunst Niederlagen zu vertuschen verstand, wissen wir nicht. Der Redaktor hatte an der Kürzung ein Interesse in sofern, als die ganze zu Grunde liegende Anschauung nicht nach seinem Geschmack war, dass nämlich in Moab Kemosch der Herr sei, und sein Zorn die Israeliten vertrieben habe. Für die alten Vorstellungen von Jahwe als dem Landesgott Kanaans, dem in anderen Ländern die Landesgötter gewachsen sind, ist die Stelle sehr bezeichnend. Am Schluss lies mit LXX לְאַרְצָם.

**4** 1–7 **Der Witwe Ölkrug.** Darüber dass I Reg 17 8–16 die Vorlage dieser Erzählung bildet, kann kein Zweifel sein. **1** Der Ort ist nicht genannt. Die „Prophetensöhne" haben ihre Sitze in Gilgal, Bethel und Jericho (II Reg 1 1 ff.); der erstgenannte Ort erscheint auch 2 1 und 4 38 als der eigentliche Aufenthaltsort Elisas; er ist wohl auch als Schauplatz unserer Erzählung gedacht (vgl. zu 2 25). Der hebräische Vater konnte seine Kinder in die Sklaverei verkaufen (Ex 21 7), und der Schuldner, der nicht zahlen konnte, musste sich oder seine Kinder in die Sklaverei verkaufen (Ex 22 2 Jes 50 1). Zu den aramaisierenden Formen der Suffixe לכי **2** und יכי **3** (und v. 7) vgl. GES.-KAUTZSCH[26] § 91 l. **5** Hinter מֵאֵת ist nach LXX Luc. mit KLOSTERMANN wieder einzusetzen וַתְּמַצֵּא, was nicht gut entbehrt werden kann. Statt des sonst nicht vorkommenden Pi. מֵיצֶקֶת will das Keré das Hiph. מֹצֶקֶת (das aber auch im Partic. sonst nirgends vorkommt) gelesen wissen. **7** נֹשְׁכִי dürfte mit KLOSTERMANN wie נֹשַׁי (und שֹׁבְנַי v. 4) als Pluralis נֹשַׁיְכִי *deine Gläubiger* zu lesen sein (so Targ. und HIERON.); die Mass. will נֶשִׁי von dem sonst nicht vorkommenden Worte נְשִׁי *Vorschuss* gelesen wissen. Bei בָּנַיִךְ ist die unentbehrliche Copula, welche in allen Verss. steht, einzusetzen.

**4** 8–37 **Erweckung des Sohnes der Sunamitin.** **8** Zu הַיּוֹם *eines Tages* vgl. GES.-KAUTZSCH[26] § 126 s eigentlich „an *dem* betreffenden Tag wo es eben geschah". Vom Gilgal aus (v. 38) kommt Elisa auf seinem Weg nach dem Karmel (s. zu v. 25) an Sunem (s. zu I Reg 1 3) vorbei. Bei einer reichen Frau wird er zur Einkehr genötigt, und dies wiederholt sich, so oft er vorbeikommt. **9** Weil die Frau in dem Wanderer einen heiligen Gottesmann erkennt, den man besonders ehren muss, so richtet sie **10** ein Obergemach auf dem Dach für ihn ein, und zwar nicht nur eine Hütte aus Zweigen, wie sie sonst wohl errichtet wurde (II Sam 16 22 Neh 8 16), sondern ein *gemauertes* Gemach (BENZINGER, Archäol. 123). **12** Elisa kehrt wieder dort ein und lässt die Frau rufen, um ihr die Belohnung für ihre Gastfreundschaft anzukündigen. Was er ihr sagt, wird erst **16** erzählt, welcher Vers unmittelbar an v. 12 anschliesst: sie soll einen Sohn bekommen *um diese Zeit* כָּעֵת חַיָּה *um die wieder auflebende Zeit* d. h. übers Jahr. Der Ausdruck dürfte aus dem Jahwisten Gen 18 10 14 entnommen sein. 13—15 können nicht ursprünglich sein, weil sie ein Gespräch Elisas mit Gehasi enthalten, das erst am Schluss in die Anweisung, die Frau zu rufen, ausläuft. Sie sind vom Redaktor aus einem ihm schriftlich vorliegenden, offenbar etwas ausführlicheren Bericht entnommen. Dort war erzählt, dass Elisa zunächst durch Gehasi erfragen lässt, womit der Prophet der Frau einen Gefallen thun kann. In 14ᵇ wird auf die Worte Elisas an seinen Diener die Frau selbst als redend eingefügt; es muss hier ein Satz ausgefallen sein des Inhalts, dass Gehasi den Befehl ausführte und die Frau fragte. Die Antwort der Frau geht dahin, dass sie ruhig *inmitten ihres Volkes wohnt*, nicht wie ein Fremder recht- und schutzlos, sondern mit starkem Rückhalt an ihrer Familie (sie ist eine אִשָּׁה גְדוֹלָה v. 8), weshalb sie keinen besonderen Schutz braucht. Es fehlt dann die Bemerkung, dass Gehasi dies Elisa mitteilte, woran sich erst die weitere Frage 14 anschliessen konnte. Man bemerke, wie in diesem Bericht 15 die Frau bescheiden an der Thür stehen bleibt; dem entspricht, dass in der Hauptsache Elisa nicht persönlich, sondern durch seinen Diener mit der Frau verhandelt. Die fast unnahbare Würde des Propheten ist hier stärker betont. 17 Statt אֵשׁ *um die Zeit .... welche Elisa genannt hatte* lies nach LXX כָּעֵת *wie Elisa verheissen hatte*. 18 היום s. zu v. 8. 19 Der Sohn stirbt plötzlich. Die Frau 20 schliesst die Leiche im Zimmer des Gottesmannes ein 21, um den Tod zu verheimlichen (vgl. v. 23ᵇ) und macht sich auf zum Propheten. Ihr Mann sucht etwas besonderes dahinter 23, denn sonst pilgert man nur an Festtagen und Sabbaten zu Propheten und Heiligtümern; sie beruhigt ihn aber: שָׁלוֹם *es ist alles in Ordnung*. 25 Sie reitet auf den Karmel. Der Erzähler denkt Elisa nicht gerade ständig dort in der Einsamkeit wohnend; aber jedenfalls ging er häufig dorthin an einen bestimmten Platz, und die Frau wusste das, etwa weil er auf dem Weg dorthin bei ihr einkehrte. Nachdem Elia am Karmel seine Wunderthat vollbracht, ist es begreiflich, dass die Geschichte auch den Elisa dort sich aufhalten lässt (s. zu I Reg 18 30). 25ᵇ ist in v. 27 wieder aufgenommen. Der Gedanke legt sich nahe, dass auch 25 und 26 aus der oben zu v. 13 nachgewiesenen zweiten Version der Erzählung stammt; auch hier führt wie dort Elisa bezeichnender Weise die Unterredung mit der Frau zunächst durch seinen Diener. שָׁלוֹם Die Frau bejaht die Frage, weil sie nicht dem Diener, sondern dem Herrn ihre Klage vorbringen und sich durch Gehasi nicht aufhalten lassen will. 27 Wenn v. 25 26 der andern Rezension angehören, so stand hier ursprünglich ebenfalls der Name des Berges, der nach Einschaltung der beiden Verse als überflüssig gestrichen wurde. Gehasi will die Frau wegstossen, er glaubt die Würde seines Herrn verletzt (s. o. S. 129). 28 Wie I Reg 17 18 hat die Frau eine Anklage gegen den Propheten bereit; vgl. v. 16. הִשְׁלָה in der Bedeutung *irre führen* ist aramäisch = hebr. הִשִּׁיא. 29 Gehasi wird vorausgeschickt mit Elisas Stab. Er soll die grösste Eile anwenden und sich auch nicht einmal mit Grüssen aufhalten, was übrigens im alten wie im neuen Orient ziemlich zeitraubend war (BENZINGER, Archäol. 171; vgl. auch Lk 10 4). Er soll mit Elisas Stab das Gesicht des Knaben berühren; die anbefohlene Eile hat nur dann einen Sinn, wenn Elisa wirklich dadurch den

Knaben ins Leben rufen zu können denkt. Der Vers gehört zu der zweiten Version der Geschichte. 30 Da die Mutter damit nicht zufrieden ist, geht Elisa selbst und muss unterwegs 31 von Gehasi hören, dass sein Stab die Wunderkraft nicht besessen hat. Das ist auffallend. Eine Abwehr der Vorstellung von solcher magischen Kraft des Stockes kann der Erzähler nicht beabsichtigen, da er Elisa offenbar selbst daran glauben lässt und die Elisageschichten sich gerade dadurch auszeichnen, dass in ihnen das Wunder ins Magische verzerrt ist (s. oben S. 129). Es bleibt also nur der Ausweg übrig, auch hier eine doppelte Relation anzunehmen. Die eine Erzählung, welche unserem Bericht der Hauptsache nach zu Grunde liegt, lässt das Wunder in enger Anlehnung an Elias Wunderthat (s. zu v. 34) von Elisa persönlich vollbringen, die zweite Form der Legende schiebt auch hier wie oben Gehasi als Mittelsperson ein und lässt das Wunder durch Berührung mit dem Stab Elisas geschehen. Dass der Redaktor die erstere bevorzugt hat, dürfte sich aus ihrer Verwandtschaft mit der Eliageschichte erklären. v. 31 bildet dann den harmonistischen Einschub von Seiten des Redaktors. Der Ausdruck אֵין קוֹל וְאֵין קָשֶׁב ist aus der Eliageschichte I Reg 18 29 genommen. 32 Hinter v. 31 ist der Bericht, dass der Knabe tot dalag, sehr überflüssig, dagegen in unmittelbarem Anschluss an v. 30 die notwendige Weiterleitung zum Folgenden. 34 35 sind ganz nach I Reg 17 21 gearbeitet, nur mit etwas ausführlicherer Ausmalung des Vorgangs.

4 38—41 **Der Tod im Topfe.** 38 Elisa *kehrt wieder nach dem Gilgal zurück*. Die Bemerkung stammt jedenfalls von einem Sammler der Elisageschichten her. Ob gerade von demjenigen, der die Vorgänge in Sunem gerade vorher eingefügt, wissen wir nicht; jedenfalls hielt dieser Erzähler Gilgal für den ständigen Aufenthaltsort Elisas, was aus den einzelnen Geschichten nicht ohne weiteres hervorgeht. Die zeitliche Aufeinanderfolge der beiden Geschichten in dieser Ordnung wird übrigens 8 1 vorausgesetzt; unsere Geschichte spielt während der Hungersnot. Um den Meister versammeln sich die Schüler; dass sie unter Elisas Aufsicht beisammen wohnten, ist damit nicht gesagt, wohl aber zeigt unsere Geschichte wie die nächstfolgende, dass sie in einer gewissen Gemeinschaft lebten. Als Ort ist wohl der 6 1 genannte Raum gedacht. 39 גֶּפֶן שָׂדֶה kann, da nachher von gurkenartigen Früchten die Rede ist, nur allgemein *ein Rankengewächs des Feldes*, d. h. *ein wildes Rankengewächs* meinen. Die Korrektur בִּשְׂדֵה ist überflüssig, da שָׂדֶה nicht notwendig technischer Name zu sein braucht. Der Diener pflückt von diesen Ranken פַּקֻּעֹת שָׂדֶה. LXX τολύπη, HIER. u. a. Verss. colocynthides agri, also *Coloquinthen* (Cucumis colocynthis L.), was wohl richtig sein dürfte (s. RIEHM HbA 278f.). 40 LXX ἐνέχει hat וַיִּצֹק gelesen, was richtiger sein dürfte als der Plural des Hebr., da auch v. 38 und 41 der Befehl an den einen Diener Elisas geht. Gemeint ist Gehasi, den LXX auch in v. 41 nennt.

4 42—44 **Die wunderbare Speisung.** Ort und Zeit dieser Geschichte dürften dieselben wie bei der vorigen sein. Jedenfalls ist die Situation die gleiche und nur aus dem Fortbestehen der Hungersnot erklärt sich das ganze Wunder. Der Sammler hat in dieser Voraussetzung beide aneinandergereiht.

**42** Baʽal Schalischa lag nach dem Zusammenhang nicht all zu ferne von Gilgal, nach EUSEBIUS (Beth Salisa) 15 Millien nördlich von Lydda; es entspricht vielleicht der Ruinenstätte *Chirbet Kafr Till*. Ein Mann von dort bringt Erstlingsbrote, man konnte also die Erstlingsabgabe auch den Gottesmännern, nicht blos den Priestern bringen. Die Bedeutung von בְּצִקְלֹנוֹ (Targ. frische zerstossene Frucht) ist nicht ganz sicher. בְּצִקְלֹנוֹ fehlt in LXX; Targ. und Syr. geben *Gewand* (vgl. v. 39), Vulg. pera = *Sack*. Die „Leute" um Elisa her sind eben die Propheten-chüler; zu ihrer grossen Anzahl vgl. 6 1.

### 5 1–27 Die Heilung Naemans.

1 גִּבּוֹר חַיִל am Schluss fehlt in LXX; die Worte sind vom Rand (Glosse zu אִישׁ גָדֹל) an falscher Stelle in den Text gekommen. Über den Aussatz, der in seiner ächten Form nicht heilbar ist, vgl. BENZINGER Archäol. S. 481 f. **2** Der Vers soll erklären, wie die Israelitin in Naemans Haus gekommen. Zwischen Aram und Israel ist offiziell Friede; das schliesst nicht aus, dass die Aramäer räuberische Streifzüge in die Grenzgebiete unternehmen. **3** Im Unterschied von Cap. 4 erscheint hier Samarien als Wohnort Elisas, vgl. S. 129. **4** LXX Luc. hat einen etwas ausführlicheren Text, von dem der Anfang auch in Vat. erhalten ist: *Sie (die Frau) kam und sagte ihrem Manne, so und so etc. und es wurde dem König erzählt*. **5 6** Der König von Syrien giebt Naeman ein Schreiben mit; darin befiehlt er kurzer Hand dem König von Israel, dass er Naeman zu heilen habe, ein deutlicher Beweis, dass Israel ein Vasallenstaat Syriens war. כְּעֵת will den Wortlaut des betr. Satzes wiedergeben, natürlich sind zum mindesten die üblichen Höflichkeitsformeln als vorausgehend zu denken. **7** Der König von Israel fasst die Sache so auf, dass der Aramäer eben einen Anlass zum Kampf sucht; also war im Augenblick Friede. **8** Ungerufen bietet Elisa seine Dienste an; ein so schlechtes Verhältnis, wie 3 14 voraussetzte, besteht hier nicht zwischen König und Prophet. Bezeichnend für den Geist dieser Geschichten ist die Formulierung: Naeman soll sehen, dass es einen *Propheten* giebt in Israel (nicht „einen lebendigen Gott"); in majorem gloriam Elisas sind diese Geschichten erzählt, die Wunder sind Zeichen seiner Macht und Würde. Der „Heide" Naeman zeigt hierin ein feineres Gefühl, als der Erzähler. Seiner Würde entsprechend verhandelt daher Elisa **9 10** auch nur durch seinen Diener Gehasi, nicht persönlich, mit Naeman (vgl. zu 4 15 29ff.). Dass nicht Furcht vor Verunreinigung oder dgl. der Grund hierfür ist, zeigt indirekt **11** der Umstand, dass Naeman durch solchen Stolz sich beleidigt fühlt. **12** Der Abana ist der heutige *Nahr Barada*, der in 7 Armen die Ebene von Damaskus durchfliesst, von den Klassikern Chrysorrhoas genannt (BAEDEKER Paläst⁴ 334, PAULY's Realenc.³ s. Chrysorrhoas). Der Parpar entspricht dem *Nahr el-ʽAwadsch*, obwohl der heutige *Nahr Barbar* sich nicht mehr in denselben ergiesst (BAEDEKER, Paläst.⁴ 181). **13** Statt אִם lies mit THENIUS אָם; eine Conditionalpartikel ist hier unentbehrlich (LXX Luc. πάτερ, εἰ), *mein Vater* als Anrede der Diener an den Herrn ist sonst nicht gebräuchlich. **17** אַל wie II Sam 13 26 ist = *wenn also nicht, dann*, als abgekürzter Bedingungssatz (so auch LXX) zu verstehen (s. GES.-KAUTZSCH²⁶ § 159 dd). Naeman will israelitische Erde mit nach Hause nehmen, um auf ihr einen Altar für seinen

privaten Jahwekult zu errichten. Denn der Landesgott Kanaans will nicht auf fremdem Boden sich verehren lassen. Elisa widerspricht hierin nicht 19ᵃ, war das doch auch ganz die israelitische Anschauung. Und ebenso kann anstandslos 18 die gelegentliche Proskynesis vor Rimmon ihm gestattet werden, denn nur auf seinem eigenen Grund und Boden ist Jahwe ein eifersüchtiger Gott. Über den aramäischen Gott Rimmon vgl. Riehm HbA 1311; die Namensform Rimmon ist auf den Tell-Amarna-Tafeln nachgewiesen (s. Peiser in Or. Litteratztg 1898 276). Nach LXX und Syr. lies mit Trenius וַיֵּלֶךְ; ebenso בְּהִשְׁתַּחֲוֹתוֹ statt וַיְהִי—. Beim Niederfallen des Königs muss auch sein Diener, „auf den er sich stützt", niederknieen. Beide Dinge sind späteren anstössig gewesen, daher schon LXX Luc. Naeman sagen lässt: προσκυνήσω ἅμα αὐτῷ ἐγὼ καὶ κυρίῳ τῷ θεῷ μου. 19ᵇ Ein bestimmtes Mass dürfte כִּבְרַת־אֶרֶץ nicht bezeichnen (Benzinger, Archäol. 181). 20 „*Diesen* Aramäer", den Fremden, nicht zu brandschatzen, ist Thorheit von Elisa gewesen; Gehasi holt das Versäumte nach. Die Erzählung ist 21 verkürzt, es fehlt die Erwähnung, dass er zwei Leute mitnahm (s. v. 22). Man bemerke, wie der Erzähler sogar Gehasi von Naeman durch Absteigen vom Wagen geehrt werden lässt. 22 23 Da in v. 23 die beiden Kleider durch ihre Stellung als Glosse ausgewiesen werden, streicht Klostermann und Kautzsch dieselben auch in v. 22. Doch ist die Gabe keineswegs „unnütz", und es könnte die ungeschickte Stellung der Worte in v. 23 daher rühren, dass sie (ursprünglich oder durch versehentliche Weglassung) in v. 23 fehlten und an ungeeigneter Stelle (statt hinter dem ersten בְּגָדִים) als Nachtrag vom Rande herein kamen. 24 Welcher bestimmte Hügel (von Samarien?) gemeint ist, wissen wir nicht. LXX (σκοτεινόν) verwechselt עֹפֶל mit אֹפֶל. Gehasi hat die beiden Männer als die vom Gebirge Ephraim gekommenen Prophetenjünger hingestellt, um gegen jeden Verdacht von Seiten Naemans sicher zu sein. 26 Hinter הָלַךְ ergänze nach LXX עִמָּךְ. Der Prophet hat auch ein Stück Allwissenheit. הַעֵת *war es an der Zeit, dass* giebt keinen brauchbaren Sinn. (הָעֵת wie הַיּוֹם) — כָּעֵת — eben jetzt, in diesem Augenblick würde gut passen, aber kommt sonst nicht vor; LXX καὶ νῦν hat וְעַתָּ(ה) gelesen, was wohl am einfachsten in den Text gesetzt wird. Statt לָקַח ist beidemale mit LXX לָקַחְתָּ zu lesen; das zweitemal als Perf. consec. *du wirst nun erwerben*. Konsequenterweise muss man dann nach LXX Luc. λήψει ἐν αὐτῷ κήπους — בּוֹ גַנִּים für hebr. בְּגָדִים einsetzen: *du wirst mit ihm* (d. h. mit diesem Gelde) *Gärten u. s. w. erwerben*. Damit, dass letzteres in בְּגָדִים verdorben und man dies auf die Kleider, die Gehasi bekam, bezog, wurden alle weiteren Veränderungen veranlasst. 27 Gehasi wird mit Aussatz bestraft; die Erzählung 8 4 f. weiss davon freilich nichts.

**6 1—7 Das schwimmende Eisen.** Ort der Erzählung ist wie 4 42 ff. Gilgal; auch sonst gehört die Geschichte mit den Erzählungen 4 42 ff. aufs engste inhaltlich zusammen. Warum Cap. 5 zwischen eingestellt ist, wissen wir nicht (s. S. 130). 1 Die Prophetenschüler haben einen gemeinsamen Raum, wo sie sich um Elisa versammeln (vgl. 4 42); da ihrer so viele geworden sind (vgl. 4 43), so reicht dieser nicht mehr aus und sie wollen 2 in der Jordanebene einen neuen bauen. 5 Einen *Balken* fällt man nicht, sondern einen Baum; deshalb empfiehlt sich KLOSTERMANNs Konjektur הַקָּרְדֹּם statt הַקָּרָה *er schwang die Art.* אֵת zur Einführung des Subjekts ist selten und späthebräisch (vgl. GES.-KAUTZSCH²⁶ 117 m). KLOSTERMANN fasst es als stat. constr. des Nomens אֵת *das eiserne Beilblatt*, was der beste Ausweg sein dürfte. 6 Der Sinn ist der, dass Elisa mit einem Stecken in das nicht sehr tiefe Wasser hineinstösst, da wo das Eisen hineingefallen war, und dieses dadurch (durch Berührung des Eisens mit dem Stecken? vgl. 4 29) wunderbarer Weise schwimmen macht. Aber man darf nicht, wie THENIUS, das Wunder erklären wollen und sagen, dass Elisa mit dem Stock geschickt die Öse des Eisens getroffen und es so gehoben habe.

### 6 8–23 Die Irreleitung der Aramäer.

Im Unterschied von 5 1ff. ist hier offener Kriegszustand zwischen Israel und Damaskus vorausgesetzt; doch zeigt v. 23, dass es sich nicht um einen Feldzug der Syrer handelt, sondern nur um räuberische Einfälle kleinerer Scharen. Der Krieg ist zu Ende damit, dass Elisa eine dieser Streifscharen irreführt. Die ganze Vorstellung: der König von Damaskus lässt auf israelitischem Boden durch kleine Streifscharen bald da bald dort dem König von Israel einen Hinterhalt legen, der ihn abfangen soll, wenn er vorbei kommt — ist so unhistorisch als nur möglich. Es ist natürlich vergebliche Mühe, für eine derartige Legende in der Geschichte der Kriege zwischen Israel und Damaskus einen zu den Verhältnissen passenden Platz zu suchen.

8 Die Könige (vgl. auch v. 7) sind namenlos, vgl. S. 129. Für תַּחֲנֹתִי *mein Lagern* (?), was keinen Sinn giebt, ist mit THENIUS (nach I Reg 22 25 II Reg 7 12 und LXX zu II Reg 6 9) zu lesen תֵּחָבְאוּ *verberget euch* (im Hinterhalt); ebenso 9 נְחִתִּים *verborgen* für Hebr. נְחִתִּים *herabsteigend.* 10 Zu וְהִזְהִירֹה, Perf. consec. für die in der Vergangenheit wiederholte Handlung vgl. GES.-KAUTZSCH²⁶ § 112 eff. 11 Hebr. kann etwa übersetzt werden *wer von den Unsrigen zum König von Israel sich hält.* LXX τίς προδίδωσί με (Vulg. ebenso) hat מַגְלֵנוּ gelesen, was Targ. neben dem Masor. Text giebt, und was mit KLOSTERMANN als richtige Lesart anzusehen ist. 13 Dothan, nach EUSEBIUS 12 Millien nördlich von Samaria gelegen, entspricht dem heutigen *Tell Dôtan* mit wenigen Ruinen an der syrisch-ägyptischen Karawanenstrasse. 15 Subjekt zu וַיֵּצֵא muss nach v. 15ᵇ Elisa sein. Dann aber kann auch וַיַּשְׁכֵּם kein anderes Subjekt haben und der „Diener", der sonst stets mit נַעַר bezeichnet wird, muss durch Textverderbnis hereingekommen sein. KLOSTERMANN corrigiert sehr glücklich מָשְׁרַת in מִמָּחֳרָת *am folgenden Tage*, ebenso לַבֹּקֶר nach LXX Luc. (τὸ πρωΐ) in בַּבֹּקֶר. Dann muss natürlich הָאִישׁ zwischendrin gestrichen werden. Auch ohne besondere Nennung ist Elisa als Subjekt leicht zu denken; dagegen müsste, wenn מָשְׁרַת gelesen würde, notwendig hinzugesetzt werden, wessen Diener es war. 17 Dotan liegt auf einem Hügel in einer kleinen Ebene, also passt der Ausdruck: *der Berg war voll* ganz gut; die Feinde 18 lagerten über Nacht auf den die kleine Ebene umgebenden Bergen, daher auch von ihnen gesagt werden kann, *sie steigen herab* auf den Propheten zu. 21 Auch in dieser Erzählung stehen König und Prophet einander zum mindesten nicht feindselig gegenüber. 22 LXX Luc. hat הֲאֲשֶׁר לֹא שָׁבִיתָ gelesen, *willst du die totschlagen, welche du nicht mit dem Schwert gefangen hast?*, was KLOSTERMANN mit Recht als ursprünglich erklärt. Dass es alte

Sitte war, die Gefangenen niederzuhauen, sieht man aus Davids Praxis I Sam 27 30, überhaupt aus der ganzen Übung des Cherem. Späteren Zeiten erschien לא störend, ihrer Übung entsprach die Fragestellung: pflegst du denn die, welche du gefangen hast, zu töten? **23** Sicher ist, dass es sich um Ausführung des Rates v. 22, also um Speisung der Leute handelt. Aber כרה kommt sonst in der Bedeutung „Gastmahl" nicht vor. Möglich ist (so KLOSTERMANN), dass LXX (παρέθηκε παράθεσιν) gelesen hat וַיָּשֶׂר שְׂפָרָכָה. Die Macht des Propheten — nicht die Milde des Königs — macht solchen Eindruck auf die Syrer, dass sie fernerhin Ruhe geben. Der Redaktor hätte besser gethan, wenn er auf diesen Vers nicht sogleich den gegenteiligen Bericht v. 24 hätte folgen lassen.

### 6 24—7 20 Hungersnot in Samaria.

Von WELLHAUSEN, KITTEL, DRIVER u. a. wird die Erzählung der ephraimitischen Kriegsgeschichte (s. S. 116 f.) zugewiesen. Aber auch KITTEL (Gesch. d. Hebr. II 166) muss zugeben, dass die Ähnlichkeit hauptsächlich zwischen unserer Geschichte und II Reg 3 vorhanden ist, welch letzteres Cap. nicht zu jener Quelle gehört (s. S. 132). Anderes findet sich ebensogut in der Elisageschichte: die Namenlosigkeit der Könige (s. S. 129), die sympathische Schilderung des israelitischen Königs (6 30 vgl. 8 4 ff.), oder erklärt sich (so KUENEN, Einleit. § 25 12) aus litterarischer Abhängigkeit. Um so schwerer fällt unter diesen Umständen ins Gewicht der grosse Unterschied im ganzen Charakter der Erzählung; jenen einfachen volkstümlichen Geschichten steht hier (wie in Cap. 3) eine Erzählung gegenüber, die wesentlich Prophetenlegende ist. Im Mittelpunkt des Ganzen steht der Prophet, was bei den ephraimitischen Kriegsgeschichten durchaus nicht der Fall ist; Elisa mit seiner Wundermacht erscheint als der, der die ganze Not verursacht hat (6 31 s. u.), und als der Herr der ganzen Situation (7 1 ff.). Das tritt noch deutlicher hervor, wenn man in Erwägung zieht, dass das litterarisch jetzt einheitliche Stück inhaltlich keine Einheit bildete, worauf WINCKLER (Gesch. Isr. 150 ff.) zuerst hingewiesen hat. Die Hungersnot wird nämlich doppelt motiviert: durch die Belagerung und durch eine Dürre. Erstere Anschauung liegt der ganzen Erzählung in ihrer jetzigen Form zu Grunde; aber die andere blickt doch auch durch. Dass die Elisalegende von einer solchen durch Elisa verkündigten Dürre und Hungersnot wusste, und dass jedenfalls der Ordner des jetzigen Zusammenhangs der Geschichten die Erzählung in die sieben Jahre dieser Hungersnot verlegte, zeigt 8 1–6. Sodann wird vom König ganz direkt Elisa die Schuld an der Not zugeschrieben (6 30). An der Belagerung durch die Syrer ist aber doch Elisa nicht schuldig. Und die Erklärung, dass Elisa durch Zureden zum Widerstand die Sachlage verschuldet, giebt keinen rechten Sinn; der König hatte es ja nach wie vor in der Hand, durch Übergabe der Stadt die Sachlage zu ändern. Anders wenn es sich um eine Dürre handelt, die auf Ankündigung und Geheiss Elisas gekommen war (vgl. die Parallele in der Eliageschichte I Reg 18 17). Dasselbe setzen die Worte des königlichen Adjutanten (7 2 ff.) voraus: in einem Krieg und bei einer Belagerung sind doch derartige Wechselfälle — ein plötzliches Aufheben der Belagerung — keine so vollständigen Unmöglichkeiten. Sodann warum die Rede: „und wenn Jahwe Fenster am Himmel machte"? Was haben diese Fenster mit einer Belagerung zu thun? Durch die Himmelsfenster herab schlägt doch Jahwe nicht die Feinde tot. Durch die Himmelsfenster lässt Jahwe regnen — aber nicht Korn, wie die herkömmliche Erklärung will, sondern Wasser. Soll etwa in der Ernte oder noch später regnen, so brauchts dazu ein Wunder von Jahwe (vgl. I Sam 12 17), und soll gar der Regen noch etwas nützen und das Land gründlich durchfeuchten, so brauchts Fenster am Himmel, dass es giesst wie bei der grossen Flut (vgl. Gen 7 11; der Ausdruck ist dort sicher nicht erst von P geprägt). Auch die Verheissung Elisas, die keineswegs plötzlichen Überfluss verspricht (s. zu 7 1), passt nicht zu der Voraussetzung einer überreichen Beute, sondern nur zu einer Dürre, bei welcher ein Regenguss nicht sofort Überfluss bringt, wohl aber in naher Zukunft die Wiederkehr normaler Verhältnisse verbürgt.

Dazu kommt noch ein weiteres. Die Belagerung wird von WELLHAUSEN u. a. der Meinung des Redaktors entsprechend unter Joram angesetzt. KUENEN (Einleitung § 25 12) versteht unter dem ungenannten König dieser und der anderen Elisageschichten Joahas, den Sohn Jehus. Beide stützen sich dabei insbesondere auf die Bezeichnung „Mördersohn" (6 32). Aber dass der Prophet Jehu, den von ihm selbst gesalbten Vollstrecker des göttlichen Strafgerichts, als Mörder sollte gebrandmarkt haben, ist von vornherein undenkbar; auf einen König, der wie Ahab die Propheten verfolgte und tötete, passt die Bezeichnung. Aber nach allgemeinem orientalischen Sprachgebrauch meint (was WINCKLER mit Recht betont) der Ausdruck „Mördersohn" nicht „den Sohn eines Mörders", sondern (etwa wie „Mordbube") den Mörder selbst. Man meint den Sohn und beschimpft den Vater, das macht die Beschimpfung nur um so empfindlicher (vgl. „Hurensohn" I Sam 20 30). Also bezieht sich das Wort entweder auf den mörderischen Plan des ungenannten Königs unserer Geschichte (v. 31), oder aber auf einen König, der überhaupt als Prophetenmörder dasteht, d. h. auf Ahab. Auf seine Zeit weist auch noch ein anderes hin: 7 6f. wird erzählt, dass die Aramäer abziehen, weil sie fürchten, dass die Könige der Hethiter und von *misrajim* ihnen in den Rücken fallen. „Ägypten" kann hier in Verbindung mit dem nordsyrischen Chetareich unmöglich genannt werden; es ist wie I Reg 10 28 das nordsyrische Land Muṣri gemeint (WINCKLER, Alttest. Untersuchgn 166ff.; HOMMEL, Gesch. Babyl. 610). Diese nordsyrischen Staaten erscheinen bei der Schlacht von Karkar als Vasallen des Syrerkönigs. Dass dieselben die Gelegenheit eines Zuges Benhadads nach dem Süden zu einem Angriff benützen, hat geschichtlich alle Wahrscheinlichkeit. Die gewöhnliche Erklärung nimmt an, dass es sich um einen der assyrischen Einfälle handle, die in den Zeiten nach 854 nicht selten waren; der Erzähler soll sich ungenau ausgedrückt haben. Allein auch dem politisch nicht interessierten Erzähler einer Legende darf man eine derartige grobe Verwechselung von Assyrien und Ägypten nicht ohne weiteres in die Schuhe schieben, und noch weniger darf man seiner Quelle, der alten Überlieferung, ein Versehen zutrauen, da dieser erst recht das Verhältnis zu Assyrien bekannt sein musste, wenn sie von den ferner abliegenden kleinen Staaten im Norden etwas wusste. Gerade die Nennung der letzteren erweckt Vertrauen und wird durch ihre scheinbare Irrigkeit, die in späterer Zeit zu Korrekturen eigentlich herausforderte, als zuverlässig gekennzeichnet. Dann aber weist diese Nachricht auf die Zeit vor 854, also auf Ahab. Dass die Prophetenlegende Elisa mit dieser Belagerung in Verbindung bringt, kann für die historische Ansetzung nicht massgebend sein.

Litterarisch betrachtet ist also unsere jetzige Geschichte aus der Verschmelzung zweier Legenden herausgewachsen. Die eine ist das legendarische Gegenstück zu der einfachen Erzählung I Reg 20 von der Belagerung Samariens. Dabei wird die Rettung — und das ist eben der legendenhafte Zug — nicht wie dort rein natürlich motiviert, sondern zu einem wunderbar vom Propheten geweissagten und durch ein Wunder bewirkten Ereignis. Die andere ist ein Gegenstück zu der Hungersnot in der Eliageschichte. Der Steigerung der Zeitdauer (von 3 auf 7 Jahre) entspricht die Steigerung der Not: dort muss man das Vieh abthun, hier schlachtet man Kinder; beidemale der machtlose Zorn des Königs auf den Urheber und beidemale der Triumph des Propheten — nur alles das mit dem in allen Elisalegenden vorkommenden Unterschied, dass die Nachahmung trotz der Steigerung und Übertreibung, oder vielleicht gerade wegen derselben, die Wirkung des Originals nicht erreicht. Wenn unter Elia die Hungersnot und ihr Ende gut motiviert sind, jene durch den Baalsdienst, dieses durch die Rache, die Jahwe an den Baalspriestern genommen hat, so erscheint hier in der Elisageschichte alles ganz unmotiviert. Wir erfahren nicht, warum die Hungersnot kommt — Elisa kämpft allerdings keinen gewaltigen Kampf, in dem er gewaltige Mittel brauchen würde —, noch warum sie gerade jetzt im Augenblick aufhört, ausser dem einen beständig in diesen Geschichten uns entgegentretenden Grunde, dass eben der Prophet gesagt hat.

**24** Über Benhadad s. zu I Reg 20 1. **25** צָרִים als Pluralis des Substantivums צַר = *Bedrängnis* (so KAMPHAUSEN bei KAUTZSCH) kommt sonst nicht vor. Nimmt man es als Partizip = die *Belagerer*, so muss man den Satz וְהִנֵּה צ als Zustandssatz fassen *während man die Stadt belagerte*, wobei allerdings die Unbestimmtheit des Subjekts, das doch in v. 24 schon genannt ist, auffällt. Das Fleisch des Esels wurde sonst nicht gegessen; jetzt wird sogar der Kopf, das geringwertigste Stück des Tieres, um fabelhaften Preis gekauft: 80 Sekel Silber haben den Silbergehalt von ca. 200 Markstücken; ein Sklave war durchschnittlich 30 Sekel wert (Ex 21 26). הַרְיוֹנִים wird von den Versionen mit *Taubenmist* חֲרֵי יוֹנִים gelesen. Ob דִּבְיוֹנִים des Kěrē ein unanstössiges Wort dafür sein soll, wissen wir nicht. Dass man Taubenmist ass und teuer kaufte, klingt nicht sehr glaublich. Wahrscheinlich soll mit dem Wort irgend eine andere geringwertige Nahrung bezeichnet werden. Da die Verss. keinen Anhalt geben, hat das Raten keinen Wert. Das Viertelkab erscheint als die geringste Masseinheit (= 1 log = 0.506 l); auch JOSEPHUS rechnet so (vgl. BENZINGER Archäol. 182f.). **27** אַל־יוֹשִׁעֵךְ giebt nur einen Sinn als Bedingungssatz *wenn J. nicht hilft* (s. GES.-KAUTZSCH²⁶ § 109 h). Aber auffallend ist diese Konstruktion. Auch sollte man, wie KLOSTERMANN richtig bemerkt, v. 28 in direktem Anschluss an v. 26 erwarten: die ausführlichere Formel וַיֹּאמֶר לָהּ הַמֶּלֶךְ passt an den Anfang der Rede, aber nicht als Weiterleitung des einfachen וַיֹּאמֶר v. 27. Die Verss. haben alle den jetzigen Text gelesen. **29** Das Weib versteckt ihren Sohn, um ihn zu retten, LXX Luc. hat noch den verdeutlichenden Zusatz: καὶ οὐκ ἔδωκεν αὐτὸν ἵνα φάγωμεν καὶ αὐτόν. **30** Statt עֹבֵר lies mit KLOSTERMANN nach LXX Luc. עֹמֵד *während er auf der Mauer stand*: der Zustandssatz erklärt, warum alles Volk sehen kann, dass der König den Sak (s. zu I Reg 21 27) auf dem blossen Leib trägt. Zu **31** vgl. oben S. 141. **32** Die „Ältesten" der Stadt sind nicht die Vornehmen überhaupt, sondern diejenigen, welche der Lokalbehörde (dem Gericht etc.) angehören; vgl. I Reg 21 8 11ff. Sie wollen als Vertreter des Volks bei Elisa ein Orakel holen (vgl. Hos 20 1ff.). Mit LXX Luc. und HIERON. lies וּבְמָרָם. Zu dem Ausdruck „Mördersohn" s. oben S. 142. **33** Die Worte v. 33ᵇ können nur Worte des Königs sein, demnach ist mit EWALD u. a. הַמַּלְאָךְ in הַמֶּלֶךְ zu ändern. Der Bote passt überhaupt schlecht herein, und dass er v. 32ᵃ gar nicht mehr erwähnt wird, fällt auf: Elisa redet noch ruhig mit den Ältesten, wie der König kommt, ohne durch einen Boten gestört zu sein. WELLHAUSEN streicht deswegen alles auf den Boten bezügliche (BLEEK⁴ 251): וַיִּשְׁלַח אִישׁ מִלְּפָנָיו in v. 32 und רְאוּ כִבֹא bis Schluss in v. 33 und liest auch in v. 32 בְּטֶרֶם יָבֹא הַמֶּלֶךְ. Der ganze Einschub ist nach ihm veranlasst durch ein Missverständnis von שָׁלַח v. 32. Will man das nicht, so muss man annehmen, dass vor v. 33 ein Satz ausgefallen ist, welcher das Erscheinen und Zurückhalten des Boten erzählte. **7 1** Ein Sea fasst 12,15 l. (BENZINGER Archäol. 183); die Preise, die Elisa verheisst, sind also keineswegs übermässig billig, sondern über dem normalen Preis stehend (vgl. oben S. 141). Im Thore der Stadt, d. h. auf dem freien Platz am Thore, ist in der Regel der Markt. **2** Der *schālisch* nimmt dieselbe Stellung ein, wie Naeman 5 18; er ist der militärische

Begleiter des Königs, sein Adjutant. Statt לַמֶּלֶךְ lies mit THENIUS nach LXX הַמֶּלֶךְ. Im Übrigen s. oben S. 141. **3** Die Aussätzigen wohnen als Unreine vor der Stadt draussen. **4** אִם mit Perfekt und ebenso Perfekt im Nachsatz steht ganz wie 5 2ᵇ von der als möglich erwogenen Bedingung und ihrer Folge. **5** In der Abenddämmerung, wo sie von der Stadt aus in ihrem Thun nicht gesehen werden können, gehen die Aussätzigen ins Syrerlager. In Parenthese wird 6 7 erklärt, warum das Lager verlassen ist. Zu den Hittitern und Ägyptern vgl. oben S. 142. Der Erzähler denkt natürlich nicht an ein bloses Gerücht, das den Syrern zu Ohren kam, sondern an ein von Jahwe gewirktes wunderbares Hören eines Geräusches wie von einem heranziehenden Heer. **10** Wegen des nachfolgenden לָהֶם und v. 11 ist mit THENIUS שָׁעֲרֵי (statt Sing. שֹׁעֵר) zu lesen, oder auch mit LXX שֹׁעֵר zu punktieren, *sie riefen zum Thor herein*. Ebenso lies statt וְאֹהָלִים, dem der Artikel nicht fehlen dürfte, mit LXX אׇהֳלֵיהֶם. **11** Statt וַיִּקְרָא lies nach LXL וַיִּקְרְאוּ. Wenn dagegen der in LXX Luc. schon bei v. 10 stehende Zusatz (ἐκάλεσαν) τοὺς στρατηγοὺς τῆς πόλεως, wie KLOSTERMANN richtig vermutet, aus unserem Vers dort hinauf gekommen sein dürfte, so muss er darum doch nicht notwendig dem ursprünglichen Text angehören, sondern wird einer der vielen näher ausmalenden Zusätze sein. Dass die Meldung von den Thorwärtern nicht selbst dem König in sein Schlafgemach gebracht wird, versteht sich von selbst. **13** Als bestimmte Zahl ist חֲמִשָּׁה *fünf* bedenklich, aber nach Jes 19 18 30 17 I Sam 21 4 darf man es als runde Zahl für eine kleine Anzahl (= ein paar) fassen. Statt בָּהּ *in ihr* (d. h. der Stadt), das im Zusammenhang unmöglich ist, schreibe mit THENIUS nach LXX פֹּה *hier*. Der Relativsatz אֲשֶׁר נִשְׁאֲרוּ ist als Variante zu הַנִּשְׁאָרִים hereingekommen. Von dem zweiten אֲשֶׁר ist dann ein Abschreiber auf das erste zurückgeraten und hat die Zeile zweimal geschrieben. Die zweite Abschrift zeigt auch, dass der Artikel הֶהָמוֹן in dem Status constr. nur einem Schreibfehler sein Dasein verdankt. Vielleicht war übrigens ursprünglich von *dem* Haufen, nämlich der Pferde, die Rede, und יִשְׂרָאֵל ist spätere Glosse. **15** Statt des Infin. Niph. הֵחָפְזָם im Kethib befiehlt das Keré den Infin. Kal חָפְזָם zu lesen. **17** Wenn v. 17ᵇ ein einheitlicher Satz sein soll, ist אִישׁ הָאֱלֹהִים zu korrigieren. Besser aber erklärt sich der Text durch die Annahme, dass der erste Satz von v. 17ᵇ (bis אֱלֹהִים) noch zur alten Erzählung gehört und mit אֲשֶׁר דִּבֶּר בּ dann das Anhängsel angeschlossen werden sollte. Sachlich ist ohnedies in der Prophetenlegende ein solcher Hinweis auf die Erfüllung der prophetischen Worte durchaus am Platz. **18 19** sind Wiederholung von v. 1 und 2 (s. das.); der Einschub kennzeichnet sich auch dadurch äusserlich als solcher, dass in **20** geflissentlich v. 17ᵇ wieder aufgenommen wird.

**8 1–6 Elisa hilft der Sunamitin.** **1** Elisa kündigt der Sunamitin eine siebenjährige Hungersnot an. Die Zeitbestimmung gehört nach LXX Luc. zur Ankündigung des Propheten, wogegen גַּם בָּא späterer Zusatz ist (KLOSTERMANN), welchen LXX Luc. sogar in doppelter Form: καὶ παρέσται (= וַיָּבֹא) und καίγε ἦλθεν etc. (= Hebr.) neben einander bietet. Der Zusatz soll hervorheben, dass das Wort des Propheten wirklich sich erfüllt hat. **2 3** Die Frau geht in das Philisterland; nach sieben Jahren kommt sie zurück, findet ihre Güter von anderen in Beschlag genommen und macht sich deshalb hilfesuchend auf zum König. Dieser lässt sich gerade **4 5** von Gehasi die Wunderthaten Elisas erzählen. Demnach war Gehasi jedenfalls nicht aussätzig (vgl. 5 27). Für den Geist der Elisageschichte ist die Situation sehr bezeichnend: von Elisas Wundern redet alle Welt, auch der König, und Elisas Diener ist ein so hoher Herr, dass selbst der König nicht verschmäht, von ihm sich Elisas Wunder bestätigen zu lassen (vgl. zu 4 29). Das kommt der Witwe zu Statten, die **6** als dem grossen Propheten nahestehend sofortige Gewährung ihrer Bitte findet.

### 8 7–15 Elisa und Hasael.

Das Gegenstück in der Eliageschichte, die Salbung Hasaels durch Elia, ist jetzt ausgefallen, vgl. zu I Reg 19 19 ff. (S. 114). Es ist bemerkenswert, dass in unserer Geschichte nirgends näher gesagt wird, wer Hasael war. Es muss offenbar in den Elisageschichten schon vorher von ihm die Rede gewesen sein; denn er wird als eine dem Leser bekannte Persönlichkeit eingeführt. Ob auch in der Elisageschichte ein Befehl Gottes an Elisa, den Hasael und Jehu zu salben, erzählt wurde? Übrigens setzt die ganze Erzählung voraus, dass Hasael nicht des Königs Sohn und Thronerbe war (s. zu v. 13 f.), sondern ein höherer Hofbeamter. Auch die Eliageschichte zeigt dies (I Reg 19 15); der legitime Thronfolger in Damaskus braucht nicht erst von einem israelitischen Propheten gesalbt und damit zum Herrscher berufen zu werden. Anderweitige Nachrichten über Hasael haben wir nicht.

**7** Elisa geht — natürlich auf göttlichen Befehl, was wohl ursprünglich auch erzählt war — nach Damaskus. Dort ist er (im Unterschied von 5 2) jetzt wohl bekannt als Gottesmann. Der kranke Benhadad lässt **8** durch Hasael ein Orakel von ihm erbitten. Über Hasaels Person s. oben. **9** Bei der reichen Gabe an Elisa erinnere man sich, dass Damaskus in alter Zeit der Stapelplatz des Handels zwischen dem vorderen Orient und dem fernen Osten und Arabien war. **10** Das Kəthib לא will den Schein der Lüge abwenden; alle Verss. haben לו gelesen. Zu dieser trügerischen Auskunft des Propheten vgl. das zu I Reg 22 20 ff. Bemerkte; man wird auf ein hohes Alter dieses Stücks der Elisalegende schliessen dürfen. **11**a Der Anfang ויעמד את־פניו kann bedeuten: er (der Prophet) liess stillstehen sein Gesicht — starrte unbeweglich vor sich hin; die Fortsetzung וישם ist dagegen ganz unverständlich, am besten liest man mit KLOSTERMANN nach I Reg 9 8 וישׁם oder וישם er entsetzte sich aufs äusserste. So giebt das ganze einen ordentlichen Sinn: Elisa von der schlimmen Vision, die ihm Hasaels Thaten zeigt, überwältigt, fängt an zu weinen (11b). Der Ausdruck ist aber jedenfalls eigentümlich und insbesondere ist die Stellung des Subjekts der drei Verba ganz am Schluss auffällig. KLOSTERMANN will deshalb 11a von הראני v. 10 abhängig und Benhadad zum Subjekt machen: Jahwe liess mich sehen, wie er (Benhadad) sein Gesicht stille stehen liess und vor sich hinstarrte, eine Schilderung des Todes Benhadads, zu welcher dann כּימת ימות als erklärende Glosse in den Text gekommen wäre. Der Ausdruck kann allerdings eine solche Erklärung brauchen, denn er erscheint noch viel mehr gezwungen, als bei der anderen Erklärung, insbesondere bedeutet שום nicht „im Tode erstarren". **12** Aus der Schilderung des Propheten ersieht man die Kriegführung jener Zeit. **13** LXX hat ὁ κύων ὁ τεθνηκός, was aber nach II Sam 9 8 eingesetzt sein kann. Eine ungezwungene Deutung muss die Äusserungen Hasaels und Elisas dahin verstehen, dass Hasael nicht legitimer Thronfolger war (s. oben S. 145). Dann ist aber auch für 15 wahrscheinlich, dass hier erzählt werden soll, wie Hasael den König ermordet. Was der מַכְבֵּר ist, wissen wir nicht; LXX Luc. übersetzt es mit στρῶμα, Targ. mit נוּבְכָא = stragula. Da der מַכְבֵּר ins Wasser getaucht wird, kann es sich sachlich nur um ein Stück Tuch oder eine Decke handeln.

In der Erzählung wird nirgends ausdrücklich gesagt, dass Hasael den König ermordet habe; deren Wortlaut lässt auch die Deutung zu, dass der König selbst den *makber* über sich deckte und so durch einen Unglücksfall ums Leben kam. Aber dieses letztere steht ebenfalls nicht ausdrücklich da und nach dem ganzen sonstigen Inhalt der Erzählung ist die innere Wahrscheinlichkeit für einen Mord. Schon die Frage cui bono? giebt dem Leser diese Vermutung an die Hand. Weiterhin wenn Hasael nicht der legitime Thronfolger, ja nicht einmal Sohn des Königs war, so konnte er nur durch einen Gewaltstreich zur Regierung kommen. Der Auftrag, dem König lügnerischer Weise Gesundheit zu verheissen, kann von Seiten Elisas doch nur den Sinn haben, dass er Hasael damit den Weg zum Thron bahnen will dadurch, dass er den König in Sicherheit einwiegt und etwaige Massregeln zur Sicherung der Nachfolge für den legitimen Thronerben verhindert. Und wenn Winckler (Alttest. Unters. 65) meint, diese Auffassung sei durch die Zusammenstellung mit der Jehugeschichte veranlasst, so dürfte allerdings — aber schon bei der Bildung der Legende selbst, nicht erst bei den Erklärern — diese Parallele von Einfluss gewesen sein. Möglich wäre immerhin, dass der Erzähler oder der Redaktor durch Kürzungen absichtlich die Schuld Hasaels wegräumen wollte, um nicht Elisa in den nach v. 10 ff. naheliegenden Verdacht der Urheberschaft des Mordgedankens zu bringen.

### 13 14–19 Siegesweissagung an Joas.

Da der König Joas hier genannt wird, musste der Redaktor die Stücke von den übrigen lostrennen, während bei den anderen Elisageschichten die Namenlosigkeit der Könige es gestattete, sie bei einander zu lassen und unter der Regierung des Joram einzufügen. Oder war am Ende auch hier der König ursprünglich namenlos?

**14** וַיֵּבְךְּ עַל־פָּנָיו *er weinte über ihm* vgl. Gen 50 1.   Der Ausdruck *Wagen Israels und seine Reiter* ist aus der Eliageschichte entnommen, aber schon in der Umdeutung, s. zu II Reg 2 12.   **17** Nach LXX Luc. dürfte יִשְׂרָאֵל statt אֲרָם zu lesen sein, da die Konstruktion ב ה = *Sieg über* sonst sich nicht findet.   Da 17ᵇ das gerade Gegenteil von v. 19 verkündet, will Klostermann lesen בַּאֲפֵק עֲדֵי־כִּי, was aber gegen alle Zeugen ist. Die Schlacht bei Aphek, auf welche hier angespielt wird, ist uns sonst nicht bekannt. Sollte am Ende auch hier wie 6 24 ff. eine Verwechslung mit einem Ereignis aus Ahabs Zeit vorliegen, mit der I Reg 20 26 ff. erzählten Schlacht von Aphek?   **18 19** Die zweite Weissagung schränkt die erste wesentlich ein. Sie nimmt sich aus, wie eine nachträgliche Korrektur, um die ganze Sache den Verhältnissen besser anzupassen. Vielleicht haben wir auch einfach zwei Varianten von ursprünglich einer und derselben Legende.   Zu לְהַכּוֹת *es war zu schlagen* vgl. Ges.-Kautzsch[26] § 114k; vielleicht ist (mit Klostermann) nach LXX (εἰ ἐπάταξας) הִכִּיתָ לוּ zu punktieren *wenn du geschlagen hättest*.

### 13 20 21 Die Totenerweckung durch Elisas Leichnam.

Das Stück gehört zu den jüngsten Bestandteilen der Elisalegende. Es ist recht bezeichnend für den Geist derselben.   Der Schluss von **20** בָּא שָׁנָה giebt keinen Sinn das einfachste ist שָׁנָה *jährlich* zu lesen; durch die zweimal unmittelbar vorausgehende Buchstabenverbindung בא erklärt sich der Schreibfehler zur Genüge. 21 Statt וַיֵּלֶךְ lies mit Thenius וַיִּלְכּוּ (ebenso LXX Luc. καὶ ἔφυγον).

## XIV. Jehoram von Juda 8 16—24 (vgl. II Chr 21).

**8 16—19 Einleitungsformel.** 16 Jehoram (hier, in v. 23 und v. 29 ist die längere Form, v. 21 und 24 die zusammengezogene יוֹרָם gebraucht, wie stets von Joram in Israel) kommt im fünften Jahr Jorams von Israel zur Regierung. Nach 3 1 ff. (s. S. 128 f.) wäre das achte Jahr und unter Berücksichtigung des Rechenfehlers in 3 1 das sechste Jahr zu erwarten. Das sinnlose וִיהוּשָׁפָט מֶלֶךְ ist durch Fehler des Abschreibers vom Schluss des Verses hier heraufgekommen. 17 Das Kətib שְׁנֵה (Kərē שָׁנִים) ist durch das vorausgehende שָׁנָה veranlasst. 18 Der Name der Königinmutter fehlt hier. 19 Zu dem Bilde der Leuchte vgl. I Reg 11 36; nach dieser Stelle ist וּלְבָנָיו, das in LXX Vat. fehlt, in לְפָנָיו zu korrigieren. Chr hat bereits den Fehler des Hebr.

**8 20—22 Edoms Abfall.** Zu 20 vgl. 3 9. 21 Der Ort צָעִיר ist sonst unbekannt; Conder sucht die Stadt in *eṣ-Zuwēra* am Südwestende des Toten Meers. Seir der Vulg., das bekannte Edomitergebirge, dürfte nur geraten sein; Ewald u. a. emendieren צֹעַר *Zoar*. Weiterhin ist der Text verderbt: hinter v. 21ᵃ muss ursprünglich erzählt worden sein, wie Jehoram in der Stadt von den Edomitern umzingelt wurde. 21ᵇ muss eine Niederlage Jehorams erzählen. Das Volk, das nach Hause flieht, können nur die Judäer sein. Der König mit den Obersten der Streitwagen schlägt sich durch. Die שָׂרֵי הָרֶכֶב sind natürlich die Obersten der in v. 21ᵇ genannten judäischen Streitwagen; also lies etwa וְשָׂרָיו עִמּוֹ. Durch leichte Änderung des Textes hat eine spätere Hand aus dem Ganzen einen Sieg Jehorams gemacht und es fertig gebracht, dass man unter diesen Obersten und dem fliehenden Heer die Edomiter verstehen muss. 22ᵇ Libna gehörte nach Eusebius später zum Distrikt von Eleutheropolis (d. heutigen *Bēt Dschibrin*); sonst wissen wir über die Lage nichts näheres. Die Stadt war ein fester und strategisch wichtiger Ort (vgl. 19 8). Offenbar war ihre Bevölkerung grösstenteils nicht israelitisch, und es handelte sich bei dem „Abfall" darum, dass die Stadt und ihr Gebiet den Philistern zufiel. Möglicherweise stand das Ereignis im Zusammenhang mit dem in der Chronik berichteten Einfall der Philister und Araber in Judaea (II Chr 21 16 ff.). בָּעֵת הַהִיא, das nach אָז überflüssig ist, bildete wohl ursprünglich den Anfang einer neuen Erzählung (vgl. I Reg 14 1; II Reg 16 6).

**8 23 24 Schlussformel.** Chr erzählt ausser dem Philistereinfall noch von einem Drohbrief Elisas an den König und von seiner Krankheit. Sie lässt ihn — wegen seiner Gottlosigkeit — ausdrücklich *nicht* bei seinen Vätern begraben werden.

## XV. Ahasjahu von Juda 8 25—29 (vgl. II Chr 22 1—9).

**8 25—27 Einleitungsformel.** 25 Die synchronistische Angabe wird 9 29 wiederholt, aber dort wird das elfte Jahr Jorams genannt, ebenso in LXX

Luc. hier. Beide Zahlen sind vom Tode Jorams und Ahasjas aus rückwärts gerechnet: Joram regierte 12 Jahre, Ahasja 1 Jahr, also Regierungsantritt Ahasjas im *elften* Jahr Jorams nach der Rechnung der LXX, im *zwölften* Jahr Jorams nach der Rechnung des Hebr. (s. S. 104). 26 Athalja ist nach v. 18 eine Tochter Ahabs, weswegen LXX Luc. so korrigiert. Da נב auch im Sinne von „Enkelin" stehen kann, ist eine Änderung des Textes nicht notwendig (vgl. zu I Reg 15 1).

**8 28 29 Der Krieg mit Hazael.** S. zu 9 14 15.

V. 29ᵇ setzt eigentlich voraus, dass Ahasja nicht in den Krieg nach Ramot auszog. Überhaupt gehört der Abschnitt in dieser Form nicht zur Geschichte Ahasjas, wie auch KLOSTERMANN erkannt hat. Der ursprüngliche Schluss der Ahasjageschichte hat sich in LXX Luc. (10 40-43 LAGARDE) erhalten: *Ahasja zog (mit Joram) in den Krieg. Damals empörte sich Jehu und schlug Joram in Jesreel. Er tötete auch Ahasja; diesen brachten seine Leute nach Jerusalem und begruben ihn dort bei seinen Vätern in der Davidsstadt.* Nach dem ganzen Stil ist deutlich, dass wir hier nicht eine Rekapitulation von späterer Hand haben, sondern das Excerpt des Redaktors aus den Königsannalen. Das Vorhandensein der Verse an dieser Stelle lässt sich nur so erklären, dass dieselben dem ursprünglichen Text des Redaktors angehörten, durch den jetzigen Text später aus ihrem Platz in der Ahasjageschichte verdrängt wurden und sich in der Vorlage der LXX hier erhielten. Ein vollständiges Fehlen des üblichen Schlusses bei Ahasja wäre sehr auffallend. Wie der jetzige Text entstand und an seine Stelle kam, s. u. zu Cap. 9.

## XVI. Jehu von Israel Cap. 9 und 10.

Die schematische Anordnung des Stoffes erscheint hier zum ersten und einzigen Male vollständig durchbrochen. Es sind aber noch Spuren vorhanden, dass der Redaktor auch hier sein Schema aufrecht erhielt. Nach demselben (vgl. I Reg 15 33 16 15 23) würde die ganze Erzählung, wie Jehu den Thron gewann und sich sicherte, unter die Geschichte Jorams gehören und erst hinter 10 28 die Schlussformel für Joram nachkommen. Näheres vgl. zu 10 29.

Dass diese ausführliche Erzählung nicht aus dem Annalenbuch stammt, bedarf keines weiteren Beweises. Sie muss also aus einer Geschichte Jehus stammen, denn ihr israelitischer Ursprung ist ausser Frage. Gewöhnlich wird sie dem ephraimitischen Geschichtsbuch zugewiesen, welchem die Ahabgeschichten I Reg 20 22 entnommen sind. Es ist jedoch schon oben S. 117 bemerkt worden, dass wir keinerlei Anlass haben, von vornherein jene Quelle als ein zusammenhängendes Geschichtswerk anzusehen. Hier ist überdies noch festzustellen — eine derartige ausführliche israelitische Quelle begegnet uns bei Jehu zum letzten male —, dass nur bei Jerobeam I, Ahab und Jehu sich solche umfangreichere Darstellungen ihrer Regierung nachweisen lassen. Bei dem nicht minder bedeutenden Jerobeam II hat dem Redaktor keine solche vorgelegen. Das beweist zwar nichts gegen die Existenz einer solchen überhaupt, wohl aber gegen die Annahme, dass ein einheitliches ausführliches Werk über die israelitische Gesamtgeschichte seine Quelle bildete. In einem solchen könnten Jerobeams II Thaten unmöglich ohne eingehende Darstellung geblieben sein. Und der Redaktor, der bei dem gottlosen Ahab ausführliche Stücke aus seiner Quelle zu bringen sich bewogen fand, hätte sicherlich die grossen Erfolge Jerobeams II und namentlich die Wirksamkeit von Amos und Hosea nicht mit Stillschweigen übergangen, wenn er in seinen Quellen ausser den annalistischen Angaben, die er summarisch wiedergiebt (14 25 ff.), eine ausführliche Erzählung über die Kriege oder über die Propheten gehabt hätte. Dazu kommt speziell bei der Jehugeschichte noch ein weiterer Umstand: es ist von vornherein höchst unwahrscheinlich, dass ein und derselbe Erzähler, der mit solcher Wärme und Liebe zu seinen Helden die Ahabgeschichte erzählte, nun hier mit einem gewissen Wohlgefallen die Vernichtung des Hauses Ahabs als gerechtes

Gericht Gottes über Ahabs Frevel sollte geschildert haben. Und die Art und Weise, wie in II Reg 9 25 f. auf I Reg 21 19 Bezug genommen wird, schliesst es aus, dass beide Varianten der Weissagung von einem Erzähler herrühren (s. zu d. St.).

Die Erzählung der Jehugeschichte ist uns nicht in der ursprünglichen Form erhalten, sondern sie ist stark überarbeitet. Eine Reihe von Zusätzen hat der Redaktor aus Eigenem gemacht. Sie haben den Zweck, den Leser darauf hinzuweisen, wie die Weissagungen über Ahab sich jetzt erfüllen (9 7 f. 36ᵇ 10 10ᵇ). Aus anderer Quelle hat er 9 1-13 eingetragen und mit der Erzählung der Jehugeschichte verwoben.

Dass die Prophetenlegende von Jehus Salbung nicht ursprünglich zusammen mit der Geschichte seines Aufstandes erzählt wurde, folgt eigentlich schon aus dem Umstand, dass die Salbung dem Elia zugeschrieben und in seine Zeit verlegt wurde. Dass in der Erzählung II Reg 9 nicht beides von einer Hand (aus der Jehugeschichte) stammt, zeigt die Naht, die noch deutlich erkennbar ist in v. 14, wo beide Erzählungen zusammenstossen. In 9 14 15 haben wir inhaltlich und z. T. wörtlich eine Wiederholung von 8 28 29, eine kurze Erwähnung von Jorams Zug gegen Hasael und seiner Verwundung, welche die Einleitung zur Geschichte Jehus bildete. Eine blosse Wiederaufnahme der Verse 8 28 29 hierin zu erblicken, welche die Situation dem Leser verdeutlichen soll, ist nicht möglich. Eine solche war ganz überflüssig. Sodann hat sich hier gezeigt (s. oben zu d. St.), dass die Verse 8 28 29 nicht an ihrem richtigen Orte sind; sie sind dort nicht ursprünglich, also können sie hier nicht von dort wiederholt sein. Die ursprüngliche Erzählung berichtete ganz einfach die Thatsache, dass Jehu sich empörte, wohl ohne von der Beteiligung der Propheten dabei etwas zu erwähnen. Sie begann v. 14. Ihr wurde vom Redaktor die Prophetengeschichte einfach als Einleitung vorangestellt, nachdem er den Bericht über die Salbung durch Elia seinerzeit ausgelassen. Ein Leser vermisste dann schon vor der Prophetengeschichte eine Schilderung der Situation und erweiterte zu diesem Zweck die Notiz der ursprünglichen Ahasjageschichte ("Ahasja zog mit Joram in den Krieg gegen Hasael" etc., s. S. 148) durch Hinzufügung von 9 15 = 8 29³ und der Notiz 8 29ᵇ, da ihm die Anwesenheit Ahasjas in Jesreel durch seine Teilnahme am Krieg nicht genügend begründet erschien. Diese Prophetengeschichte, wie oben (S. 148) geschehen, den Elisageschichten zuzuteilen, unterliegt keinem Bedenken. Nachdem die Eliageschichte ursprünglich die Salbung von Elia erzählt, ist sogar von vornherein anzunehmen, dass die Elisageschichten auch hiezu wie zur Salbung Hasaels das Gegenstück enthielten. Dass Elisa stark in Politik machte, ist auch sonst aus der Darstellung der Elisageschichten zu ersehen.

Auch die Erzählung von der Ermordung der judäischen Prinzen (10 12-14) nebst den damit verbundenen Versen 15 16 gehört, wie Stade ZATW 1885, 276 ff. nachgewiesen, nicht dem Zusammenhange von v. 1-11 und 17 ff. an. V. 12 hat einen ganz verdorbenen Text, dessen Anfang קם וילך sich in v. 17 fortzusetzen scheint. Sachlich ist undenkbar, dass mindestens zwei Tage nach dem Blutbad von Jesreel und einen Tag nach der Metzelei in Samarien die judäischen Prinzen ahnungslos eine Tagereise nördlich von Samarien betroffen werden. Überhaupt befanden sich nach 10 1 ff. die israelitischen Prinzen, welche sie besuchen wollten, in Samarien. Wenn der Verfasser von v. 12-14 sie ebenfalls dort sucht, muss Bet Eked (v. 12) südlich von Samarien liegen; die Erzählung ist also hier nicht am rechten Platz, da Jehu sich auf dem Weg von Jesreel nach Samarien befindet. Sucht unser Abschnitt die Wohnung der Prinzen in Jesreel, so weist er sich eben damit als von anderer Hand stammend aus. Die Geschichte mit Jonadab ist ebenso in diesem Zusammenhang unwahrscheinlich. Jehu konnte nichts unzweckmässigeres thun, als mit dem prophetischen Eiferer Jonadab ben Rekab auf seinem Wagen in Samarien einziehen, wenn er den v. 18-2⁴ berichteten Anschlag gegen den Tempel und die Verehrer Baals beabsichtigte."

### 9 1-13 Jehus Salbung durch einen Propheten.

Elisa schickt einen der Prophetenschüler nach Ramoth in Gilead (s. zu 4 13) mit dem Auftrag, Jehu zu salben (s. oben). Die 2 geschilderte Situation setzt voraus, dass die Stadt in Händen der Israeliten ist; s. auch zu v. 14. Jehu wird v. 20 und I Reg

19 16 kurzer Hand als בֶּן נִמְשִׁי bezeichnet, weshalb LXX Luc. hier korrigiert und Josaphat zu seinem Grossvater macht. Zu וְדָי מְחָדָר vgl. I Reg 20 30 22 25; die Gleichheit dieses Ausdrucks muss aber nicht notwendig die Identität des Verfassers beweisen. 3 Nach Vollzug der Salbung soll der Prophet entfliehen; alles soll ganz rasch geschehen, in weitere Erörterungen soll sich der Prophet nicht einlassen. Man hat den Eindruck, als wollte der Erzähler der Meinung vorbeugen, die grässlichen Mordthaten (Hos 1 4), mit denen sich Jehu den Thron gesichert, seien auf Anstiften der Propheten geschehen. 4 הַנַּעַר הַנָּבִיא ist Glosse; entweder ist sie nach dem jetzigen Wortlaut *der Knabe ist der Prophet* beigesetzt zur Verhinderung des Missverständnisses, als ob der sonst als נַעַר Elisas bezeichnete Gehasi gemeint sei, oder lautete die Glosse ursprünglich נַעַר הֹגָּה (ohne Artikel) *der Diener des Propheten* und rührt dann umgekehrt von einem her, der Gehasi unter dem Abgesandten verstand. Der Bote erfüllt 6 den Auftrag in der anbefohlenen kurzen Weise und spricht seinen Gottesspruch genau, wie ihm v. 2 aufgetragen wird, und entflieht 10ª. Der deuteronom. Redaktor kann sich die Gelegenheit nicht entgehen lassen, ihm einen Gottesbefehl an Jehu zur Ausrottung des ganzen Hauses Ahabs in den Mund zu legen 7—10ª, ganz im Gegensatz zu der Absicht des alten Erzählers (s. zu v. 3). Statt הִכִּיתָה *du sollst schlagen* (v. 7) ist mit LXX הִכְרִיתָה *du sollst ausrotten* zu lesen (vgl. II Chr 22 7). וְדָם כָּל־עַבְדֵי יהוה ist mit Klostermann als Glosse zu betrachten, wie schon das auffallende עַבְדֵי יהוה statt עַבְדֵי יהוה unmittelbar zuvor zeigt. Von einer allgemeinen Verfolgung aller Jahwediener wird nichts berichtet; der Glossator hat wohl die Nabothgeschichte hier auch mit unterbringen wollen. Die Drohung v. 8ᶠ steht wörtlich auch I Reg 21 21. 11 Statt וַיֹּאמֶר lies mit allen Verss. וַיֹּאמְרוּ. Auch die Prophetenjünger sind, wie die alten Prophetenscharen (I Sam 10 10 19 18 ff.) noch wesentlich Ekstatiker (מְשֻׁגָּע). An sich liegt in dem Wort nichts verächtliches — die Verrückten sind bis auf den heutigen Tag im Orient als heilig betrachtete Leute —; aber besondere Hochachtung vor den Propheten drückt sich in dem Wort allerdings nicht aus. So greift auch Jehu das Wort auf: ihr kennet ja das sonderbare Wesen dieser Leute. שִׂיחַ giebt in der Bedeutung *sein Reden* (natürlich hier mit verächtlichem Beigeschmack gebraucht = *sein Geschwätz*) einen guten Sinn. Targ. und LXX erklären es ebenso. 13 Die Hauptleute huldigen dem neuen König, indem sie ihre Kleider ihm zu Füssen ausbreiten (vgl. Mt 21 8). Was אֶל־גֶּרֶם הַמַּעֲלוֹת bedeutet, ist nicht zu sagen. Die *Stufen* הַמַּעֲלוֹת erklären sich, wenn man annimmt, Jehu habe sich von einer Erhöhung aus, etwa von der Treppe am Hause aus dem Volk als König gezeigt. Aber גֶּרֶם, eigentlich *Knochen*, giebt, auch wenn es das „Gerüst" der Treppe bedeuten könnte, keinen guten Sinn. LXX hat das Wort schon nicht verstanden. Der Text scheint verdorben zu sein; Thenius emendiert גַּם nach Vulg. in similitudinem tribunalis, so dass der Haufen Kleider einen „Auftritt" bildete.

**14—29 Die Ermordung Jorams und Ahasjas.** Zu **14 15** vgl. oben S. 149 und zu 8 28 f. Die politische Situation ist hier genauer geschildert als 8 28 f.: Rama ist in den Händen der Israeliten; Joram hält dort Wache gegen die

Aramäer, wird aber verwundet und geht nach Jesreel zurück. אִם יֵשׁ נַפְשְׁכֶם v. 15 *wenn es euch beliebt* wird in LXX erklärt durch den Zusatz μετ' ἐμοῦ *wenn euer Herz auf meiner Seite steht*. 16 Hinter v. 16ᵃ hat LXX die Worte von v. 15 über die Verwundung Jorams fast ganz gleichlautend wiederholt mit dem Zusatze כִּי הוּא גִבּוֹר וְאִישׁ חָיִל, der hier sinnlos und wohl ursprünglich als Glosse zu v. 14 fin. gehörte. Möglich wäre aber auch, dass er auf Jehu geht; dann müsste man annehmen, dass er ursprünglich Glosse zu 14ᵃ war. Ahasja besucht den verwundeten Joram; dieser Bericht (v. 14.15) erzählt nichts davon, dass Ahasja am Syrerkrieg teilnahm. 17 Das zweite שִׁפְעַת kann aus dem ersten verschrieben sein. Möglicherweise ist es aber auch richtig und es folgte dem Stat. constr. ein Genitiv nach (wahrscheinlich אֲנָשִׁים *eine Menschenschar sehe ich*), der jetzt ausgefallen ist. הֲשָׁלוֹם ist die allgemeinste Gruss- und Erkundigungsformel, etwa entsprechend unserem „grüss Gott", „wie geht's?" (z. B. v. 11); eine besondere Bedeutung, „bringst du Friede oder Krieg?" oder dgl. darf nicht in die Frage gelegt werden. 21 LXX Luc. liest statt אמר und ויאמר besser den Plural. 22 Jehu antwortet: zwischen uns giebt's kein „grüss Gott", solange noch etc. Es ist mit Targ. מָה הַשָּׁלוֹם (statt הֲשָׁלוֹם der Mass.) zu vokalisieren. וּנְגָּים und כְּשָׁפִים sind nicht wörtlich zu nehmen, sondern als Schimpfwörter für das Treiben Isebels überhaupt. 24 Zu מִלֵּא יָדוֹ בְקֶשֶׁת = *er ergriff den Bogen* kann man II Sam 23 7 vergleichen; aber der Ausdruck behält etwas auffallendes. KLOSTERMANN will יָדוֹ als 3. Pers. Perf. mit Suff. von יָדָה fassen: *er schoss auf ihn eine Fülle von Schüssen*, יָדָה wird aber nicht so konstruiert. 25 Zu שָׁלִשׁ s. 7 2. LXX u. a. Verss. lasen דְּבַר, veranlasst durch das folgende אֲנִי. Offenbar nimmt Jehu auf den 1 Reg 21 17 ff. erzählten Vorgang Bezug, der gleich nach der Ermordung Nabots sich zutrug. In unserer Stelle hat sich die Weissagung und ebenso der Bericht über ihre Erfüllung in der einfachsten Form der Überlieferung (noch einfacher als I Reg 21 19) erhalten, aus welcher sich alle weiteren Ausführungen entwickelt haben. Dass der für die Weissagung I Reg 21 19 charakteristische Satz vom Lecken des Blutes Ahabs hier fehlt, und überhaupt die dort Ahab persönlich angehende Weissagung hier auf Joram bezogen wird, spricht gegen Herkunft von *einem* Verfasser (s. S. 149). Von der I Reg 22 38 erzählten Erfüllung des Wortes weiss unsere Erzählung nichts. 27 Ahasja flieht auf dem Weg nach Bêt Haggān, dem heutigen *Dschenīn* entsprechend (wahrscheinlich auch = 'Ēn Gannīm Jos 19 21), welches in der Südostecke der Ebene Jesreel an der Strasse nach Jerusalem liegt. Allein Jehus Leute schossen auch auf ihn. Nach LXX ist die Ausführung des Befehls וַיַּכֻּהוּ hinter הַכֻּהוּ einzusetzen; in LXX ist von den beiden Worten das erste, der Befehl, verloren gegangen. אֶל־הַמֶּרְכָּבָה *sie schossen ihn in den Wagen hinein* ist ein sehr auffallender Ausdruck, vielleicht ist das Wort versehentlich aus v. 28 heraufgekommen (s. das.). Das ereignet sich bei der sonst nicht näher bekannten Steige von Gur (LXX Γαί, Luc. Γάϊ), in der Nähe von Jibleam, der heutigen Ruine *Bel'ame* auf der westlichen Seite des Thales, an dessen Ausmündung in die Ebene weiter nördlich Bêt Haggān lag. Ahasja flieht nun nach Megiddo (s. zu I Reg 4 12), also nach Westen. Sein Weg das Thal aufwärts war offenbar von Jehus Leuten versperrt. **28** Nach LXX Vat. ist hinter עָבְדָיו ausgefallen und zu ergänzen עַל־הַמֶּרְכָּבָה וַיְבִיאֻהוּ s. zu v. 27. Der Schluss *bei seinen Vätern in der Davidstadt* ist Dublette zu בְּקִבְרֹתָיו und stehender Ausdruck des Redaktors. **29** Die Einleitungsformel ist aus irgend einem Grunde noch einmal hierher versprengt worden. LXX Luc. hat auch noch den Schluss, der im Hebr. fehlt, hier erhalten. Vgl. zu 8 25.

**30—37 Ermordung Isebels. 30** פּוּךְ ist das noch heute bei den Orientalinnen beliebte Stibium, Bleiglanz, das als schwarzes Pulver oder mit Öl zu einer Salbe zerrieben, mittelst einer glatten Sonde auf die Augenbrauen und Wimpern gestrichen wird; es erhöht in auffallender Weise den Glanz der Augen und lässt sie grösser erscheinen. So geschmückt begrüsst Isebel **31** Jehu, wie er zum Palastthor kommt, mit höhnischen Worten als zweiten Königsmörder Simri, nicht ohne Seitenblick auf das eben so gewaltsame und rasche Ende des Verräters. Als Antwort hierauf ist Jehus Frage *wer hält es mit mir?* **32** nicht am Platz; sie ist auch sonst im Zusammenhang unnötig. LXX giebt τίς εἶ σύ; κατάβηθι μετ' ἐμοῦ = מִי אַתִּי תַּרְדִּי עִמִּי. was KLOSTERMANN gut in תָּרְדִי עִמִּי zurückverbessert. *Wer bist du* (selbst Mörderin), *dass du mit mir rechten willst?* So passt die Frage vortrefflich. Über die סָרִיסִים vgl. zu 1 Reg 22 9. **33** Statt וַיִּרְמְסֶנָּה ist mit allen Verss. וַיִּרְמְסוּהָ zu lesen; die Rosse, die durch den Sturz scheu werden, zerstampfen sie. **36** Es stimmt zu v. 25 f., dass auch hier Jehu das Wort in den Mund gelegt wird, dass Jahwes Strafdrohung sich jetzt erfüllt habe. Ebenso aber entspricht es den Gewohnheiten des Redaktors, die Erfüllung der Weissagung in allen Einzelheiten aufzuweisen und demgemäss die Weissagung so zu formulieren, dass sie genau passt. LXX Luc. hat noch weitere Zusätze. S. auch zu 1 Reg 21 23.

**10 1—11 Ermordung der Söhne Ahabs. 1** Statt יִזְרְעֶאל ist nach LXX Luc. zu lesen הָעִיר וְאֶל (ebenso HIERON.). Unter den שָׂרִים sind die königlichen Beamten (v. 5) verstanden; die זְקֵנִים sind die Gemeindebehörden. Zu אֹמְנִים ist nach LXX Luc. das unentbehrliche אֶת־בְּנֵי zu ergänzen. Übrigens ist 1ᵇ als falsche Glosse zu streichen. Die sonst stets genannten בְּנֵי אֲדֹנֵיכֶם können nicht Söhne Ahabs, sondern nur Söhne Jorams sein. Ihr Schicksal teilen natürlich alle Agnaten. Es handelt sich also auch v. 7 um die Prinzen des Königshauses überhaupt; ein späterer hat aus Missverstand daraus Söhne Ahabs gemacht (vgl. ZATW 1885, 275). Ebenso ist in v. 6ᵇ die Zahl 70 Glosse; sie bezeichnet die Gesamtzahl der ermordeten Prinzen, nicht die der unmündigen Söhne Jorams. **2** Nur der Schluss des Briefes mit וְעַתָּה eingeleitet (s. zu 5 6) wird mitgeteilt; voran ging selbstverständlich die Mitteilung von Jorams Tod und Jehus Thronbesteigung. Statt עִיר lies mit LXX den Plural. עָרֵי **6** אַנְשֵׁי kann Genet. der Apposition sein, *der Männer, der Söhne eures Herrn*, wobei der Nachdruck auf das Geschlecht (nicht das Alter) gelegt wäre. LXX Luc. giebt λαβέτω ἕκαστος τὴν κεφαλὴν (אִישׁ אֶת־רֹאשׁ) τοῦ υἱοῦ τοῦ κυρίου αὐτοῦ, wonach der Befehl der Form nach an die Erzieher der Prinzen ginge; jeder soll dem ihm anvertrauten Prinzen den Kopf abhauen. Dazu würde dann v. 6ᵇ gut passen als Erklärung: *es waren nämlich die Prinzen bei den vornehmen etc*., was im jetzigen Text als eingeschobener Zusatz erscheint (vgl. auch oben zu v. 1). Dieser Text von LXX Luc. in den Plural gesetzt ergiebt den des Hebr. sehr leicht, während aus letzterem der Luc.-Text schwerlich entstehen konnte. **7** Mit LXX lies וַיִּשְׁחָטוּם, *und schlachteten sie, alle 70 Mann.* **9 10** Jehu stellt sich unschuldig, als ob er nicht den Befehl dazu gegeben hätte. Man kann von hier aus allerdings auf die Vermutung kommen, dass Jehus Befehl zweideutig abgefasst war; aber den Text des Befehls so zu ändern (KLOSTERMANN), ist nicht statthaft. Es ist Gottes Fügung und Erfüllung der Strafweissagung, erklärt auch hier Jehu, wie 9 25. Es darf dieser Gedanke nicht aus dem alten Text entfernt und dem deuteron. Redaktor zugeschrieben werden, sonst verliert v. 9 seine eigentliche Pointe. Dagegen ist allerdings 10ᵇ, der eine mattere Dublette zu 10ᵃ bietet, vom Redaktor hinzugefügt. Auch 9 25 f. 36 ist Elia nicht genannt; das hat den Redaktor hier und 9 36 veranlasst, einen Zusatz zu machen. **11** Ausser den eigentlichen Verwandten des Königshauses werden auch alle in Vertrauensstellungen am Hof befindlichen hohen Beamten, Priester etc. aus dem Wege geräumt.

**12—14 Die Ermordung der judäischen Prinzen.** Über die Herkunft des Stücks s. oben S. 149. **12** Der Text ist stark verdorben. Man kann ihn natürlich so korrigieren, dass ein Zusammenhang herauskommt: אתה statt וַיָּבֹא und וַיָּבֹא statt הוא, *Jehu machte sich auf ...... und als er nach Beth'Eked der Hirten am Wege kam, traf er* etc. Aber da hier eine Naht zweier Berichte ist (s. o.), so ist gar nicht sicher, dass der Zusammenhang überhaupt ein so glatter war. Auch ist die Fortsetzung v. 13 immer noch hart. „Beth'Eked der Hirten" muss (vgl. v. 14) eine Ortschaft oder ein einzeln stehendes Gebäude sein. Auf letzteres deutet, wenn ursprünglich, der Zusatz בַּדֶּרֶךְ *am Wege* hin. Targ. giebt בית כנישת רעיא "Versammlungshaus der Hirten". Ob die Lokalität nördlich oder südlich von Samarien sich befindet, können wir nicht sagen; mit dem Βαιθακαδ des EUSEBIUS 2 Std. abseits (östlich) vom Wege von Jesreel nach Samarien hat der Ort jedenfalls nichts zu schaffen. Den Namen auf Personen zu beziehen (Abteilung der Rechabiter, so KLOSTERMANN), verbietet v. 14 (Cisterne von B. E.) und der Sprachgebrauch, welcher בְּנֵי ע fordern würde.

**15 16 Die Begegnung mit Jonadab.** Vgl. oben S. 149. **15** Dass Jonadab als Haupt der Rechabiter (Jer 35 6) ein Mann von weitreichendem Einfluss war, geht aus der Thatsache hervor, dass sich Jehu um seine Zustimmung bemüht. Und selbstverständlich nimmt der Stifter der Rechabiter, welche die schärfste Opposition gegen kanaanitische Kultur und Kultus repräsentieren, auf Seiten des Gegners der Ahabfamilie Stellung. Nach LXX ist im Parallelismus mit dem folgenden zu lesen הֲיֵשׁ לְבָבְךָ אֶת־לְבָבִי יָשָׁר *ist dein Herz gegen mein Herz aufrichtig?* Ebenso ist mit LXX hinter dem יֵשׁ der Antwort Jonadabs einzusetzen וַיֹּאמֶר יהוא. **16** Statt וַיַּרְכִּבוּ אֹתוֹ lies mit KLOSTERMANN וַיַּרְכֵּב אֹתוֹ *er fuhr mit ihm*; auch die Verss. haben den Singul.

**17 18—27 Ausrottung des Baalsdienstes.** **17** Über den Anschluss an v. 12 s. S. 149. **19** כָּל־עֹבְדָיו ist mit KLOSTERMANN zu streichen: Jehu beruft erst die Priester und Propheten Baals, um dann durch sie das Volk zum Feste einladen zu lassen. Die List erscheint etwas plump, das kommt aber z. T. auf Rechnung des Erzählers. Diese Priester und Propheten nun **20** *heiligen eine*

*Festversammlung*, d. h. rufen das Baalsfest aus mit der Aufforderung, dass jedermann sich durch die heiligen Bräuche geziemend darauf vorbereiten soll. LXX wiederholt bei der Einladung Jehus an das Volk **21** fast wörtlich die entsprechenden Sätze aus v. 19, wohl absichtlich, wie sie auch an anderen Orten in unserer Erzählung einen erweiterten Text bietet. **22** מֶלְתָּחָה ist nach der Tradition und nach dem Zusammenhang die Kleiderkammer. Das Geschenk eines Festgewandes soll die Täuschung der Leute vollenden. Zum heiligen Feste zieht man Feierkleider an (vgl. R. Smith, Rel. of the Semites I² 437–451). **23** Jonadab ist hier zweifellos aus v. 15f. nachgetragen; sein Auftreten in diesem Zusammenhang ist unmöglich (s. oben S. 149). LXX Luc. hat auch hier ausführlicheren Text. **24** Nach LXX Vat. ist וַיָּבֹא (Singul.) zu lesen: Jehu allein bringt zuerst sein Opfer dar, wie v. 25 am Anfang zeigt. LXX Luc. hat den Satz v. 24ᵃ erst hinter v. 24ᵇ. Statt יִמָּלֵט *der sich retten wird* lies mit Thenius יְמַלֵּט *der entkommen lässt*. **25** LXX Luc. hat wieder erweiternde Zusätze. רָצִים sind die Trabanten der königlichen Leibwache, auch die שָׁלִשִׁים scheinen eine besondere Truppe (der Leibwache?) gebildet zu haben. Das Objekt zu וַיַּשְׁלִכוּ fehlt ganz; dass das Subjekt hier noch einmal genannt wird, ist auffallend; der Schluss עַד־עִיר giebt keinen Sinn. Der Text ist verdorben; ansprechend ist Klostermanns Konjektur עַד־דְּבִיר *sie drangen vor bis ins Allerheiligste des Baalstempels*. Das übrige lässt sich nicht mehr ermitteln. **26** Zunächst ist jedenfalls dem וַיִּשְׂרְפוּהָ entsprechend der Singul. מַצֵּבָה zu lesen (LXX τὴν στήλην). Aber eine Massebe verbrennt man nicht, denn sie ist von Stein. Also ist gemäss I Reg 16 32f. vielmehr אֲשֵׁרָה zu korrigieren; vgl. auch II Reg 23 6. Ebenso zeigt I Reg 16 33, worauf unsere Stelle offenbar Bezug nimmt, dass man **27**ᵃ zu lesen hat: וַיִּתְּצוּ אֶת־מִזְבַּח zu lesen hat: *sie rissen den Altar des Baal ein*. Statt לְמַחֲרָאוֹת will die Masora das zu ihrer Zeit dezenter klingende מוֹצָאוֹת gelesen wissen. **28–31 Redaktionelle Einleitungsformel.** **28** **29** hangen, wie רַק zeigt, eng zusammen; v. 28 darf also nicht als Schlusszusammenfassung zum Vorhergehenden gezogen werden. עֶגְלֵי הַזָּהָב dürfte der Stellung nach exegetische Glosse sein; auch sonst ist in der Regel diese „Sünde Jerobeams" nicht näher genannt. Nirgends charakterisiert sich der Geist, in welchem der Redaktor urteilt, deutlicher als hier: der Mörder Jehu ist deswegen vor Jahwe nicht wohlgefällig, weil er die goldenen Stierbilder nicht abthut. Seine Mordthaten aber **30** werden, weil sie das Haus des ingrimmig gehassten Ahab treffen, als Gott wohlgefällige Werke gelobt. Die alten Propheten haben anders geurteilt (Hos 1 4).

Nach Analogie des Schemas bei Baesa, Simri, Omri (I Reg 15 33 16 15 23) sollte man auch hier bei dieser stets in der Einleitungsformel gegebenen Beurteilung eine vorausgehende chronologische Angabe erwarten. LXX Luc. bringt sie im Anschluss an die Schlussformel nachgetragen: *im 2. Jahre der Athalja machte Jahwe Jehu den Sohn Nimsis zum König*. Es dürfte demnach auch bei Jehu vom Synchronisten eine solche Angabe gemacht worden sein, und zwar wahrscheinlich zusammen mit v. 36 (s. das.) vor v. 29. Der auffallende Synchronismus (2. Jahr der Athalja statt letztes Jahr Ahasjas) ist nach der in LXX üblichen Rechenweise aus der Angabe 13 1 berechnet: 7 Jahre Athaljas + 23 Jahre Joas' + 20 Jahre = 2 Jahre der Athalja + 28 Jahre Jehus; vgl. auch zu 13 1.

Wir haben, wie auch v. 32 f. zeigen, hier in v. 28-36 den ganz nach dem Schema hergerichteten Bericht des Redaktors über Jehus Regierung. Da der Redaktor die Erzählungen, die er seinen Quellen entnimmt, möglichst unverändert lässt, so hat er die ganze Erzählung über Jerobeams Aufstand einfach unzertrennt vorangestellt. Dies hat veranlasst, dass später die synchronistische Einleitungsformel wegfiel, weil das Urteil über Jehu sich am besten direkt an das vorangehende anzuschliessen schien. Ebenso fehlt jetzt ganz die auch hierher vor diese Einleitung gehörige Schlussformel für Joram von Israel. Es ist nicht sehr wahrscheinlich, dass der in diesem Stück sehr pünktliche Redaktor sie sollte weggelassen haben, zumal sein Bestreben ja nie dahin geht, sie an sachlich passendem und zeitlich richtigem Orte unterzubringen. Sie wird also wohl ausgefallen sein, wie die Einleitungsformel in Hebr. und LXX Vat.

**32 33 Hasaels Siege.** Die Notiz stammt ihrem ganzen Charakter nach aus den grossen Königsannalen (s. Einleitung II). **32** Statt des sonderbaren לִקְצֹת *Jahre begann abzuschneiden an Israel* ist mit dem Targ. לִקְצֹף zu lesen: *J. begann zu zürnen*. Der Umfang des von Hazael genommenen Gebiets wird **33** doppelt angegeben, sachlich übereinstimmend, aber mit verschiedener Terminologie. Die zweite ist die ältere und ursprüngliche: *von Aroër* (dem heutigen ʿIrʿâir) *an bis nach Gilead und Basan*. Hier sind Gilead und Basan Landschaften im Norden des Ostjordanlands. Dagegen in der ersten Angabe erscheint Gilead als Gesamtbezeichnung des Ostjordanlands, dessen einzelne Teile nach den drei israelitischen Stämmen Ruben, Gad, Manasse benannt sind, was sehr junge Terminologie ist (vgl. S. 21). Es ist also diese erste Bezeichnung als Glosse zu streichen. Die Bestimmung מִדַּרְכָּן מֹרָה הַשָּׁפָט ist zum vorhergehenden zu ziehen. Sachlich ist zu bemerken, dass Basan schon vorher den Aramäern gehörte, als Nordgrenze des israelitischen Besitzes erscheint stets Ramoth in Gilead (9 14). Die Vorstösse Hasaels sind dadurch ermöglicht, dass Salmanassar nach dem erfolglosen Zug des Jahres 839 Syrien eine Zeitlang in Ruhe liess.

**34–36 Redaktionelle Schlussformel.** Jehus „Siege" **34** erscheinen durch das v. 32 f. berichtete in eigentümlichem Licht; auch Juda gegenüber scheint er Israels Oberhoheit keineswegs aufrecht erhalten zu haben. Der Ausdruck dürfte zur stehenden Phrase des Redaktors gehört haben. Nach LXX (vgl. I Reg 16 20) ist ursprünglich auch noch וְקִשְׁרוֹ אֲשֶׁר קָשָׁר *die Verschwörung, die er angezettelt* dagestanden. Die chronologische Notiz **36** steht sonst immer in der Einleitungsformel und dürfte auch bei Jehu ursprünglich dort gestanden sein. בְּשֹׁמְרוֹן ist, wie die Stellung zeigt, Glosse von einem, der die sonst vielfach in diesem Zusammenhang gegebene Notiz vermisste.

### XVII. Athalja von Juda Cap. 11 (vgl. II Chr 22 10—23 21).

STADE hat (ZATW 1885, 280 ff.) nachgewiesen, dass in dieser Erzählung über die Einsetzung Joas' zwei Berichte ineinander geschoben sind. Der eine betont die religiöse Seite der Sache nicht; er lässt durch den Priester Jojada im Verein mit der königlichen Leibwache Joas im Tempel als König ausrufen und salben, im Palast auf den königlichen Thron setzen und Athalja im Palast töten. Der andere Bericht erzählt, wie Jojada verbunden mit den Heeresobersten dem im Tempel versammelten Volk den König Joas vorstellt. Athalja, welche dazukommt, wird ergriffen, zur Burg hinausgeführt und getötet. Ein feierlicher Bund zwischen Jahwe und dem Volk und König wird geschlossen, in dessen Ausführung der Baalstempel zerstört wird. Der letztere Bericht ist fragmentarisch;

das Fragment ist, weil es zur Ergänzung des anderen Berichtes passend schien, in diesen einfach eingeschoben (v. 13-18). Nur wenige harmonistische Klammern, hier im Fragment der gelegentliche Einschub der Leibwache und ihrer Hauptleute (v. 14 und 15), dort in der vollständigen Erzählung die Erwähnung des Volkes (v. 19) suchen die auffallendsten Widersprüche auszugleichen.

Der grössere historische Wert dürfte auf Seiten des ersten Berichtes sein. Dass die Leibwache eine ausschlaggebende Stellung einnehme, ist aus inneren Gründen sicher; ohne die Leibwache wäre der ganze Thronwechsel kaum möglich gewesen. Dabei kann aber doch der zweite Bericht darin Recht haben, dass es religiöse Gründe, der Gegensatz gegen den Baalskult waren, die wie im Nordreich so hier beim Sturz der Ahabtochter eine Rolle spielten. Dass mit ihr auch der Baalskultus fiel und der Baalstempel zerstört wurde, ist durchaus glaubwürdig. Die Opposition ging hier nicht wie im Nordreich von den Propheten, sondern von den Priestern aus. Es hat alle Wahrscheinlichkeit für sich, dass dieser Bericht aus der Tempelgeschichte stammt (s. S. 139).

Die Chronik (II Chr 22 10 - 23 21) giebt denselben Bericht in ihrer Weise überarbeitet; an Stelle der Soldaten und des Volkes treten die Priester und Leviten als Beschützer des Königs, die ihm zum Thron verhelfen. Da wo es sich nicht um solche Überarbeitung handelt, kann derselbe als Paralleltext für unseren Bericht zu Hilfe genommen werden.

**1—3 Athalja usurpiert den Thron.** 1 Mit Ahasjas Tod hat Athalja die Rolle einer Königin-Mutter ausgespielt. Um sich bei der Herrschaft zu halten, ermordet sie alle Agnaten des Königshauses. Das ו in וַתָּקָם ist nach Mas., LXX und Chr zu streichen; es ist vom vorhergehenden Wort irrig wiederholt. 2 Nach dem hierin glaubwürdigen Bericht der Chronik war Joscheba die Frau des Priesters Jojada. הַמּוּמָתִים des Hebr. ist nach Mas. und Chr aus הַמּוּמָתִים verschrieben. Will man אֹתוֹ וְאֶת־מֵינִקְתּוֹ im Text halten, so muss man, wie Chr that, vor diese Worte וַתִּקַּח einschalten. Aber nach v. 4 und 12 wurde Joas im Tempel verborgen gehalten, auch ist in v. 3b und 4 immer nur von Joas allein, nie von der Amme die Rede; deshalb darf man vermuten, dass die Worte eine Glosse sind und בַּחֲדַר הַמִּטּוֹת mit הַמּוּמָתִים zu verbinden ist, als Angabe des Ortes, wo die Prinzen getötet wurden. Statt וַיַּסְתִּרוּ lies mit LXX und Chr יַסְתִּרוּ. Das ו in עֲתַלְיָה ist durch irrtümliche Wiederholung des nachfolgenden ו entstanden. 3 Chr liest אִתָּם und denkt dabei an Jojada und seine Frau. Im alten Tempelbezirk befanden sich also Wohnungen für Priester.

**4 20 Jojada setzt Joas auf den Thron.** 4 Die Erwähnung Jojadas geschieht so, dass man annehmen muss, er sei ursprünglich schon vorher einmal genannt worden. Das stimmt zu der Notiz der Chr s. zu v. 2. כָּרִי, nur hier und v. 19, dürfte Schreibfehler für כָּרֵתִי (s. 1 Reg 1 38) sein, wie auch II Sam 20 23 das Kĕrē korrigierte. Wenn nicht, so muss man annehmen, dass ganz ähnlich wie Krether auch Karer einen fremden Volksstamm bezeichnet, aus welchem viele Söldner in der Leibwache waren. בַּבַּיִת wird zu übersetzen sein: *er liess sie schwören beim Tempel*; eine nochmalige Erwähnung des Ortes, wo geschworen wurde, erscheint wenigstens sehr überflüssig. 5—8 Die Instruktion an die Centurionen, deren Text stark verdorben ist, lässt sich nach der Ausführung der Befehle 9 erklären. Demgemäss versammelten sich am Sabbath *alle* Truppen im Tempel, sowohl die בָּאִים als die יֹצְאִים. Dies ist auch sachlich das einzig entsprechende. Athalja soll im Palast gar keine

Truppen zur Verfügung haben. Demgemäss ist הַקֶּפָּה in v. 8 der Befehl an alle v. 5-7 genannten gleichmässig und v. 5-7 können keine andern Befehle enthalten. Das erste Drittel der Mannschaft nun wird 5 bezeichnet als בָּאִים הַשַּׁבָּת וְשֹׁמְרֵי מ׳ בּ׳ הַם d. h. als diejenigen, welche am Sabbath heimgehen (vom Tempel in ihr Wachlokal im Palast) und die Palastwache übernehmen. Dem entsprechend sind die beiden andern Drittel יֹצְאֵי הַשַּׁבָּת, die am Sabbath aufziehen aus dem Wachlokal zum Tempel und dort die Wache haben, also ist v. 7 wie v. 5 שֹׁמְרֵי (nicht שֹׁמְרוּ) zu lesen. Am Sabbath haben zwei Drittel die Wache im Tempel, sonst nur ein Drittel. Es ist also beim Wechsel der Wache am Sabbath die beste Gelegenheit, durch Zurückhalten des abziehenden Drittels die ganze Leibwache im Tempel zu vereinigen, ohne dass dies sogleich Aufsehen erregen musste. Diesen einfachen Zusammenhang zerreisst 6 vollständig, indem hier für das zweite und dritte Drittel, die erst v. 7 genannt werden, ein bestimmter Wachtort angegeben und ein v. 7 und 8 gerade entgegengesetzter Befehl, die Palastwache zu übernehmen, gegeben wird. Der Vers ist demnach als Glosse zu streichen. Die genannten Palastthore betreffend vgl. zu v. 16 und 19; סָחָה am Schluss ist völlig rätselhaft.

Auch wenn man mit KLOSTERMANN הַשְּׁלִשִׁי beidemale in מִשְׁמֶרֶת ändert, kann der Vers nur von einem, der שֹׁמְרוּ in v. 5 gelesen, herstammen. KLOSTERMANN muss deshalb auch diese Änderung vornehmen und ausserdem in v. 8 die Worte בָּאֵי הַשַּׁבָּת עִם streichen, so dass der Vers nur von den in v. 7 genannten zwei Dritteln redet. Der Sachverhalt wäre dann der: das auf die Wache aufziehende Drittel (בָּאִים) v. 5 soll wie gewöhnlich (כְּסַפָּם v. 6 wird in כְּפַסָּם korrigiert) die Schlosswache an den betreffenden Thoren übernehmen; die am Sabbath dienstfreien zwei Drittel (יֹצְאֵי) sollen die Tempelwache beim König übernehmen. Dagegen spricht einmal, dass in v. 9 nicht blos von einem Teil, sondern von allen Hauptleuten die Rede ist; sodann sachlich, dass es sehr wenig wahrscheinlich ist, dass am Sabbath der Tempel gar keine Wache gehabt und nur die dienstfreie Mannschaft freiwillig dort die Wache übernommen haben soll. — Den Sachverhalt hat zuerst WELLHAUSEN (bei BLEEK⁴ 256) aufgehellt.

Auch 10 wird durch seinen Inhalt — der Priester muss die im Dienst befindliche Leibwache des Königs bewaffnen — als späte Glosse ausgewiesen. Nach Chr ist jedenfalls הַחֲנִיתִים zu lesen. Dem Verfasser schwebt offenbar die Notiz I Reg 14 27 vor, die er dahin missversteht, dass die Waffen der Leibwache im Tempel aufbewahrt sind und nur bei besonderen Gelegenheiten verwandt werden. Zu allem hin wird v. 8 ausdrücklich befohlen, dass sie in voller Bewaffnung kommen sollen. Die Soldaten stellen sich nun in Reihen (שְׂדֵרוֹת v. 8) auf der Vorderseite (Ostseite) des Tempels auf, *von der Südecke bis zur Nordecke des Tempels*, und zwar so, dass die Reihen zum Altar und dann wieder zum Tempel liefen, d. h. dass sie den Platz vor dem Tempel mit dem Altar einschlossen. עַל־הַמֶּלֶךְ סָבִיב wird durch v. 12 als Glosse ausgewiesen, welche die pünktliche Erfüllung des Befehls v. 8 nachweisen will; sachlich ist sie richtig: beim Heraustreten aus dem Tempel 12 war der König von den Soldaten rings umgeben. הָעֵדוּת ist mit WELLHAUSEN nach II Sam 1 10 in הַצְּעָדוֹת *die Armspangen* zu korrigieren, welche mit dem Diadem den königlichen Ornat ausmachen. Hebr. (*das Zeugnis*) denkt offenbar an das Gesetzbuch, das dem König übergeben (aufs Haupt gelegt?) wurde.

Zwischen v. 11 und 12 hat LXX Luc. den Zusatz: καὶ ἐκκλησίασεν l. ... πάντα τὸν λαὸν τῆς γῆς εἰς οἶκον κυρίου. Es ist sehr wahrscheinlich, dass hier ein Überrest des zweiten Berichts (s. o.) vorliegt, in welchem das Volk, nicht die Leibwache, Joas zum König macht. Mit 13 setzt dieser zweite Bericht auch in Hebr. ein. Athalja hört den Lärm des Volkes. הָרָצִין ist ungeschickt in den Text gekommene Glosse, das zeigt Chr, welche es sich durch הָעָם הָרָצִים *das zusammenströmende Volk* zurechtgelegt hat. LXX Luc. andererseits hilft sich durch Einschiebung eines ו: καὶ τοῦ λαοῦ. Auch nachher (v. 13ᵇ) ist nur vom Volk die Rede. Die Erwähnung der Heerführer zeigt, dass es sich um das Aufgebot des Volkes handelt. Der König wird 14 dem Volk gezeigt an dem Platz (wohl einem erhöhten Standort), wo gewöhnlich der König im Tempel stand (vgl. I Reg 8 22 54). Wenn הָעַמּוּד *die Säule* bedeuten sollte, so wäre damit ein weiterer Beweis gegeben, dass die beiden Säulen Jachin und Boas vor dem Tempel nahe dem Altar standen. Neben dem König stehen die Heeresobersten (שָׂרִים, aus denen LXX שָׁרִים „Sänger" macht) und die Trompeter. 15 Statt פְּקֻדֵי ist mit LXX פְּקִדֵי *die Befehlshaber des Heeres* zu lesen. Daneben ist שָׂרֵי הַמֵּאוֹת harmonistische Klammer; denn beide Ausdrücke bezeichnen zwei verschiedene Funktionen, die nicht in einer Hand liegen können. LXX hilft sich auch hier wieder (wie v. 13) durch Einschiebung eines ו, während das Fehlen eines solchen auch durch Chr bezeugt ist. Ebenso ist אֶל־מִבֵּית לַשְּׂדֵרֹת sehr ungeschickter Zusatz; wer aus dem Tempel *hinaus* geführt wird (v. 15 fin.), kann nicht in die Spalier bildenden Reihen von Soldaten *hinein* geführt werden. 16 Das „Rossthor" des Palastes könnte identisch sein mit dem v. 6 genannten Thor שַׁעַר סוּס, wenn man dort סוּס für Hebr. סוּר lesen darf. Die Erwähnung des einen Thores hier und des andern in v. 19 mag überhaupt die Veranlassung gegeben haben, dass die beiden Thore als von der Leibwache besetzt in der Glosse v. 6 genannt wurden. 17 18ᵃ Hier wird deutlich, dass bei dem Thronwechsel auch religiöse Interessen mit im Spiel sind (s. S. 155f.). Bemerkenswert ist der Unterschied in der Konstruktion von כָּרַת בְּרִית hier und v. 1. Mit 18ᵇ setzt wieder der erste, unterbrochene Bericht ein, und der Satz schliesst an v. 12 an. Im Tempel wird eine Wache gelassen, die Hauptleute der Leibwache — וְאֵת־כָּל־עַם הָאָרֶץ ist harmonistischer Einschub — führen den König in den Palast und setzen ihn hier auf den Thron, womit erst die feierliche Einsetzung als König vollendet ist (vgl. I Reg 1 33ff.). Das „Trabantenthor" des Palastes entspricht offenbar dem v. 6 genannten *Thor hinter den Trabanten*. Das *Landvolk* — עַם־הָאָרֶץ steht hier im Gegensatz zu הָעִיר, während der Ausdruck in dem andern Bericht v. 14 von diesem Gegensatz ganz absieht und das wehrhafte Volk überhaupt bezeichnet — und die Stadt sind mit dem Regierungswechsel einverstanden; die überraschte Athalja wird *im Palast* (anders v. 16) getötet.

## XVIII. Joas von Juda Cap. 12 (vgl. II Chr 24).

Das einzige, was von Joas ausführlich berichtet wird, ist die von ihm unternommene Ausbesserung des Tempels. Zum Charakter eines Annalenbuchs passt die Erzählung in ihrer jetzigen Form durchaus nicht. Wenn wir uns nach der Quelle, aus welcher sie genommen sein könnte, umsehen, so fällt sogleich auf, dass auch eine Reihe anderer Detailnachrichten über den Tempel erhalten sind. So z. B. wird die fortschreitende Beraubung des Tempels in der wachsenden Geldnot der Könige pünktlich berichtet (12 9 16 17 f. 18 16). Eingehend wird die Herstellung eines neuen Altars unter Ahas (16 10 ff.) erzählt. Die Erzählung von Josias Reform des Kultus hängt sachlich mit unserer Geschichte aufs Engste zusammen; auch ihr Schauplatz ist hauptsächlich der Tempel (Cap. 22 u. 23). Beim Untergang des Reiches wird die Plünderung des Tempels abermals bis ins Einzelste beschrieben (25 13 ff.). Endlich spielt auch die Geschichte von Joas Einsetzung sich im Tempel ab (11 1 ff.). Ausser den aus der Jesajageschichte stammenden Erzählungen aus Hiskias Regierung haben wir sonst gar keine ausführlicheren Erzählungen aus judäischer Quelle.

Abgesehen von dem mehr äusserlichen Punkte, dass sie sich alle um den Tempel drehen, haben diese Geschichten namentlich im Unterschied von der Auffassung der späteren Zeit, auch des Redaktors unseres Königsbuchs, gemeinsam die der alten Wirklichkeit entsprechende Vorstellung vom Tempel als einem königlichen Eigentum und von den Priestern als gehorsamen Dienern des Königs. Trotzdem das Interesse an Tempel und Priestern im Vordergrund steht, berichtet die Quelle doch ganz objektiv und ohne Parteinahme für die Priester in voller Unabhängigkeit. Weder an Ahas' Befehl wegen des neuen Altars, noch an Urias Gehorsam, weder an Joas' Massregelung der Priester, noch an Jojadas Verschwörung nehmen diese Erzählungen irgend welchen Anstoss.

So spricht alles dafür, nichts dagegen, dass wir, wie für Israel die einzelnen Königsgeschichten, so hier für Juda neben den Annalen ein ausführlicheres Geschichtswerk als Quelle des Verfassers vor uns haben (so schon WELLHAUSEN bei BLEEK² 257f.). Nach den uns erhaltenen Proben wollte das Werk in erster Linie Geschichte des Tempels geben, hierin dem Redaktor des Königsbuchs vorbildlich. Es ist deshalb die Vermutung (WELLHAUSEN a. a. O., CORNILL u. a.) nicht unwahrscheinlich, dass der Bericht über Salomos Tempelbau, der in der Salomogeschichte enthalten ist, ursprünglich ebenfalls aus dieser Quelle stammte. Über die Frage der Zugehörigkeit von Cap. 22 und 23 zu dieser Schrift s. daselbst näheres. Die Zeit der Abfassung bildet kein absolutes Hindernis dafür; denn die Einführung des Deuteronomiums hat nicht mit einem Schlag sofort alle Anschauungen über die Vergangenheit so umgewandelt, wie wir es beim Redaktor des Königsbuchs finden.

**1—4 Einleitungsformel.** 1 2 Die Ordnung ist eine ungewöhnliche. LXX Luc. bietet die Verse in der sonst beim Redaktor stehenden Folge 2¹ 1 2b) 2ᵃ. Dies dürfte auch ursprünglich sein und die Umstellung in Hebr. nur davon herrühren, dass in einer Vorlage v. 1 vergessen und am Rande nachgetragen war und dann an falscher Stelle in den Text kam. Der Synchronismus: Joas' Regierungsantritt im 7. Jahr Jehus und 6 Jahre Regierung Athaljas entspricht nicht der gewöhnlichen Rechnung des Hebr. (s. zu 15 25); es sollte das 6. Jahr Jehus genannt sein. Was den Synchronisten diesmal an der Durchführung seiner Regel hinderte, war 11 4, wo dem gewöhnlichen Sprachgebrauch entsprechend in der Erzählung selbst das 7. Jahr genannt war. Vgl. auch zu 13 1. **3 4** Die Bemerkung, dass der Priester Jojada den König unterwiesen habe, mag der Redaktor aus der Tempelgeschichte geschöpft haben.

**5—17 Einrichtungen zur Ausbesserung des Tempels.** Chr giebt (II Chr 24 4-14) eine sehr bezeichnende Umbildung dieser Erzählung. 5 כֶּסֶף עֹבֵר vielfach nach Gen 23 16 als gangbares Geld = Geld in Barren- oder Ringform gedeutet, giebt keinen guten Sinn, da es sich nicht um die Art des Geldes, sondern um den Grund der Zahlung, unfreiwillige und freiwillige Gaben, bei der Aufzählung handelt. Nach LXX ἀργύριον συντιμήσεως ἀνδρός ist כֶּסֶף עֶרֶךְ

אִישׁ *Geld der Schätzung eines Mannes*, d. h. eine ihm durch Schätzung des Priesters für irgend etwas auferlegte Abgabe. Hierzu ist, wie auch LXX zeigt, der folgende Ausdruck כֶּסֶף נַפְשׁוֹת עֶרְכּוֹ eine Dublette. Dieselbe soll den ersten Ausdruck erklären mit einer nach Lev 27 2 ff. gearbeiteten Formel (LXX Luc. giebt die richtigere Wortstellung עֶרְכּוֹ נַפְ׳): *das Geld des von ihm abgeschätzten Wertes der Personen*. Dabei geht das Suffix auf den abschätzenden Priester und schon hierdurch wird die Phrase gegenüber der ersteren als von anderer Hand herrührend gekennzeichnet. Diesen Abgaben gegenübersteht, was einem Mann freiwillig zu geben in den Sinn kommt.  **6** Was מַכָּרוֹ bedeutet (vgl. auch v. 8), ist unklar. Die gewöhnliche Übersetzung *jeder soll es von seinen Bekannten nehmen*, befriedigt sehr wenig; dass die Leute sich gerade an den ihnen vertrauten Priester als religiösen Gewissensrat wenden, erscheint keineswegs „natürlich", wie KLOSTERMANN meint.  **7—9** Auf den Priesterstand und seine Stellung zum König wirft die Erzählung ein merkwürdiges Licht (s. oben S. 159).  **10** Dass die Geldlade mitten im Vorhof beim Altar aufgestellt wurde und die Schwellenhüter das empfangene Geld jedesmal dorthin tragen mussten, erscheint sachlich sehr unwahrscheinlich. Der Text ist verdorben, weder das Kětîb בְּיָמִין noch das Kěrê מָיָמִין entspricht der sonst üblichen Konstruktion. LXX Vat. hat die Worte gar nicht verstanden, Luc. παρὰ τὸ θυσιαστήριον ἐν δεξιᾷ εἰσπορευομένων erscheint als nachträgliche Korrektur. Nach verschiedenen LXX-Lesarten (Alex. αμμαζβη, andere αμμα-ζειθ u. a., s. HOLMES-PARSONS) erschliesst STADE (ZATW 1885, 296) אֵצֶל הַמַּצֵּבָה als ursprünglich. Eine (oder mehrere?) Massebe stand allerdings sicher im Tempel (15 4 23 4 ff.); aber damit ist sachlich schwerlich etwas gewonnen, denn die Masseben stehen in den semitischen Heiligtümern gewöhnlich neben dem Altar. Beachtenswert ist KLOSTERMANNs Konjektur אֵצֶל הַמְּזוּזָה הַיְמָנִית *neben den südlichen Thorpfosten*; Chr lässt ebenfalls die Lade *vor dem Thore* aufgestellt werden (II Chr 24 8).  **11** הַכֹּהֵן הַגָּדוֹל wird schon durch וַיַּעַל als Einschub ausgewiesen: der Priester wohnt im Tempel (11 3) und kann also nicht „heraufkommen". Im übrigen kennt die ganze Erzählung den Ausdruck sonst nicht. Jojada wird immer nur הַכֹּהֵן schlechtweg genannt.  In 12ᵃ ist zunächst auffällig das Perf. וְנָתְנוּ mitten drin unter lauter Imperf. Sodann bezeichnet עֹשֵׂי הַמְּלָאכָה die beauftragten Arbeiter am Tempel selbst הַמֻּפְקָדִים בֵּית י׳ (v. 15 16 22 5 9 und s. zu d. St.). Jetzt ist durch den Wortlaut des Textes aber der Schein entstanden, als ob damit die Aufseher und Meister der Tempelarbeiten gemeint seien, die das Geld dann an die Arbeiter weitergaben. Man muss entweder 12ᵃ als Glosse nach 22 5ᵇ ganz streichen, oder das וַיִּתְּנוּהוּ an Stelle des וְנָתְנוּ heraufsetzen: *sie geben das Geld den Arbeitern . . . nämlich den Zimmerleuten etc*. Das Missverständnis oder der Zufall, der aus הַמֻּפְקָדִים (Kěrê) הַפֻּקָדִים *die Aufseher* werden liess, veranlasste alles weitere notwendigerweise.  **13** Mit LXX Luc. und nach Chr lies לְחַזֵּק, der Mangel des Suffixes ist sehr auffallend.  **14** Zur Aufzählung der Geräte vgl. I Reg 7 50.  **16** Eine auffallende Thatsache, dass man nicht feilschte und rechnete bei diesem Bau! Den Handwerkern traute man also mehr Ehrlichkeit zu als den Priestern. Am „heiligen" Gelde, dachte man wohl, wird sich keiner vergreifen.

Das Missverständnis, als ob das Geld nicht direkt an die Arbeiter, sondern an Aufseher zur Verteilung an diese gegeben worden (s. zu v. 12), hat hier den Einschub לָתֵת לְעֹשֵׂי הַמְּלָאכָה veranlasst, wobei der Ausdruck aber andere Leute bezeichnet als v. 12. **17** Zu v. 8 wird eine Ausnahme nachgetragen: das Sünden- und Schuldgeld verbleibt den Priestern als ihr Einkommen. Leider erfahren wir nicht, wofür diese Bussen gezahlt wurden. Das Nächstliegende ist an kultische Verfehlungen, Unreinheiten u. dgl. zu denken, und an solche Fälle, für welche später Sünd- und Schuldopfer gefordert wurden. Denn ein Zusammenhang zwischen diesen Bussgeldern und jenen Opfern wird wohl irgendwie anzunehmen sein.

**18 19 Hasaels Kriegszug.**

Die kurze Notiz kann aus den Annalen stammen. Dann haben wir hier einen sicheren Beweis, dass die judäischen und die israelitischen Annalen zwei getrennte Bücher waren (vgl. Einleitung II). Sachlich steht Hasaels Zug jedenfalls im Zusammenhang mit seinen erfolgreichen Kämpfen gegen Jehu (10 32) oder noch wahrscheinlicher gegen Joahas (13 3). Es fällt aber auf, dass in ähnlicher Weise dreimal eine Beraubung des Tempels zum Zweck der Tributzahlung berichtet wird; ausser hier auch noch 16 17 18 und 18 16. In beiden Stellen ist die Notiz der „Tempelgeschichte" (s. oben S. 159) entnommen; ob dies auch hier der Fall ist? Der Zusammenhang mit dem Vorangehenden würde darauf hindeuten.

Über Gath s. zu I Reg 2 39. Joas zahlt freiwillig, ohne sich auf Kampf einzulassen, den Vasallentribut. Um ihn aufzubringen, muss er nicht bloss die Schatzkammern des Palastes und Tempels leeren, sondern auch die Weihgeschenke aus dem Tempel nehmen. Man beachte, wie der König über den Tempelschatz ganz als über sein Eigentum verfügt; es ist eine Art Staatsschatz zugleich.

**20–22 Schlussformel.** **21** Die Ursache der Ermordung Joas' wird nicht angegeben. Da sein Sohn unbehelligt den Thron besteigen kann, scheint es sich nur um Privatrache gehandelt zu haben. Möglicherweise liegt der Angabe der Chr (II 24 25 Blutrache für Sacharja) etwas richtiges zu Grunde. Über Millo s. zu I Reg 9 15. Es wird hier als „Haus" bezeichnet. Die nähere Ortsbestimmung für dieses Haus ist aber mit Sicherheit nicht zu erklären.

Von einem Hause zu sagen: *das nach Silla hinunter geht*, ist sinnlos. Eine Lokalität סִלָּא ist uns sonst nirgendsher bekannt. In LXX Vat. fehlt das Wort zwischen Millo und Silla ganz (ἐν οἴκῳ Μααλων τὸν Γααλα). Es ist aber unstatthaft, auf Grund der Lesart des Alex. Γααλαδ (der zudem καταβαίνοντα im Text hat) als ursprüngliche Vorlage der LXX zu erschliessen בֵּית מַאְלָא הַגִּלְעָד, eine ganz unbekannte Örtlichkeit Gileads (WINCKLER Gesch. Isr. 178). Eher verständlich ist LXX Luc. (ἐν οἴκῳ Μαλλων) τῷ ἐν τῇ καταβάσει (Αλλων) = מְסִלָּה *am Abstieg nach*... Man hat dann die Wahl, entweder Silla als zweiten Namen zu belassen und in dem Ausdruck eine uns freilich nichts helfende nähere Angabe der Lage des Millo zu sehen, oder mit KLOSTERMANN das Αλλων als verdorben aus Μαλλων zu erklären. Dann hätte man in dem zweiten Ausdruck eine Dublette zum ersten: *auf der Stiege nach dem Millo* (nicht im Millo selbst) wurde J. ermordet. Eine dritte Möglichkeit ist, mit THENIUS סִלָּא = מְסִלָּה *Strasse* zu fassen und entweder בָּם אֲשֶׁר oder בָּם יֵרֵד zu lesen: *Millo, welches an der Strasse liegt oder sich hinabzieht*. Aber sämtliche Konjekturen ruhen auf sehr unsicherem Boden. Wie man den Text ändern kann, so dass er schliesslich mit dem Bericht der Chronik sich vereinigen lässt, mag man bei KLOSTERMANN nachlesen.

### XIX. Joahas von Israel 13 1–9.

**1–2 Einleitungsformel.** Die synchronistische Angabe stimmt nicht zu 12 1. Dort sollte eigentlich das 6. Jahr Jehus genannt sein (s. zu d. St.). Dann wäre 28. Jahr Jehus (das zugleich das erste Joahas' ist) = 23. Jahr Joas'. Bei anderer Rechnung — Joas' Regierungsantritt im 7. Jahr Jehus, erstes volles Jahr Joas' also = 8. Jahr Jehus — muss man entweder mit LXX Luc. Jehu 2 Jahre später zur Regierung kommen lassen (s. zu 10 36), oder mit JOSEPHUS Joahas' Regierungsantritt ins 21. Jahr Joas' setzen. Zur Regierungsdauer von 17 Jahren vgl. zu v. 10.

**3–7 Die Bedrängnis durch die Syrer.** 3 Israel kommt vollständig in die Gewalt der Syrer, offenbar noch weit mehr als unter Jehu (10 32), weshalb Hasaels Zug nach Gath (12 18ff.) wohl eher in diese Zeit verlegt werden darf. Diese Bedrängnis dauert כָּל־הַיָּמִים, d. h. die ganze Regierungszeit Joahas' über. Also kann die Errettung Israels v. 4–6 nicht in diese Zeit gehören. Auch formell geben sich die Verse als Einschub: das כִּי v. 7 kann nicht an v. 6 anschliessen, sondern nur an v. 3. Subjekt des Satzes kann nur der König von Aram sein. Wie die Syrer im Lande gehaust, zeigt II Reg 8 12 und Am 1 3. Das Gesamtergebnis der Kämpfe ist völlige Unterwerfung unter Damaskus. Statt לָדֻשׁ *zerdreschen* las LXX Luc. לָדֻק *zermalmen*, was besser sein dürfte (KLOSTERMANN). Die Verse 3 und 7 aus einer andern Quelle als den Königsannalen abzuleiten, liegt kein Grund vor. Dagegen gehören 4 5 dem Redaktor an. Es ist ganz derselbe religiöse Pragmatismus, der auch die Redaktion des Richterbuchs durchzieht: die schwere Not weckt Israel zur Busse, der König „besänftigt" Jahwe, und dieser schickt einen Retter. WINCKLER (Gesch. Isr. 154) sieht darin eine Anspielung auf die Assyrer, welche in der Folgezeit wieder mit Glück gegen Damaskus vorgingen. Allein da 14 26f. jedenfalls zu unserer Stelle in Beziehung steht, muss der Ausdruck hier wie dort eine israelitische Persönlichkeit meinen. Es kann sich nur um Jerobeam II oder Joas handeln. Die grössere Wahrscheinlichkeit spricht für letzteren, von dem der Redaktor in seinen Quellen ebenfalls eine Notiz betreffend seine Siege gegen die Aramäer gefunden (v. 24f.), und der, wie die Prophetenlegende (v. 14 ff.) zeigt, überhaupt als „Retter" aus der aramäischen Not in der Erinnerung fortlebte und ein kriegstüchtiger Fürst war (14 8–14); vgl. auch zu v. 23. Das über „Besänftigung" Jahwes Gesagte wird in 6 eingeschränkt, einem Vers, der mit v. 5 in keinerlei Zusammenhang steht und nur auf das einzige הֵחֵל v. 4 sich bezieht. Vom Verfasser von v. 4 und 5 kann er deshalb nicht stammen, er gehört dem jüngeren Redaktor zu, der in diesem Kapitel auch sonst deutliche Spuren seiner Arbeit hinterlassen hat (s. zu v. 23). LXX Luc. hat gleich hier v. 23 angeschlossen, bezog also beides auf dieselbe Thatsache, wodurch die Richtigkeit der Deutung auf Joas bestätigt wird.

**8 9 Schlussformel.** Auch hier ist von „Grossthaten" des Königs die Rede; man sieht, dass der Ausdruck ohne Rücksicht darauf, ob er überall passt, geprägt worden ist.

## XX. Joas von Israel 13 10—25.

**10 11 Einleitungsformel.** Der Synchronismus stimmt nicht zu den Angaben über die Regierungsdauer. Wenn nach v. 1 Joahas im 23. Jahre Joas' von Juda zur Regierung kam und 17 Jahre regierte, so kann Joas von Israel erst im 39. Jahr des Joas von Juda König geworden sein. Dasselbe wird in 14 1 vorausgesetzt. In ויעשׂה 11 ist das ה durch Dittographie entstanden und zu streichen.

**12 13 Schlussformel.** Dieselbe kehrt mit leichter Änderung in 14 15 16 wieder. Sie hat dort die richtigere Form, ist aber beidemale am falschen Ort. Hier ist sie verfrüht, da die folgenden Geschichten v. 14—25 als unter der Regierung des Joas geschehen erzählt werden. Dort (in 14 15 16) kommt die Notiz zu spät, weil die Regierung Amazjas schon vorher erzählt ist. Der richtige Platz wäre hinter 13 25; hier stehen die Angaben auch in LXX Luc. Ursprünglich dürfte jedoch hinter 13 25 der Bericht über den israelitisch-jüdischen Krieg 14 8–14 gestanden und darauf die Schlussformel gefolgt sein. In Verbindung mit der Kriegsgeschichte kam sie dann herunter in die Geschichte Amazias, eine Verschiebung, die sich durch den Anfang (v. 8) erklärt. Dieselbe machte dann auch die in solcher Weise sich sonst nirgends findende chronologische Angabe 14 17 nötig, ein Flickvers, der eine einigermassen brauchbare Verbindung zwischen v. 16 und 18 herstellen soll. Dass auch LXX Luc. diesen Vers und vorausgehend die Hälfte der Schlussformel von Joas von Israel hat, spricht für die Richtigkeit der Annahme dieser Umstellung (vgl. auch STADE ZATW 1885, 297). In 13 12 f. ist die Schlussformel erst von noch späterer Hand eingetragen, weil sie in der Joasgeschichte überhaupt zu fehlen schien. Auch der Ausdruck ישׁב על־כסאו ist ein von der üblichen Formel ganz abweichender.

**14—21 Die beiden Elisalegenden** s. oben S. 146 f.

**22—25 Die Aramäerkämpfe.** 22 Über die politische Situation vgl. das zu v. 3 Bemerkte. LXX Luc. hat hier den Zusatz: *und Hasael hatte die Philister seiner Hand entrissen vom westlichen Meer an bis nach Aphek.* Der Verfasser dieses Satzes verlegte offenbar den 12 18 erzählten Kriegszug in die Zeit Joahas' (s. das.). An v. 22 schliesst sich 24 unmittelbar an. Während nach v. 3 Benhadad schon zur Zeit Joahas' regierte, kam er nach unserer Stelle erst unter Joas auf den Thron. Die hebräische Überlieferung ist sich über ihn also nicht ganz klar. Die assyrischen Inschriften nennen aus jener Zeit Mari als König von Damaskus (WINCKLER Keilinschriftl. Textbuch 11; SCHRADER Keilinschr. Biblioth. I 193). Aller Wahrscheinlichkeit nach ist dieser mit Benhadad unserer Stelle identisch (WINCKLER Alttest. Unters. 66 f.; s. Anhang). Der Tod des Königs war, wie allemal, das Signal zum Abfall 25. LXX Luc. hat als Dublette zu v. 24 noch die genauere Zeitbestimmung: καὶ ἐγένετο μετὰ τοῦ ἀποθανεῖν τοῦ Ἀζαήλ. Ramman-nirari III. erfolgreicher Zug gegen Mari hat den Israeliten Luft gemacht. Aber die dreimalige Besiegung der Aramäer v. 25b kommt auf Rechnung dessen, der den Text mit der Prophetenlegende (vgl. v. 12 f.) übereinstimmend machen wollte. Nach LXX Luc. fanden alle drei Siege bei Aphek statt, vgl. zu v. 22. Man bemerke, dass in v. 25ᵃ nur von den dem Joas abgenommenen Städten die Rede ist, also von westjordanischen. Das ostjordanische Gebiet war schon seit Jehu aramäisch (s. 10 32f.) und blieb es jetzt auch noch; v. 25ᵇ und noch deutlicher LXX Luc. mit dem Zusatz καὶ ὅσα ἔλαβεν sagen also zuviel. Nach dem Geschmack des Redaktors muss dieser Erfolg religiös motiviert werden in dem Einschub 23. Dass hier der jüngere Redaktor redet, ergiebt der Vergleich mit v. 4: dort ist die Busse und Besserung des Königs (und Volks), hier Jahwes Bund mit den Erzvätern das Motiv zur Rettung Israels.

### XXI. Amazja von Juda 14 1—22 (vgl. II Chr 25).

**1—4 Einleitungsformel.** Zum Synchronismus vgl. das zu 13 10 Bemerkte, zur Regierungsdauer vgl. 15 1.

**5 6 Bestrafung der Mörder Joas'.** Vgl. 12 21 f. 5 mag den Königsannalen entnommen sein, wenigstens inhaltlich. 6, welcher Dtn 24 16 zitiert, erweist sich schon dadurch als Machwerk des Redaktors, welcher die Gelegenheit benutzt, diesen Rechtsgrundsatz einzuschärfen. Ob er eine Notiz über die Nichthinrichtung der Söhne der Mörder vorgefunden, oder das nur aus dem Schweigen seiner Quelle erschlossen hat, ist nicht zu sagen.

**7 Krieg mit Edom.** Das grammatikalisch unzulässige Perfekt תפשׂ ist entweder aus תפשׂ הוא (parallel zu הוא הכה, KLOSTERMANN) oder durch irrtümliche Umstellung aus ת׳ ואת־הסלע entstanden. Das *Salzthal* ist die bei hohem Wasserstand z. T. noch vom Toten Meer überflutete Niederung im Süden des Toten Meeres. Sela, die edomitische Hauptstadt, ist das spätere Petra (BAEDEKER Paläst.⁴ 202 ff.). Wie lange die Stadt ihren neuen Namen nach Ansicht des Erzählers — natürlich nur bei den Judäern — trug, wissen wir leider nicht. Der Erfolg war in Wirklichkeit kein dauernder. Gerade in dieser Zeit nennt der Assyrerkönig Rammân-nirari Edom als selbständigen tributzahlenden Staat, während Juda als von Israel abhängig nicht genannt wird (WINCKLER Gesch. Isr. 147 198). Vgl. auch zu v. 22.

**8—14 Krieg mit Israel.** Das ausführlichere Erzählungsstück stammt nicht aus den Annalen. Der geringschätzige Ton, mit welchem von Juda und seinem König geredet wird, beweist, dass es israelitischen Ursprungs ist. Die Bemerkung v. 11, dass Bêt Schemesch in Juda liege, bestätigt dies. Ein Zusammenhang mit den bisher gefundenen ephraimitischen Erzählungsstücken ist nicht nachweisbar, auch nicht wahrscheinlich. Es scheint aber, dass man in Israel von dem thatkräftigen König Joas manches zu erzählen wusste. Dass das Stück ursprünglich wohl unter der Regierung Joas' eingereiht war, ist oben S. 163 bemerkt.

**8** Woran לך ursprünglich anknüpfte, wissen wir nicht. נתראה פ (wohl verkürzt aus פנים אל־פנים) *wir wollen uns von Angesicht zu Angesicht beschauen* soll wie v. 10 den Übermut Amazjas zeigen, der keinerlei sachlichen Gründe zum Krieg hatte. Es wird sich natürlich um Aufkündigung des Vasallenverhältnisses gehandelt haben. **9** Ein Gleichnis, wie das vorliegende, darf man nicht im Einzelnen ausdeuten und aus dem Verlangen der Distel auf Forderung eines Bündnisses und ähnl. von seiten Amazias schliessen. **11** Zu Bêt Schemesch s. 1 Reg 4 9. **13** ויבא ist nach LXX (ἤγαγεν) und Chr in

וַיְבִיאֶהָ *er brachte ihn* zu ändern. Die Niederreissung der Mauer auf der Nordseite bedeutet, dass das von Israel unabhängige Jerusalem keine Festung mehr sein darf, sondern nur eine offene Stadt. Das *Ephraimthor* liegt, wie der Name sagt, an der nach Norden führenden Hauptstrasse; das *Eckthor* ist westlich davon, also an der Nordwestecke der Mauer zu suchen. Für בְּשַׁעַר lies mit LXX מִשַּׁעַר *vom Ephraimthor an*. **14** Das grammatikalisch unzulässige Perfekt וְלָקַח steht in Chr nicht, beziehungsweise stand dort, wie LXX zeigt, am Schluss von v. 14ᵃ am richtigen Platz. Es scheint ausgefallen und später dann wieder ergänzt worden zu sein.

**15—22 Schlussformeln.** Wie die Schlussformel für Joas **15 16** hieher kam, ist oben gezeigt worden (zu 13 12), ebenso wie dadurch die ganz ungewöhnliche synchronistische Angabe **17** veranlasst wurde; die Zahl ist nach 14 2 berechnet; vgl. zu 15 1. **18 19** Lachisch entspricht den neuerdings ausgegrabenen Ruinen von *Tell el-Hasi* 4 St. östlich von Gaza (BAEDEKER Paläst.⁴ 139). Den Grund des Aufstandes erfahren wir nicht. Die Bemerkung **21** soll zeigen, dass kein anderer Thronprätendent hinter der Sache steckt. **22** Sachlich gehört die Notiz mit v. 7 zusammen, vgl. auch sprachlich die sonst nicht häufige Einreihung der Notiz mit הוּא (s. zu v. 7). Über Elath s. oben zu I Reg 9 26. Zusammen mit v. 7 ergiebt die Nachricht, dass Juda sich die Handelsstrasse zum roten Meer und den Hafen dort wieder gewonnen hatte. Mehr aber schwerlich, denn Amos (1 12. vgl. 9 12) hofft erst auf gründliche Besiegung der Edomiter; die Städte Teman und Bosra sind noch unberührt. Juda besass also nur einen schmalen Landstreifen bis zum Meer. Vgl. auch zu v. 7. Es ist möglich, dass die Notiz ursprünglich in der Quelle hinter v. 7 stand, sich auf Amazja bezog und nur durch Zufall oder Irrtum hieher versprengt wurde. Möglicherweise auch war sie von Anfang an mit v. 21 verbunden, der eine vom Schema ganz abweichende Form hat und den Annalen entnommen sein könnte. Nur so lässt sich die auffallende Einreihung hier — wenn sie wirklich vom Redaktor herrührt — erklären. 21ᵇ kann, wenn ursprünglich, nur den Sinn haben, dass dies sofort nach Amazjas Tod geschah. Wahrscheinlicher dürfte es Glosse sein, die das bei der aussergewöhnlichen Stellung der Nachricht im Text leicht mögliche Missverständnis verhindern soll: „dieser *hatte* Elath gebaut" (nämlich als Prinz, ehe er zur Regierung kam).

### XXII. Jerobeam II. von Israel (14 23—29).

**23 24 Einleitungsformel.** Die synchronistische Angabe stimmt zu v. 17, aber nicht zu 15 1; die Regierungsdauer steht nicht im Einklang mit 15 8 s. das.

**25—27 Wiederherstellung des Reiches.** Die kurze Zusammenfassung der Grossthaten dieses grössten israelitischen Königs ist ein Werk des Redaktors. Die Annalen enthielten natürlich viel mehr. Eine Biographie, wie bei Ahab z. B., scheint dem Redaktor jedoch nicht vorgelegen zu haben. Zur Grenzbestimmung **25** vgl. I Reg 8 65. Die Südgrenze für das Nordreich ist יָם הָעֲרָבָה *das Meer der Steppe* = Totes Meer. Jerobeams Erfolge waren möglich, weil Salmanassars III. und Assurdans III. Siege über Damaskus dieses völlig lahm legten (MEYER Gesch. d. Altert. I 416; WINCKLER Gesch. Israels 167; s. Anhang). Auch dieses wenige hätte uns der Redaktor nicht erzählt, wenn ihm nicht eine darauf bezügliche Weissagung eines Propheten Jona ben Amittai bekannt gewesen wäre, die er freilich nicht anführt. An diesen Prophetennamen ist die im Buche Jona erzählte Prophetenlegende angeknüpft. Gath Hepher lag nach Jos 19 13 an der Ostgrenze Sebulons, nach EUSEBIUS 2 Millien östlich von Sephoris; es dürfte demnach dem heutigen Dorf *el-Meschhed* 1 St. nördlich von Nazareth entsprechen, wo auch ein angebliches Jonagrab gezeigt wird. Dass **26 27** mit **13 4 5** zusammengehören, ist dort erwähnt worden. Wir haben hier eine Deutung der dortigen Ankündigung des „Retters" auf Jerobeam. Demnach stammen die Verse vom jüngeren Redaktor wie 13 23, wo die theologische Begründung des Kriegsglücks dieselbe ist. Zu עָזוּב וְעָצוּר vgl. I Reg 14 10. מרה hat LXX mit πικράν wiedergegeben, also מָרָה beziehungsweise da עָנִי Masculin ist סָר הוּא gelesen. Luc. hat, wie oft, eine Variante als Dublette in den Text aufgenommen: δι' ὅτι ἐλεπτύνθη.

**28 29 Schlussformel.** Der Ausdruck וַאֲשֶׁר הֵשִׁיב אֶת־דַּמֶּשֶׂק וְאֶת־חֲמָת לִיהוּדָה בְיִשְׂרָאֵל ist sinnlos und der Text völlig verderbt, auch LXX giebt keine Anleitung zur Verbesserung. Die Deutung *wie er den* „einstigen] *jüdischen Anteil an H. und D. an Israel zurückbrachte* (KAMPHAUSEN bei KAUTZSCH) stösst sich sachlich an v. 25, wo ausdrücklich von Zurückgewinnung des israelitischen Gebiets die Rede ist. Auch ist ein jüdischer Besitz im Gebiet von Hamath sehr fraglich (WINCKLER Altorient. Forschungen I 1 ff.). Von einem „Zurückerobern" von Hamath und Damaskus kann ohnedies nicht die Rede sein. WINCKLER schlägt deshalb vor, הֵשִׁיב im Sinne von „Zurückschlagen" zu fassen (Jes 36 9) und vermutet den Ausfall einiger Worte hinter חֲמָת, welche das Verhältnis zu Juda bezeichneten (Gesch. Isr. 147 f.). Aber alles ist unsicher. In **29** ist nach LXX Luc. und nach Analogie der sonstigen Schlussformeln einzusetzen וַיִּקָּבֵר בְּשֹׁמְרוֹן *er wurde in Samarien begraben.*

### XXIII. Asarja von Juda 15 1–6 (vgl. II Chr 26).

**1—4 Einleitungsformel.** Die synchronistische Angabe stimmt nicht zu 14 17 23, vgl. mit 14 1. Darnach müsste es *im 15. Jahr Jerobeams* heissen: s. Einleitung VI. Das Königsbuch gebraucht überall den Namen *Asarja* עֲזַרְיָה (v. 13 30 32 34 ist derselbe ebenfalls nach LXX einzusetzen). Die vermeintliche Erwähnung dieses Namens auf den Inschriften Tiglat-Pilesers III im Jahre 738 beruht nach WINCKLER (Altorient. Forschungen I 1 ff.) auf einer falschen Identifizierung. Man kann diesen Grund also nicht dafür anführen, dass Asarja der officielle Name des Königs war. Überall sonst (Jes Am Hos Chr. ausgen. I Chr 3 12 im Register der Könige Judas) wird er *Usia* עֻזִּיָּה genannt. Die Annahme, dass er bei der Thronbesteigung den Namen geändert, ist nur ein Notbehelf; es ist uns sonst nichts von einer solchen Sitte bekannt. Eine andere Vermutung (STADE Gesch. Isr. I 569 Anm. 1) geht dahin, dass *Usa* עֻזָּא (vgl. zu II Reg 21 18) eine Abkürzung von Asarja war, welche später mit dem Namen Ussia עֻזִּיָּה verwechselt und durch diesen ersetzt wurde.

**5 Der Aussatz des Königs.** Was sachlich mit בֵּית הַחָפְשִׁית gesagt werden soll, ist sicher: der Aussätzige lebt von der Berührung mit dem Volk abgesondert. Dieser Sachverhalt tritt deutlich zu Tage in den Übersetzungen der Pesch., Arab., Symm. und bei Theodoret. Deshalb übernimmt sein Sohn die Regierungsgeschäfte. שׁפט ist nicht bloss „richten", sondern Ausdruck für die Regierungsthätigkeit überhaupt. Was aber der Wortlaut eigentlich bedeutet, ist ganz dunkel. Der jetzige Text fasst חָפְשִׁית als Bezeichnung des Hauses. Dies mit Thenius als „Krankenhaus" zu erklären, ist sprachlich und sachlich unmöglich (s. Stade in ZATW 1886, 156 ff.). Die LXX giebt das hebräische Wort ἀφφουσώθ u. ähnl. (vgl. Field z. d. St.). Aquila übersetzt ἐν οἴκῳ τῆς ἐλευθερίας, Hieron. ebenso in domo libera. Das alles hilft zur Verbesserung des Textes nichts. Am einfachsten wäre die Konjektur von Klostermann בְּבֵיתֹה חָפְשִׁי *er wohnte in seinem Hause frei* (= unbehelligt von jedermann), wenn es sicher wäre, dass ה diese Bedeutung haben kann.

**6 7 Schlussformel.** Chr weiss offenbar auf Grund guter Quellen manches von den siegreichen kriegerischen Unternehmungen Asarjas und sonstige weise Regierungsmassnahmen zu erzählen, wovon unser Redaktor leider ganz schweigt. Am 1 1 wird ein unter seiner Regierung stattgefundenes Erdbeben erwähnt.

### XXIV. Sacharja von Israel 15 8—12.

**8 9 Einleitungsformel.** Die synchronistische Angabe stimmt nicht zu 14 17 u. 23; es muss 27. Jahr Asarjas heissen oder muss Jerobeam eine Regierungsdauer von 52 Jahren gegeben werden. Denn dass Asarja 11 Jahre vor dem Tod seines Vaters von Jerobeam als König eingesetzt worden, ist reine Phantasie Klostermanns.

**10—12 Schlussformel.** 10 Die Notiz über die Empörung Sallums stammt aus den Annalen. קָבְלעָם, das keinen Sinn giebt, ist nach LXX Luc. verdorben aus בְּיִבְלְעָם *in Jibleam* vgl. zu 9 27. Der richtige Platz von 12 ist unmittelbar hinter v. 10. Die jetzige Stellung spricht dafür, dass der Vers (etwa von der Hand des jüngeren Redaktors) nachgetragen ist. Zur Sache s. 10 30.

### XXV. Sallum von Israel 15 13—16.

**13 Einleitungsformel.** Statt עֻוִּיָה ist nach LXX zu korrigieren עֲזַרְיָה. Warum die gewöhnliche Anordnung des Satzes hier nicht beibehalten ist, lässt sich nicht sicher sagen. Möglicherweise stand in den Annalen im Zusammenhang mit der Notiz v. 14 und 16 eine Bemerkung, dass Sallum einen Monat regierte.

**14—16 Schlussformel.** v. 14 u. 16 gehören zusammen und sind (vgl. אֵת v. 16) aus den Annalen genommen. Ein Tiphsach in Palästina giebt es nicht. Die Lesart von LXX Vat., Thirza, ist unbrauchbar, weil man dann annehmen müsste, dass zeitlich v. 16 vor v. 14 gehört. Aber Thirza war nicht in Feindeshänden, dass es hätte erobert werden müssen und auch nicht im Aufstand gegen den König Sallum, sonst hätte Menahem keinen Grund zu dieser Handlungsweise gehabt. Es kann sich vielmehr nur darum handeln, dass die genannte Stadt Menahem nicht als König anerkennen wollte. Dass ihr Name (nach LXX Luc. Ταφως) תפסח zu lesen ist, hat schon THENIUS erkannt. Der Ort lag nach Jos 16₈ (vgl. 17₇) an der Grenze von Ephraim und Manasse; die genauere Lage ist nicht sicher. Statt des sinnlosen אֵת־כָּל וַיַּךְ ist nach LXX Vat. zu lesen וְאֶת־כָּל־הָרוֹתֶיהָ אֹתָהּ וַיַּךְ לוֹ פָתְחוּ לֹא כִּי *weil man ihm nicht die Thore geöffnet hatte; und er schlug sie und alle ihre Schwangeren liess er aufschlitzen*. Wenn von v. 13 inhaltlich etwas aus den Annalen entnommen ist, erklärt es sich am leichtesten, dass 15 abweichend von der sonstigen Regel hinter statt vor v. 14 steht.

### XXVI. Menahem von Israel 15 17—22.

**17 18 Einleitungsformel.**   Zum Synchronismus vgl. v. 8.   Mit LXX lies סֵכָל statt מֵעַל in v. 18.

**19 20 Einfall der Assyrer.**   Der Schluss von v. 18 כָּל־יָמָיו gehört nicht zur Einleitungsformel, sondern ist nach LXX zu v. 19 zu ziehen und in בְּיָמָיו zu ändern.   Phul wird zwar in dem Königsbuch offenbar von Tiglat-Pileser unterschieden (s. v. 29). Allein nach der babylonischen „Königsliste" verglichen mit der „babylonischen Chronik" kann die Identität beider keinem Zweifel unterliegen, denn jene giebt den Namen Pulu, wo diese den Namen Tiglat-Pileser bietet (TIELE, babyl.-assyr. Gesch. 110 f. 226; HOMMEL, Gesch. Babyl. 648 ff.; s. Anhang). Tiglat-Pileser nennt auch für das Jahr 738 den Menahem unter denen, die ihm Tribut zahlen (vgl. ROST, Annalen 150; WINCKLER, Textbuch 17; SCHRADER, KAT² 222 f.). Von assyr. Hilfstruppen, die auf Wunsch Menahems im Land blieben, wie KLOSTERMANN meint, ist im Text nirgends die Rede. Dagegen dürfte er im Rechte sein mit seiner Konjektur אֶת־כָּל־יִשׂ וַיְצַו *er befahl ganz Israel, das Geld zu geben*, statt וַיֹּצֵא, das keinen rechten Sinn giebt und von welchem לָתֵת nicht abhängig sein kann.   אַנְשֵׁי חַיִל wird man hier nicht gut anders deuten können als „vermögliche Leute".

**21 22 Schlussformel.**

### XXVII. Pekachjah von Israel 15 23—26.

**23 24 Einleitungsformel.**   Die Regierungsdauer wird in LXX Luc. auf 10 Jahre (statt Hebr. 2 Jahre) angegeben. Während die synchronistischen Angaben v. 27 und 32 auch bei LXX Luc. damit nicht in Einklang gebracht sind, setzt die Zeitangabe 17₁ auch im Hebr. eine 10jährige Regierung Pekachjahs voraus; s. das.

**25 26 Schlussformel.**   Der Inhalt von v. 25 stammt natürlich aus den Annalen. Zu אַרְמוֹן vgl. I Reg 16 ₁₈.   וְאֶת־הָאַרְיֵה אֶת־אַרְגּוֹב giebt keinen Sinn: Argob ist sonst Name einer Landschaft in Basan, daher HIERON. zwei Orte (juxta Argob et juxta Aria) hier versteht: הָאַרְיֵה aber heisst „der Löwe". LXX Luc. hat: καὶ μετ' αὐτοῦ (עִמּוֹ) Αργοβ καὶ μετ' αὐτοῦ Αρια, versteht darunter also zwei Namen von Helfershelfern. Zu besserem und sichererem kommt man auch mit Konjekturen nicht. STADE (ZATW 1886, 160) schlägt vor אֶת־אָרְגּוֹב וְאֶת־חַיַּת יָעַר zu lesen und die Worte als von v. 29 hieher versprengt anzusehen.   סְבֵי גִלְעָד ist aus zwei Lesarten vermischt (הַגִּלְעָד) סְבֵי und (so LXX) הַגִּלְעָדִים.

## XXVIII. Pekach von Israel 15 27—31.

**27 28 Einleitungsformel.** Das 52. Jahr Asarjas ist nach der Lesart des Hebr. in v. 23 (s. das.) berechnet; aber nach der im Hebr. üblichen Rechnungsweise (s. zu I Reg 15 25) sollte das 51. Jahr genannt sein. Diese Rechnung ist ganz richtig vorausgesetzt in v. 32, wo das 1. Jahr Jothams (= 52. Jahr Asarjas) dem 2. Jahr Pekachs gleichgesetzt wird.

**29 Einfall der Assyrer.** Zu Ijjon und Abel vgl. I Reg 15 20. Janoah יָנוֹחַ kann nicht der Jos 16 6 genannte Ort gleichen Namens sein; wenn die Lesart richtig ist, müssen wir im nördlichsten Palästina in der Gegend der anderen angeführten Orte einen zweiten Platz dieses Namens annehmen. Kedes קֶדֶשׁ ist das heutige Kades auf der Höhe westlich vom Hule-See, mit Sarkophagen und Bauwerken aus der späteren jüdischen Zeit. Sonst wird es auch mit dem Zusatz „in Galiläa" oder „in Naphthali" bezeichnet (Jos 20 7 21 32 I Chr 6 61) vgl. BAEDEKER, Paläst.⁴ 289. ROBINSON III 622. Zu Hazor vgl. I Reg 9 15. Die Städte des Galil (s. I Reg 9 11) liegen alle im Gebiet Naphthalis und werden mit dem Ausdruck כָּל־אֶרֶץ נ zusammengefasst. Gilead ist also in dieser Aufzählung unmöglich. Wenn der Name nicht aus einem anderen Städtenamen verdorben ist, so kann er nur als Glosse hereingekommen sein. Tiglat-Pileser III (vgl. v. 19) regierte von 745—727. Nach seinen Inschriften fällt der Zug gegen Pekach ins Jahr 734 oder 733. Er berichtet, dass er Hosea als König über Samarien eingesetzt habe (vgl. TIELE, Babyl.-assyr. Gesch. 225 232ff.; WINCKLER, Gesch. Babyl. und Assyr. 230; ders. Keilschr. Textbuch 23). Damit geht die Notiz 30 gut zusammen: die assyrische Partei rettete Samarien dadurch, dass sie Pekach ermordete und dem Grosskönig den ihm ergebenen Hosea als Nachfolger präsentierte. Vgl. weiterhin auch zu 16 5ff.; es ist bemerkenswert, wie auch hier wieder auf die sachlich aufs engste damit zusammengehörige Erzählung in 16 5ff. keinerlei Hinweis sich findet. Die Wirkung wird ruhig vorher, die Ursache nachher erzählt, ohne dass der Zusammenhang aufgeklärt würde (s. auch zu 12 18).

**30 31 Schlussformel.** Zu v. 30 s. oben. Der Synchronismus ist falsch. Nach 17 1 kam Hosea im 12. Jahr des Ahas auf den Thron, nach v. 33 regierte Jotham nur 16 Jahre. Überhaupt ist die Notiz hier an ganz ungewöhnlicher Stelle. Schon aus diesem Grund ist v. 30ᵇ als durch eine (verdorbene) Glosse in den Text gekommen auszuscheiden.

## XXIX. Jotham von Juda 15 32—38.

**32—35 Einleitungsformel.** Zum Synchronismus vgl. das bei v. 27 Bemerkte. 35ᵇ Die einzige Nachricht, die der Redaktor über Jotham giebt (aus dem Annalenbuch), ist die, dass er das „obere Thor" am Tempel baute. Es kann sich hier, wie der Name zeigt, nur um ein Thor des „inneren" oder „oberen" Vorhofs handeln (s. zu I Reg 6 36). Das nach Süden in den Palast führende Thor hiess zu Jeremias Zeiten „das neue" (Jer 26 10). Das „obere Thor" unserer Stelle wird man daher mit dem „oberen Thor Benjamin" Jeremias (20 2) gleichsetzen dürfen, das seinem Namen nach im Norden gelegen haben muss, wie auch Hes 9 2 bestätigt. Dass ein Thor im Norden schon früher bestand, wie meist angenommen wird, ist nirgends gesagt und auch nicht selbstverständlich. 12 10 setzt im Gegenteil nur *einen* vom Volk benutzten Eingang voraus.

**36—38 Schlussformel.** Chr weiss noch vieles von Jotham zu erzählen. Die Notiz 37, die in dieser allgemeinen Fassung nicht aus den Annalen stammen kann, gehört sachlich mit 16 5 zusammen und berichtet vom Anfang des dort erzählten Kriegs unter Jotham, jedenfalls kurz vor seinem Tode. Dass der Redaktor seine stereotype Formel mit einer derartigen Zwischenbemerkung sollte unterbrochen haben, ist nicht wahrscheinlich; er hat die Notiz wohl vor v. 36 gesetzt, von dort ist sie versehentlich an diesen Platz geraten. 38 אֹתוֹ ist wie I Reg 15 24 zu streichen (s. das.).

## XXX. Ahas von Juda 16 1—20 (vgl. II Chr 28).

**1—4 Einleitungsformel.** 1 Zum Synchronismus vgl. 15 32. Jotham kommt im 2. Jahr Pekachs zur Regierung und regiert 16 Jahre, demgemäss fällt nach gewöhnlicher Rechnung des Hebr. Ahas' Regierungsantritt ins 17. Jahr Pekachs. Beim Tode Ahas 16 Jahre später ist nach 18 2 sein Sohn Hiskia 25 Jahre alt; wenn dies und die Altersangabe 2 richtig, musste Ahas den Hiskia in seinem 10. Lebensjahr gezeugt haben! 4 sollte logischer Weise vor v. 3b stehen, welch' letzterer Satz (mit וְגַם eingeleitet) den über die gewöhnlichen Sünden der Könige Israels hinausgehenden Frevel bringt und naturgemäss an den Schluss gehört. Aber direkt hinter v. 3a passt der Vers auch nicht: die Sünden der israelitischen Könige bestehen nicht im Höhen- und Baumkultus, sondern im Dienst der goldenen „Kälber" Jerobeams. v. 4 wird wohl späterer Zusatz sein. Die Ausdrücke sind überdies nicht die des Redaktors (vgl. z. B. 15 4 35), sondern die jeremianischen (vgl. Jer 2 20 3 6). 3b Das Opfer seines Sohnes brachte Ahas natürlich Jahwe dar, nicht einem andern Gotte; vgl. auch 17 17 21 6 23 10 Jer 7 31 19 5 32 35. Die altsemitische Sitte des Kinderopfers, die noch immer von den Nachbarvölkern geübt wurde (vgl. II Reg 3 27), lebte bei den Israeliten in diesen Zeiten grosser Not und der Verzweiflung an der Wirksamkeit des gewöhnlichen Kultus (Mch 6 7) wieder auf (vgl. Marti, Gesch. d. isr. Rel.³ 38 f.).

**5—18 Veränderungen im Tempel.** Dem Erzähler ist in sehr auffallender Weise von all' den grossen Ereignissen, dem syrisch-ephraimitischen Krieg und dem daran anschliessenden Zug Tiglat-Pilesers gegen Damaskus und Israel nichts so wichtig, als eine kleine Episode, die daran anschliesst: wie nämlich Ahas bei dem Huldigungsbesuch in Damaskus dort einen Altar erblickt, der ihm gefällt, denselben zu Hause nachmachen lässt und feierlich einweiht. Alles andere wird nur als eine Art Einleitung zu dieser Geschichte erzählt und man hat den Eindruck, dass der Redaktor die politischen Ereignisse womöglich ganz verschwiegen hätte, wenn nicht diese Tempelgeschichte damit verknüpft wäre. So ist besonders auffallend, wie er von dem Zug Tiglat-Pilesers gegen Israel gar nichts sagt. Damit dass der Grosskönig in Damaskus ist und Ahas ihn dort besuchen kann, ist die nachfolgende Tempelgeschichte genügend vorbereitet. Wenn die Erzählung einheitlich ist, stammt sie jedenfalls nicht aus den Königsannalen, sondern aus der schon oben (S. 159) erwähnten Tempelgeschichte. Doch macht Klostermann darauf aufmerksam, dass in v. 5—9 von Ahas, in 10 ff. von dem König oder dem König Ahas die Rede ist, und dies dürfte in der That ein Fingerzeig sein, dass v. 5–9 aus den Königsannalen und 10 ff. aus der Tempelgeschichte stammt. Die Annalen berichteten natürlich hinter v. 9 die weiteren politischen Ereignisse, die aber der Redaktor ausliess, um die Altargeschichte einzufügen.

5 Vgl. Jes 7 1. Über den Verlauf des Kriegs unterrichten uns auch die Inschriften Tiglat-Pilesers (ROST, Annalen 228, kleine Inschriften I 17; SCHRADER, KAT² 242 ff.; WINCKLER, Keilinschr. Textbuch 19 ff.). Über die allgemeinen Verhältnisse, die zu diesem Krieg führten, vgl KITTEL, Gesch. d. Hebr. II 287; TIELE, Gesch. Babyl. 233; WINCKLER, Gesch. Isr. 179 f. Der Text selber giebt uns keinen Aufschluss über die Veranlassung des Kriegs. Rezin, richtiger nach LXX Rasôn (Assyr. Rasunnu) wird von den assyr. Inschriften unter denen genannt, die 738 an Tiglat-Pileser Tribut zahlen; 732 wird er gestürzt (s. v. 9). 6 KLOSTERMANN hat richtig erkannt, dass hier statt אֲרָם überall אֱדֹם zu korrigieren ist, wie dies die Mas. und LXX in v. 6ᵇ verlangt, und dass der Name Rezin zu streichen ist. Wenn die Edomiter sich in Elath wieder ansiedeln, so kann die Stadt nur für Edom nicht für Aram „zurückgewonnen" sein. Der Name Rezin wurde erst eingesetzt, als die Stelle hier in den Zusammenhang eingereiht wurde, oder noch später. Das ganze Missverständnis ist aber schon dem Redaktor begegnet, der den Vers hier einschob, denn sonst hätte er die Notiz gar nicht hier einfügen können. Inhaltlich ist also der Vers = II Chr 28 17.    7 8 Ahas zahlt an Tiglat-Pileser Tribut — „Geschenk" nennt es der Erzähler euphemistisch —, und dieser hilft ihm.    9 קִירָה fehlt in LXX; ein Grund der Auslassung ist nicht einzusehen, wohl aber erklärt sich der Einschub des Namens gut aus der Absicht eines späteren, hier die buchstäbliche Erfüllung der Weissagung Am 1 5, wonach die Aramäer wieder dahin zurück müssen, woher sie gekommen sind (vgl. Am 9 7), nachzuweisen. Kir selbst wird Jes 22 6 neben Elam genannt; seine Lage ist sonst unbekannt. Von Tiglat-Pilesers Zug gegen Israel wird nichts gesagt (s. oben S. 170); die sich dort abspielenden Ereignisse sind 15 29 f. berichtet.    10 Zu הַפֶּ֫לֶךְ אָחָז s. oben. דּוּמֶּשֶׂק ist Schreibfehler, entstanden aus דַּרְמֶשֶׂק (Chr). Der Oberpriester Uria wird auch Jes 8 2 genannt.    14 Statt הַמִּזְבַּח הַנְּחֹשֶׁת ist מִזְבַּח הַ zu schreiben oder besser noch הַנְּחֹשֶׁת zu streichen; es fehlt auch in LXX Vat. und ist verdeutlichende Glosse. Der neue Altar war natürlich auf dem Platz des alten errichtet und dieser zwischen dem [neuen] Altar und dem Tempel aufgestellt worden; der König lässt ihn jetzt ganz bei Seite schieben. 15 Das Suffix in וַיְצַוֵּהוּ ist später verdeutlicht worden durch den Zusatz אֶת־אוּרִיָּה ה und dadurch selbst unmöglich geworden. Warum כָּל־עַם הָאָ֫רֶץ das „Landvolk" im Gegensatz zu den „Jerusalemiten" genannt wird, ist nicht einzusehen; in LXX fehlt הָאָ֫רֶץ; es ist zu streichen.    לְבַקֵּר ist wie Prv 20 25 zum Bedenken.

17 18 Beraubung des Tempels. הַמְּסֹגְרוֹת הַמְּלֹנוֹת sind neben einander unmöglich. Vor וְאֶת־הַכִּיֹּר fehlt das erste Objekt zu וַיָּ֫סַר. Also ist אֶת־הַמְּסֹגְרוֹת hier herunter zu setzen hinter סְפֻלֵיהֶם. *Ahas zerschnitt die Gestühle und entfernte von ihnen die Leisten*, vgl. I Reg 7 27 ff. Dies geschah um Geld zu schaffen; vgl. II Chr 28 24 und den Schluss von v. 18 *wegen des Königs von*

*Assur.* Natürlich hat Ahas nicht blos das eine Mal (v. 8), sondern alljährlich Tribut gezahlt. Ob die baulichen Veränderungen 18 damit etwas zu thun haben, wissen wir nicht. Möglich wäre, dass v. 18ᵇ ursprünglich vor v. 18ᵃ stand; er mag vergessen und an falscher Stelle nachgetragen worden sein. Was v. 18 im Einzelnen sagen will, ist dunkel. Ein im Haus gebauter Gang (oder Zelle, oder wie man sonst מוסך erklären will) kann doch nicht ins Haus hinein verlegt werden. Wenn man mit LXX θεμέλιον τῆς καθέδρας (wobei in Luc. noch aus Hebr. τῶν σαββάτων eingetragen ist) = מוּסַב הַשַּׁבָּת *die Grundlage* (steinerne Estrade) *des* (königlichen) *Sitzes* lesen will, so bleibt immer noch die Schwierigkeit, dass man auch diese so wenig wie *den äusseren* (lies הַחִיצוֹן) *Eingang des Königs* in das Tempelhaus verlegen kann. Man muss darauf verzichten, den Sinn des Verses zu erraten.

**19 20 Schlussformel.** Vor אָשֶׁר ist mit LXX Luc. וְכָל einzusetzen, das sonst in dieser Formel nicht fehlt.

### XXXI. Hosea von Israel 17 1—41.

**1—2 Einleitungsformel.** 1 Zur Sache vgl. 15 30. Die synchronistische Angabe stimmt mit 15 23 überein, unter der Voraussetzung der Lesart von LXX Luc. dort (s. zu d. St.) und der in LXX üblichen Rechenweise: Pekachja 10 + Pekach 20 = 30 Jahre = Asarja 3 (50,—52. Jahr) + Jotham 16 + Ahas 11. **2** Warum Hosea ein besseres Zeugnis als die anderen bekommt, wissen wir nicht. Offenbar las der Redaktor in seinen Quellen Günstiges über ihn. LXX Luc. hat das Lob in Tadel verwandelt: er war schlimmer als alle andern, offenbar um seinen Wert mit seinem traurigen Los in Einklang zu bringen.

**3—6 Der Untergang Israels.** Der jetzige Text zusammen mit 15 30 giebt folgende Reihenfolge der Ereignisse: 1) Einsetzung Hoseas durch den Grosskönig als Vasallenfürsten (15 30), 2) Nicht berichtet aber notwendig vorauszusetzen: Abfall Hoseas von Assyrien, 3) Zug Salmanassars gegen Hosea und Unterwerfung desselben (16 3), 4) Zweiter Abfall Hoseas (16 4ᵃ), 5) Zweiter Kriegszug des Grosskönigs und Gefangennahme Hoseas (16 4ᵇ), 6) Zug des Grosskönigs gegen Israel und Eroberung Samariens (16 5 6). Nun ist allgemein anerkannt, dass Salmanassar nur den *einen* unter v. 5 genannten Zug gegen Israel unternommen hat, die Inschriften schliessen jede Möglichkeit eines früheren aus. Da die Quellen des Redaktors, die den Ereignissen nicht so ferne standen, nicht wohl in solcher Weise falsch berichten konnten, muss man annehmen, dass ursprünglich v. 3 denselben Zug Salmanassars wie v. 5 6 im Auge hatte, und erst durch die oberflächliche Quellenbenutzung des Redaktors das Missverständnis entstand. Dann aber werden wir darauf hingewiesen, die Berichte zwei verschiedenen Quellen zuzuweisen. Winckler (Alttest. Untersuchungen 15 ff.) hat nun mit Recht darauf aufmerksam gemacht, dass auch v. 4ᵇ u. 5 f. als Berichte nach einander folgender Ereignisse grossen Schwierigkeiten begegnen. Samaria soll ohne König 3 Jahre lang Widerstand geleistet haben. Sollte nicht in diesen 3 Jahren ein neuer König aufgetreten sein? Und wenn der Redaktor in 17 6 und 18 10 und danach der Synchronist auch in 17 1 die Regierung Hoseas auf 9 Jahre angiebt und bis zum Fall von Samarien rechnet, so ist er sicher nicht der Meinung, dass Hosea schon 3 Jahre vorher vom Grosskönig fortgeschleppt wurde. Wenn er trotz dem Wortlaut der Erzählung so rechnet, so hat er offenbar seine Quellen so verstehen müssen, dass Hosea bis zum Untergang der Stadt regierte und hat selber nicht beachtet, dass seine Zusammenstellung der Quellen einen Widerspruch hereinbringt. Die Schwierigkeiten heben sich, wenn man in v. 3—4 einen Parallelbericht aus anderer Quelle zu v. 5—6 sieht. Man braucht nur in v. 3 als ursprüngliche

Vorlage anzunehmen וַיְהִי statt וַיְהִי (WINCKLER a. a. O. 22), dann schliesst sich die Erzählung gut an 15 30 an: *gegen ihn zog Salmanassar, denn Hosea war sein Vasall und brachte ihm Tribut. Aber der König von Assyrien fand ihn treulos* etc. Diese Vermutung wird auch bestätigt durch die Wahrnehmung, dass v. 5 6 ohne v. 3 4 in 18 9-12 sich fast wörtlich mit nur unbedeutenden Kürzungen wiederholt finden. Dies legt den Gedanken nahe, dass dieser Bericht den judäischen Königsannalen angehörte, wie der erstere (v. 3 4) als Fortsetzung von 15 30 den israelitischen Annalen entnommen ist. Dann kann sich nur noch fragen, ob der ältere Redaktor selbst entgegen seiner sonstigen Gewohnheiten um der Wichtigkeit des Ereignisses willen hier den kurzen Bericht der israelitischen Annalen durch Hinzufügung des Berichts der judäischen Annalen erweiterte, oder ob eine spätere Hand (etwa der jüngere Redaktor) dies that, d. h. die Notiz aus 18 9 ff. hier wiederholte. Letzteres erscheint als das Wahrscheinlichere. Die noch etwa sich findenden weiteren Schwierigkeiten sind nicht von der Art, dass wir noch eine weitergehende Verschmelzung und Verarbeitung beider Quellen annehmen müssten (so WINCKLER).

**3 4** Bericht der israelitischen Annalen. **3** Salmanassar regierte von 727—722. Der Zug gegen Israel fällt in die Jahre 724—722. Dass statt וַיְהִי vielmehr וְהָיָה zu lesen, ist oben bemerkt. **4** Mit THENIUS wird nach LXX Vat. (ἀδικίαν) שֶׁקֶר *Treulosigkeit* zu lesen sein. סוֹא ist höchstwahrscheinlich סְוָא zu sprechen. Die Inschriften Sargons nennen ihn Schab'i. Wenn er nicht, wie man bisher annahm, mit Sabako gleichzusetzen ist, so muss er wohl ein Unterkönig desselben (SCHRADER KAT² 269; WINCKLER, Altorientl. Untersuchungen 91 ff.) oder vielleicht, wie WINCKLER (Mitteil. der Vorderasiat. Gesellsch. 1898, 1 S. 5) jetzt annimmt, der Feldherr des nordarabischen Reiches Musri gewesen sein. Über die allgemeinen politischen Verhältnisse, die diese Stellungnahme Hoseas veranlassten vgl. KITTEL, Gesch. d. Hebr. II 295 f.; STADE, Gesch. Isr. I 599; WINCKLER, Gesch. Isr. 169. Die beiden Lesarten LXX Vat. ויצרהו und Luc. ויצרהו sind beide aus der Lesart des Hebr. וַיַּעַצְרֵהוּ entstanden.

**5—6** Bericht der judäischen Annalen. Vgl. 8 9-12, wo der Bericht in seiner ursprünglichen Form sich findet. Der Zusatz בְּכָל־הָאָרֶץ erklärt sich durch das vorangehende: erst wird der König, dann das Land gestraft. Die Zeitbestimmung gehört dem chronologischen Schema an (s. Einleitung) und ist falsch; Hosea wurde 734 oder 733 eingesetzt, Samarien fiel 722, nicht mehr unter Salmanassar, sondern im 1. Jahr Sargons. Dass Salmanassar persönlich die Belagerung Samarias geleitet, ist nicht anzunehmen; für den Grosskönig war der Zug gegen einen kleinen Vasallenstaat nichts so bedeutendes. Man bemerke, dass in v. 5 und 6 der Name des Königs nicht genannt ist. Wenn Chalah eine Gegend bezeichnet (LXX liest נַהֲרֵי כ und versteht Chalah als Fluss), so wird man an die mesopotamische Landschaft Chalkitis denken können, welche von PTOLEMÄUS (II 18 4) neben Gauzanitis genannt wird. Letztere entspricht dem Gosan unseres Textes, welches durch die Zusammenstellung mit den Städten Rezeph und Charan der Lage nach genau genug bestimmt ist; der assyrische Name ist Guzana. Hat LXX Recht, so wäre mit Chalah der einzige Nebenfluss des Chabor von Osten, der Saokoras der Alten, gemeint. Der Chabor selbst (assyr. Chabur) hat bis auf den heutigen Tag seinen Namen behalten; er ist der Chaboras der Griechen, der bei Circesium in den Euphrat mündet (vgl. RIEHM, HbA zu den betr. Namen).

## 7—23 Erbauliche Schlussbetrachtung.

Das Ende der Geschichte des Nordreichs begleitet der Redaktor mit einem Schlusswort, worin er wie sein Urteil über die ganze Periode in der Weise, wie wir es von ihm gewohnt sind, zusammenfasst: der Untergang ist wohlverdiente Strafe für den ununterbrochenen Abfall von Jahwe. Der Epilog ist aber nicht einheitlich, es sind genau genommen ihrer zwei; der ältere wie der jüngere Redaktor hat einen solchen geschrieben. Der des älteren steht, wie schon STADE (ZATW 1886 163ff.) erkannt hat, in v. 21—23. Der Anfang fehlt, wie das jetzt beziehungslose כִּי von v. 21 zeigt. Diese Betrachtung nennt als Grund des Untergangs die Sünde Jerobeams, den falschen Gottesdienst, wozu Jerobeam das Volk verführt. Das entspricht durchaus dem ständigen Urteil des älteren Redaktors über die israelitischen Könige. Der jüngere Redaktor hat dann von seinem Standpunkt aus dieses Urteil ergänzt durch Einfügung von v. 7—18. Darnach ist ein anderer der Grund der Verwerfung: Das Volk hat von Anfang an Götzendienst geübt nach dem Brauch der Kanaaniter, es hat den Warnungen der Propheten gegenüber sein Herz verstockt und ist immer tiefer in die Abgötterei verfallen, hat Bilderdienst, Gestirndienst, Baalsdienst, sogar Molochsdienst mit Kinderopfern getrieben. Nun sind Molochsdienst und der assyrische Sternkult das eigentliche Kennzeichen einer späteren Zeit und vor allem Judas nicht Israels. Überdies ist die Abhängigkeit des Abschnitts von jeremianischen Gedanken schon THENIUS aufgefallen (vgl. z. B. bei 17 10 das zu 16 4 bemerkte; v. 13 vgl. mit Jer 18 11 25 5 35 15 u. a.; ferner v. 15 mit Jer 2 5). Es kann also die exilische Abfassung nicht zweifelhaft sein. Noch jüngerer Zusatz ist dann v. 19 20, von einem Leser, der Anstoss daran nahm, dass v. 18 Juda als bestehend genannt war. Vgl. auch zu v. 24—41.

**7** וַיְהִי כִּי *es geschah, dass* oder vielleicht besser *es geschah, da*; der Satz wäre dann als Vordersatz angelegt gewesen, ohne dass der Nachsatz nachgebracht wurde (wenn man ihn nicht in v. 18 suchen will). 8ᵇ dürfte mit STADE (ZATW 1886 165) als Randglosse zu betrachten sein von der Hand eines Lesers, der (nach v. 21—23) die Erwähnung der Schuld der Könige im ersten Stück dieser Betrachtung vermisste. **9** חָפָא *überdecken* (LXX ἠμφιάσαντο) giebt keinen Sinn. Targ. giebt deswegen ganz allgemein אמרו. Schön ist KLOSTERMANNS Konjektur וַיִּקְרְאוּ *Lügen flickten sie zusammen* (wie Hi 13 4). **10** vgl. zu 16 4. **11** בְּכָל־בָּמוֹת ist neben שָׁם eine ganz unnötige Glosse. **13** כָּל־חֹזֶה ist als Glosse zu נְבִיאָיו in den Text gekommen; man kann übrigens auch mit HIERON. und Targ. וְכָל־נָבִיא lesen; das Kërē ist jedenfalls unmöglich. Vor חָקֹתַי ergänze nach LXX ein וְ. **14** Besser als Hebr. erscheint die Lesart der LXX אֶת מַעַרְפָּם *mehr als ihre Väter*. **16** שְׁנֵי עֲגָלִים ist erklärende Glosse eines Lesers zu מַסֵּכָה, die übrigens nur halb richtig ist, da die Gussbilder auch noch anderes in sich begreifen. Die Wiederholung der Aschera (vgl. v. 10) hier, wo eine neue Aufzählung der götzendienerischen Sünden Israels in späterer Zeit einsetzt, hat nichts auffallendes. Zum Gestirndienst vgl. 21 3; zum Kinderopfer 17 vgl. 16 3. Dass 19 20 später Zusatz sind, ist schon oben bemerkt worden. Dagegen gehören 21—23 dem älteren Redaktor an (s. oben). **21** קָרַע bedeutet sonst nirgends *sich losreissen*, sondern (als transitiv) *etwas losreissen*. An Jahwe als Subjekt zu denken, hat seine Schwierigkeit. LXX ὅτι πλὴν = כִּי רַק beruht auf einfacher Textverderbnis; das Verbum fehlt dabei, denn πλὴν ὅτι ἐρράγη ist Vermischung der beiden Lesarten. Targ. Vulg. und LXX teilweise (ἐρράγη) haben wohl נִקְרַע gelesen, was ursprünglich sein dürfte.

## 24—41 Die Neubesiedlung des Landes.

Der Abschnitt ist nicht einheitlicher Herkunft. Der Bericht v. 24-28, dass die Kolonisten dem Landesgott nicht zu dienen wussten, bis sie von einem israelitischen Priester belehrt wurden, darf einer älteren Quelle, vielleicht den Annalen des Nordreichs zugeschrieben werden. Anders der zweite Bericht über den Kult der Ansiedler v. 29-34ᵃ, welcher die verschiedenen Götter aufzählt, welche die Kolonisten mit ins Land brachten und dort neben Jahwe verehrten, wovon v. 24-28 nichts weiss. Der Ausdruck אלהים spricht für junges Alter (jüngerer Redaktor) vgl. STADE, ZATW 1886 167 ff. Ein noch späterer Zusatz ist v. 34ᵇ⁻⁴⁰, ein Abschnitt, der hier an ganz verkehrter Stelle ist. Er handelt von etwas ganz anderem: nicht von der im Vorhergehenden und in v. 41 geschilderten Gottesverehrung der Kolonisten und ihrer Nachkommen, sondern vom Götzendienst der Israeliten. Der Zusatz war sicher ursprünglich für die Betrachtung v. 7-23 geschrieben, von einem noch späteren, als dem Verfasser von v. 7-18; denn ihm ist das Gebot Jahwes ein geschriebenes Gesetz, nicht lebendiges Zeugnis durch den Mund der Propheten (WELLH. bei BLEEK⁴ 263). V. 41 endlich ist der vom älteren Redaktor dem Abschnitt v. 24-28 hinzugefügte Schluss, der weder zu v. 29-34ᵃ gehören kann (vgl. v. 34ᵃ), noch zu v. 34ᵇ⁻⁴⁰, weil er von den Kolonisten redet.

**24** Kutha (assyr. *Kutû*) ist nach den Keilinschriften eine mittelbabylonische Stadt, der heutige Ruinenhügel *Tell Ibrâhîm* nordöstlich von Babylon. Für JOSEPHUS und die Späteren ist Kuthäer gleichbedeutend mit Samaritaner. Zu Hamath vgl. I Reg 8 65. Sepharvaim ist, wie die Zusammenstellung mit Hamath etc. hier und namentlich 18 34 zeigt, eine syrische Stadt, vielleicht das von Salmanassar IV (727—722 v. Chr.) unterworfene Schabarain der babylonischen Chronik, das vielleicht auch mit ספרים (Hes 47 16) zusammengestellt werden darf (HALÉVY, Z. f. Assyriologie II 401 ff.). Awa, ebenfalls in Syrien zu suchen, ist uns weiter nicht bekannt; vgl. auch 19 13.

Die Möglichkeit der Ansiedlung dieser Völkerschaften in Samarien unter Sargon sehr bald nach 722 resp. 720 v. Chr. wird von WINCKLER (Alttest. Unters. 97 ff.) bestritten. Sargon machte in Babylon und Kutha überhaupt keine Kriegsgefangenen, konnte also auch dorther keine nach Samarien deportieren. Nur Sanherib hätte nach der Eroberung Babylons 689 eine solche Verpflanzung der Einwohner vornehmen können, aber auch da bleibt Kutha ausser Betracht und Sanherib selbst berichtet nichts von einer solchen. Ebensowenig trifft bei Assarhaddon die geschichtliche Sachlage zu. Dagegen berichtet Assurbanipal, dass er nach Niederwerfung des babylonischen Aufstandes Leute aus Sippar, Kutha und Babylon wegführte. Es hat demnach alle Wahrscheinlichkeit, dass unser Bericht ursprünglich auf diese letztere Deportation, die auch Esr 4 8-10 erwähnt wird, sich bezieht. Dass ספרים irrtümlich aus Sippar der Keilinschriften (= Σιπφαρα des PTOLEMAEUS V 18 7, auf dem östlichen Ufer des Euphrat gelegen, das heutige Abu Habba) verdorben ist, hat nichts unwahrscheinliches. Denn es scheint überhaupt unsere Stelle nach 18 34 ergänzt worden zu sein. Hamath und Awa, zwei syrische Orte, können ernstlich für die Deportation nicht in Frage kommen, denn diese Verpflanzungen fanden nur aus entfernten und an entgegengesetzten Enden des Reichs liegenden Provinzen statt. Überdies war Hamath am Aufstande von 720 mitbeteiligt und von da an dann ruhig geblieben. Vermutlich hat der Redaktor, der die Nachricht hier einfügte und auf Sargon bezog, beide Stellen (durch die Verwechslung von Sippar mit Sepharvaim mit veranlasst) in inneren Zusammenhang gebracht und geglaubt, dass diejenigen Städte, deren Untergang der Rabsake den Jerusalemitern als warnendes Beispiel vorhält, dieselben gewesen seien, deren Einwohner nach Samarien verpflanzt wurden. Was über die Bestandteile der neuen Bevölkerung Samariens, die Sargon dorthin schickte, aus den assyrischen Inschriften sich entnehmen lässt, s. bei WINCKLER, Alttest. Unters. 105 ff.

**27** Mit LXX ist הגליתי *ich habe sie weggeführt* zu lesen und, wie die

Plurale וַיִּלְטוּ וַיֵּשְׁבוּ zeigen, ist אֶחָד zu streichen und וְיָרִם statt וַיְרָם zu lesen. Nach LXX Vat. ist vielleicht אֶחָד מֵהַכֹּהֲנִים אֲשֶׁר הִגְלִיתֶם מִשָּׁם als spätere aus v. 28 genommene nähere Ergänzung des allgemeingehaltenen Befehls ganz zu streichen (Stade, ZATW 1886 170). **30 31** Sukkôt-Benôt ist noch unerklärt, Jensen (Z. f. Assyriologie IV 352) erklärt den zweiten Bestandteil des Wortes als *banîtu*, ein Beiname der Belit-Istar. Aber von den אַנְשֵׁי בָבֶל sollte man doch erwarten, dass sie ihren Gott Marduk hier verehrten. Die anderen Gottheiten sind uns ganz unbekannt, nur Nergal wird auch auf Inschriften als Gott von Kutha genannt (Schrader KAT² 282 f.). **34ᵃ** עַד הַיּוֹם הַזֶּה zeigt (vgl. v. 23 41), dass hier diese Schilderung zum Abschluss gekommen ist. Dass **34ᵇ** ein neuer Abschnitt beginnt, ist oben S. 175 bemerkt worden. **37** Die Thora ist hier eine geschriebene, nicht mehr blos mündlich durch Priester und Propheten erteilte (s. oben). Über **41** s. oben. Der Vers giebt die Folge an, welche die Unterweisung durch den Priester v. 28 gehabt hat: dass diese Kolonisten wohl Jahwe verehren lernten, aber ihre eigenen Götter nicht aufgaben. Dieser Vers ist dann Anlass zum Einschub von v. 29—34ᵃ geworden, in welchem ihre Götter näher beschrieben werden.

# Dritter Teil.

## Geschichte Judas seit dem Untergange des Nordreichs
### II Reg 18—25.

### 1. Hiskia Cap. 18—20 (vgl. II Chr 29—32).

Die Hiskiageschichten von 18 13—20 19 sind uns im AT noch einmal überliefert in Jes 36—39. Abgesehen davon, dass dort der Abschnitt II Reg 18 14—16 fehlt und andererseits in Jes 38 9—20 ein „Psalm Hiskias" hinzugefügt ist, bietet Jes den gleichen Text. Die gemeinsamen Verderbnisse in beiden Texten verbieten die Annahme, dass sie unabhängig von einander aus der Quelle direkt geschöpft seien; vielmehr erscheint der Text des Königsbuchs in Jes übernommen. Die chronologische Angabe 18 13, die sicher nicht der Quelle, sondern frühestens dem Redaktor angehört (s. Einleitung VI) findet sich auch in Jes. Die Varianten beider Texte sind sorgfältig zusammengestellt bei Koenen (Einl. § 45 No. 3). Als Resultat der Vergleichung ergiebt sich, dass im allgemeinen der Jesajatext der entschieden bessere ist, wie die Einzelerklärung zeigen wird.

Das Hauptstück dieses Abschnitts bilden die ausführlichen Erzählungen von der Bedrohung Jerusalems durch Sanherib, von Hiskias Krankheit und von Merodach Baladans Gesandtschaft. In allen steht der Prophet Jesaia im Mittelpunkt und die ganze Erzählung zweckt weniger auf eine Darstellung der politischen Vorgänge als auf eine Schilderung der Wirksamkeit und Bedeutung des Propheten ab. Quelle des Redaktors für diese Geschichten kann weder das Annalenbuch (abgesehen von 18 14—16 s. u.) noch die

Tempelgeschichte sein. Das nächstliegende ist, nach Analogie der Elia- und Elisa-Geschichten an eine Jesaiageschichte zu denken. Dass der Text auch im Buche Jesaia steht, ist insofern für die Frage von Interesse, als man vermuten kann, dass noch andere geschichtliche Partien des Jesaiabuches (z. B. 7 1-17 und Cap. 20) dieser Jesaiageschichte angehörten (s. auch DUHM zu Jes 36). Solche Prophetenbiographien waren offenbar sehr beliebt, vgl. z. B. das Buch Jeremia und unten S. 185.

### 1—8 Einleitungsformel.

Das Zeugnis über Hiskia ist ganz ausnahmsweise ausführlich, weil der Redaktor damit gleich eine Notiz über die Reinigung des Kultus verband (4 ff.). Dass er in seinen Quellen (offenbar den Annalen) eine Bemerkung über Beseitigung des Nehustan gefunden, kann nicht bezweifelt werden; der Schluss von v. 4 (עַד־הַיָּמִים etc.) ist allerdings dann wieder redaktionelle Bemerkung. V. 4ᵇ ist aus grammatikalischen Gründen (vgl. die Perfekta mit ו) sicher für spätere Glosse zu halten. Ob auch inhaltlich der Vers anzufechten ist, oder ob Hiskia wirklich die „Höhen" etc. abgeschafft, ist eine viel umstrittene Frage. Vgl. WELLH. bei BLEEK⁴ 255; Prolegomena⁴ 26; STADE, Gesch. Isr. I 607 f.; KITTEL, Gesch. d. Hebr. II 302 f. Auch v. 8 (vgl. die Anknüpfung mit הוא) ist aus den Annalen genommen. Die Art, wie die Notiz hier als Beleg für Hiskias Glück, d. h. in letzter Linie nach dem Redaktor für seine Frömmigkeit verwendet ist, erinnert an die Gruppierung des Stoffs in der Geschichte Salomos (s. S. 76 und Einleitung I).

**1** וַיְהִי ist nach Analogie der sonstigen Form der Einleitung zu streichen. Wenn nach 17 1 Hoseas 1. Jahr = 12. Jahr des Ahas ist, so ist Hiskia 1 (= Ahas 16) = Hosea 5. Unsere Angabe hier ist nach der in LXX gewöhnlichen Rechenweise (s. zu I Reg 16 8) aus dem Synchronismus 18 9 erschlossen: Wenn Hosea 9 = Hiskia 6, so ist Hiskia 1 = Hosea 4, d. h. Hiskia hat den Thron im Jahr vorher, im 3. Hoseas bestiegen. **2** Der Name der Königin-Mutter ist nach II Chr 29 1 אֲבִיָּה. **4** Dass auch der Tempel in Jerusalem bis auf Hiskia sein Idol, die eherne Schlange, hatte, die natürlich offiziell ein Jahwesymbol war, ist religionsgeschichtlich von hohem Interesse. Man sieht, wie jung die bildlose Verehrung Jahwes auch bei seinen ächten Dienern ist. **5** Der Schluss וַאֲשֶׁר הָיוּ לְפָנָיו hinkt nach und ist syntaktisch nicht an das Vorhergehende anzugliedern. **7** Mit KLOSTERMANN ist statt des grammatikalisch sehr fragwürdigen Textes zu lesen יהוה הָיָה und אֲשֶׁר יָצָא הִשְׂכִּיל. Als Beleg für Hiskias Glück führt der Redaktor den im folgenden (v. 13 ff.) beschriebenen Abfall vom assyrischen Grosskönig an. Und unter demselben Gesichtspunkt ist **8** der Sieg über die Philister hier eingeordnet. Über die Zeit desselben vgl. WINCKLER, Gesch. Isr. 221 und STADE, Gesch. Isr. I 624.

### 9—12 Untergang Samariens.

Vgl. zu 17 5 f. Die chronologischen Angaben gehören natürlich nicht der Quelle an. Die dem 9. Jahre Hoseas entsprechende Jahreszahl Hiskias ist erst aus irgend einem andern Synchronismus berechnet. Anders wird 18 13 gerechnet: das Jahr 701 (Einfall Sanheribs) erscheint dort als 14. Jahr Hiskias; demnach wäre Hiskia i. J. 714, d. h. 8 Jahre nach dem Fall von Samarien zur Regierung gekommen (s. das.). Auch hier hat der Redaktor **12** eine kurze Erklärung über die Ursache des Untergangs anzufügen sich nicht enthalten können.

### 18 13—19 37 Sanheribs Kriegszug.

Der historische Gang der Ereignisse, auf welche sich die biblische Erzählung bezieht, ist folgender (vgl. WINCKLER, Alttest. Unters. 27 ff.): der rasche Tod Sargons 705 und die Schwierigkeiten, welche Sanherib aus Merodach Baladans erneuten Versuchen sich Babylons zu bemächtigen erwuchsen, gaben Veranlassung zu einer Erhebung der syrischen Vasallenstaaten. Hiskia scheint eine leitende Rolle gespielt zu haben. Der dem Grosskönig treue König Padi von Ekron wird von seinen Grossen abgesetzt und an Hiskia ausgeliefert, der ihn im Gewahrsam hält. Im Jahr 701 zieht Sanherib auf seinem dritten Feldzug, wie er selbst berichtet (Winckler, Textbuch 31 ff., Schrader, KAT² 298 ff.), nach Phönizien und Palästina. Die bedeutendsten Städte unterwerfen sich. Ein ägyptisches Heer unter mehreren Gaukönigen — nicht wie man gewöhnlich annimmt, unter Tirhaka — kommt den Palästinensern zu Hilfe, wird aber in der Schlacht von Altaku zurückgeschlagen. Ekron und andere aufständige Orte werden unterworfen, dann wendet sich der Grosskönig gegen Juda. 46 judäische Städte werden belagert und erobert, und Hiskia in Jerusalem eingeschlossen (nicht förmlich belagert). Padi von Ekron wird von Hiskia herausgegeben und wieder eingesetzt. Ohne dass ein besonderer Grund angegeben wird, zieht Sanherib wieder heim. Dorthin, nach Ninive, schickt Hiskia nachträglich seinen Tribut und erklärt seine Unterwerfung. Nach 689 hat sodann Sanherib (Assarh. II 55 ff. s. Keilinschr. Bibl. II 130, Winckler, Textbuch 40 f. vgl. 36—40) einen Zug gegen Arabien unternommen, und da ausser II Reg 19 2 auch Herodot Sanheribs Zug gegen Sabakos Nachfolger (Tirhaka wird bei Herodot nicht genannt, sondern Sethon) stattfinden lässt, so hat es alle Wahrscheinlichkeit, dass nach dem Regierungsantritt Tirhakas, also nach 691, und wohl im Zusammenhang mit diesem Araberkrieg Sanherib gegen Ägypten zog. S. Anhang.

Nimmt man an, dass die biblischen Berichte damit im grossen ganzen übereinstimmen, so erhält man für die Quellenscheidung unseres Abschnitts wertvolle Fingerzeige. Schon lange ist erkannt (vgl. die Übersicht über die verschiedenen Erklärungen bei Kuenen Einl. § 25 no 15), dass 18 14-16 auszuscheiden ist. Ein äusseres Zeichen dafür ist, dass der Name Hiskias hier יחזקיה, sonst in diesen Capiteln immer חזקיהו geschrieben wird. Sachlich stimmt nicht mit den folgenden Berichten, dass Hiskia ohne Widerstand zu versuchen, seinen Tribut zahlte, während er in den anderen Erzählungen auf Rat Jesajas die Forderungen des Grosskönigs vollständig abweist. Dass der kurze, in die ausführlichen Erzählungen eingeschobene Bericht aus guter alter Quelle herkommt, zeigt der Vergleich mit Sanheribs Inschriften (s. o.); auch ist an sich selbstverständlich, dass eine derartige Demütigung Hiskias nicht erfunden ist. Die Notiz v. 14 15 wird aus dem Annalenbuche stammen; v. 16 dagegen, der nicht mit v. 14 15 zusammengehört, aus der „Tempelgeschichte", s. unten die Erklärung.

Der übrigbleibende Text ist ebenfalls nicht einheitlich, sondern aus zwei Erzählungen zusammengesetzt (vgl. namentl. Stade ZATW 1886 172 ff.). Der erste Bericht geht bis 19 8 und erzählt, wie Sanherib von Lachisch aus den Rabsake mit einer Heeresabteilung nach Jerusalem schickt. Auf die längere Rede des Rabsake hin schickt Hiskia zu Jesaja und erhält von diesem die Auskunft, Sanherib werde ein Gerücht hören, nach Hause zurückkehren und dort durch's Schwert sterben. Auf das Gerücht von Tirhakas Anmarsch kehrt Sanherib in sein Land zurück. Der zweite Bericht erzählt, dass Sanherib Boten mit einem Brief (z. T. wörtlich der Rede des Rabsake entsprechend) an Hiskia schickt. Jesaja giebt unaufgefordert ein ermutigendes Orakel (in doppelter Form, einer längeren und einer kürzeren mitgeteilt s. u.) und verheisst, dass der Grosskönig ohne etwas auszurichten und ohne Jerusalem nahezukommen in sein Land heimziehen wird. Jahwes Engel schlägt darauf das Heer der Assyrer, sie kehren um, und in Ninive wird Sanherib ermordet.

Wenn man nun, wie meist geschieht, die beiden Berichte als verschiedene Erzählungen eines und desselben Ereignisses versteht, so muss man konstatieren, dass beide Erzählungen in Hauptpunkten, nicht blos in Nebendingen, eine auffallende Unkenntnis der durch die Inschriften bezeugten Thatsachen verraten. 19 35 ff. stellen die Sache so dar, als ob Sanherib unmittelbar nach seiner Rückkehr ermordet worden wäre, wenn es sich um den Zug d. J. 701 handelt, liegen aber 20 Jahre dazwischen. Der Zug Tirhakas, der inschriftlich gut bezeugt ist, wird 19 7 9 als bloses Gerücht bezeichnet; auch die Vorstellung ist doch etwas eigentümlich, dass die Nachricht vom Heranzug des Ägypters Sanherib zum Abzug von Jerusalem — nicht gegen Süden, den Ägyptern entgegen — sondern nach Hause zurück, also zur Preisgabe der eben erst gesicherten Provinz Palästina veranlasst habe. Und vor allem ist Tirhaka überhaupt erst 10 Jahre später zur Regierung gelangt. Jerusalem und Juda ist sodann keineswegs so gut davongekommen, wie 19 32 ff. verheisst. Dass Jerusalem i. J. 701, wenn auch nicht förmlich belagert, so doch durch die Blockierung schwer bedrängt wurde, geht aus Jes 22 u. 29—31 hervor; Hiskia musste ja auch seinen Gefangenen Padi von Ekron herausgeben (s. o.) und Juda litt schweren Schaden (s. o.). Deshalb schlägt Winckler vor, die beiden Erzählungen nicht auf ein und dasselbe Ereignis, sondern die erste auf den Zug des Jahres 701, die zweite auf einen Zug gegen Tirhaka zwischen 690 und 681 zu beziehen. Dadurch werden allerdings diese sachlichen Schwierigkeiten gelöst. Zum Verlauf des Zuges i. J. 701 stimmt die erste Erzählung. Da Sanherib im folgenden Jahr (700) mit der Empörung des Belibni zu thun hatte (Winckler, Alttest. Unters. 32), so dürfte auch 19 7 zutreffen, dass Sanherib eben durch die Kunde davon abgerufen wurde. Auch das was im zweiten Bericht ursprünglich ist, entspricht dann der historischen Sachlage: Tirhakas Anmarsch ist Grund zum Zuge Sanheribs (v. 9 ist natürlich nicht vollständig), er schickt Boten an Hiskia, der abgefallen; die Pest in seinem Heer zwingt ihn jedoch zu raschem Heimzug, ohne dass er überhaupt etwas gegen Juda und Jerusalem unternehmen kann (19 32-35), und nach seiner Rückkehr wird er bald ermordet (36 37).

Wer in den Königsbüchern die Berichte so einordnete, wie sie jetzt stehen (also der Redaktor), bezog sie auf ein und dasselbe Ereignis, sonst hätte er die Tributzahlung Hiskias (18 14-16) zwischen beiden hinter der Einschliessung Jerusalems etc. einreihen müssen. Dass dann der Inhalt des Briefes aus der Rede des Rabsake hier ergänzt wurde, ist unter dieser Voraussetzung leicht begreiflich. Im ersten Bericht wurde die Ankündigung des baldigen gewaltsamen Todes nach 19 36 f. in Jesaias Weissagung (19 7) eingetragen. Über die Zugehörigkeit beider Erzählungen zur Jesajageschichte s. oben.

**18 14—16 Der Bericht der Annalen.** Den Anfang muss ein Satz wie v. 7ᵇ gebildet haben; vielleicht gehört gerade dieser ursprünglich hieher. Dann kam eine Notiz wie v. 13 über den Zug Sanheribs. Lachisch **14** (vgl. 14 19) könnte erst auf Grund von v. 17 hier eingetragen sein. Wenigstens scheint nach den Inschriften die Tributzahlung nach Ninive erfolgt zu sein (s. o.) **16** Die Anknüpfung mit ההיא עת zeigt, dass der Vers ursprünglich nicht einfache Fortsetzung von v. 15 war. Dazu stimmt, dass auch aus inhaltlichen Gründen der Vers der Tempelgeschichte zuzuteilen ist (s. zu 12 19 und 16 17). Was für „Säulen" oder „Pfeiler" am Tempel gemeint sind, wissen wir nicht. Zu der Notiz vom Goldblechüberzug vgl. S. 35. Die Entleerung des Tempels, die mit den Weihgeschenken begann (12 19), dann zu den Geräten des Vorhofs fortschritt (16 17), trifft jetzt schon das Heiligtum selbst.

**18 13 17—19 8 Der Bericht der Jesajageschichte über Sanheribs ersten Zug.** **13** Die Zeitbestimmung streitet mit v. 1 u. 9 (s. das.). Das würde an sich nichts gegen dieselbe beweisen, da jene Angaben sekundär berechnete sind. Aber sie selbst erscheint erst aus 20 6 und 18 2 berechnet, und zwar ist die Beziehung 20 6 auf Sanheribs Zug nachgetragen (s. zu d. St.). Überdies ist die Voranstellung des Zahlworts sehr auffallend. Der ursprüngliche Text dürfte wie alle diese Geschichten eine allgemeine Notiz („damals", „in diesen Tagen") gehabt haben. Vgl. Duhm zu Jes 36 1. **17** Tartan und Rabsaris fehlen in Jes; ob sie absichtlich gestrichen sind, weil sie im folgenden nicht auftreten oder ob sie hier „der antiquarischen Gelehrsamkeit eines

Späteren" zu verdanken sind (so STADE), lässt sich nicht ausmachen. Wahrscheinlicher erscheint das letztere: v. 17 hat auch LXX πρὸς αὐτόν, und namentlich ist 19 f. wo alle Gesandten erwähnt werden müssten, nur der Rabsake genannt. Alle drei Worte sind Titel: Tartan ist der assyrische Oberfeldherr, Rabsaris nach HIERON. Onom. der Obereunuche, Rabsak bezeichnet einen höheren militärischen Würdenträger. Was sonst in Jes vom Wortlaut unseres Textes fehlt, ist absichtliche Verkürzung. Das zweite וַיַּעֲלוּ וַיָּבֹאוּ ist durch Dittographie entstanden. Die Heeresmacht war gross für judäische Verhältnisse, aber nur eine Abteilung des Hauptheeres. Sanherib berichtet, dass er Hiskia „wie einen Vogel" in Jerusalem einschloss, die Burgen gegen Hiskia befestigte, und keinen aus der Stadt herausliess; d. h. er besetzte die festen Plätze und wies alle die aus der Stadt herauswollten zurück, zu einer eigentlichen Belagerung war diese Truppe zu schwach. Der „obere Teich" wird gewöhnlich mit der heutigen *Birket Mâmilla* im Westen der Stadt (5 Minuten von der Mauer entfernt) gleichgesetzt. Allein unsere Erzählung weist auf unmittelbare Nähe der Stadtmauer hin (v. 26) und Jes 7 3 auf eine Lage im Norden oder Nordwesten der Stadt. **18** Die ersten drei Worte fehlen in Jes und sind dort gestrichen. Über die Ämter der drei Unterhändler s. zu I Reg 4 1 ff. **21** עַתָּה lässt Jes abkürzend weg, ebenso LXX Luc. Was der Verf. den Rabsake über Ägypten sagen lässt, erinnert in den Ausdrücken stark an Hes 29 6 7. Die ägyptischen Umtriebe selbst waren natürlich dem Grosskönig recht wohl bekannt. **22** בִּירוּשָׁלִָם am Schluss fehlt in Jes und ist ganz unnötige exegetische Glosse. Da von Hiskia in der dritten Person die Rede ist, muss man תֹּאמְרוּ gegenüber dem Sing. in Jes für ursprünglich halten. Dann aber fällt der Wechsel sehr auf: vorher und nachher wird immer Hiskia angeredet, nur hier plötzlich seine Gesandten (oder das Volk). Auch ist erst v. 30 ff. von Jahwe die Rede. Der Vers erscheint demnach aus formellen Gründen nicht ursprünglich zu sein. Um so weniger Beweiskraft besitzt er für die behauptete Thatsache selbst, dass Hiskia den Kultus auf Jerusalem beschränkt habe, wie auch 18 4 5 berichtet wird (s. das.). Jesaja hat das nirgends gefordert. Josias Reform spricht nach der ganzen Erzählung eher gegen, jedenfalls nicht für eine solche unter Hiskia. Der Erzähler lässt den Rabsake von seinem heidnischen Standpunkt aus reden: die Beseitigung der Altäre ist eine Beleidigung Jahwes. „Eine ähnliche ketzerische Reflexion mag allerdings selbst Juden der nachexilischen Zeit angewandelt haben, wenn sie ihre auffallende innere und äussere Lage mit der der Völker, die glücklicher und δεισιδαιμονέστεροι (Act 17 22) waren, in nüchternen Augenblicken verglichen" (DUHM). **23** Dass hier und sonst אֲשֶׁר Zusatz ist, zeigt Jes, welcher den Artikel הַמֶּלֶךְ hat. **24** פֶּחַת als stat. constr. ist vor אַחַד unmöglich. Es ist einfach zu streichen, vielleicht kam פֶּחָה als Glosse zu עַבְדֵי in den Text. Die zweite Vershälfte ist inhaltlich störend, die Rede wird auf diese Weise sehr ungeordnet. Sie steht wohl nur an falscher Stelle (statt hinter v. 21). **25** Der Assyrer will Vollstrecker von Jahwes Willen sein. Das ist nach der Ansicht des Erzählers, wie schon sein Misserfolg beweist, eine einfache Lüge, die aber auf das Volk Eindruck machen müsste, umsomehr als die bisherigen Erfolge Sanheribs ihm

Recht zu geben scheinen. In Jes ist מָקוֹם wegen des folgenden in אֶרֶץ korrigiert. **26** בְּחִלְקִיָּהוּ fehlt in Jes; man darf fragen, ob nicht die beiden andern Namen zugesetzt sind (vgl. v. 27), dann hätte die Nennung des Vaters bei Eljakim nichts auffallendes. Aramäisch war die Verkehrssprache Vorderasiens, welche aber damals vom gemeinen Volk in Israel noch nicht verstanden wurde. Dass der Erzähler das Hebräische „jüdisch" nennt, beweist, dass er jedenfalls lange nach dem Untergang Israels schrieb. **27** Mit Jes ist אֲלֵיהֶם zu streichen, weil v. 26 nur von Eljakim die Rede ist. אֶל und עַל wechselt hier wie sonst in den beiden Texten. Die Ausdrücke חַרְיהֶם und שֵׁינֵיהֶם will Muss. durch die anständigeren צוֹאָתָם und מֵימֵי רַגְלֵיהֶם ersetzt wissen. Der Assyrer verhöhnt ihre erbärmliche Lage bei einem König, der ihnen nichts zu bieten vermag (vgl. 32 f.) **28** וַיַּעֲמֹד ist mit Jes zu streichen. **29** מִיָּדוֹ ist hinzugesetzt von einem, der den Satz mit כִּי als eine Zwischenbemerkung des Rabsake selbst, nicht als Worte des Königs fasste; es fehlt in Jes. Ebenso ist dort die Konstruktion des Passivs mit dem Accusativ aufgegeben, bei welcher übrigens יֻתַּן statt תֻּנַּתַן zu lesen ist (GES.-KAUTZSCH[26] § 121 a). **30** Der erste Gewinn, wenn sie ihren Frieden mit dem Grosskönig machen, ist der, dass sie wieder in Ruhe und Frieden zu Hause leben können, bis dann als noch grösseres Glück die Verpflanzung in ein besseres Land kommt. Mit der Aussicht auf die Deportation wird aber der Rabsake die Leute schwerlich haben ködern wollen. Jes kürzt hier stark: die Worte von אֶרֶץ דָּגָן bis אֱלֹהֵיכֶם fehlen bei ihm. **33 34** DUHM streicht die Verse als späteren Einschub. Aber der Verf., der dem Rabsake die Lüge v. 25 und die Verheissung der Deportation in den Mund legte, nahm sicherlich daran keinen Anstoss, dass es zu der ersteren schlecht passte, wenn der Rabsake hier die Ohnmacht dieses Jahwe schildert. Der Interpolator von 19 12 hat jedenfalls die Verse hier schon gelesen. Zu Hamat s. I Reg 8 65. Arpad entspricht der heutigen Ruinenstätte *Tell-Erfäd* 3 Std. nördlich von Aleppo. Zu Sepharwaim s. 17 24. Hena und Iwa sind wohl ebenfalls syrische Städte, letztere scheint mit עַוָּה (17 24) identisch zu sein. Über ihre Lage wissen wir nichts näheres. Die letzten beiden fehlen übrigens in Jes und LXX Luc.; sie sind vielleicht erst aus 19 13 heraufgenommen worden. Die erstgenannten Städte waren nicht allzulange vorher von den Assyrern erobert worden: Arpad in den Jahren 743—740, Hamat i. J. 720. Vgl. auch Jes 10 9; man darf wohl fragen, ob nicht der Verf. den ganzen Gedanken dort her hat. Die Götter von Hamat etc. haben nicht den Beruf Samarien zu retten, wie v. 19ᵇ im jetzigen Wortlaut voraussetzt: *ist es etwa der Fall, dass sie Samarien gerettet haben?* Nach LXX Luc. ist einzusetzen: וְאַיֵּה אֱלֹהֵי אֶרֶץ שֹׁמְרוֹן *und wo sind die Götter des Landes Samarien* etc. **36** Mit Jes ist וַיַּחֲרִישׁוּ zu lesen. Subjekt sind nicht die drei Beamten, welche im folgenden Vers wieder ausdrücklich genannt sind, sondern die Leute auf der Mauer, welche angeredet sind. Der allgemeine Befehl zu schweigen, sich aller höhnischen Worte oder Schimpfreden zu enthalten, ist der Besatzung und dem Volk auf der Mauer gegeben. הָעָם des Hebr., das in Jes fehlt, braucht deshalb noch nicht ursprünglich zu sein, es kann auch eine der gerne hinzugesetzten Explicierungen des Subjekts sein. **19 1** DUHM scheidet mit Recht die Worte " בֵּית יָבֹא) aus als von 19 15 heraufgenommen. Die Aufforderung an Jes, zu beten, und die Botschaft v. 3 f. macht nicht den Eindruck, dass Hiskia selbst unmittelbar vorher im Tempel gebetet habe. Auch befindet er sich v. 2 f. in seinem Palast. 2 Die Priester haben זִקְנֵי *Älteste*, auch die Organisation einer solchen Körperschaft hatte die althergebrachten Formen der Geschlechterverfassung. Damit hängt die immer mehr sich ausbildende Vorstellung von einem Priesterstamm zusammen. Die Stellung von בְּדְ־אָמוֹץ zeigt, dass die Worte nicht ursprünglich sind. 3 Hiskia bekennt seine Schuld an der Not, die eine Züchtigung und Verwerfung bedeutet. Jetzt im entscheidenden Moment fehlt die rechte Kraft zur Entscheidung. Der König, der sich so verworfen fühlt, kommt schwerlich soeben vom Gebet im Tempel her. Von dem König und dem Volk hat sich offenbar Gott zurückgezogen; vielleicht beachtet er aber trotzdem die Lästerungen des Assyrers und hört auf die Fürbitte des ihm nahestehenden Propheten („*dein Gott*"). Auch sonst erscheinen die Gottesmänner als einflussreiche Fürbitter. Jes hat 6 7 schon eine Offenbarung von Jahwe erhalten. v. 7ᵇ ist späterer Einschub nach v. 36 f. (s. S. 179). 8 Dass der Rabsake nach Libna statt nach Lachisch geht, erfahren wir, aber darüber, was er von Hiskia für eine Antwort erhalten, schweigt der Erzähler, und auch von der Eroberung von Lachisch sagt er nichts. Das ist sehr bezeichnend für die Prophetengeschichte. Die politische Geschichte als solche ist ihrem Verf. gleichgiltig. Zu Libna s. 8 22.

19 9–37 Der Bericht der Jesaiageschichte über den zweiten Zug Sanheribs. 9 Über Tirhaka s. oben S. 178 f. וַיָּשָׁב fehlt in Jes (wo statt dessen וַיִּשְׁמַע steht) und ist deutlich zum Zweck der besseren Vereinigung beider Erzählungen eingeschoben. Der eigentliche Anfang des Berichts ist uns verloren gegangen. 10 Ob auch hier eine Aufforderung an Hiskia zur Unterwerfung erzählt wurde, lässt sich nicht ausmachen. Der jetzt dastehende Text der Botschaft ist aus 8 19 ff. genommen. Die Botschaft ist brieflich, wie v. 14 zeigt; das war wohl ursprünglich hier gesagt. Jetzt steht dafür der jedenfalls falsche Befehl 10 כֹּה תֹאמְרוּן etc. Oben war Hiskia der Betrüger, hier ist es Gott im Munde des Assyrers. 12 13 Die Liste der unterworfenen Völker wird um einige vermehrt: Gosan (s. 17 6); Haran, das Carrhae der Römer, im nordwestlichen Mesopotamien. zwei Tagereisen südöstlich von Edessa (vgl. MEZ, Gesch. d. Stadt Charan); Rezeph, das Rasappa der Keilinschriften, Resapha des PTOLEMAEUS (V, 15 24), auf der rechten Euphratseite an der Strasse von Palmyra nach Sura gelegen; die Bene Eden, assyrisch Bit Adini, weiter nördlich an den beiden Euphratufern sich erstreckend. Statt Tel Assar schlägt WINCKLER (s. Anhang) vor, Tel Bassar zu lesen = Til-Baschir der assyr. Inschriften (Salman. Monol. II 17 = Keilinschr. Bibl. I 161 u.a.), einem Hauptort der rechts vom Euphrat sitzenden Bit Adini (vgl. auch SCHRADER KAT² 326 ff.). Als Ausfluss archäologischen Wissens beim Überarbeiter sind diese Zusätze dadurch gekennzeichnet, dass es sich um Städte und Provinzen handelt, welche schon seit Jahrhunderten als fester Bestand zum assyrischen Reiche gehörten. An das, was jenen Ländern geschehen, konnten sich die Judäer beim besten Willen nicht erinnern (v. 11); vgl. WINCKLER, Alttest. Unters. 40. 14 Hiskia breitet

den Brief (lies den Singularsuffixen entsprechend הַכֵּפֶר) im Tempel vor Jahwe aus, um seine Aufmerksamkeit darauf zu lenken. **15** Die Bezeichnung Jahwes als des „der über den Keruben thront" hängt mit Jahwes Beziehung zur heiligen Lade zusammen (II Sam 6 2). Aber vor Salomos Tempelbau hat die Lade keine Keruben bei sich gehabt. Da das Numen der Lade in alter Zeit in der Regel als „Jahwe der Heerscharen" bezeichnet wird, dürfte der Zusatz צְבָאוֹת in Jes ursprünglich sein (vgl. BENZINGER, Archäol. 367 f.). Über die Keruben s. S. 37. Die Vorstellung von Gottes Einzigkeit ist die eines Deuterojesaia; „der lange, bekenntnisartige Gebetseingang ist der späteren Zeit eigentümlich" (DUHM). **16** Nach Jes und LXX ist das י in שלחו zu streichen. **17** Nach v. 11 ist auch hier הֶחֱרִימוּ *sie haben gebannt* zu lesen. **18** וְנָתְנוּ ist grammatisch falsch; die Fortsetzung der Erzählung durch Inf. absol. וְנָתֹן in Jes kommt fast nur bei jüngeren Schriftstellern vor (GES.-KAUTZSCH²⁶ § 113 z). Vielleicht ist nach LXX einfach וַיִּתְּנוּ zu korrigieren. Dass die Heidengötter nur Holz und Stein sind, ist eine Wahrheit, die Deuterojesaja und die exilischen Stücke des Deuteronomiums (Jes 40 19 41 6 f. 44 13 ff. Dtn 4 28 28 36 u. a.) predigen; auch die theologische Motivierung der Bitte **19** ist ein Grundgedanke von Deuterojesaja (vgl. z. B. 43 9 ff.). Die unmittelbare Fortsetzung von **20** bildet, wie erwähnt, v. 32. Hier folgt mit eigener Überschrift ein Gedicht gegen Sanherib (21ᵇ-28) und eine an Hiskia gerichtete Weissagung in Prosa (29-31). Warum beides nicht dem ächten Jesaja angehören kann s. bei DUHM zu d. St. Die Einleitung ist jetzt doppelt v. 20 und 21ᵃ; der in v. 20 begonnene Satz ist unvollendet, beziehungsweise findet erst in v. 32 seinen Nachsatz.

**21** Das Metrum des Liedes ist das bei den Hebräern weitaus gebräuchlichste: Ein Vers von $2 \times 3$ Hebungen. Das Schütteln des Kopfes ist Geberde der Verachtung. **22** Auf die rhetorischen Fragen giebt der Schluss Antwort: *den Heiligen Israels* (hast du geschmäht). der nicht ein Gott wie andere ist, den man ungestraft verhöhnen könnte. Zu dem Ausdruck vgl. Jes 1 4. **23** בְּיַד in diesem Sinn ist nach DUHM bei den späteren Schriftstellern beliebt. Statt מַלְאָכֶיךָ ist mit Jes עֲבָדֶיךָ zu lesen; der Gegensatz ist der von Herr und Knecht. Mit Kĕrē, Jes und LXX ist בְּרֹב statt ברכב zu schreiben. Die Überwindung auch der steilsten Höhen des Libanon soll zeigen, wie kein Land für ihn unangreifbar ist. Die Verbalformen sind als Imperf. consecut. zu lesen; ebenso in v. 24 ואחריב und ותחי. Es handelt sich um eine prahlerische Aufzählung dessen, was der Assyrer fertig gebracht hat. מָרֹם bei Jes statt מָלוֹן ist Schreibfehler veranlasst durch das vorausgehende מָרֹם. **24** Zum Ausdruck *fremde Wasser* = fremdes Gut vgl. Prv 5 15 9 17, zur Sache vgl. Num 20 17 ff. wo die Israeliten versprechen, beim Durchzug durch Edom kein Wasser aus seinen Brunnen zu nehmen und jedenfalls das Wasser zu bezahlen. Das „bohren" bezieht sich auf die Gewohnheit, vor dem Feinde alle Brunnen zu verschütten. Sanherib war übrigens nie in Ägypten, diese Prahlerei ist also ungeschickt gewählt. Eine Gotteslästerung enthalten die Worte in sofern, als jedes derartige Sich brüsten Gott gegenüber dessen Ehre angreift. Denn — und darüber wird sogleich der Prahler belehrt — **25** das alles konnte Assur nur vollbringen.

weil es von lange her von Jahwe so geordnet war (vgl. Jes 22 11 10 6ff). Dass der Assyrer das wissen soll, ist freilich eine Zumutung, wie sie vom ächten Jesaja und überhaupt in vorexilischer Zeit nicht gestellt wurde. Die Berufung auf die vorhergehende Verkündigung erinnert an Jes 41 21ff. Zu לַהְשׁוֹת (= לְהַשְׁאוֹת in Jes) vgl. GES.-KAUTZSCH²⁶ (§ 23 f.; 75 99). **26** קִצְרֵי יָד *kurz von Hand* = ohnmächtig ist, wie verschiedene andere Ausdrücke des Lieds, ein bei Deuterojesaja gerne gebrauchtes Bild (50 2 59 1); ebenso vgl. zu den folgenden Bildern der Vergänglichkeit Jes 40 6 ff. שָׂדֶה לִפְנֵי קָמָה *Brandkorn vor dem Halme* giebt keinen Sinn. „Brandkorn" passt überhaupt nicht neben Gras und Kraut als Bild der Vergänglichkeit. שָׂדֶה Jes *Gras ... des Gefildes* ginge an sich, aber passt schlecht zum Parallelismus „Gras der Dächer." Dasselbe gilt von KLOSTERMANNS Konjektur וּשְׁעָרִים *waldlose Höhen*. Abgesehen davon gäbe die Konjektur von THENIUS לִפְנֵי הַקָּדִים *Gras ... vor dem (sengenden) Ostwind* einen treffenden Sinn. WELLH. (bei BLEEK⁴ 257) schlägt vor zu lesen לִפְנֵי קָמָה und dies zum folgenden zu ziehen: *vor mir ist dein Aufstehen und dein Sitzen* etc., was sich vor allem dadurch empfiehlt, dass auf diese Weise der folgende Vers das fehlende Parallelglied erhält. **28** Die beiden Worte הִתְרַגֶּזְךָ אֵלָי sind aus Versehen doppelt geschrieben worden. Am besten streicht man sie am Schluss von v. 27, wo sie ohne ein Parallelglied nachhinken. Setzt man dann in v. 28 mit KLOSTERMANN ein בָּא zwischen beide ein, das sehr leicht ausfallen konnte, so erhält man auch hier einen mit dem folgenden gleich gebauten Parallelsatz. Der Assyrer wird einem wilden Tier verglichen, das mit Nasenring und Zaum vom Bändiger nach Belieben gelenkt wird. Zum Schluss der Weissagung vgl. das bei v. 33 bemerkte. **29** Hiskia erhielt ein Zeichen, das aber nicht den Charakter eines die Wahrheit der Verheissung verbürgenden Wunderzeichens hat, sondern den eines Erinnerungszeichens, das nachher als Beweis dient, dass Jahwe das Geschehene vorausgesagt hat. Das erste Glied ist als Feststellung einer bekannten Thatsache aufzufassen, an welche dann die Weissagung anknüpft: *heuer muss man essen, was von selbst wächst;* der Assyrer ist vor der Ernte ins Land gefallen und hat diese zerstört und geraubt, nur was nachwächst aus den ausgefallenen Körnern (סָפִיחַ vgl. Lev 25 5), kann eingeheimst werden. Die nächste Ernte wird ebenfalls keine richtige Ernte sein, denn die Assyrer werden erst zu einer Zeit abziehen, wo es für die richtige Feldbestellung zu spät ist. Man wird also in der nächsten Erntezeit nur ernten können, was das brachliegende Land von selber giebt (סָפִיחַ). Erst in der Saatzeit übers Jahr wird eine richtige Feldbestellung und in der Erntezeit übers Jahr eine volle Ernte möglich sein.

Die Erntezeit ist im Frühjahr (April—Mai), die Saatzeit im Spätherbst (Ende Oktober bis Dezember). Nach unserer Jahresrechnung waren also die Assyrer im Frühjahr des Jahres, in welchem Jesaja weissagt, schon im Lande und verliessen dasselbe frühestens gegen Ausgang des Jahres, wo eine Bestellung der Äcker mit Winterfrucht nicht mehr möglich war. Da nun Jesaja offenbar den Abzug der Assyrer in nicht allzulanger Ferne verkündigte, so kann er nicht schon bald nach der Ernte die Worte gesprochen haben. Auf der andern Seite muss die Aussage über das „zweite", das kommende Jahr eine Weissagung sein, d. h. es kann nicht für jedermann offenkundige Thatsache sein, dass die Feldbestellung für die nächstjährige Ernte unmöglich gemacht worden ist; das

Wort muss also einige Zeit vor Beginn der Pflügezeit gesprochen sein. Er redet aber im alten Jahr, d. h. die nächste Ernte gehört ins neue, „zweite" Jahr. Daraus folgt, dass diese Stelle den Jahresanfang ins Frühjahr legt. Dazu stimmt, dass „dieses Jahr", in welchem er redet, das Volk sich nähren muss von dem was bis zum Herbst aus der bei der Ernte ausgefallenen Frucht nachwächst und reift. Bei Jahresanfang im Herbst musste er sagen „im kommenden Jahr." Der Jahresanfang im Frühjahr ist erst im Exil von den Juden angenommen worden. (BENZINGER, Archäol. 198f).

**32—35** schliesst an v. 20 an s. das. Die Verkündigung, dass die Assyrer gar nicht an die Stadt herankommen werden, passt, wie S. 178 erwähnt, nicht zu den Ereignissen des Jahres 701.  **33** hat die Vorlage für v. 28 gegeben (statt אבֹא ist wie dort und in Jes das Perf. בָּא zu lesen). Das Orakel scheint ursprünglich mit v. 33 abgeschlossen zu haben, wie מִתַּעְנָּה zeigt; inhaltlich ist **34** überflüssig.  Auch **35—37** stimmen zum Sachverhalt des ersten Zuges Sanheribs nicht (v. 7, s. S. 178f.). Dagegen ist für einen späteren Zug Sanheribs die Geschichtlichkeit der Notiz v. 35 durch den Bericht HERODOTS (II 141) bezeugt, welcher erzählt, dass die Mäuse (Symbol der Pest) den König auf seinem Zug gegen Tirhaka zur Umkehr zwangen. Bald darauf wurde dann Sanherib ermordet v. 37. Ein Gott Nisrok ist sonst unbekannt. Die Mörder werden in LXX und Jes als Söhne des Königs bezeichnet, was hier nur im Kerē steht. Adrammelek wird auch sonst als Mörder Sanheribs genannt. (Nabonid Stele I 35; Babyl. Chronik III 34; EUSEB. chron. ed. SCHOENE I 27, 25—29 35 4ff. 17—22 vgl. WINCKLER Textbuch 51. 68). Sarezer und die Flucht der Mörder nach dem Lande Ararat (= Armenien) sind sonst nicht erwähnt. Esarhaddon regierte von 681—668.

## 20 1—11 Hiskias Krankheit.

Auch diese Prophetenlegende stammt aus der Jesajageschichte (s. oben S. 177), sie ist aber stark überarbeitet. v. 7 erzählt die Heilung als vollendete Thatsache infolge der Arzneimittel, die Jesaja anwendet, zugleich allerdings auch eine wunderbare Erhörung von Hiskias Gebet. Nur kann nicht ursprünglich erzählt worden sein, dass darauf hin erst Hiskia ein Zeichen verlangt habe dafür, dass er gesund werde. Das hat der Redactor des Jesajabuches eingesehen und hat deshalb den Vers ganz weggelassen. Eine jüngere Hand, die ihn vermisste, hat ihn nach unserem Bericht wieder eingetragen, aber nun so, dass er aus der Erzählung der Thatsache einen blossen Befehl Jesajas macht („man soll ein Feigenpflaster nehmen etc., dann wird er genesen"). Das brauchen ihm aber moderne Exegeten darum nicht nachzumachen. Die Randglosse ist dann dort in Jes erst hinter dem eingeschobenen Psalm Hiskias in den Text gekommen, wo sie jedenfalls nur einen Sinn hat in der Form unserer Erzählung. Auch dieses harmonistische Auskunftsmittel wird man besser nicht anwenden.

Die Erzählung das Zeichen betreffend, ist ihrerseits ebenfalls überarbeitet worden. Jes zeigt noch ihre ursprüngliche Form. Darnach wurde von Jesaja dem König einfach als Zeichen bestimmt, dass der Schatten der Sonnenuhr 10 Stufen rückwärts gehen werde. Auch in unserm Text („dies ist *das Zeichen* etc.") ist noch eine Spur davon erhalten s. auch הלך v. 9: *der Schatten ist . . . vorgerückt (und wird wieder zurück rücken)* vgl. STADE ZATW 1886, 184. Erst eine jüngere Hand hat dann das Mirakel noch gesteigert dadurch dass Jesaja dem König die Wahl zwischen dem leichteren und schweren Wunder überlässt; vgl. die analoge Steigerung der Wunder der Elisageschichte (S. 129). Dieser letztere Einschub ist erst erfolgt, nachdem die Geschichte von dem Zeichen bereits ihre Aufnahme im Königsbuch gefunden; er steht auf einer Stufe mit den Zusätzen zur Elisageschichte in II Reg I u.a. Als die Geschichte von Hiskias Krankheit vom Redactor in das Königsbuch übernommen wurde, war die Zeichengeschichte vielleicht schon eingeschoben.

1 Die Zeitangabe *in jenen Tagen* geht natürlich auf die in der Jesajageschichte vorhergehende Erzählung, die wir nicht kennen, jedenfalls nicht auf die Cap. 19 erzählte Geschichte (s. zu v. 12). Der Redaktor hat also hier eine Umstellung in der Reihenfolge seiner Quelle vorgenommen. Der Grund dafür lag möglicherweise darin, dass er selbst schon die Geschichte irrtümlicher Weise in die Zeit des Assyrereinfalls verlegte. Dann könnte er der Urheber der Zahlenangabe 18 13 sein. 3 לְבָב שָׁלֵם und הַטּוֹב בְּעֵינֶיךָ sind beim Redaktor beliebte Ausdrückte (vgl. I Reg 8 61 11 38 15 3 14 und die stereotypen Zeugnisse der Könige). 4 In Jes ist der Text stark gekürzt; hier viel anschaulicher. Statt הָעִיר ist natürlich הֶחָצֵר des Ḳerē zu lesen. Jesaja hat den „mittleren Vorhof" noch nicht verlassen (s. zu I Reg 7 8). 5 נְגִיד עַמִּי ist in der Prophetensprache der historischen Bücher beliebte Bezeichnung des Königs (I Sam 9 16 10 1 vgl. I Reg 1 35). 6 Über den Einschub der Assyrergefahr s. zu 18 18. Die Worte stammen aus 19 33 f. Dagegen hat sicher schon die Prophetenlegende die Zahl genannt, die nicht künstlich berechnet war. 7 Zum medizinischen Gebrauch der Feigen im Altertum vgl. PLINIUS. hist. nat. XXIII 63; er hat sich bis auf den heutigen Tag erhalten. Jes hat וְיִמְרְחוּ *sie sollen* den Feigenkuchen *aufschmieren*. Wegen שְׁחִין an Pestbeulen zu denken, ist nicht notwendig, das Wort bezeichnet auch andere Geschwüre. 9 Auf seinen Wunsch erhält Hiskia ein Zeichen und zwar wird ihm nach dem jetzigen Text (vgl. oben) die Wahl gelassen. Deshalb ist v. 9ᵇ als Doppelfrage zu lesen: הֲיֵלֵךְ *soll* der *Schatten vorrücken?* Das Zurückrücken des Schattens erscheint 10 als noch wunderbarer, noch mehr gegen die Natur gehend, als sein plötzliches Vorwärtsrücken. Das Phänomen ist wahrnehmbar 11 an den *Stufen des Ahas;* darunter können wir uns nicht gut etwas anderes denken, als eine Art Sonnenuhr, an welcher das Vorrücken des Schattens nach dort angebrachten Stufen gemessen werden konnte. בְּמַעֲלוֹת אֲשֶׁר יָרְדָה erklärt sich nur aus dem Text von Jes. wo die Sonne (שֶׁמֶשׁ ist oft Femininum) und nicht der Schatten (צֵל ist Maskulinum) das Subjekt ist. Die Überfüllung unseres Textes kommt, wie KLOSTERMANN richtig erkennt, daher, dass der Interpolator, welcher die Wahl des Zeichens einfügte, den Text dadurch „verbesserte", dass er die Sonne am Himmel stehen und nur den Schatten an der Uhr des Ahas auf- und absteigen liess.

### 12—19 Die Gesandtschaft Merodach-Baladans.

Fast gleichzeitig mit Sargons Regierungsantritt (722) hatte der Chaldäerfürst Merodach-Baladan (babyl. Marduk-habal-iddina) sich Babylons bemächtigt und mit Hilfe der Elamiter 721 oder 720 Sargon geschlagen. 710 wurde er von Sargon wieder vertrieben, um 702 noch einmal, aber nur auf die kurze Dauer von 9 Monaten gegen Sanherib Babel zu besetzen. Eine Gesandtschaft desselben nach Palästina hatte natürlich nicht bloss den Zweck einer platonischen Höflichkeitsbezeugung. Offenbar wollte Merodach-Baladan auch die Westreiche für sich gewinnen und zum Abfall von Assyrien reizen; wovon unser Erzähler allerdings nichts berichtet. Das zeitliche Zusammentreffen mit Hiskias Genesung braucht darum natürlich nicht unmöglich zu sein. In die Zeit seines kurzen zweiten Erfolgs fällt diese Gesandtschaft schwerlich. Am besten passt sie in die erste Zeit seiner Regierung in Babel. Vgl. WINCKLER, Alttest. Unters. 138 ff.

12 Statt בְּרֹאדַךְ lies mit Jes מְרֹאדַךְ, ebenso am Schluss וַיֶּחֱזָק *er war wieder*

*genesen* statt וַיֶּחֱזַק, und in **13** יִשְׂמַח statt יִשְׁמַע, *Hiskia freute sich*, alles leicht erklärliche Schreibfehler. בֵּית נְכֹתֹה kann dem Sinne nach hier nichts anderes bedeuten als „Schatzhaus" (Targ. Syr. LXX Luc.); es ist nach Fr. Delitzsch u.a. ein Fremdwort = Assyr. bît nakamti von nakâmu = aufhäufen. Kostbare Spezereien und Öl gehören ebenfalls in die Schatzkammer eines morgenländischen Fürsten vgl. I Reg 10 10. Das Zeughaus dürfte das „Libanonwaldhaus" sein, das auch Jes 22 8 als Waffenhaus genannt wird. Der Erzähler, der von politischen Gründen nichts weiss, sieht darin nur eine Prahlerei, wie in den Worten Hiskias 15: „von weit her sind sie gekommen". Eine Sünde ist das nicht, er wird auch darob nicht weiter getadelt, aber Jesaja wird dadurch daran erinnert, dass einst diese Schätze alle zu den Babyloniern kommen sollen, die sie jetzt betrachtet haben — ein sehr ungeschicktes vaticinium ex eventu. Der ächte Jesaja hätte erstens um die politische Seite der Sache sich gekümmert, zweitens den Hiskia wegen seines Liebäugelns mit den Gegnern Assurs gescholten und drittens mit den Assyrern und nicht mit den Babyloniern gedroht. **18** אֲשֶׁר תוֹלִיד ist als falsche Glosse zu streichen; die von Hiskia selbst gezeugten Söhne haben das Exil nicht erlebt. Der Erzähler muss übrigens von einem derartigen Schicksal eines oder mehrerer Davididen gehört haben, denn frei erfunden kann das nicht sein. **19** Dass Hiskia die Drohung Jahwes als „gütig" bezeichnet haben soll, ist ihm doch zuviel zugemutet, obwohl er an fatalistischer und egoistischer Gottergebung das Mögliche leistet. Der Sinn seiner Äusserung ist vielmehr: Gottes Wort ist wie alles was von ihm angeordnet wird recht, und ich füge mich darein. Er hat gut so reden, denn bei sich denkt er: solange ich lebe, wirds ja Frieden sein. Gross und edel wird man diese Denkweise nicht finden. Der Erzähler — und das ist das bezeichnendste — merkt es offenbar gar nicht, wie wenig gut sein Held bei der ganzen Geschichte wegkommt. Der angegebene Sinn von v. 19ᵇ ist durch Jes (כִּי יִהְיֶה שָׁלוֹם) gesichert: אִם dürfte als exegetische Glosse zu streichen sein.

**20 21 Schlussformel.** Eine sachliche Notiz ist den stereotypen Formeln hier eingefügt, dass Hiskia *Teich und Wasserleitung gemacht und das Wasser in die Stadt geleitet*. II Chr 32 30 erklärt dies deutlicher dahin: *er verschloss den obern Ausfluss des Gichon und leitete das Wasser hinunter in westlicher Richtung von der Stadt Davids*, bezieht also die Nachricht auf den sogenannten Siloakanal. An der Richtigkeit dieser Angabe zu zweifeln, liegt kein Grund vor.

Stades Einwand (Gesch. Isr. I 593 Anm.), dass Jes 8 6 den Kanal als älter voraussetze, ist hinfällig, seit neben dem unterirdischen ein noch älterer oberirdischer Kanal von der Marienquelle zum Siloateich aufgefunden worden ist. Der Zweck des Kanalbaus ist, das Wasser in Kriegszeiten der Stadt zu sichern. Die oberirdische Leitung hatte im Krieg wenig wert, deshalb wurde (von wem, wissen wir nicht) ein unterirdischer Gang zur Quelle gegraben und schliesslich von Hiskia durch die unterirdische Leitung das Wasser ganz dem Feinde entzogen; der Eingang zum „oberen Ausfluss", der heutigen Marienquelle (Gichon s. zu I Reg 1 33), wurde verschüttet. In diesem Kanal wurde 1880 die älteste hebräische Inschrift, die demnach aus Hiskias Zeit stammt, gefunden (Benzinger Archäol. 52 ff; Baedeker Paläst.⁴ 98 f.).

## II. Manasse von Juda 21 1-18 (vgl. II Chr. 33. 1-20).

Von Manasse erhalten wir nichts berichtet, als ein langes Sündenregister v. 2-16. In demselben zeigt v. 2ᵃ den Stil des älteren Redaktors. Aus dem folgenden hebt sich die Drohrede v. 11-15 als ein zusammenhängendes Ganzes heraus, in welchem das Exil vorausgesetzt wird (v. 13), eine der Prophetenreden des jüngeren Redaktors. Dazu bildet v. 7-10 eine Art Vorbereitung; auch hier wird das Exil vorausgesetzt (v. 8); die Verse sind deshalb derselben Hand zuzuschreiben. Das Ganze soll erklären, wie Jahwes Verheissungen recht gut mit dem Exil zusammengehen, ein Gedanke, der auch sonst den nachexilischen Redaktor beschäftigt und zu Änderungen und Zusätzen veranlasst hat (vgl. I Reg 8 15-26 9 1 ff.). Aus den zusammenhanglosen Sätzen v. 2ᵇ-6 passt weiterhin v. 5 hieher; stilistisch ist ein guter Anschluss da und inhaltlich verbindet v. 5 und 7 der Gedanke, dass Manasses Götzendienst darum doppelt schwer wiegt, weil er ihn im Tempel selbst treibt. Die „beiden Vorhöfe" des Tempels v. 5 sind jedenfalls nachexilisch, der Salomonische Tempel hatte nur einen (s. zu I Reg 6 36 7 17 und den Plan S. 26). V. 4 und 6 sind schon an ihrer Konstruktion (Perfekta) als nicht zu diesem Stück gehörig erkenntlich. Sachlich stört v. 6 die gute Ordnung v. 5 7-10; v. 4 ist grossenteils eine Wiederholung von v. 7, neben den bestimmten Angaben v. 5 und 7 hat die allgemeine Erwähnung von Altären ohne Angabe des Gottes, dem sie gehören, keinen Platz. V. 3ᵇ kann mit v. 5 7-10 zusammengehören; die allgemeine Notiz über diese Formen des Götzendienstes wird dann im folgenden durch Hervorhebung des Ortes desselben näher ausgeführt. V. 3ᵃ aber hat die Interpolation von 18 4 zur Voraussetzung, welche aus stilistischen Gründen nicht dem jüngeren Redaktor zugeschrieben werden kann. Dagegen stimmt v. 2ᵇ genau zu 17 8 und ist deshalb wie jene Stelle dem jüngeren Redaktor zuzuweisen. Damit hat dieser seinen Zusatz angeknüpft, der also v. 2ᵇ 3 7-15 umfasst, ein Sündenregister mit ganz guter Ordnung: als Überschrift die Bezeichnung als kanaanitische Gräuel (v. 2ᵇ); als solche betrachtet der Redaktor (wie 17 8 ff.) die Baalsaltäre, die Aschera (beides in Nachahmung von Ahab) und den Gestirndienst (v. 3ᵇ). Dass letzterer (v. 5) im Tempelvorhof betrieben und die Aschere (v. 7) im Tempel selbst aufgestellt wird, ist besonders erschwerend gegenüber der Verheissung an David und Salomo, welche derselbe jüngere Redaktor in I Reg 8 15 9 3 vgl. 7 11 betont hat. Der Vergleich mit 17 16f. zeigt den Grund des Zusatzes v. 6: ein Leser hat unter den kanaanitischen Gräueln diese vermisst. Ein anderer giebt für die Baalsaltäre von v. 3ᵇ die fehlende nähere Bestimmung ihres Orts in v. 4 (ganz nach v. 7). Für den älteren Redaktor bleibt somit ausser v. 1 und 2ᵃ nur noch v. 16. Derselbe zeigt auch in seiner kurzen Anführung der Sünde Manasses, dass der Redaktor darüber nicht ausführlich berichten wollte.

**1—16 Einleitungsformel.** 1 LXX Luc. giebt Manasses Alter auf 10 Jahre an. 3 Zur Frage nach der von Hiskia berichteten Kultusreform s. S. 177. Zu v. 3ᵇ vgl. I Reg 16 32 33. Der Gestirndienst ist aus Assyrien zu den Judäern gekommen. Seine allgemeine Annahme in Juda ist nur ein Symptom des vollständigen Anschlusses an Assyrien: man fühlte sich ganz als Provinz dieses Reiches und suchte sich möglichst rasch in dessen ganze Kultur einzuleben. 6 Zum Kinderopfer vgl. 16 3. הִרְבָּה dürfte besser gegen die massor. Interpunktion nach LXX mit dem Vorangehenden zu verbinden sein: *er bestellte Zeichendeuter* in Menge. Mit Chr lies לְהַכְעִיס. 7 Zu Jahwes Verheissung s. oben. 11 הֵרַע der Mass. könnte nur als Nachsatz übersetzt werden *daran hat er übler gehandelt als*, aber der Nachsatz beginnt erst mit v. 12; deshalb ist mit KLOSTERMANN רֵעַ zu lesen als Apposition zu תֹעֵבוֹת. 13 Zu den Bildern für die Zerstörung vgl. Am 7 7 Jes 34 11. Messschnur und Setzwage braucht man beim Bauen, für das Zerstören sind es eigentümliche Bilder. Der Ursprung der Phrase dürfte, was die Setzwage betrifft, in dem angeführten Gesichte Amos' zu suchen sein. Bei קו darf man an Am 7 17 denken (vgl. Jos 17 5 14 u. a.), wonach man die Messchnur (sonst allerdings überall חבל) braucht, um das Land auszuteilen, nachdem die Stadt zum Erdboden gemacht ist. Mit KLOSTERMANN lies מדה וקו und vgl. zu diesem Gebrauch der Inf. absol. GES.-KAUTZSCH 26 § 113 r s. **16** Nach der Legende soll Jesaja unter Manasse getötet worden sein.

**17 18 Schlussformel.** **17** וחטאתו אשר חטא dürfte Zusatz sein; sonst ist nirgends in der Schlussformel von der Sünde der Könige die Rede. **18** Er wird begraben „im Garten seines Palastes im Garten Ussas". Das braucht kein Widerspruch zu sein. Wenn Ussa — Asarja war (s. zu 15 1 ff.), so könnte ganz gut ein von Asarja angelegter Garten in der Burg gemeint sein, bzw. kann der Ausdruck ביתו statt המלך auf einen von Manasse im „Garten Ussas" erbauten Palast gehen. Chr giebt nur den ersten, LXX hier nur den zweiten der beiden Ausdrücke, die demnach als gleichbedeutend angesehen wurden. Von Hiskia an wurde kein König mehr in den „Königsgräbern" begraben.

### III. Amon von Juda 21 19–26 (vgl. II Chr 33 21–25).

**19–22 Einleitungsformel.** **19** Jotba lag nach HIERON. im Stamme Juda, sonst ist es ganz unbekannt.

**23–26 Schlussformel.** **24** Ob mit עם הארץ das Landvolk im Gegensatz zu den Jerusalemitern oder das ganze wehrbare Volk im Gegensatz zu den Palastbeamten (mit der Leibwache?) gemeint ist, lässt sich nicht sagen, vgl. Cap. 11. **26** LXX Luc. hat בקבר אביו *im Grabe seines Vaters* gelesen, was besser sein dürfte s. zu v. 18.

### IV. Josia von Juda 22 1–23 30 (vgl. II Chr 34 1–35 27).

Der Bericht über Josias Reform ist wie alle Geschichten, welche die späteren besonders lebhaft interessierten, stark überarbeitet. Zunächst sind eine Reihe von einzelnen Zusätzen auszuscheiden (22 5b 6 23 4b 5 7b 8b(?) 14 16–20), und auch sonst Spuren der Glossatorenarbeit zu konstatieren (z. B. הבמות 22 8 u. a.). Der übrig bleibende Text zeigt sodann sehr starke Eingriffe von der Hand beider Redaktoren. Dem jüngeren Redaktor gehört das Orakel der Hulda an. Der Eifer, mit welchem Josia ans Werk der Durchführung des Gesetzes geht, zeigt, dass die ursprüngliche Antwort doch nicht so trostlos war, sondern für den Fall des Gehorsams eine glückliche Zukunft verhiess. Die feste Überzeugung des Volks war es ja auch bis zur Schlacht von Megiddo, dass sie jetzt Gottes Wohlgefallen wieder erworben hatten (vgl. auch STADE Gesch. Isr. I 652). Da der geschichtliche Verlauf der Dinge diesen Irrtum korrigierte, so war es fast notwendig, unser Orakel dem anzupassen. Es geht auch sonst das Bestreben des jüngeren Redaktors dahin, Verheissungen mit der Thatsache des Exils in Einklang zu bringen (s. oben S. 188). Äusserlich verrät die doppelte Überschrift v. 15 und 18 die Überarbeitung. In dem zweiten der jetzt verbundenen Orakel, dem über den König selbst (v. 15 ff.), sind vielleicht noch Spuren des ursprünglichen Orakels erhalten (s. zu d. St.); das erste ist freier Zusatz des Redaktors. Ebenso ist 23 25b–27 deutlich exilisch und gehört ganz dem sonstigen Gedankenkreis des zweiten Redaktors zu, wo (v. 21 ff.) der eigentliche Bericht über die Feier ausgefallen zu sein scheint (s. zu d. St.), und mit damit zusammenhängenden Umstellungen 23 8 ff. (s. das.). Ob der eine oder andere der oben ausgeschiedenen Zusätze auf seine Rechnung kommt, lässt sich natürlich nicht sagen. Da die Prophetenlegende I Reg 13 spätestens von seiner Hand eingefügt ist, so kann auch 23 16-18 von ihm zugesetzt sein. Dass schon vorher der ältere Redaktor bei der für ihn wichtigsten Geschichte stärker eingegriffen hat, ist erklärlich. Sein Stil tritt uns deutlich entgegen in 23 3 und in dem Urteil über Josia 23 25, mit welch' letzterem Vers v. 24 zusammengehört. Auch 23 13 rührt wohl von ihm her. Dass er aber die ganze Erzählung nicht aus seinen schriftlichen Quellen genommen, sondern selbst erzählt habe, wie vielfach (vgl. z. B. Kamphausen bei Kautzsch) angenommen wird, scheint umsoweniger wahrscheinlich, als die Erzählung in engster sachlicher und sprachlicher Verbindung mit dem der „Tempelgeschichte" entnommenen Bericht 12 5-17 steht (vgl. Well. bei Bleek⁴ 258). Kuenen (Einl. § 25, 15) u. a. erklären dies allerdings aus litterarischer Abhängigkeit, eine Möglichkeit, die natürlich an sich zuzugeben ist. Allein der behauptete grosse Unterschied im ganzen Charakter zwischen jenen und unserer Geschichte ist nach Streichung der Zuthaten der Redaktion doch keineswegs so erheblich. Auch jene Erzählungen können ganz gut nachdeuteronomisch sein. Man muss sich die Sache nur nicht so vorstellen, als ob durch Bekanntwerden des Dtn nun mit einem Schlag auch die ganzen Vorstellungen über die Vergangenheit andere geworden wären. Dazu kommt, dass diese „Tempelgeschichte", wenn sie ein einheitliches Werk eines Verfassers war, ja doch jedenfalls nur auf Grund älteren Quellenmaterials geschrieben sein konnte; dass aber der Verfasser derselben, weil er nach Auffindung des Dtn schrieb, schon die Methode unseres Redaktors müsse angewendet haben, wird man nicht behaupten wollen.

**22 1-2 Einleitungsformel.** Bozkath ist ein sonst unbekannter Ort in der Ebene Juda (Jos 15 39). Nach 23 36 war Jojakim im Todesjahr Josias 25 Jahr alt. Josia müsste ihn also im 13. Lebensjahr gezeugt haben.

**3-20 Auffindung des Gesetzes.** 3 LXX giebt noch genauer den 8. Monat an; hiezu vgl. bei 23 23. 4 Dass הגדול hier (und 22 8 & 23 4) eingeschoben ist, zeigt schon der Umstand, dass v. 10 12 14 23 24 Hilkia nur als הכהן bezeichnet wird. Statt תם des Hebr. *er soll fertig machen*, was keinen Sinn giebt, las LXX Vat. התם *versiegle*, Luc. ותם *schüttet aus*, was aber Korrektur nach v. 9 ist. Ersteres ist vorzuziehen. Über das Verhältnis zu 12 10ff. s. oben. Von dorther kann v. 4b als erklärende Dublette zu המוצא gekommen sein, doch kann es auch ursprünglich sein, da 12 10 ebenfalls beide Ausdrücke neben einander stehen. Sicher sind 5ᵃ u. ᵇ Dubletten. Wegen v. 19 (s. das.) ist v. 5ᵃ für ursprünglich zu halten; das bezeugt weiter noch der Singul. ויתן (so auch LXX Luc.), den Mass. nach 12 11 als Pluralis lesen will. Dazu ist dann v. 5ᵇ als Variante in den Text gekommen, der Schluss לחזק בדק הבית gehört natürlich zum Text selber. Ein späterer Leser hat dann das Bedürfnis gefühlt, in 6 7 nach 12 12 f. die einzelnen Handwerker nachzutragen. Die Dublette v. 5ᵃ und ᵇ war aber störend; ein doppelter Versuch, sie zu beseitigen, wurde gemacht: die einen fassten es so, wie jetzt 12 12 verstanden werden muss, dass das Geld durch Vermittlung der Werkmeister an die Arbeiter kam (so Mass.), die andern (so LXX Luc. vgl. Chr.) betrachteten v. 5ff. als Bericht über die Ausführung des Befehls, wie ein solcher allerdings vor v. 8 zu erwarten wäre. 8 Der Ausdruck תורה ist selbstverständlich im Sinne des Deuteron. gemeint als schriftlich fixiertes Gesetz. Dieses „Buch" wird von Saphan gelesen, ehe er es dem König bringt, wie es 10 dem König von Saphan vorgelesen wird. Den Schluss auf den Umfang des Buches verstand sogar der Chronist zu ziehen und weil ihm sicher stand, dass es sich hier um den ganzen Pentateuch handle, so korrigierte er den Text darnach: in v. 8 liess er וַיִּקְרָאֶהָ ganz weg, in v. 10 verbesserte er es in וַיִּקְרָא בּוֹ *er las daraus vor*. Die moderne Apologetik hat nicht versäumt, diesem Wink zu folgen. 9 Im Bericht über die Ausführung des Befehls kann die Hauptsache, die Bemerkung über die Aushändigung des Geldes an die Handwerksleute, unmöglich fehlen. וַיִּתְּנֻה עַל־ u. s. w. ist also hier ursprünglich. Demgemäss stand es auch im Befehl selbst wörtlich so (v. 5 s. o.). 11—13 Der Schrecken des Königs und seine Worte über Jahwes Zorn (v. 13) erklären sich nur, wenn in dem Buche mit schweren Strafen gedroht war; die Folgerung, dass Jahwes Grimm gross sei, kann Josia nicht aus den einfachen Bestimmungen des Gesetzes gezogen haben. עֶבֶד הַמֶּלֶךְ erscheint hier als Titel eines hohen Beamten. Was dessen Amt war, erfahren wir nirgends; der Titel begegnet uns auch auf einem alten Siegel (Benzinger Archäol. 310f.). Statt עָלֵינוּ (v. 13) ist mit LXX Luc. und Chr עָלָיו *was in demselben* (dem Buch) *geschrieben steht* zu lesen. 14 Die Prophetin Hulda ist die Frau eines hohen Palastbeamten, des Aufsehers über die königliche Garderobe (vgl. 10 22). Sie wohnt in Jerusalem *im zweiten Stadtbezirk*, einer Bezeichnung, welche Zph 1 10 ebenfalls sich findet. Welcher Stadtteil damit gemeint ist, wissen wir nicht. Neb 3 9 12 erscheint die Stadt in zwei Bezirke geteilt; bei dieser Einteilung scheint die stets mit ihrem besonderen Namen genannte „Davidstadt", die Altstadt, ausgeschlossen gewesen zu sein. Dass man zu Hulda geht, und nicht zu Jeremia, fällt auf; ob man wohl bei Hulda ihrer Antwort sicher war, während Jeremia nicht eingeweiht war? Jedenfalls scheint Hulda beim Volk — denn darauf kommt es jetzt hauptsächlich an — sehr angesehen gewesen zu sein, was man von Jeremia nicht ohne weiteres sagen kann. Als Prophetin im grossen Stil eines Jesaja und Jeremia kann man sich die Frau nicht gut denken, wohl aber als Prophetin (Schauerin) für die Bedürfnisse des täglichen Lebens. 15 Über das ursprüngliche Orakel und seine Überarbeitung s. oben. Gegenüber dem „König von Juda" v. 18 dürfte „der Mann, der euch gesandt hat" ursprünglich sein. 18 Der Schluss הַדְּבָרִים אֲשֶׁר שָׁמָעְתָּ giebt keinen Sinn. LXX Luc. *weil du meine Worte gehört hast und dein Herz* etc. bietet offenbar nur eine sehr nahe liegende Korrektur des ihr unverständlichen Textes. Das וְגַם א v. 19 Schluss führt darauf, hier den entsprechenden Vordersatz zu suchen und hinter אֲשֶׁר ein דִּבַּרְתִּי einzusetzen: *auf die Worte die ich geredet* [zu deinen Vätern] *hast du gehört* — *so habe auch ich* [auf deine Worte] *gehört*. Dieser kurze Spruch dürfte ein Teil des ursprünglichen Orakels sein; 19 verdirbt durch seine überflüssige Ausmalung dessen, inwiefern Josia auf Jahwes Worte gehört hat, die ganze Pointe des Spruchs. Überdies passt v. 19b sachlich gar nicht zu 20: was Josia mit seinem Befragen Jahwes will, ist nicht Verschonung auf ein paar Jahre, solange er lebt, sondern ein Gottesspruch, der ihm den Weg zur Rettung überhaupt zeigt. Dazu passt dann diese Einleitung v. 18b + 19b ganz gut.

**23 1—27 Die Reinigung des Gottesdienstes.** 1—3 König und Volk treffen eine Abmachung (בְּרִית) vor Jahwe, das neue Buch als Gesetzbuch zu befolgen. Der Ausdruck סֵפֶר הַבְּרִית (v. 2) statt סֵפֶר הַתּוֹרָה (22 8 11) verrät die redactionelle Überarbeitung. Bezeichnend ist in dieser Hinsicht der Zusatz in LXX Luc. zu v. 3: *er schloss den „Bund"* τὴν εὑρεθεῖσαν ἐν τῷ οἴκῳ κυρίου. Zum סֵפֶר הַבְּרִית ist das Buch eigentlich erst geworden durch den hier erzählten Vorgang. Zum Standort des Königs vgl. II Reg 11 14. **4** Die Aschera erscheint hier als weibliche Gottheit neben Baal. Gegenüber von v. 6, wo sachlich richtig der heilige Pfahl im Tempel genannt wird, weist sich dadurch v. 4 als späterer Zusatz aus. Da 25 18 (= Jer 52 24) nur *ein* „zweiter Priester" genannt ist, wird auch hier der Singul. zu lesen sein. Der Ausdruck zeigt zugleich, dass הַכֹּהֵן הַגָּדוֹל nicht ursprünglich ist, dem כֹּהֵן הַמִּשְׁנֶה entspricht der כֹּהֲנֵי הָרֹאשׁ (25 18). Statt בַּשָּׂדֵמוֹת scheint Luc. (ἐν τῷ ἐμπυρισμῷ) בַּמִּשְׂרָפוֹת *in den* (Schmelz- oder Kalk-)*Öfen* gelesen zu haben, was KLOSTERMANN in den Text aufnimmt. Allein nötig sind solche Öfen zum Verbrennen der Aschera etc. nicht, auch Hebr. *in den Gärten des Kidronthales* giebt einen ganz guten Sinn. Ebenso ist angesichts des Zusatzes v. 19f. die Notiz, dass Josia mit der Asche das Heiligtum in Bethel verunreinigt habe, dem späteren Glossator schon zuzutrauen. Jedenfalls sind alle Korrekturen rein geraten, da die Übersetzungen alle בֵּית־אֵל gelesen haben. **5** gehört mit v. 4 zusammen und weist sich schon durch die Konstruktion (Perfekt) als Einschub in die alte Erzählung aus. Dass auch die Höhenpriester königliche Beamte waren, ist sonst nirgends gesagt und auch nicht wahrscheinlich. Statt וַיְקַטֵּר ist der Plur. zu lesen. Hier und v. 8 ist deutlich, dass קטר vom Opfer überhaupt, nicht vom Räuchern gebraucht ist. **6** gehört dem ursprünglichen Bericht an vgl. zu v. 4ᵇ. קֶבֶר בְּנֵי הָעָם ist der Friedhof der Armen; die Vornehmen haben ihre Familiengruft auf ihrem Grundeigentum, für die Armen und für die Fremden war ein solcher nicht sehr in Ehren stehender (vgl. Jer 26 23) allgemeiner Begräbnisplatz gut genug. **7** Dass es männliche und weibliche Hierodulen im Jahwedienst jener Zeit gab, wird auch durch Am 2 7 und Dtn 23 18 bestätigt. In v. 7ᵇ erscheint die Aschera wieder als Göttin; der Verfasser dieses Zusatzes scheint auch nicht mehr recht gewusst zu haben, wozu die Kedeschen da waren, wenn er sie zu Weberinnen macht. „Häuser" werden nicht „gewoben" und sind auch keine „Kleider" (HIERON. *quasidomunculas*). Da LXX Vat. das betreffende hebr. Wort mit χεττιειμ umschreibt, so ist einige Wahrscheinlichkeit vorhanden (KLOSTERMANN), dass ursprünglich כתים = כְּתֻנוֹת dastand (LXX Luc. στολάς). Im Unterschied von v. 5 gehört **8**ᵃ dem ursprünglichen Bericht an. Zur Grenzbestimmung vgl. I Reg 5 1; zu Geba vgl. I Reg 15 22. Sachlich gehört mit v. 8ᵃ aufs engste zusammen die Notiz **9**, dass die Bamapriester sich nicht am jerusalemitischen Opferdienst beteiligen durften. Offenbar ging die Absicht des Königs dahin, dieselben in die Tempelpriesterschaft aufzunehmen, wie dies das „Gesetzbuch" als das selbstverständliche hinstellt (Dtn 18 1-8). Aber nur an den Einkünften bekommen sie jetzt Anteil. Der Ausdruck hiefür ist übrigens sonderbar: Mazzen sind nicht die Nahrung der Priester überhaupt, sondern die Speise des Passahfestes. Ob am Ende der Anfang von v. 8ᵇ zusammen mit v. 10 zu der Erzählung von der Passahfeier v. 21 ff. gehörte? (ähnlich KLOSTERMANN). Es ist gut denkbar, dass der Verfasser, der von dem Kampf, ohne welchen sich diese Umwälzung nicht vollzogen, ganz schweigt, die Sache so darstellte, als ob an dem berühmten Passah auch diese

Frage geregelt worden wäre. Sachlich möglich ist es auch in der That, dass bei dieser Gelegenheit zum erstenmal die Frage brennend wurde, was mit den Bamapriestern geschehen sollte. Der Bericht über die Feier des Passah selbst ist in v. 21 ff. ausgefallen (s. zu d. St.). Die Heraufnahme dieser Sätze hierher mag dadurch veranlasst sein, dass der Rest von v. 8ᵃ und 8ᵇ die Abschaffung der Höhen berichtet, an welche sich die Notiz über das Schicksal der Höhenpriester am besten anschloss. Unter dieser Voraussetzung kann auch 8ᵇ, ein Satz, der sonst als störender Einschub erscheinen müsste, für ursprünglich gelten: das Schicksal der Jahwehöhen teilen auch die Höhen der Feldteufel. Statt הַשְּׁעָרִים *der Thore* ist mit GEIGER u. a. הַשְּׂעִירִים zu lesen (vgl. II Chr 11 15 Lev 17 7), vielleicht auch statt בָּמוֹת mit LXX (οἶκον) בֵּית. An dem angegebenen Ort konnte wohl ein „Haus der Feldteufel", aber nicht wohl „Höhen" (in der Mehrzahl) liegen. Der mass. Text ist notwendig nach LXX Luc. durch Einsetzung von בָּא nach אִישׁ zu ergänzen: *links wenn man zum Stadtthor hereinkommt* (zu welchem Stadtthor, wird leider nicht gesagt) *liegt das Thor des Stadthauptmanns Josua.* Auch der Inhalt der Notiz spricht dafür, dass dieselbe ursprünglich ist, die Zusätze zum Bericht sind alle allgemeiner gehalten. Aus demselben Grund ist 10 dem Erzähler zuzuweisen. Auffallend ist allerdings hier und v. 8ᵇ das inkorrekte Perfekt. Da jedoch der ganze Bericht in seiner jetzigen Form sehr ungeordnet ist und bei der Überarbeitung Umstellungen vorgenommen wurden, ist gut denkbar, dass bei dieser Gelegenheit der nachlässige Bearbeiter das Perfekt schrieb. Tophet ist nach ROB. SMITH (Rel. of Semites² 277 Anm.) aramäische Bezeichnung eines Feuerplatzes. Der מֶלֶךְ, dem die Kinder geopfert wurden, ist natürlich Jahwe unter dem Titel des Königs; zur Vokalisierung *molekh* vgl. I Reg 11 7. Das Hinnomthal ist das heutige *Wâdi er-Rabâbi*, welches das Plateau von Jerusalem auf der Südseite vom „Berg des Bösen Rates" trennt (BAEDEKER Paläst.⁴ 100 ff.). Der abgekürzte Name Gehinnom (Geenna Mt 5 22) ist bei den Juden und Muhammedanern Bezeichnung der Hölle geworden, so sehr hat das hier Erzählte das Thal zu einem Gegenstand des Abscheus gemacht. 11 „Parvarim" ist nach I Chr 26 18 im Westen des Tempels gelegen; nach unserer Stelle scheint es ein Anbau an der Mauer mit Wohnungen zu sein. Auch Hesekiel kennt ein solches Hintergebäude (41 12 15), aber giebt ihm keinen besonderen Namen. 12 Das Dach ist natürlich das des Tempels, das im Text unmögliche עֲלִיַּת אָחָז *Söller des Ahas* kann nur als Glosse zu הַגָּג hereingekommen sein; Ahas mag auf dem Tempeldach eben für die Opfer auf diesen Altären eine Schatten gebende עֲלִיָּה (vgl. II Reg 4 10) errichtet haben. Die Worte וְאֶת־הַמִּזְבְּחוֹת bis בֵּית יהוה sind Zusatz eines Lesers nach 21 5 (vgl. das.). וַיָּרָץ מִשָּׁם *er lief von dort hinweg* ist sinnlos. LXX Luc. giebt ausführlicher καὶ καθεῖλεν αὐτὰ ἐκεῖθεν καὶ ἐξήνεγκεν αὐτὰ καὶ συνέτριψεν. Darnach kann man וַיָּרֻצַּם korrigieren, aber wie diese Zusätze zeigen, kann ἐξήνεγκεν schon Konjektur sein. Auch der Schluss mit dem Perfekt וְהִשְׁלִיךְ scheint der ausmalenden Thätigkeit eines Lesers (wie solche in LXX Luc. ganz deutlich ist) zu entstammen. 13 ist auf Grundlage von I Reg 11 7 gearbeitet und jedenfalls nicht Bestandteil der ursprünglichen Erzählung. Aus dem „Ölberg" (vgl.

HOFMANN ZATW 1882 175) ist in der Überlieferung ein „Berg des Verderbers" bei HIERON. mons offensionis, heutzutage „Berg des Ärgernisses" geworden, eine Deutung, welche die Götzenbamot nahelegten. Als solcher wird heute die südlichste Kuppe des Ölbergs (im weiteren Sinn) bezeichnet, der *Dschebel Batn el-Hawâ* (BAEDEKER Paläst⁴ 97f.). **14** Der mit einem Perfekt eingeleitete Satz, der nur eine ganz allgemein gehaltene Notiz bringt, die schon v. 8ᵃ berichtet wird, ist späterer Zusatz. **15** Eine Bama, auf welcher ein Altar steht, kann man nicht verbrennen. Also ist das dritte הַבָּמָה jedenfalls Textfehler und auch die beiden ersten sind erklärende Zusätze. Da v. 15ᵇ auch von einer Aschera, die selbstverständlich bei diesem Altar war, spricht, kann man den sinnlosen Text v. 15ᵇ nach v. 6 korrigieren: *er verbrannte die Aschera und zermalmte sie zu Staub.* LXX hat וַיְשַׁבֵּר אֶת־אֲבָנָיו *er zertrümmerte seine Steine* gelesen. Auch hier scheint die Hand eines Glossators thätig gewesen zu sein, vgl. die in einer ordentlichen Erzählung unmöglichen Perfekta. Zu **16 18** vgl. S. 90 91, wonach der Zusatz samt der Prophetengeschichte I Reg 12 33ff. einem Midrasch entstammt. Auf dem bereits niedergerissenen Altar (v. 15) können die Gebeine aus den Gräbern nicht mehr verbrannt werden. LXX hat hinter אִישׁ הָאֱלֹהִים **16** noch folgendes gelesen כַּאֲשֶׁר יָרָבְעָם עַל־הַמִּזְבֵּחַ בְּחַג וַיִּפֶן יֹאשִׁיָּהוּ וַיִּשָּׂא עֵינָיו אֶל־הַקֶּבֶר אִישׁ הָאֱלֹהִים *als Jerobeam am Feste auf dem Altar stand; und Josia wandte sich um und richtete seinen Blick auf das Grab des Gottesmannes, welcher* etc. Die Worte dürften in Hebr. aus Versehen (Abgleiten des Schreibers vom ersten auf das zweite אִישׁ הָאֱלֹהִים) ausgefallen sein. Denn nur so erhält das sonst ganz überflüssige und störende zweite אֲשֶׁר קָרָא etc. des Hebr. einen ordentlichen Sinn. הַקֶּבֶר **17** ist grammatikalisch unmöglich; entweder ist es als Subjekt zu nehmen und hinter demselben ein zweites קֶבֶר einzuschieben, oder muss man nach LXX קֶבֶר זֶה lesen. בֵּית־אֵל ist wie der Artikel in הַמִּזְבֵּחַ zeigt, als Zusatz zu streichen. Der zweite Prophet ist nicht, wie v. 18 jetzt besagt, aus der Stadt Samaria gekommen (I Reg 13 11), also muss man שֹׁמְרוֹן (wie v. 19) als Bezeichnung des Nordreichs im Gegensatz zu Juda (v. 17) fassen und בָּא als gedankenlose Gleichmachung mit v. 17 streichen. **19 20** erscheinen, wenn v. 15 zur ursprünglichen Erzählung gehört, als eine nachträgliche Verallgemeinerung dieses einzelnen Faktums. Der Ausdruck עָרֵי שֹׁמְרוֹן zeigt den späten Ursprung an. Die Ungeschichtlichkeit der Nachricht von der Schlachtung der Höhenpriester liegt auf der Hand; die Notiz steht ebenfalls mit der Prophetenlegende im Zusammenhang (vgl. I Reg 13 2). Hinter הַכֹּהֲנִים v. 19 ist mit LXX אֶת־יהוה einzusetzen.

**21–23** Die Erzählung über die Passahfeier gehört dem ursprünglichen Bericht an. Sie ist aber, wie in v. 21 der Ausdruck סֵפֶר הַבְּרִית zeigt, überarbeitet (s. zu v. 2). Es ist auffallend, dass an den Befehl sich sogleich eine Reflexion des Erzählers über dieses Passah anschliesst, eingeführt mit einem in den Zusammenhang schlecht passenden כִּי. LXX Luc. hat eine Bemerkung über Ausführung des Befehls vermisst und aus eigenem eingeschoben. Es ist gut denkbar, dass ein ausführlicherer Bericht über die Passahfeier später gestrichen wurde, weil gerade die grosse Neuigkeit dieses Passahs, das Opfer im Tempel zu Jerusalem, zum späteren Gesetz nicht stimmte. Die Verse 8ᵇ und 9 würden gut dazu passen (s. das.). Dieses Passah wird hier auf das 18. Jahr Josias datiert. Dies geht mit 22 3 nur zusammen, wenn die Jahre des Königs vom Herbst an gerechnet werden. Denn bei Jahresanfang im Frühjahr fällt das Passah in den ersten Monat des Jahres. Die Angabe der LXX zu 22 3, wonach die Auffindung des Gesetzes in den 8. Monat des 18. Jahres fiel, ist dagegen mit unserer Stelle unvereinbar. Ob eine der Zahlen der ursprünglichen Erzählung angehört, ist nicht sicher zu sagen.   **24** Auf seinen Inhalt betrachtet, hinkt der Vers hintendrein: die Säuberung des judäischen Privatkultus war vor v. 15-23 zu berichten. Stilistisch hängt er mit **25** eng zusammen und ist deshalb mit diesem, der das Zeugnis im üblichen Ton enthält, dem älteren Redaktor zuzuschreiben. V. 25$^b$ scheint sogar die Regierung aller Könige nach Hiskia zu überblicken und also Zusatz des jüngeren Redaktors zu sein, was jedenfalls von **26 27** gilt. Dass trotz der Umkehr unter Josia das Volk untergegangen, musste erklärt werden (s. oben S. 189).

**28 30 Schlussformel.**   Aus dem Annalenbuch ist in die Schlussformel der kurze Bericht über Nechos Zug aufgenommen, weil Josia im Kampfe fiel. Necho II. (ägyptisch Neku), der Sohn Psammetichs, regierte als 2. König der 26. Dynastie von 609—594 v. Chr. Die Gelegenheit, dass Assyrien durch Nabopolassar von Babylon im Bunde mit dem Meder Kyaxares dem Untergang nahe gebracht ist, benutzt Necho zu dem Versuch, Syrien den Assyrern zu entreissen. Josia als assyrischer Vasall befindet sich bei dem assyrischen Heer, das Necho entgegengetreten. Die Schlacht fand wahrscheinlich i. J. 608 v. Chr. statt, nach Herodot bei Magdolos = Migdal, nach Hebr. bei Megiddo (s. zu I Reg 4 12). Wincklers Vermutung betr. Migdal s. Anhang. Der Pharao kam zu Schiff nach Palästina (s. Anhang und vgl. Herodot II 159, Meyer Gesch. d. Alt. I 578; Winckler Gesch. Isr. 102f.). Der Ausdruck כִּרְאֹתוֹ אֹתוֹ *sobald er ihn sah* ist verdorben; man kann das Hitp. (wie 14 8) oder das Niph. כְּהֵרָאֹת אֹתוֹ lesen, beides in dem Sinne *als er mit ihm kämpfte* (Winckler). Der Redaktor geht, wie man sieht, über dieses traurige Ereignis so rasch wie möglich hinweg (vgl. Jer 22 10). Zum König macht das Volksheer (עַם הָאָרֶץ im Unterschied von der Leibwache vgl. 11 14 18) den jüngeren Sohn Josias, Joahas, nicht den erbberechtigten Eljakim (s. u.). Joahas war wohl Vertreter einer nationalen Politik, Eljakim zur Unterwerfung unter Ägypten geneigt (vgl. v. 33f.).

**V. Joahas von Juda 23** 31—35 (vgl. II Chr 36 1-4).

**31 32 Einleitungsformel.**   Zu Libna vgl. 8 22. Die Formel *ganz wie seine Väter* ist hier recht ungeschickt angewandt. Nach v. 36 wäre Eljakim der ältere Sohn Josias gewesen.

**33—35 Absetzung Joahas'.**   **33** מִמְּלֹךְ בִּירוּשָׁלָ͏ִם ist mit Klostermann zu streichen als aus II Chr 36 3 eingedrungen; dort passt es zu וַיְסִירֵהוּ *er entfernte ihn*, aber nicht zu וַיַּאַסְרֵהוּ *er setzte ihn gefangen*. Ribla liegt am Orontes nahe dem Nordende der coelesyrischen Thalebene in strategisch wichtiger Lage vgl. 25 6f. Necho ist, wie v. 34$^b$ zeigt, schon auf dem Rückweg. Joahas ging natürlich nicht freiwillig, sondern auf Befehl des Pharao in dessen Hauptquartier. Am Schluss ist das ausgefallene Zahlwort nach LXX Luc. und Chr zu ergänzen עֶשֶׂר כִּבְרֵי זָהָב (THENIUS). **34** Die Namensänderung kennzeichnet den König als vom Pharao eingesetzten Vasallenfürsten (vgl. 24 17). Vermutungen in betreff des neuen Namens s. bei STADE Gesch. Isr. I 674 f. **35** Den Tribut für den Pharao treibt Jojakim auf Grund einer Schätzung ein und zwar von den Grundbesitzern (עַם הָאָרֶץ *das Landvolk* im Gegensatz zu den Jerusalemiten). Die Konstruktion ist nicht klar. Da אֶת־עָם nicht drittes Objekt zu נגש sein kann, lässt es sich nur übersetzen *mit Hilfe des* ע ה. Dann müsste man den Ausdruck auf das Volksheer deuten, wie auch in v. 30 das Heer gemeint sein dürfte. Besser aber fasst man es als eine erklärende Glosse zu אֶת־הָאָרֶץ und לָתֵת ל als Dublette zu עַל־פִּי... לָתֵת (KLOSTERMANN). Die Schlussformel fehlt auffallenderweise bei Joahas ganz.

### VI. Jojakim von Juda 23 36 – 24 7 (vgl. II Chr 36 5–8).

**36 37 Einleitungsformel.** Zur Altersangabe vgl. v. 23 31 und 22 1. Ruma hat Chr in das bekanntere Rama geändert; da JOSEPHUS Ἀβουμα (Schreibfehler für Ἀρουμα) nennt, so hält man den Ort meist für identisch mit Aruma (Jdc 9 41 f.) in der Nähe von Sichem. Nach JOSEPHUS (Bell. jud. III 7 21) gab es aber auch ein Ruma in Galiläa.

**24 1–4 7 Nebukadnezars Kriegszug.** 1ᵃ Nebukadnezar (605–562 v. Chr.) zog gegen Ägypten im Todesjahr seines Vaters Nabopolassar und zwar noch ehe dieser starb, also Ende 606 oder Anfang 605 v. Chr. (s. WINCKLER Alttest. Unters. 81 1 ff.); bei Karchemisch schlug er die Ägypter (Jer 46 2). Eine Notiz über diesen Sieg scheint hinter v. 1ᵃ ausgefallen zu sein. Die Folge des Sieges wird 7 geschildert, welcher Vers an dieser Stelle hinter der Schlussformel jedenfalls nicht ursprünglich ist. Der ganze Text unseres Abschnittes ist in grosse Unordnung gekommen. Daran schloss sich dann die Unterwerfung Jojakims 1ᵇ, offenbar freiwillig, ohne dass Nebukadnezar mit Waffengewalt gegen ihn vorgehen musste. Wann diese Unterwerfung stattgefunden, ist strittig (vgl. KUENEN Einl. § 51 6; TIELE Bab.-assyr. Gesch. 424 ff.; STADE Gesch. Isr. I 678; WINCKLER Alttest. Unters. 81 ff.). Sein Abfall nach drei Jahren geschah jedenfalls wieder unter ägyptischem Einfluss und in der Hoffnung auf ägyptische Hilfe. Das Fragment v. 7 könnte auch in diesem Zusammenhang gestanden sein. Nebukadnezar liess zunächst **2** Juda durch seine Nachbarn, die sich diesmal nicht am Aufstand beteiligten, plündern; ein grösseres Heer schickte er erst einige Jahre später (24 10). Statt Aram wird mit GRÄTZ u. a. Edom zu lesen sein. An diese wohl aus dem Annalenbuch entnommenen Notizen schliesst sich jetzt eine Reflexion über den Grund des Untergangs des Reiches (Manasses Sünde) an, welche aus der Feder des jüngeren Redaktors stammt und nicht nur inhaltlich, sondern auch in der Form der Anknüpfung (אַךְ) deutlich 23 26 nachahmt. Man kann dieses אַךְ „*doch* war es bei Jahve beschlossen* etc. nur verstehen, wenn (wie 23 26) ein Satz vorausging, welcher einen besseren Ausgang erwarten liess. KLOSTERMANN hat darauf aufmerksam gemacht, dass sich in LXX zu II Chr 36 5 unsere Stelle v. 1-4 in einer etwas anderen Gestalt eingeschoben findet (fehlt in Hebr.). Dort las LXX statt unseres v.2ᵇ (von וַיִּשְׁלָחֵם un) vielmehr: *und sie (die Streifscharen) wichen nach diesem aus dem Lande, nach dem Worte Jahwes* etc. Irgend eine derartige Bemerkung, dass Jahwe nochmals sein Volk gerettet, muss im Text gestanden und dem jüngeren Redaktor Veranlassung zu seiner Richtigstellung in v. 3 f. gegeben haben. Auch 3 ist fragmentarisch. Es bleibt deshalb fraglich, ob man Hebr. עַל־פִּי *auf das Geheiss Jahwes erging es,* oder nach LXX עַל־אַף *wegen des Zornes Jahwes* lesen soll. Wegen v. 20 erscheint letzteres richtiger. Zu לְהָסִיר fehlt das Objekt; es wird das ם des Suffixes in dem folgenden Wort untergegangen sein. בְּחַטֹּאת kann man notdürftig mit LXX Luc. — *wegen der Sünden* erklären; aber auch so schliesst sich וְגַם־לֹא schlecht an und 4 fällt wiederum aus der Konstruktion. LXX Vat. lässt deshalb אֲשֶׁר weg und Luc. übersetzt וּבְדָמָהּ *wegen des Blutes, das* etc. Gemeint ist Manasses Blutvergiessen (21 16), das Jahwe nicht verzeihen kann. Die Verse sind unrettbar verdorben.

**5 6 Schlussformel.** Zum letzten Mal wird hier das jüdische Annalenbuch als Quelle citiert. Sachlich richtig ist der Zusatz der LXX hier und in Chr *er ward begraben im Garten Ussa's bei seinen Vätern.* Vgl. aber auch Jer 22 18 f. Ob letztere Stelle den Anlass gab, hier den in LXX erhaltenen Satz zu streichen?

### VII. Jojachin von Juda 24 8—17 (vgl. II Chr 36 9 10).

**8 9 Einleitungsformel.**

**10—17 Eroberung Jerusalems.** 10 Der Zug gegen Jerusalem bildet den Abschluss der v. 2 begonnenen Bestrafung von Jojakims Abfall (s. das.). Dass 11 nur ein Einschub ist, der die Anwesenheit Nebukadnezars in v. 12 mit den Angaben von v. 10 in Einklang bringen soll, hat KLOSTERMANN richtig erkannt. Die Belagerung Jerusalems kann nicht lange gedauert haben, da Jojachin nach v. 8 nur drei Monate regierte. Die Übergabe der Stadt 12 fällt in das 8. Jahr Nebukadnezars, also 597 v. Chr. Jes 52 28 giebt jedoch das 7. Jahr an (s. zu 25 27). Über die Deportation liegt jetzt ein doppelter Bericht vor; v. 13 14 sind Dublette zu v. 15 16. Stilistisch und inhaltlich schliessen sich 15 16 an v. 12 an und werden auch durch Jer 29 2 als ursprünglich ausgewiesen. Ausser dem Hof und den Beamten werden 7000 Wehrfähige, d. h. Grundbesitzer und 1000 Handwerker weggeführt. Vor 13 14 hat LXX Luc., welche den Mangel eines Anschlusses fühlte, εἰσῆλθεν εἰς τὴν πόλιν eingesetzt. Die Verse sind aber als Glosse hereingekommen (vgl. auch hier das Perfekt mit ו). Veranlassung zu einer solchen bot ausser der anderen Zahlenangabe auch der Umstand, dass die Wegführung eines Teils der Tempelgeräte (Jer 27 16 ff.) nicht berichtet war. Ob, wie STADE (ZATW 1884 271 ff.) meint, die Verse auf die zweite Deportation (i. J. 586) sich beziehen, lässt sich nicht ausmachen. Eine dritte Variante bietet Jer 52 28, wo von 3023 Deportierten im 7. Jahr Nebukadnezars die Rede ist, s. zu 25 21. Statt גֹּלָה *ins Exil wandernde* ist nach v. 15 u. 16 גֹּלָה zu lesen und mit הַגֹּלָה zu verbinden. Als König wird 17 Matthanja eingesetzt; zur Änderung seines Namens vgl. 23 34. Er ist ein Sohn Josias. Da der ältere Redaktor sein Buch vor der Wegführung nach Babel schrieb, haben wir hier bereits die Arbeit des jüngeren Redaktors vor uns.

### VIII. Zedekia von Juda 24 18—25 21 (vgl. II Chr 36 11-23).

**24 18—20ᵃ Einleitungsformel.** Mit Joahas hatte Zedekia die gleiche Mutter (23 31). Jojakim war der Sohn einer anderen Frau Josias (23 36). Das Urteil lautet auch Jer 37 2 ungünstig für Zedekia. Zu der dem jüngeren Redaktor eigentümlichen Phrase v. 20ᵃ vgl. 24 3. Hier ist es (vgl. כִּי) schon als Folge des göttlichen Zorns (der durch Manasse erregt worden) dargestellt, dass Juda diesen gottlosen König hat.

**24 20ᵇ— 25 21 Die zweite Wegführung nach Babel.** 25 1 Die Zählung der Monate nach exilischem Brauch zeigt, dass (anders als 23 23) die Jahre des Zedekia als im Frühjahr beginnend gerechnet sind. Demnach fällt die Eroberung Jerusalems in den Juli 586 v. Chr. (4. Monat des 11. Jahres Zedekias), der Beginn der Belagerung in den Januar 587 (10. Monat des 9. Jahres Zedekias). Die Belagerung dauerte 1 Tag weniger als 1½ Jahre. Mit Jer schreibe בָּשְׁנָה und וַיָּחַן. 3 Nach Jer ergänze בַּחֹדֶשׁ הָרְבִיעִי *im vierten Monat*. עַם הָאָרֶץ ist hier ganz deutlich die Volkswehr, die die Stadt verteidigende Mannschaft. 4 Im Hebr. fehlt das Verbum וַיִּבָּקַע und die notwendige Erwähnung des Königs; nach Jer 39 4 lautete der vollständige (Jer 52 7 schon etwas verkürzte) Satz: וַיֵּרָא הַמֶּלֶךְ וְכָל־אַנְשֵׁי הַמִּלְחָמָה וַיִּבְרְחוּ וַיֵּצְאוּ מֵהָעִיר הַלָּיְלָה *als das der König und die Kriegsleute* (אַנְשֵׁי הַמּ[לחמה] scheint im Unterschied von עַם הָאָרֶץ v. 3 den Kern des Heeres, die stehende Truppe des Königs zu bedeuten) *sahen, flohen sie und verliessen die Stadt bei Nacht*. Auch in LXX Luc. zu unserer Stelle ist ein Rest davon erhalten. Die Flucht geht zum Südostende der Stadt hinaus; dort war die Mauer doppelt: ausser der inneren älteren Mauer war durch eine nach Süden ausgreifende äussere Mauer der Unterteich Siloa in den Bereich der Stadt gezogen worden (vgl. Jes 22 11). Der Ausdruck בֵּין הַחֹמֹתַיִם könnte sich übrigens auch darauf beziehen, dass hier die Westmauer des Osthügels und die Ostmauer des Westhügels beziehungsweise die äussere Stadtmauer in nicht allzugrosser Entfernung von einander parallel liefen (vgl. den Plan von Jerusalem). Dort nahe den Siloahteichen lag also der Königsgarten. Der König flieht der ʿAraba, der Jordanniederung, zu, wird aber 5 bei Jericho eingeholt und 6 nach Ribla (s. zu 23 23) geschleppt. Nach Jer 52 9 u. 39 5 ist bei Ribla der erklärende Zusatz בְּאֶרֶץ חֲמָת beizufügen (vgl. v. 21): ebenso ist nach Jer וַיְדַבֵּר zu lesen. 7 Jer 52 10 (auch Jer 39 6 mit kleinen Varianten) hat den Zusatz וְגַם אֶת־כָּל־שָׂרֵי יְהוּדָה שָׁחַט. Jedenfalls ist statt שָׁחֲטוּ der Sing. zu lesen (so auch LXX), entsprechend dem Sing. der folgenden Verba (nach Baer ist auch וַיְבִאוּ nicht וַיְבִיאוּ massor. Punktation). Der Schluss des Verses, der weggelassen ist, lautet bei Jer: וַיִּתְּנֵהוּ בֵית־הַפְּקֻדֹּת עַד יוֹם מוֹתוֹ *er legte ihn ins Gefängnis bis zu seinem Tode*.

8 Statt des siebenten gehen Jer und LXX Luc. zu unserer Stelle den 10. Tag; was richtig ist, lässt sich nicht entscheiden. Wichtiger ist, dass auch hier wie zu 24 12 Jer die Ereignisse um ein Jahr früher ansetzt (17. Jahr Nebukadnezars); vgl. zu v. 27. Jer עָמַד לִפְנֵי (nach LXX) ist aus עָבַד unserer

Stelle verdorben; es müsste zum mindesten der Artikel stehen, wenn es ein Titel sein sollte. Zu dem Titel עֶבֶד מֶלֶךְ vgl. II Reg 22 12. 9 וְאֶת־כָּל־בֵּית גָּדוֹל „alle Häuser von Vornehmen" hat hinter dem allgemeineren „alle Häuser Jerusalems" keinen Platz und ist zu streichen als erklärende Glosse, welche unter כָּל־בָּתֵּי nur die Paläste (בֵּית so Chr) verstanden wissen wollte. 10 Vor רַב ist nach Jer אֵת zu ergänzen *welche bei dem Obersten waren*. Die letzten Worte (von אֲשֶׁר an) fehlen in LXX Luc., der ganze Vers in LXX Vat 11 הֶהָמוֹן ist unmöglich, weil gleichbedeutend mit הָעָם, was nicht schlechtweg „das Kriegsvolk" bedeuten kann. Jer 52 15 הָאָמוֹן „Werkmeister" (Prv 8 30) ist jedenfalls besser. Jer 39 9 hat הָעָם הַנִּשְׁאָרִים, was für die von ROTHSTEIN (bei KAUTZSCH zu Jer 52 15) vorgeschlagene Konjektur עַם הָאָרֶץ sprechen könnte. Neben den in Jerusalem noch sich Aufhaltenden und den Überläufern kommt noch das Landvolk für die Deportation in Betracht, sofern es einigen Besitz hat. 12 יֹגְבִים der Mass. wird durch Jer 52 16 39 10 bestätigt; nach LXX Luc. und JONATHAN bedeutet das Wort *Ackerbauer*. Das Wort kommt freilich sonst nirgends vor; aber das von KLOSTERMANN in Jer 39 korrigierte גֻּבִּים (*er gab ihnen Gärten und* בֹּ) heisst nicht *Cisternen* und giebt keinen brauchbaren Sinn. 14 15 Die Aufzählung der kleineren Tempelgeräte (vgl. I Reg 7 40 48 ff.) ist in Jer umfangreicher; dass es sich aber dabei um nachträgliche Auffüllung des Textes handelt, beweist der Umstand, dass sowohl מִזְרָקוֹת v. 15 als die סִירוֹת und כַּפּוֹת v. 19 die an diesem Platz in unserer Stelle fehlen, je im anderen Vers sich finden und in Jer jetzt doppelt stehen. Dass die Aufzählung gar nicht vollständig sein wollte, zeigt die Phrase אֲשֶׁר זָהָב וַהֲ etc., *was von Gold war* [nahm er] *in Gold, was von Silber war, in Silber*, womit eben eine ins einzelne gebende Aufzählung der in jedem Metall vorhandenen Stücke abgelehnt wird. 16 17 Nachdem in v. 13 die Säulen, die Gestühle und das eherne Meer schon genannt sind, ist ihre nochmalige Anführung und vollends ihre nähere Beschreibung hier gar nicht am Platz. Auch am Stil sieht man, dass das Stück wörtlich aus einer kurzen Beschreibung der Tempelgeräte entlehnt ist und ursprünglich mit unserer Geschichte nichts zu thun hatte. Das beweist auch der Umstand, dass in Jer noch die zwölf Rinder unter dem Meer mit aufgezählt sind; ein denkender Leser hat sich daran erinnert, dass schon Ahas dieselben eingeschmolzen (16 17) und hat sie deshalb in unserer Stelle gestrichen. Auch was in der Beschreibung der Säulen v. 18 Jer gegenüber unserem Text mehr hat, ist ursprünglich. Das jetzt ausser allem Zusammenhang stehende עַל־הַשְּׂבָכָה am Schluss des Verses beweist zu allem Überfluss, dass vorher die in Jer erhaltene Erwähnung der Granatäpfel „auf dem Netzwerk" ausgefallen ist. Statt drei Ellen ist mit Jer nach I Reg 7 16 „fünf" Ellen als Höhe des Knaufs zu lesen. Im Einzelnen vgl. zu der Beschreibung das zu I Reg 7 15 ff. Bemerkte.

18 ff. Eine Auswahl Vornehmer werden nach Ribla geschickt. Zu כֹּהֵן הַמִּשְׁנֶה vgl. 22 4; der Artikel ist nach Jer zu ergänzen. 19 Statt הוּא ist nach Jer הָיָה zu lesen. Statt fünf lässt Jer sieben Männer aus der nächsten Umgebung des Königs fortgeschleppt werden. Wenn in סֹפֵר nicht ein Eigenname steckt (KLOSTERMANN vermutet סֹפָן), so ist mit Jer der Artikel zu streichen.

Hinter v. 21 hat Jer (52 28-30) eine Liste der von Nebukadnezar Deportierten. Dieselbe kann wegen der abweichenden Zählung der Jahre Nebukadnezars nicht vom Verf. von v. 8 herrühren. Da sie auch in LXX zu Jer fehlen, sind sie nicht in unserer Stelle ausgefallen, sondern in Jer eingeschoben, wie es scheint, aus guter Quelle. Vgl. auch zu v. 27.

## IX. Gedalja, Statthalter von Juda 25 22—30.

**22—26 Gedaljas Statthalterschaft.** Die Verse, die nur ein Auszug aus Jer 39 11—43 7 sind, fehlen in Jer 52. Der Auszug mag von dem jüngeren Redaktor gemacht sein. **22** Über Gedalja vgl. Jer 39 14. Man wird vermuten dürfen, dass er als Parteigänger Jeremias dessen Rat folgend während der Belagerung zu den Babyloniern übergegangen war und deshalb jetzt als Statthalter eingesetzt wurde. **23** Zu Mizpa s. I Reg 15 22. Dass der Vers aus Jer 40 8 abgeschrieben ist, beweist das beidemale vor יִשְׁמָעֵאל stehende ץ. Netopha lag nach Neh 7 26 in der Nähe von Bethlehem, weshalb die vorgeschlagene Identifikation mit dem heutigen *Bêt Nettîf* sehr fraglich ist. Das Gebiet von Maacha (Dtn 13 14 Jos 13 13) lag im Norden des Ostjordanlandes am Fusse des Hermon. **24** Entweder ist mit LXX Luc. עַבְדֵי zu streichen oder mit Jer 40 9 מֵעֲבֹד *fürchtet euch nicht, den Chaldäern zu dienen* zu lesen. Den genaueren Hergang der mit fast unverständlicher Kürze erzählten Geschichte s. Jer 40 8 ff.

**27—30 Jojachins Freilassung** (Jer 52 31-34). **27** Nebukadnezars Tod und demnach Evilmerodachs Regierungsantritt fällt in das Jahr 562. Vom 8. Jahr Nebukadnezars (597) bis zu seinem Tode sind jedoch nicht 37, sondern nur 36 Jahre verflossen. Unter diesem Umstand gewinnt es erhöhte Bedeutung, dass in Jer 52 28 das 7. Jahr Nebukadnezars genannt ist. Als Korrektur auf Grund einer Berechnung von unserer Stelle aus kann dies nicht angesehen werden, weil auch an Stelle des damit gar nicht im Zusammenhang stehenden 19. Jahres Nebukadnezars das 18. Jahr für die zweite Deportation angegeben ist, und überdies die Verse aus ganz anderer Quelle stammen (s. o. und vgl. WINCKLER, Alttest. Unters. 80). Hinter יְהוּדָה ist nach LXX und Jer וַיִּשָּׂא einzusetzen. **28** Der Sinn ist, dass Jojachin bei Hofe (bei Tafel etc.) in der Rangordnung seinen Platz vor den anderen Fürsten, die sein Schicksal teilten, erhielt. Auch wird er **29** beständiger Gast an der königlichen Tafel und erhält **30** seinen sonstigen Lebensbedarf ständig vom königlichen Hof (vgl. I Reg 2 7). Neben חַיָּיו כָּל־יְמֵי steht in Jer מוֹתוֹ עַד־יוֹם *bis zu seinem Todestag*. Welcher Ausdruck ursprünglich war, ist nicht auszumachen. Bei dem ersteren kann, bei dem letzteren muss der Erzähler nach dem Tode Jojachins geschrieben haben.

# Anhang.

## Tabellarische Übersicht

der wichtigsten Ereignisse der Geschichte Assyriens, Babyloniens, Ägyptens und Syriens in der Königszeit.

Von H. WINCKLER in Berlin.

| Assyrien. | Babylonien. | Ägypten. | Damaskus. |
|---|---|---|---|
| 11. Jahrhundert: Tiglat-Pilser I (und Vorfahren) besitzen Babylonien, Mesopotamien, Nordsyrien. Tiglat-Pilser kommt bis nach Cilicien und N(ord)phönizien. In Arvad empfängt er Geschenke des (nicht mit Namen) genannten Pharao (Nilpferd, Krokodil etc.). Nach seinem Tode schneller Sturz. Babylonien wieder unabhängig. In Mesopotamien und Syrien breiten sich die aramäischen Nomaden (achlamû Aramaja), welche seit ein paar Jahrhunderten gegen das Kulturland aus Arabien vordrängen, während der Schwächezeit Assyriens ungehindert aus. Aramaisirung dieser Länder (daher Aram Naharaim = Mesopotamien). | | | |
| 10. Jahrhundert: Erneuter allmäliger Aufschwung Assyriens und neue Besetzung von Teilen Mesopotamiens. Kämpfe mit den Aramäern. | | | |
| 885—860 Assurnasirpal; unterwirft die verschiedenen aramäischen Staaten, welche sich in Mesopotamien gebildet haben. Die nordsyrischen Chattistaaten (Kummuch, Karchemisch u. a.) tributpflichtig. | | um 950 Scheschonk, Begründer der 22. Dynastie (Bubastis). Vorstoss bis Nordphönizien (in Byblos bezeugt) ohne dauernde Folgen. | um 950 Rezon, Sohn Eljada'a (Tab-el?), Begründer einer Dynastie, Zeitgenosse und Gegner Salomos. |
| 877 Zug durch Syrien über Aleppo gegen den syrischen Staat Patin, der sich südlich von Aleppo bis nach Nordphönizien erstreckt (Paddan-Aram?). Arvad, Byblos, Sidon, Tyrus zahlen Tribut. Zug auf den Amanus, um Cedern zu holen. | | | von etwa 885—844 Bir-'idri I (Benhadad), unter ihm Damaskus vorherrschende Macht in Syrien, vgl. die Vasallenstaaten im Jahre 854. Assurnasirpal wagt nicht ihn anzugreifen. |
| 859—825 Salmanassar II. Beendigung der Unterwerfung der | | | |

| Assyrien. | Babylonien. | Ägypten. | Damaskus. |
|---|---|---|---|
| aramäischen Staaten Mesopotamiens (Bit-Adini=179 22) in der Nähe von Harran und auf dem rechten Euphratufer, wo die Hauptfeste Til-Baschir ist. Die syrischen Chattistaaten und das in einzelne Kleinherrschaften aufgelöste Patin tributpflichtig. Daher Angriff auf den nächsten syrischen Staat, welcher den Weg zu den phönizischen Häfen beherrscht: *Damaskus*. 854 Erster Zug gegen Bir-'idri von Damaskus. Schlacht bei Karkar. 12 Vasallenfürsten von Damaskus genannt, darunter Achabbu Sir'alai i. i. Ahab von Israel. Kein Erfolg. 849 846 Erneute Züge gegen Damaskus ohne Erfolg. Bir-'idri stirbt. | | | Salmanassar zieht dreimal (854, 849, 846) ohne Erfolg gegen ihn. |
| 842 Zug gegen Hasa-'el, vergebliche Belagerung von Damaskus. Tyrus, Sidon und Jehu von Israel zahlen Tribut. Zug in den Hauran. 839 Letzter vergeblicher Versuch Damaskus zu unterwerfen. Salmanassar ist in Nordsyrien und Armenien in Anspruch genommen. | | | 844—etwa 804 (?) Hasael. 842 und 839 von Salmanassar ebenfalls ohne Erfolg angegriffen. |
| 825—812 Schamschi-Ramman ist in Babylonien und Armenien in Anspruch genommen, Damaskus daher ungestört. 812—783 Ramman-nirari III. Mari' von Damaskus wird tributpflichtig und damit alle Staaten südlich bis Edom und Palästina. Nach seinem Tode allmähliches Zurückgehen der assyrischen Macht. 783—773 Salmanassar III. 775 Zug nach dem „Cederngebirge" (Amanus). 773 „Nach Damaskus". 773—755 Asurdan. 772 „Nach Chatarika (Hadrach)" 765 dsgl. 763 Sonnenfinsternis berichtet. 765—745 Assur-nirari. 765 „nach Chatarika". 754 „nach Arpad". | | | 804(?)—774(?) Mari', in der Bibel Benhadad, Sohn Hasaels, genannt, wird 803 Ramman-nirari III. tributpflichtig. 773(?)—? Tab-el, der Vater Rasons. Die assyrische Macht lässt in Syrien nach. |

# Anhang

745—727 Tiglat-Pileser III kommt durch eine Revolution auf den Thron. Innere Reorganisation des Staats gegen Hierarchie und Adel. Infolgedessen neuer Aufschwung. Nach Unterwerfung Babyloniens daher wieder nach Syrien, wo mittlerweile im Norden Sarduris von Urartu Einfluss gewonnen hatte.

743—740 Sarduris geschlagen, das mit ihm verbündete *Arpad* erobert.

738 Die rebellischen Kleinstaaten im Gebiete des ehemaligen Patin unterworfen; besonders Ja'udi (König Azrija'u); Provinzen Gullani (Kalne) und Simirra (Nordphönizien). Tribut der (palästinensischen) Staaten, darunter Israel (Menahem).

734 durch die Steppe, mit Vermeidung von Damaskus, nach Philistäa, Gaza, der Endpunkt der arabischen Handelsstrassen, wird unterworfen. Israel wohl ebenfalls betroffen.

?—732 Rasin; zahlt 738 Tribut.

etwa 735 oder 734 Abfall von Assyrien. Pekah schliesst sich ihm an. Versucht den Assyrien treuen Ahas zum Anschluss zu zwingen.

733 Tiglat-Pileser schlägt R. im Felde, belagert ihn in Damaskus.

732 Eroberung von Damaskus, es wird assyrische Provinz.

733/32 Krieg gegen Rasin von Damaskus. 733 Damaskus im Felde geschlagen, wird in Damaskus belagert. 732 Damaskus erobert, wird assyrische Provinz. Damit der Schlüssel zu den Häfen des Mittelmeeres und zu Palästina assyrisch.

727—722 Salmanassar IV. T.-P.'s Sohn, bereits zu Lebzeiten seines Vaters Statthalter in Nordphönizien (Simirra s. 738). 724—722 Abfall von Samaria. Die Stadt erobert, als bereits Sargon König.

727—724 Tiglat-Pileser unter dem Namen *Pulu* König von Babylon.

727—722 Salmanassar IV. unter dem Namen Ululai König von Babylon.

722—606 Die Sargoniden. Letzte und glanzreichste Epoche des assyrischen Reichs. Kampf um Babylonien, wo *chaldäische* Fürsten mit Hilfe *Elams* sich zu behaupten suchen. Assyrien bleibt schliesslich nach Vernichtung Elams Sieger.

722—705 Sargon durch eine Reaktion der Hierarchie (vgl. Tiglat-Pileser) auf den Thron gehoben. Das assyrische Volkstum endgiltig vernichtet. Assyrien hierarchischer Feudalstaat, der seine Kriege mit (teilweise fremden) *Söldnerheeren* führt. Die Bevölkerung im Lande vorwiegend *aramäisch*. Assyrisch nur Schrift- und Verwaltungssprache.

722 Samaria Provinz.

721—710 Jahre Chaldäerfürst Merodach-Baladan König von Babylon.

| Assyrien. | Babylonien. | Ägypten. | Damaskus. |
|---|---|---|---|
| 721 Schlacht bei Dur-ilu in Babylonien gegen Merodach-Baladan ohne Erfolg. Babylonien vorläufig aufgegeben. 720 Abfall (des bis dahin tributpflichtigen) Hamat (Ilu-bi'di). Die Provinzen Arpad, Simirra, Damaskus und Samaria schliessen sich an. Gleichzeitig fällt Gaza (c. 734) mit aramäischer Hilfe ab (Hanno von Gaza, Sib'e von Musri). Beide Aufstände niedergeschlagen. 715 Zug nach Nordarabien bis etwa in die Gegend von Medina. Pir'u von Musri und Samsi, Königin von Aribi (Nordarabien) zahlen Tribut. 713—711 Aufstand von Gaza mit Hilfe von Pir'u von Musri. Philistäer, Juda, Edom, Moab. 710 Merodach-Baladan aus Babylon verjagt. Sargon wird König von Babylon. 705 Sargon †, wie es scheint in einem unglücklichen Kriege gefallen. 705—681 Sanherib, von der assyrischen Militärpartei geleitet, Feind Babylons (und der Hierarchie). Fortgesetzte Unruhen in Babylonien. Nach aussen weniger erfolgreich als Sargon. 701 Nach Ordnung der babylonischen Verhältnisse Zug Sanheribs nach Palästina. Führer des Widerstands: Luli (Elulaeus) von Sidon und Tyrus in Phönizien, Hiskia im Süden. Belagerung von Jerusalem aufgehoben wegen der in Babylonien wieder ausgebrochenen Unruhen. 700—689 Sanherib durch die babylonischen Verhältnisse in Anspruch genommen. | 709—705 Sargon (Vice-) könig; bei seinem Tode kehrt zurück 704 Merodach - Baladan, wird aber von Sanherib vertrieben. Sanherib lässt den babylonischen Thron 704/3 unbesetzt. 702—700 Bel-ibni als König von Sanherib eingesetzt. 701 Bel-ibni von den Babyloniern zum Abfall von Assyrien und Anschluss an Elam gezwungen. 700 Sanherib schlägt den babylonischen Aufstand nieder, setzt seinen Sohn | um 715(?) Äthiopische Dynastie. 715—709(?) Sabako (nicht identisch mit Sib'e [Sô] von Musri II Reg 17 4). 703—691(?) Sabataka | 720 Damaskus betheiligt sich an dem Aufstande von Hamat etc. |

699—694 Assur-nadin-achum als König von Babylon ein.
694 Vordringen Elams in Babylonien. Der Babylonier
693 Nergal-uschezib unter elamitischem Schutze König. Er wird von den Assyrern gefangen. In Babylon lässt sich der *Chaldäer*
693—689 Marduk-uschezib als König ausrufen, regiert ebenfalls mit elamitischer Unterstützung.
691 Schlacht bei Chaluie, in welcher Sanherib nicht vermag Elam und Babylon zu schlagen.
689 Der König von Elam (Umman-menanu) vom Schlage getroffen; Sanherib erobert und *zerstört* Babylon.
688—681 Babylon in Trümmern.
687 In Assyrien Aufstand der babylonischen Partei, durch welche Sanherib gezwungen wird, seinen Sohn Assarhaddon, den Sohn einer Babylonierin und Freund Babylons, als Thronfolger anzuerkennen

686—681 Sanherib wieder frei für den Westen, in dieser Zeit verunglückter Zug gegen Tirhaka von Ägypten, und zwar von *Arabien* aus, mit Umgehung von Palästina. Der Zug fand wohl mehr gegen 681 hin statt.

| Assyrien. | Babylonien. | Ägypten. | Damaskus. |
|---|---|---|---|
| 681 Sanherib (wohl in Babylonien) ermordet von seinem Sohne Schar-etir-Assur. Dieser behauptet sich kurze Zeit in Mesopotamien (mit Hilfe Urartus) und wird vertrieben von 681—668 Asarhaddon, dem Mann der babylonischen Partei. Bestrebungen durch Eroberung Ägyptens und Arabiens den Handel des roten Meeres (Seeweg nach Indien) in die Hände zu bekommen.<br><br>676 Sidon zerstört und assyrische Provinz.<br>674 unglücklicher Zug nach Ägypten.<br>670 Ägypten erobert. Tirhaka vertrieben.<br>669 Aufstand der Militärpartei. Asarhaddon wird gezwungen seinen Sohn Assurbanipal als Mitregenten und künftigen König von Assyrien anzunehmen, für Babylon Schamasch-schum-ukin als König eingesetzt. Tirhaka kehrt nach Ägypten zurück und belagert die assyrische Besatzung in Memphis.<br>668 Asarhaddon zieht selbst nach Ägypten, stirbt unterwegs. 668/67 Ägypten wieder unterworfen. Tirhaka †. Tanut-Ammon.<br>668—626 Assurbanipal um 661. Tanut-Ammon dringt wieder in Ägypten vor und wird zurückgeworfen. Theben erobert.<br>Zwischen 670 und 660. Die Kimmerier werden von den Achäern („Skythen") von Armenien nach Kleinasien gedrängt. Gyges †.<br>Zwischen 650 und 645 Kriege mit Elam, Arabien, im Anschluss an den babylonischen Aufstand.<br>648 Babylonien erobert. | und zum Statthalter von Babylonien zu machen.<br><br>681—668 Asarhaddon baut Babylon wieder auf.<br><br><br><br><br><br><br><br><br><br>668—648 Schamasch-schum-ukin, der Bruder Assurbanipals, König unter assyrischer Schutzhoheit. Seine Empörung mit Unterstützung Elams, Arabiens. Auch Phönizien und Palästina aufzuwiegeln versucht.<br><br>648 Babylonien erobert. Sch.-sch.-u. †.<br>647—626 Assurbanipal als Kandalanu König von B. | 681—668 Taharka (Tirhaka). Absichten auf Palästina nie ausgeführt. Sanheribs Angriff (kurz vor 681) abgewiesen. Asarhaddon erobert Ägypten.<br>670. Rückkehr Taharkas und neue Vertreibung 668/67, er stirbt. Sein Nachfolger Tanut-Ammon vermag 667 nicht zu widerstehen, besetzt Ägypten noch einmal und wird wieder vertrieben. Assarhaddon und Assurbanipal setzen 22 Gaukönige unter assyrischer Kontrolle ein, darunter Necho(I) in Saïs.<br><br>Nach 660 Psammetich I, Nechos Sohn, macht sich zum Alleinherrscher und reisst sich von Assyrien los (im Einverständnis mit Lydien). | |

| | |
|---|---|
| 626—595 Assurbanipals beide Nachfolger Assur-itil-ili und Sin-schar-ischkun. Bündnis mit den Aschkuza (Skythen, König Bartatua-Ἰ(υ)στελάτης). 606: Ninive von den Medern zerstört. | Bei seinem Tode schwingt sich der *Chaldäer* 625—605 Nabopolassar auf den Thron. *Chaldäische* Dynastie. Bündnis mit den Medern gegen Assyrien und Aschkuza, um 619 Mesopotamien im Besitz Nabopolassars. 605 Nabopolassar stirbt, als Necho anrückt. Sein Sohn Nebukadnezar Mitregent. 604—562 Nebukadnezar. |
| | 608—594 Psammetich. Sohn Necho II. Ägypten Seemacht. Versuch durch einen Kanal Mittel- und Rotes Meer zu verbinden und damit die Pläne Assarhaddons von Ägypten aus zu verwirklichen. Der Kanalbau misslingt, daher jetzt Versuch den Landweg nach dem persischen Meere durch Eroberung Syriens und Babyloniens frei zu legen, durch den Zusammenbruch Assyriens an die Hand gegeben. Zur See nach Palästina. 608 (kaum 609) die Schlacht bei Megiddo (Herodot II 159 Μάγδωλος d. i. Migdal = Καισαρεα, Στρατωνος πύργος) gegen die phönizischen Statthalter und Vasallen Assyriens, zu denen auch Josia gehört, öffnet ihm Syrien. |

[1] Die mit Ἀσταρτη gebildeten Namen werden im Griechischen mit Στρατω- wiedergegeben, der Eigenname עבדעשתרת = Στρατων, babyl. Aš-tar-tu-ni-ik-ku = Στρατονικη (Gemahlin von Antiochos Soter a. Keilinschr. Bibl. III² S. 139).

| Assyrien. | Babylonien. | Ägypten. | Damaskus. |
|---|---|---|---|
| | | 605 Nach dem Falle von Ninive Zusammentreten mit Babylonien, das die rechts vom Tigris gelegenen Besitzungen Assyriens erhalten hat. Nebukadnezar besiegt Necho bei Karchemisch. Syrien und Palästina aufgegeben. | |
| | | 594—589 Psammetich II. | |
| | | 588—570 Hophra (Apries). Pläne in Palästina einzugreifen nie ausgeführt. | |
| | | 570 Amasis verdrängt Hophra allmählich und wird Alleinregent. | |
| | | 564—526 Amasis. | |
| | | 567 Zug Nebukadnezars nach Ägypten gegen Amasis bezeugt. | |
| | 563/60 Amel-Marduk, Sohn Nebukadnezars, von der Militärpartei gestürzt. | | |
| | 559—56 Nergal-schar-upur (Neriglissor), ein Verwandter der Königsfamilie. | | |
| | 556 Labaschi-Marduk, Sohn der vorigen, Knabe. Wird abgesetzt. | | |
| | 555—539 Nabū-na'id; wird | | |

von der Militärpartei unter Führung seines Sohnes Bel-schar-uzur gefangen gehalten, regiert nur nominell. Neubauten von Tempeln.

539 Nach der Niederlage des Heeres versucht Nabunaʾid vergeblich den Persern Widerstand zu leisten. Babylon erobert.

539 kurze Zeit Kambyses als König von Babylon gekrönt, dann Kyros selbst. Die Perserkönige führen bis auf Xerxes den Titel „König von Babylon".

# SACHREGISTER.

Aaronstab 58.
Abana, Fluss 138.
Abel bet Maacha 100 169.
Abel Mechola 29 113.
Abgaben 160.
Abia, Sohn Jerobeams 83 91.
Abia (Abiam), Sohn Rehabeams 99.
Abjathar 3 8 10 11 12 17.
Abisag von Sunem 2 11.
Absalom 3 99.
Abschiedsopfer 113.
Achija 17.
Achilud 17.
Achis von Gad 13.
Achisar 18.
Ackerbauer 162.
Ackerverkauf 114.
Adad, aus Midian 79 80 81 83.
Adama 54.
Adel, israelitischer 56.
Adjutant, königlicher 141 144.
Adonia 1 2 3 4 5 6 7 8 10 11 12.
Adoniram 18 69 88.
Adrammelek 185.
Aegypten 76 79 82 142 144 196; König von Aegypten 14; ägypt. Prinzessin 14; Bach Aegyptens 64.
Aelteste, Israels 56 57, der Priester 182, einer Stadt 113 152.
Affe 71.
Ahab Kg. von Israel 104 ff. 116 f. 149 152.
Ahas Kg. von Juda 170—172 194.

Ahasja Kg. von Israel 126.
Abasjahu Kg. von Juda 147 150 151.
Ahia 88 91 97.
Ahimaaz 21.
Altaku, Schlacht von 178.
Altar, Altarbau auf Karmel 110, Umkreisen des Altars 110; Altar aus Cedernholz 35 f., eherner 47 64, goldener 55. Altar von Ahas gebaut 159 170 171. Altar des Kemosch 76.
Amazja Kg. von Juda 164 f.
Amnon 3.
Amon von Juda 189.
Amtsbezirk 19.
Amtstracht der Propheten 113.
Anekdoten und Anekdotensammlung 129 130.
Annalen u. Annalenbücher X—XIII.
Ano (Anot?) eine Aegypterin 80 82 83 91.
Aphek, Schlacht bei 119 120 146 164.
Aram und Aramäer, 76 81 138 139 140 151 162 163 164 186; aramäische Sprache 181.
Ararat 185.
Argob 168.
Armspange 157.
Arpad 181.
Arubboth 20.
Arza, Hausminister 102.
Arzneimittel 185.
Asa Kg. von Juda 99 102.

Asarja 17; Asarja Kg. von Juda 166 f.
Asche, beim Opfer 91.
Aschere 95 100 105 154 174 188 192 194.
Aschtoreth 78 207.
Asarhaddon 175 185.
Asser, Gebiet von 21.
Assurbanipal 175.
Assurdan III. von Assur 165.
Assyrer 162.
Asylrecht 8 12.
Athalja 148 155—158.
Audienz beim König 6 11.
Ausländer 62; Verkehr mit Ausländern 107.
Aussatz und Aussätzige 138 139 144 167.
Awa 175.
Azarja 17.
Baal und Baalsdienst 98 105 106 109 113 129 153 154 156 174 188 192; Baal-Sebub 127; Baalstempel 155.
Baal Schalischa 138.
Baalath 68.
Baana 21.
Bachurim 10 13.
Baesa Kg. von Israel 101 103 154.
Bama 90 177 193 194; Opfer auf einer Bama 15.
Barburim 21.
Barsillai 9.
Basan 21 155 168.
Bathseba 2 3 4 5 6 11.
Bauernadel 118.
Baumaterial 42.
Baumkult 170.

Bautechnik 30 33 51.
Bazarrecht 121.
Bär 132.
Bealoth (Landstrich) 21.
Beamte, königliche 17—19 152.
Becken (Tempelgerät) 48 53.
Befestigung 89.
Begräbnis 92 103 126 147 189 192; von Armen u. Fremden 192.
Beilblatt 140.
Belohnung des Gottesmannes resp. des Propheten 95.
Benaja 3 11 12 13 17.
Ben Chur 19.
Bene Eden 182 202.
Benhadad von Syrien 100 117 118 120 121 143 145 163.
Benjamin (Gebiet von B.) 21 88 f.
Bergwerke 68.
Berit ("Bündnis") 58 100 121.
Berseba (Berseba) 23 112.
Beth Chanan 20; B. Eked 149 153; B. Haggan 151; B. Horon 68; B. Schean 20; B. Schemesch 20 104.
Bethel 89 90 91 92 135.
Bethlehem 13 20.
Bilderdienst 174.
Bilkis 71.
Biographien von Propheten 177.
Blut, vergossenes 12 197, beim Opfern 110. Blutrache 13 161; Blutschuld 9.
Boaz (Tempelsäule) 46 f.
Bösen 105.
Bozkath 160.
Böse, das; Ursprung des Bösen 121.
Brandkorn 181.
Brandopfer 15; Brandopferaltar 53.
Brief 183.
Brotladen 107 112.
Buch der Redlichen 59.
Bul (Monat) 57.
Bund 144 191 192; Bundesschluss 155.

Busse 161.
Bussfertigkeit 116.
Ceder und Cedernholz 24 28 38 40 42 43; Cedernsäule 54.
Chalab 173.
Charan 173.
Chavvot Jair 21.
Chebel Argob 21.
Chepher 20.
Cherem (der Bann) 141.
Chittim 78.
Chronologie XVIII—XXI 14 30 38 84.
Churam-Abi 43.
Cilicien 76.
Citat aus Deuteronomium 81, aus Priesterkodex XV 110.
Coloquinthen 137.
Confiscation 115.
Correspondenz, königliche 17.
Cypern 75.
Cypressenholz 28 34.
Damascus 81 121 140 145 165 166 170.
Dan 23 89 99 100.
Darda 21.
David XI 1 2 8 f. 10 28 60 79 81 84; Weihgeschenke Davids an den Tempel 55; Verheissung an David 60. Davidische Dynastie 60 169; davidisches Reich, seine Auflösung 82, seine Zerteilung 83 f. "Davidstadt" 10 14 26 56 84 121.
Debir 31 35 58.
Deportation 181 197.
Dor 20.
Dothan 140.
Drachenbrunnen 4.
Dürre 62 106 107 111.
Ebenholz 72.
Ebjathar s. Abjathar.
Edom 76 78 80 81 126 133 147 164 165 171 196.
Eid 121.
Eisen, das schwimmende 139.
Ekron 127 178 179.
Ekstatiker 131.

Ela Kg. v. Israel 162.
Elam 171 186.
Elath 165 171; s. auch Eloth.
Elfenbein 71 74; Elfenbeinpalast 125.
Elia 105 ff. 127 130—182.
Eliab 17.
Eljakim 181; früherer Name Jojakims 195.
Elichoreph 17.
Elisa 113 129—144 145 146 147 149 163.
Elon 20.
Eloth (Ailana), am Golf von ʿAkaba 70.
Engel 112.
Ephod 12.
Ephraim, Gebirge 21.
Erbrecht 3.
Erdbeben 167.
Erntezeit 184.
Erstgeburt 131.
Erstlingsbrote 138.
Erz 51.
Eselfleisch 143.
Ethbaal, sidonischer König 106.
Ethan 21.
Ethanim (Monat) 56 57.
Etikette, orientalische 6 11.
Evilmerodach 200.
Ezeon-Geber 70 80.
Fahrstühle (im Tempel) 47 48—53 192.
Familiengrab 13.
Familienhaupt 114.
Fasten vor Opfer 111; allgemeines Fasten 115.
Fehlgeburt 142.
Feigenpflaster 185 186.
Feldgeschrei 125.
Feldteufel (Seʿirim) 193.
Fels, der heilige (auf dem Tempelplatz) 27.
Festtag 155; Festkleid 154; Vorbereitung auf ein Fest 154.
Feuer vom Himmel 127 128.
Flächenmass 119.
Fluchformel 61.
Freibeuter 81.
Fremde, der 62 138 139 162.
Freund des Königs 4 17.

14*

Frohn, Fröhner 29; Frohnaufseher 69 82; Frohndienst 68 f. 87; Frohnmeister 18 29 88.
Fürbitte und Fürbitter 182.
Gad (Gebiet) 22.
Galiläa (Galil) 66 169.
Gast (an der königlichen Tafel) 200; Gastfreundschaft 135.
Gath 161 162.
Gath Hepher 162.
Gaza 165.
Geba Benjamin 101.
Gebet 60 63 182 183, des Ausländers 62; Gebetserhörung 60 f. 63 108; Gebetsrichtung 61.
Gedalja 200.
Gefangenenbehandlung 141.
Gehalt und Pension in Natura entrichtet 9.
Gebäsi 129 136 138 139 145 150.
Gehinnom (Geenna) 193.
Geist, Jahwes 109, der Weissagung 124; der böse Geist 124.
Gemeindegericht 114.
Genubat 79 80 81 83.
Gêr 62.
Gerichtshalle 42.
Gerste 29 108.
Geschichtschreibung, hebräische X 106 107.
Geschlechtergliederung 56 182; Geschlechtsverband 56.
Gesetztafeln 58.
Gestirndienst 174 188.
Gewohnheitsrecht 16.
Gezer (in Juda) 68.
Gibbethon 101 103.
Gibborim 3 7.
Gibeon 15.
Gibliter 30.
Gichon 6 187.
Gilead 21 22 122 155.
Gilgal 129 130 135 137 139.
Ginsterstrauch 112.
Gitterfenster 127.
Glatze 132.
Gleichnis 161.
Goldüberzug 45 47 48.

Gosan 173 182.
Gott, Gotteserscheinung 15 111 112. Gottesspruch 95 128 159 191, Gottesvorstellung 110 112 120.
Gotteslästerung 182 184.
Gottesmann 91 92 95 107 129 130 132 135 145; Belohnung des Gottesmannes 95.
Götzenbilder 100. Götzendienst 65 81 116 174 175 188.
Grab und Begräbnis 10 13 81 92 93 96; Verweigerung eines Grabes 13.
Granatäpfel 46 192.
Grenzen des Landes, ideale 64; Grenzen des Nordreichs 165 192.
Grenzfestungen 101.
Grossvezier 17.
Grundbesitzer 197.
Grüssen, das (im Orient) 136 151.
Gussbilder 174.
Hadad der Edomiter 78 79 80 82 83.
Hadadezer von Soba 81.
Haggith 3.
Halbnomaden 133.
Hamath 64 166 175 181.
Hand, „die Hand füllen" 94; Handwerker 190 191 197.
Handelsfahrten 71; Handelskarawanen 73 f.
Haran 182 202.
Harem 2 11 12 77 100.
Hasael 113 145 146 148 155 161 163.
Hauptverhüllung 113.
Haus, israelitisches 32.
Hausminister 18.
Hazor, Stadt 67 169.
Hebron 20.
Heeresoberst 17.
Heidengötter 181.
Heiligtümer, im alten Jerusalem 4 7; Asylrecht der Heiligtümer 12.
„Heilige", das (im Tempel) s. Hêkâl.
Hêkâl 31 34 55.
Heman 24.
Herbstfest 52 59 89 91.

Hethiter (Hittiter) 142 144.
Hierodule 109 126 192.
Himmel, Gottes Wohnsitz 61; Himmelfahrt 139. Himmelsfenster 141, Himmelsheer 124 131.
Hinnomthal 193.
Hiram (Hirom), Kg. 26 27 28 29 66 67 70.
Hiram, der Künstler 43 44 47 53 54 74.
Hiskia Kg. von Juda 170 176—187.
Hofburg, salomonische 27 38—43 65.
Hofhalt, königlicher 19.
Hoherpriester 169 192.
Holzflösse 29.
Horeb 111 112.
Hosea Kg. von Israel 168 172—176.
Höhenkult 76 90 100 170 177 192 193 194.
Hulda (Prophetin) 189 191.
Hungersnot 108 137 141 142 144.
Husai 21.
Jachin (Tempelsäule) 46 f.
Jahresanfang 185 195.
Jahwe, sein Geist 109, sein geistiges Wesen 112; alte Vorstellung von Jahwe 135 139; sein Wohnsitz 112. Urheber des Bösen 124. Besänftigung Jahwes 162.
Jahwekult, privater 132.
Jahwelade 183.
Jahwesymbol 74 177.
Janoah 169.
Japho 29.
Iddo, Prophet 91.
Jehoram Kg. von Juda 147.
Jehu Kg. von Israel 113 145 148—155.
Jeremia 191.
Jericho 105 131 135 138.
Jerobeam I. Kg. von Israel 76 78 82 83 86 88 89 94 95 97; Sünde Jerobeams 91 96.
Jerobeam II. Kg. von Israel 165 f.
Jerusalem 4 7 21 26 165 178

179 197 198; das Eckthor 165, das Ephraimthor 165.
Jesaja 176 177 179 180 186 189.
Jesreel 114 125 149 151 152; die Ebene Jesreel 20.
Jibleam 151 167.
Ijjon 100 169.
Inspiration des Propheten 124 134.
Internierung 13.
Joab 3 7 8 9 10 11 12 17 79 81.
Joahas Kg. von Israel 162.
Joahas Kg. von Juda 195 196.
Joas Kg. von Israel 146 163 f.
Joas Kg. von Juda 156 158—161.
Jojachin Kg. von Juda 197 200.
Jojada, der Priester 155 156 159.
Jojakim Kg. von Juda 190 196 f.
Jokmeam 20.
Jona ben Amittai 166.
Jonadab ben Rekab 149 153 154.
Jonathan, Sohn Abjathars 7.
Joram (Bruder Tibnis) 103.
Joram Kg. von Israel 128 132 133 150.
Josaphat der Kanzler 17.
Josaphat Kg. von Juda 104 123 f. 125 128 131.
Josia Kg. von Juda 90 91 189—195.
Jotba 189.
Jotham Kg. von Juda 169 f.
Isebel 76 105 111 114 151 152.
Issaschar (Gebiet) 21.
Juda, abhängig von Israel 123 131.
Jüdische Sprache 181.
Kab (Masseinheit) 143.
Kâbôd Jahwes 58.
Kabul, Bezirk 66 67.
Kalkol 24.
Kanalbau 187.
Kanzel 62.
Kanzler 17.
Kapitäl 45 46.
Karchemisch 196.

Karkar, Schlacht von 118 123 262.
Karmel, Berg 108 109 135 136.
Kälberdienst 116.
Kedes 169.
Kedeschen s. Hierodulen.
Kemosch 76 133.
Kerub 36 f. 50 52 53 58 183.
Kidronthal 100 192.
Kileab 3.
Kinderopfer 135 170 174 188.
Kindersegen 16.
Kinderspott 132.
Kinderverkauf 135.
Kinneroth 109.
Kir 171.
Kir Hareseth 134.
Kition (= Cypern) 75.
Kleid, heiliger Männer 131; der Ärmsten 121; Kleider ausbreiten (= Huldigung) 150. Kleiderkammer im Gotteshaus 154.
Kleinviehzucht 133.
Kohen 18.
Kolonisten in Samarien 174 f.
Kopfbedeckung 121; Kopfschütteln 183.
Koteret 51 53.
König, königlicher Ornat 157, königliche Tafel 72. Königsgarten 198; Königsknecht 156. Ausrottung der königlichen Familie 101.
Königin-Mutter 11 89 93 99 100 156.
Königszahlen XVIII—XXI.
Krether und Plether 3 7.
Krieg und Kriegführung 61 63 99 145 171.
Krit, Bach 107.
Kuë (Cilicien) 75.
Kultus, Kultusreform VIII 177 180 188 189 195; Kultussitte 105 113.
Kunstfertigkeit 44.
Kutha (Kuthäer) 175 176.
Küche, königliche 21.
Kyaxares 195.
Lachisch 165 178 182.
Lade Jahwes 35 36 52 58;

Zelt der Lade 7 57; Opfer vor Lade 15 16.
Landeseinteilung 19.
Landvolk 189 199.
Landvogt 119.
Landwehr 189.
Lastträger 29.
Laubhüttenfest 56 64.
Läufer 2.
Leibwache 3 4 7 154 156 158 195.
Leuchter 55.
Leviten 90.
Libanon 28 29 68 183; Libanonwaldhaus 38—42 54 74.
Libna 147 182 195.
Licht (im Zelt) 81 99.
Lieder Salomos 24.
Logoslehre 91.
Lügengeist 124.
Maacha 99 200.
Magazinstädte 68.
Mahanaim 21.
Makas 20.
makkêr 146.
mal'akh Jahwe 127.
Manasse Kg. von Juda 180 f. 196 197.
Mannakrug 58.
Mari Kg. von Damascus 161.
Marktplatz 143.
Massebe 4 47 105 151 160.
Matthanja 197.
Maultier des Kgs. 9.
Mazkir XII 17.
Mazzen 192.
Medien 186.
Meer, das eherne 47 f. 53 192.
Meer, das tote 165.
Megiddo 20 68 151 189 195.
Melekh, Gott der Ammoniter 75.
Menahem Kg. von Israel 167 168.
Merodach-Baladan 178 177 186.
Mesa Kg. von Moab 133 134.
Messianische Zeit 21 75.
Messschnur 188 189.
Micha ben Jimla 115 124.
Midian 79 81.
Midrasch 194.
Migdal 195.

Sachregister — 214 — Sachregister

Militärrevolution 101 102.
Millo (in Jerusalem) 67 79 82 161.
Mincha, tägliche 134.
מִצְלָה 102.
Mizpa 101 203.
Mizpe in Gilead 29.
Moab 127 132—135.
Molech, Molochdienst 174 193.
Monatsnamen XV 56. 57.
Moria 26.
Muṣr (Muṣri) 76 142 173.
Naama 98.
Nabopolassar 195 196.
Naboth 111.
Nadab Kg. von Israel 101.
Naeman 138.
Namensänderung 196 197; Namensverstümmelung 102.
Naphtali (Gebiet) 21.
Naseuring 184.
Nathan 3 4 5 6 17.
Nebukadnezar 196 197 200.
Necho II. (Neku) 195.
Nehustan 177.
Nergal 176.
Netopha 200.
Ninive 178.
Nisrok 185.
Obadja, Ahabs Hausminister 108.
Obergemach 132.
Oberpriester 17 171 182.
Oel 29; Oelkrug 135.
Oelberg 78 193 194.
Offenbarung, durch Engel vermittelt 92.
Offenbarungseid 16 61.
Omri Kg. von Israel 103 117 154.
Opfer 15 57 61, abendliche bei Sonnenuntergang 111, jährliche 70, Opfer auf Karmel 109 f. Opferarten 64; Abschiedsopfer 113.
Opfermahl 4 7.
Opferung des Erstgeborenen 135.
Ophir 71; Ophirfahrten 70 72 74 75 196.
Ostwind 184.

Padi von Ekron 178 179.
Palast, Salomos 42, Rossthor 158. Trabantenthor 158. Palastwache 157. Verbrennung im königl. Palaste 103.
Parpar 138.
Parvarim 193.
Passah 189 192 194 195.
Pekach Kg. von Israel 169.
Pekachja Kg. von Israel 168.
Pest 179 185.
Pfau 71 75.
Pferd 2 23; Pferdefutter 23 198; Pferdehandel 75 f.
Pharan 79.
Pharao, Tochter des Pharaos 69 f.
Philister 177; Philistereinfall 147 161.
Phönizier 102.
Phul 168.
Pnuel 89.
Polygamie 77.
Pragmatismus, religiöser 89 142; pragmatische Geschichtschreibung X.
Priester und Leviten 57 58 90 160 161; Priesteramt 17 94 160 192 199.
Propheten und Prophetentum 83 90 91 92 93 95 108 110 117 119 121 122 123 128 129 130; falsche Propheten 124; Propheten Astartes 109, Baals 109 110 111. Auskunft, trügerische, eines Propheten 145; Prophetenbefragung 143; Inspiration der Propheten 124 134; Opposition der Propheten gegen den König 131.
Prophetenjünger 113 121 130 f. 135 139; Prophetenlegende 82 83 91 101; Prophetenmantel 113 122 128 131 132; Prophetenverehrung 129 131 132 136; Prophetenweihe 113; Prophetenwunder 132 138.
Quadersteine 42 f.
Quellen der Königsbücher VIII—XIII.

Rabsake 175 178 179 180 181 182.
Rabsaris 179 180.
Rama Benjamin 100.
Ramman-nirari III. Kg. von Assur 163 164.
Ramoth (Rama) Gilead 20 123 149 150 155.
Raṣon s. Rezin.
Rationalismus, moderner 91.
Rätselfragen 72.
Räucheraltar 55; „Räuchern" 192.
Rechabiter 153.
Rechtsprechen 16.
Rechtssitte 115.
Redaktion d. Königsbücher XIII—XV; R¹ der vorexilische Redaktor XIII f., der spätere R² XIV f.
Regen 111.
Rehabeam Kg. von Juda 86 88 98 f.
Re'i 3.
Reichsteilung 83 84 86.
Rest, der gerettete 113.
Rezeph 173 182.
Rezin (Rezon, Raṣon) 81 160 171.
Ribla 195 198 199.
Rimmon 138.
Ringelgurt 125.
Rosse, „feurige" 131.
Rossthor 158.
Ruma 196.
Saba, Kgin von Saba 25 71 72 75.
Sabako 173 178.
Sabbath 136 156 157.
Sacharja Kg. von Israel 167.
Sadok s. Zadok.
Sak 118 121 143.
Salböl, heiliges 7.
Salbung, zum König 7 129 149 150.
Sallum Kg. von Israel 167 f.
Salmanassar 155 165 172 173 175.
Salomo VII 1 ff., Herr der Geisterwelt 24, Friedefürst 28, in der Legende 24. Salomos Alter bei der Thronbesteigung 15 f., Bauten 25 ff., Beamte 16 f.,

Frauen 76 77, Gebet 15, Parteigänger 3, Regierungsdauer 84, Reichtum 73 74, Schuld 78, Spruchweisheit 21, Statthalter 19 f., Weisheit 9 10 14 15 19 23 71.
Samaria 89 104 117 125 138 141 172 173 177 181 194; Samaritaner 175.
Sandelholz 72.
Sanherib 175 176 177 178 179 180 183 185.
Saphan 190.
Sarepta s. Zarpath.
Sarethan 54.
Sarezer 185.
Sargon 173 175 177 181.
Saris (סריס) 143 152 s. auch Rabsaris.
Satrapen 120.
Säulen, am Tempel 44—47 54. eherne Säule 54; Säulenhalle 41 42.
Schaalbim 20.
Schab'i 173.
Schatzkammern des Tempels 55.
Schaubrottisch 35 f. 55.
Scheol 9 10 13.
Schilde, goldene, eherne 98.
Schilfmeer 70.
Schlange, eherne 4 177.
Schlangenstein 4.
Schmelzofen 63.
Schnitzereien 34 36 37.
Schreiber 17.
Schwellenhüter 160.
Schwurformel 6.
Sea (Masseinheit) 141.
Sebulon 21.
Seitenkammern des Tempels 32.
Sekel (Geld) 143.
Sela (= Petra) in Edom 164.
Semaja, Prophet 83.
Sepharvaim 175 181.
Serach 25.
Sereda 82 83 89 94 95.
Şerua (Mutter Jerobeams) 82.
Setzwage 188 189.
Sewo (סוא) 173.
Sichem 89 191.

Siloakanal, -teich 187 198.
Simei 3 8 9 10 13 14.
Simri Kg. von Israel 102 103 151.
Sisa 17.
Sisak (Šošenk), der Pharao 82 98.
Sklave und Sklaverei 13 135.
Skorpion 87.
Soba, aramäisches Reich 81.
Socho 20.
Sonnenuhr 185 186.
Šošenk s. Sisak.
Speisopfer 110.
Speisungswunder 107 129 137.
Spezereien 72.
Spielraum 134.
Sprichwort 119.
Sprüche Salomos 24.
Stab (Elias) 136 f.
Stadthauptmann 193.
Stadtmauer (Jerusalems von Salomo gebaut) 67.
Statthalter 19.
Stätte, heilige 92.
„Stehen", das, eine gottesdienstliche Handlung 59.
Steinhauer 29.
Steuerbezirke 20, Steuereinzug 17.
Stierbild 90 154 170; Stierdienst 116.
Stiftshütte 15 35.
Streifschar 197.
Sukkoth 54; Sukkoth-Benoth 17.
Sunamitin 145 144.
Sunem 2 135 137.
Synchronismen XVIII—XXI.
Synkretismus von Baal und Jahwe 105 112.
Syrer 100; Syrerkriege 113 115 ff.
Ta'anach 20.
Tabu 95.
Tachpenes 80 81 82 83.
Tadmor (Palmyra) 68.
Tafel, königliche 200.
Tamar, Stadt 68.
Tanz, gottesdienstlicher 109 110.
Tappuach 168.

Tarsisschiffe 74 126.
Tartan 179 180.
Tartessus 75.
Taubenmist 141.
Täferung 31 42.
Tel Assar 182.
Teman 165.
Tempel 30 ff. 58 59 61 89 93 158 159 161 169 170 f. 177 179 188 190; Tempel Hesekiels 25 47 48 Tempelanbau 32.
-dach 193, -fenster 32, -geräte 43 ff. 53 55 171 197 199, -mauer 33, -platz 26, -schatz 161, -thüren 37, -treppe 33, -vorhalle 32, -wache 157, -weihe 26 56 58 f. 63.
Terebinthe, heilige 92.
Text der Königsbücher XV—XVIII.
Theophanie 15 65 78 111 112.
Thirza 95 101 167.
Thora 176 191.
Thron, königlicher 42 74.
Tibni, Gegenkönig in Israel 103.
Tierwelt 21.
Tiglat-Pileser 168 169 170 171.
Tiphsach (Thapsacus) 22 vgl. 167.
Tirhaka 178 179 182.
Tirza s. Thirza.
Tisbe 105.
Togarma 76.
Topf 137.
Totenerweckung 107 129 135 146.
Totenklage 93 95.
Trauerzeichen 116 141.
Traum 15.
Tribut 133 161 164 172 179 196.
Übersetzungen, griechische XVI f.
Unglück als göttliche Strafe X.
Unglücksweissagung 116 125.
Unzucht im Kultus 98.
Urbevölkerung 69.
Uria, Priester 159 171.
Usia 169.

Ussa 166; Garten Ussas 189.
Vasallen und Vasallenverhältnis 118 123 126 161 164 196.
Verbannung vom Hofe 8.
Vergeltungstheorie 97.
Verkleidung 94 95 125.
Verzierungen 35 38 47 50 52.
Vision 131 145.
Volksglaube 106 112, -heer 195 196, -versammlung 41, -wehr 189 198.
Vorhof am Tempel 38 43.
Vorrecht des Fürsten 2.
Wagen 2.
Walkerquelle 4.
Wasser, ungesundes 132; W. über die Hände giessen 132. Fremde Wasser 183; Wasserleitung 187.
Weberinnen 192.
Weihgebet 59 60, -geschenke im Tempel 55 160 179, -rede 59, -spruch 59.
Wein 29.
Weise, der (der Vorzeit) 24.
Wolkensäule 58.
Wort Jahwes 91 92 93 95.
Wunder, Vorliebe für dasselbe 107 129 131 132 138 140 145; Wunderkraft 131 137, -stab 136 f. 140, -wurm 33.
Ysop 24.
Zabud 17 18.
Zadok 3 7 12 13 17.
Zahl, Fünfzahl 141.
Zarpath 107.
Zauberstab 131.
Zedekia, Prophet 123 124.
Zedekia Kg. von Juda 198.
Zeichen, Erinnerungs- oder Wunderzeichen 184 185.
Zeichendeuter 188.
Zeltdörfer 21; Zeltlicht 81.
Zeugenbeweis 61.
Zeughaus 187.
Zion 26 56.
Zoar 117.
Zorn Jahwes 197 198.
Zukunftshoffnung 75.
Zusätze, jüngere in den Königsbüchern XV.
Züchtigungsmittel 87.
Zwölfzahl 84 110.

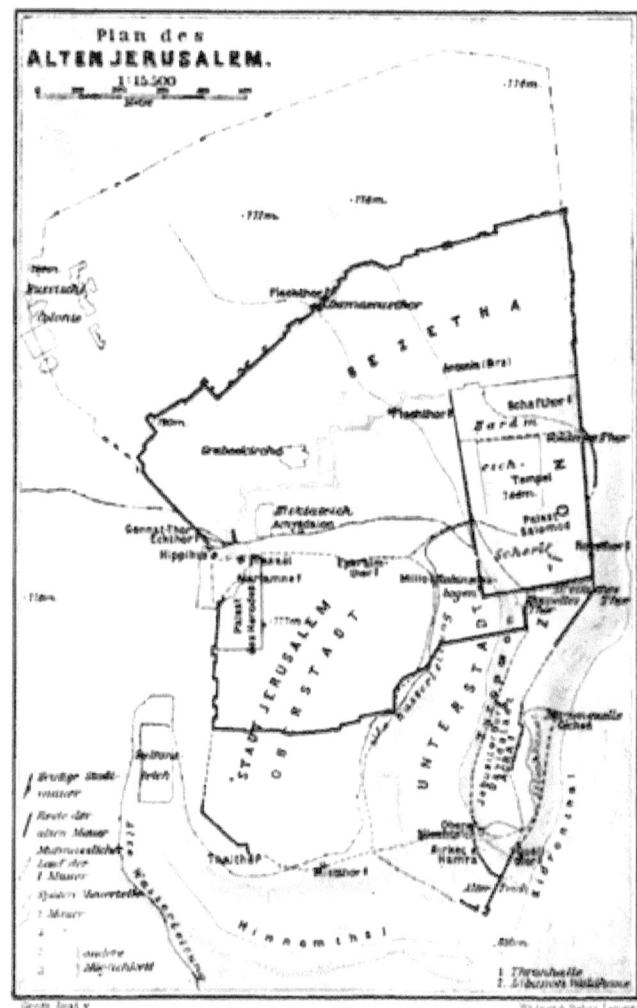

www.ingramcontent.com/pod-product-compliance
Lightning Source LLC
Chambersburg PA
CBHW021805230426

43669CB00008B/643